BASTEI
LÜBBE

Philip Caputo

Stoßtrupp durch die grüne Hölle

Aus dem Amerikanischen
von Eva Malsch

BASTEI
LÜBBE

BASTEI-LÜBBE-TASCHENBUCH
Band 11 360

Deutsche Erstveröffentlichung
Titel der Originalausgabe: A RUMOR OF WAR

Printed in West Germany 1989
Einbandgestaltung: Roland Winkler
Titelfoto: Diacolor Niederhofer, München
Satz: Fotosatz Froitzheim, Bonn
Druck und Bindung: Ebner Ulm
ISBN 3-404-11360-8

Ihr werdet hören Kriege und Geschrei von Kriegen; sehet zu und erschrecket nicht. Das muß zum ersten alles geschehen; aber es ist noch nicht das Ende da ... Denn es wird sich empören ein Volk wider das andere und ein Königreich wider das andere ... Alsdann werden sie euch überantworten in Trübsal und werden euch töten ... Wer aber beharret bis ans Ende, der wird selig.

Matthäus, 24, 6–13

Prolog

Ich habe dich bewacht in leichtem Schlummer
Und dich vom ehrnen Kriege murmeln hören ...
Shakespeare, König Heinrich der Vierte, I. Teil

Dieses Buch erhebt nicht den Anspruch auf historische Wahrheit. Es hat nichts mit Politik, Macht, Strategie, Einfluß, nationalen Interessen oder Außenpolitik zu tun; ebensowenig verurteilt es die großen Männer, die uns nach Indochina führten und deren Fehler mit dem Blut gewöhnlicher Sterblicher bezahlt wurden. Dies ist ganz einfach eine Geschichte über den Krieg, über die Dinge, die Menschen im Krieg tun und die der Krieg ihnen antut. Genauer betrachtet, ist es der Bericht eines Soldaten über unseren längsten Konflikt, den einzigen, den wir je verloren haben, und die Schilderungen reichhaltiger und manchmal schmerzlicher persönlicher Erfahrungen.

Am 8. März 1965 landete ich als junger Infanterieoffizier mit einer Abteilung der 9. Marineexpeditionsbrigade, der ersten US-Kampfeinheit, die nach Indochina geschickt wurde, in Danang. Im April 1975 kehrte ich als Nachrichtenkorrespondent zurück und berichtete über die kommunistische Offensive, die mit dem Fall Saigons zu Ende ging. Nachdem ich unter den ersten Amerikanern gewesen war, die in Vietnam gekämpft hatten, zählte ich auch zu den letzten, die evakuiert wurden, nur wenige Stunden, bevor die nordvietnamesische Armee in die Hauptstadt eindrang.

Der Großteil dieses Buches handelt von den Erlebnissen

der Marinesoldaten, bei denen ich 1965 und 1966 diente. Ein Epilog befaßt sich in knapper Form mit dem amerikanischen Exodus. Nur zehn Jahre trennen die beiden Ereignisse, doch die Demütigung unseres Rückzugs aus Vietnam und die Zuversicht, mit der wir das Land betreten haben, erwecken den Eindruck, daß ein Jahrhundert dazwischen liegen muß.

Den Amerikanern, die Anfang der sechziger Jahre noch nicht großjährig waren, mag es schwerfallen, jene Zeit zu verstehen, unseren Stolz, unsere übermächtige Selbstsicherheit. Die meisten der dreitausendfünfhundert Männer in unserer Brigade, während des Zweiten Weltkriegs oder kurz danach geboren, wurden von Kennedys Camelot geprägt. Voller Illusionen fuhren wir übers Meer, wofür die berauschende Atmosphäre jener Jahre ebenso verantwortlich war wie unsere Jugend.

Der Krieg begeistert viele junge Männer, die nichts davon wissen, aber uns lockte auch Kennedys Aufforderung zu den Waffen, uns zu fragen, »was wir für unser Vaterland tun könnten«, verbunden mit dem missionarischen Idealismus, den er in uns geweckt hatte. Amerika erschien uns damals allmächtig. Das Land konnte immer noch behaupten, niemals einen Krieg verloren zu haben, und wir glaubten an unsere Bestimmung, den kommunistischen Raubzügen Einhalt zu gebieten und unser eigenes politisches Credo auf der ganzen Welt zu verbreiten. Wie die französischen Soldaten im späten achtzehnten Jahrhundert betrachteten wir uns als Verfechter einer »Sache, die zum Sieg prädestiniert« war. Und so marschierten wir an jenem feuchten Märznachmittag in die Reisfelder, nicht nur mit unserem Gepäck und den Waffen beladen – wir trugen auch die feste Überzeugung in uns, daß wir den Vietcong schnell besiegen und gute, edle Taten begehen würden. Das Gepäck und die Gewehre behielten wir; die Überzeugung schwand dahin.

Die Erkenntnis, daß die Männer, die wir als Bauernguerillas verhöhnt hatten, in Wirklichkeit tödliche, entschlossene Feinde waren, und die Verlustlisten, die mit jeder Woche länger wurden, während uns keinerlei Erfolge für das vergossene Blut entschädigten, zerstörten unsere anfängliche Siegesgewißheit. Im Herbst hatte sich unser großes Abenteuer in einen anstrengenden Zermürbungskrieg verwandelt, in dem wir nur noch um unser Überleben kämpften.

Es ist keine einfache Aufgabe, über diese Art der Kriegsführung zu berichten. Wiederholt wünschte ich mir, ich wäre der Veteran eines konventionellen Krieges mit dramatischen Kampagnen und historischen Schlachten, statt andauernd im Hinterhalt gelegen und an monotonen Feuergefechten teilgenommen zu haben. Aber für uns gab es keine Normandien und Gettysburgs, keine epischen Kämpfe, die das Schicksal von Heeren oder Völkern bestimmten. Hauptsächlich bestand unser Krieg darin, wochenlang zu warten und in unregelmäßigen Abständen im Dschungel und in Sümpfen auf Menschenjagd zu gehen, wobei wir unentwegt von Heckenschützen gepeinigt wurden und einer nach dem anderen den versteckten Bomben zum Opfer fiel.

Hin und wieder unterbrach eine großangelegte Späh- und Vernichtungsoperation die Eintönigkeit. Aber auf das Vergnügen, im ersten Hubschrauber zu einer Landezone zu fliegen, folgten zumeist lange Märsche durch die Hitze. Der Schlamm saugte an unseren Stiefeln, die Sonne knallte auf unsere Helme herab, während ein unsichtbarer Feind hinter fernen Baumreihen auf uns schoß. Die seltenen Fälle, wo sich der Vietcong zu einer geplanten militärischen Aktion entschloß, boten uns die einzigen Abwechslungen – nicht nur Abwechslung, sondern die manische Ekstase eines richtigen Kampfs. In wenigen Minuten orgiastischer Gewalttätigkeit entluden sich wochenlang aufgestaute Spannungen, die Schreie und Flüche der Männer mischten sich in die Explosionen der Granaten, in das Rattern der Maschinengewehre.

Abgesehen von weiteren Leichen, die den wöchentlichen Verlusten hinzugefügt wurden, brachten uns diese Begegnungen nichts ein. Keine wird jemals in der Militärgeschichte aufscheinen oder von den Kadetten in West Point studiert werden. Aber sie veränderten uns und machten uns klüger. In jenen obskuren Scharmützeln lernten wir die alten Lektionen der Angst, der Feigheit, des Muts, des Leids, der Grausamkeit und der Kameradschaft. Vor allem lernten wir den Tod kennen, in einem Alter, wo man sich gemeinhin für unsterblich hält. Diese Illusion verliert jeder, aber im Zivilleben dauert das mehrere Jahre, und es geschieht in Etappen. Wir verloren die Illusion innerhalb weniger Monate, ziemlich abrupt, und unsere Jugend wechselte ebenso schnell zum reifen Mannesalter über. Das Wissen um den Tod, um die unerbittlichen Grenzen der menschlichen Existenz, trennte uns genauso unwiderruflich von der Jugend, wie uns die Chirurgenschere einst vom Mutterschoß abgeschnitten hatte – obwohl nur wenige von uns älter waren als fünfundzwanzig. Wir verließen Vietnam als seltsame Geschöpfe, die alte Köpfe auf jungen Schultern trugen.

Anfang Juli 1966 kehrte ich nach Amerika zurück. Zehn Monate später, nachdem ich einen Infanterietrupp in North Carolina ausgebildet hatte, wurde ich ehrenvoll aus der Marine entlassen und um die Möglichkeit gebracht, in Asien einen frühen Tod zu finden. Ich war so glücklich wie ein zum Tode Verurteilter, den man begnadigt hatte. Aber schon ein Jahr darauf verspürte ich eine wachsende Sehnsucht nach dem Krieg.

Andere Veteranen haben mir ähnliche Emotionen bestätigt. Trotz allem fühlten wir uns seltsam verbunden mit Vietnam, und was noch seltsamer war, wir wollten dorthin zurückkehren. Der Krieg dauerte immer noch an, aber mein Wunsch, wieder daran teilzunehmen, entsprang keinen patriotischen Ideen über Pflicht, Ehre und Opferbereitschaft, hatte nichts mit den Mythen zu tun, die alte Männer benutzen, um junge dem Tod oder der Verstümmelung zu überantworten. Vielmehr entstammte unsere Nostalgie der Erkenntnis, wie grundlegend wir uns verändert hatten, wie sehr wir uns von allen unterschieden, die weder die qualvollen Monsune noch die anstrengenden Patrouillen oder die Angst vor Angriffen in heißen Landezonen mit uns geteilt hatten. Obwohl wir wieder Zivilisten waren, erschien uns die Zivilwelt fremd, und wir gehörten genauso wenig zu ihr wie zu jener anderen, wo wir gekämpft hatten und wo unsere Freunde gestorben waren.

Zu dieser Zeit setzte ich mich für eine Antikriegsbewegung ein und versuchte vergeblich, meine Aversion gegen den Krieg mit jener sonderbaren Sehnsucht in Einklang zu bringen. Später merkte ich, daß diese beiden Elemente unvereinbar sind. Niemals würde ich den Krieg mit der kompromißlosen Leidenschaft meiner Freunde in der Bewegung hassen können. Weil ich am Krieg teilgenommen hatte, war er kein abstraktes Thema für mich, sondern eine emotionale Erfahrung, das Wichtigste, was ich erlebt hatte. Er hielt meine Gedanken, meine Sinne und Gefühle in einem unbezwinglichen Bann.Ich konnte keinen Regen prasseln hören, ohne mich an die feuchten Nächte an der Front zu erinnern, nicht durch Wälder wandern, ohne instinktiv nach Fallstricken oder Heckenschützen zu suchen. So laut ich auch als überzeugter Aktivist protestierte, ich war unfähig, die Macht zu leugnen, die der Krieg über mich ausübte – oder die Tatsache, daß er genauso faszinierend wie abstoßend gewesen war, so beglückend wie traurig, so zärtlich wie grausam.

Dieses Buch ist teilweise ein Versuch, diese ambivalenten Realitäten zu bewältigen. Jeder, der in Vietnam gekämpft hat und ehrlich ist, muß zugeben, daß er die zwingende Anziehungskraft der Kämpfe empfunden hat. Es waren merkwürdige Wonnen, denn sie mischten sich mit beträchtlichen Schmerzen. Unter Beschuß wächst die Lebenskraft eines Mannes, während der Tod näher rückt, so daß er ebenso Entzücken wie Grauen verspürt. Seine Sinne werden geschärft, sein Bewußtsein intensiviert sich auf angenehme und zugleich leidvolle Weise. Dieser Zustand gleicht der gesteigerten Wahrnehmung, die von Drogen bewirkt wird. Und er kann genauso süchtig machen, denn er läßt alles andere, was das Leben an schönen oder schrecklichen Dingen zu bieten hat, banal erscheinen.

Ich habe auch versucht, die intime Atmosphäre in Infanterieabteilungen zu beschreiben, wo die Kontakte zwischen

Männern so eng sind wie zwischen Liebenden. Aber diese Verbundenheit braucht keinen Austausch von Gefühlen, keine Beteuerungen, keine endlosen Treueschwüre, wie sie die Liebe zwischen Mann und Frau erfordert. Sie ist, im Gegensatz zur Ehe, eine Fessel, die niemals durch ein Wort, durch Langeweile oder Scheidung oder irgend etwas anderes außer dem Tod zerrissen werden kann. Manchmal ist nicht einmal der Tod stärker. Zwei meiner Freunde starben, als sie versuchten, die Leichen ihrer Kameraden vom Schlachtfeld zu tragen. Diese Treue, schlicht und selbstlos, dieses Zusammengehörigkeitsgefühl war das einzig Gute, das wir in diesem Krieg – ansonsten bekannt für seine ungeheure Brutalität – fanden.

Und doch – solche Gefühle hätten nicht entstehen können, wäre der Konflikt weniger grausam gewesen. Die Schlachtfelder von Vietnam fungierten als Schmelztiegel, die eine Generation amerikanischer Soldaten fest zusammenschweißte – durch die gemeinsame Konfrontation mit dem Tod, durch geteilte Mühsal, Gefahren und Ängste. Die Häßlichkeit des Kriegs, der Schmutz unseres Alltags, die demütigende Pflicht, Leichen zu zählen – das alles band uns noch enger aneinander. Es war, als hätten wir in der Kameradschaft eine Manifestation des Lebens gefunden, ein Mittel, die letzten Reste unserer Menschlichkeit zu bwahren.

Ein Aspekt des Vietnamkriegs unterscheidet ihn von allen anderen amerikanischen Konflikten – die wilde Skrupellosigkeit. Ich meine die Skrupellosigkeit, die gute, anständige Jungs von Farmen in Iowa veranlaßte, Zivilisten und Gefangene zu töten. Das letzte Kapitel des Buches konzentriert sich auf dieses Thema. Dabei hatte ich nicht die Absicht, meine Mittäterschaft bei Aktionen zu gestehen, die in meinen Augen mit Mord gleichzusetzen sind, sondern ich wollte an meinem und dem Beispiel einiger anderer Männer zeigen, daß der Krieg von seinem Wesen her in Menschen mit scheinbar normalen Impulsen psychopathische Brutalität wecken kann.

Die amerikanischen Greueltaten in Vietnam wurden teilweise gewaltig übertrieben, nicht was ihr Ausmaß betrifft, aber hinsichtlich ihrer Ursachen. Die beliebteste Erklärung für Gemetzel, wie sie in My Lai stattfanden, berufen sich auf die rassistische Theorie, der zufolge es dem amerikanischen Soldaten leichtfällt, Asiaten abzuschlachten, weil er sie nicht als Menschen betrachtet, und auf der Theorie des Pionier-Erbes, die behauptet, er sei von Natur aus gewalttätig und brauche nur den Vorwand eines Kriegs, um seine mörderischen Instinkte auszuleben.

Wie alle Verallgemeinerungen enthalten beide Thesen ein Körnchen Wahrheit – aber sie ignorieren die barbarische Behandlung, die der Vietcong und die ARVN oftmals ihren eigenen Leuten zuteil werden ließen, und übersehen auch die Verbrechen der koreanischen Division, vermutlich der blutrünstigsten in Vietnam, und der Franzosen während des ersten Indochinakriegs.

Das Böse lag nicht in den Männern – oder nur insofern, als sich in uns allen ein Dämon verbirgt –, sondern in den Umständen, unter denen sie leben und kämpfen mußten. Der Konflikt in Vietnam vereint die beiden schlimmsten Formen der Kriegführung – den Bürgerkrieg und die Revolution, wozu noch die Grausamkeit des Dschungelkriegs kam. Terrorismus und Brudermord hatten innerhalb von zwanzig Jahren die Moral des Landes untergraben – lange vor unserer Ankunft. Die Kommunisten betrachteten die Brutalität ebenso wie die Regierung als Notwendigkeit, sogar als Tugend. Ob sie aus Prinzip oder Rachsucht begangen wurden – die Greueltaten waren auf den vietnamesischen Schlachtfeldern genauso gang und gäbe wie Bombenkrater und Stacheldrähte. Die Soldaten in unserer Brigade waren nicht von Natur aus grausam, aber nach der Landung in Danang lernten sie sehr schnell, daß man in Vietnam keine Gnade erwarten durfte, wenn man beispielsweise gefangengenommen wurde. Und Männer, denen keine Gnade erwiesen wird, verlieren allmählich die Neigung, sie anderen zu gewähren.

Manchmal führte die Kameradschaft – der einzige Pluspunkt dieses Kriegs – zu den schlimmsten Verbrechen, zu

Racheakten für Freunde, die den Tod gefunden hatten. Einige ertrugen den Streß der Guerillakämpfe nicht; die Wachsamkeit, die ständig verlangt wurde, das Gefühl, daß der Feind überall war, die Unfähigkeit, Zivilisten von Kämpfern zu unterscheiden – dies alles erzeugte einen emotionalen Druck, der sich so enorm steigerte, daß manche Männer bei der geringsten Provokation explodierten, von der blinden Zerstörungswut eines Minenwerfers erfüllt.

Anderen nahm ein unbändiger Überlebenswille jedes Mitgefühl. Der Selbsterhaltungstrieb, der primitivste und tyrannischste aller Instinkte, kann einen Mann in einen Feigling verwandeln oder, wie es in Vietnam viel öfter geschah, in eine Kreatur, die ohne Zögern oder Reue tötet, was ihr Leben vielleicht bedrohen könnte. Ein Feldwebel in meiner Einheit, im Grunde ein netter junger Mann, erklärte mir: »Leutnant, ich habe daheim eine Frau und zwei Kinder. Die will ich wiedersehen, und es ist mir egal, wie viele Leute ich dafür umbringen muß.«

General Westmorelands Zermürbungstaktik übte ebenfalls einen wesentlichen Einfluß auf unser Verhalten aus. Unsere Mission bestand nicht darin, Boden zu gewinnen oder Stellungen zu erobern – wir sollten einfach nur die Kommunisten töten, und zwar so viele wie möglich. Und so stapelten wir die Leichen aufeinander wie Klafterholz. Der Sieg war eine hohe Anzahl toter Feinde, die Niederlage mangelnde Mordlust, der Krieg eine arithmetische Angelegenheit. Die Kommandanten standen unter dem Zwang, unentwegt Feindesleichen vorweisen zu müssen, und so übten sie auf ihre Truppen entsprechenden Druck aus. Dies führte zu der Praxis, Zivilisten dem Vietcong zuzurechnen. »Wenn er tot und Vietnamese ist, gehört er zum Vietcong«, lautete die Faustregel. Deshalb ist es nicht verwunderlich, daß manche Männer eine kalte Verachtung für das menschliche Leben entwickelten – und das Bedürfnis, es zu zerstören.

Schließlich spielten auch noch die Bedingungen eine Rolle, die durch das Land und das Klima entstanden. Wochenlang mußten wir in primitiven Außenposten leben, umgeben von den fremdartigen Meeren der Reisfelder und Regenwälder. Malaria, Schwarzwasserfieber und Ruhr forderten ihren Tribut, wenn sie auch nicht mehr tödlich verliefen, so wie in früheren Jahren. In der trockenen Jahreszeit brannte die Sonne gnadenlos auf uns herab, und wenn uns die Monsune heimsuchten, peinigten uns unaufhörlich Regenfälle. Wir kämpften uns durch den bergigen Dschungel, dessen gewaltige Ausdehnung uns zu winzigen Ameisenwesen degradierte. Nachts kauerten wir in schlammigen Höhlen, pflückten die Blutegel, die an unseren Adern saugten, von unserer Haut und warteten auf einen Angriff aus der Schwärze jenseits unserer Drahtzäune.

Die klimatisierten Hauptquartiere in Saigon und Danang schienen meilenweit entfernt zu liegen, die Vereinigten Staaten, die wir nicht zu Unrecht die »Welt« nannten, auf einem anderen Stern. Nichts in unserer Umgebung war uns vertraut. Es gab keine Kirchen, keine Polizei, keine Gesetze, keine Zeitungen, nichts von jenen einengenden Einflüssen, ohne die sich die tugendhafte Erdenbevölkerung um fünfundneunzig Prozent reduzieren würde. Im Busch von Indochina erlebten wir das Aufdämmern der Schöpfung, eine sowohl ethische als auch geographische Wildnis. Da draußen, wo uns nichts zurückhielt, wo das Töten erlaubt war, versanken wir, konfrontiert mit einem feindlichen Land und einem unbarmherzigen Gegner, in einen seltsamen animalischen Zustand. Dieser Abstieg konnte nur von moralischen Werten, von einer menschlichen Eigenschaft namens Charakter gestoppt werden. Es gab ein paar, und ich vermute, Leutnant Calley gehörte dazu –, die keine Moralbegriffe hatten, in den Abgrund stürzten und in den Tieren ihrer Seelen eine Neigung zum Bösen entdeckten, von der sie wahrscheinlich nie etwas geahnt hatten.

Die meisten amerikanischen Soldaten in Vietnam – zumindest jene, die ich kannte – konnte man nicht in gute und schlechte Menschen unterteilen. Jeder besaß ein gerüttelt Maß an beiden Qualitäten. Ich sah Männer, die den Vietnamesen großes Mitleid entgegenbrachten und am nächsten Tag ein

Dorf niederbrannten. Sie waren, wie Kipling von seinem Tommy Atkins schrieb, weder Heilige »noch Schurken, sondern schlichte Menschen in großen Nöten, wie du und ich«. Vielleicht reagierten die Amerikaner deshalb so entsetzt auf die Enthüllungen der Greueltaten, die so viele US-Truppen in Vietnam begangen hatten, während sie die Verbrechen der Gegenseite ignorierten: der US-Soldat war ein Spiegelbild ihrer selbst.

Dieses Buch ist nicht meiner Phantasie entsprungen. Die geschilderten Ereignisse sind Wirklichkeit, die Personen ebenso, obwohl ich in einigen Fällen fiktive Namen verwendet habe. Ich bemühte mich zu erklären, was das dominierende Ereignis im Leben meiner Generation, der Vietnamkrieg, für die Männer bedeutete, die darin gekämpft hatten. Gegen Ende mußte ich der Versuchung des Veteranen widerstehen, die einzelnen Vorfälle so zu sehen, wie sie seinen Wunschträumen entsprochen hätten, und nicht so, wie sie sich tatsächlich abgespielt hatten.

Dieses Buch sollte nicht als Protest betrachtet werden. Der Protest entsteht aus dem Glauben, daß man die Dinge ändern und die Ereignisse beeinflussen kann. Ich bin nicht so egoistisch, das anzunehmen. Außerdem erscheint es mir nicht mehr nötig, gegen den Krieg zu wettern, denn er ist vorbei. Wir haben ihn verloren, und keine noch so energische Verurteilung jener Politik wird die Männer wieder zum Leben erwecken, die sinnlos auf den Kalvarienbergen des Hamburger Hill und Rockpile gestorben sind.

Vielleicht wird mein Buch die nächste Generation davor bewahren, in einem Krieg gekreuzigt zu werden.

Aber das bezweifle ich.

Teil eins

Der großartige kleine Krieg

Auf den Tatendrang junger Soldaten soll man sich nicht allzusehr verlassen, denn die Aussicht auf einen Kampf gefällt allen, denen er fremd ist.

Vegetius, römischer Militärschriftsteller, 4. Jh. v. Chr.

1

Laßt den Jungen die Klinge seines Bajonetts prüfen und sehen, wie kalt Stahl ist – und wie blutrünstig ...

Wilfred Owen, Arms and the Boy

Im Alter von vierundzwanzig war ich eher auf den Tod vorbereitet als auf das Leben. Meine erste Erfahrung außerhalb des Klassenzimmers war der Krieg gewesen. Ich ging direkt von der Schule zum Marinecorps, von Shakespeare zum »Handbuch für die Taktik kleiner Einheiten«, vom Campus zum Exerzierplatz und schließlich nach Vietnam. In Quantico, Virginia, erlernte ich das mörderische Handwerk, in den Reisfeldern und den Dschungeln rings um Danang übte ich es aus, und im Camp Geiger, einem Ausbildungszentrum in North Carolina, brachte ich es anderen bei.

Als meine Dreijahresverpflichtung 1967 ablief, wußte ich fast noch nichts über das normale Leben, über Ehen, Hypotheken, den Aufbau einer Karriere. Ich besaß einen Dienstgrad, aber keine Fähigkeiten. Nie hatte ich ein Büro geleitet, eine Schulklasse unterrichtet, eine Brücke gebaut, Teile zusammengeschweißt, Computer programmiert, Ziegel aufeinandergelegt, etwas verkauft oder an einer Drehbank gearbeitet.

Aber ich hatte eine gewisse Fertigkeit in der Kunst des Tötens entwickelt. Ich wußte, wie man dem Tod ins Auge blickte, wie man ihn herbeiführte, mit allen Waffen in deren Geschichte, vom Messer bis zum 3,5-Zoll-Raketenwerfer. Die einfachste Reparatur eines Automotors überstieg meine

Kenntnisse, doch ich konnte mit verbundenen Augen ein M-14-Gewehr auseinandernehmen und wieder zusammensetzen, die Artillerie aufrufen, einen Hinterhalt legen, Sprengfallen stellen, einen Nachtangriff befehligen.

Ich hatte nur ein paar Worte in ein Funkgerät sprechen müssen, um magische Zerstörungsorgien zu entfachen. Von meiner Stimme herbeigeholt, erschienen Düsenbomber am Himmel und warfen den Tod auf Dörfer und Menschen herab. Hochexplosive Bomben zertrümmerten Häuser zu Fragmenten. Napal saugte die Luft aus den Lungen und verwandelte Menschenfleisch in Asche. Und das alles nur duch ein paar Worte, per Funk übermittelt.

Ich kehrte mit dem seltsamen Gefühl aus dem Krieg zurück, ich sei älter als mein Vater, der damals einundfünfzig war. Die Erfahrung eines ganzen Lebens schien sich in anderthalb Jahre gepreßt zu haben. Ein Mann sah in Vietnam die Höhen und Tiefen menschlichen Verhaltens, alle Arten von Gewalt, ein Grauen – so grotesk, daß es eher Faszination erzeugte als Ekel. Einmal hatte ich Schweine beobachtet, die von Napalm verkohlte Leichen fraßen – ein denkwürdiger Anblick, Schweine, die sich an gebratenen Menschen gütlich taten.

Nichts von jenem Optimismus und den Ambitionen war mir geblieben, die einen jungen Amerikaner erfüllen sollen, nur der Wunsch, sechzehn Monate versäumten Schlafs nachzuholen und die Überzeugung eines alten Mannes, die Zukunft könne keine Überraschungen bringen, weder gute noch schlechte.

Ich *hoffte*, es würde keine Überraschungen mehr geben, denn ich hatte genug Angriffe aus dem Hinterhalt überlebt und zweifelte an meiner Fähigkeit, weitere physische oder emotionale Schocks zu verkraften. Und ich zeigte alle Symptome der *combat veteranitis* – Konzentrationsschwäche, kindische Furcht vor dem Dunkel, die Neigung, schnell zu ermüden, chronische Alpträume, Empfindlichkeit gegenüber lauten Geräuschen, vor allem Türenschlagen und knatternden Auspuffmotoren, wechselnde Stimmungen, insbesondere

Depressionen und Wut, die mich aus unerfindlichen Gründen überkamen. Von all dem habe ich mich noch immer nicht völlig erholt.

1960 ging ich zur Marine, teilweise, weil ich von der patriotischen Begeisterung der Kennedy-Ära mitgerissen wurde, hauptsächlich aber, weil ich meine bisherige gesicherte Vorstadtexistenz satt hatte.

Ich wuchs in Westchester, Illinois, auf, in einer der Städte, die in der Prärie rings um Chicago entstanden waren, als Ergebnis des Nachkriegswohlstands, der Veteranenkredite, des Wandertriebs und der Wohnungsknappheit, die in den Jahren nach dem Zweiten Weltkrieg Millionen von Leuten aus den Großstädten trieb. Westchester hatte alles aufzuweisen, was eine Vorstadt bieten muß: hübsche neue Schulen, die nach frischem Mörtel und Bohnerwachs rochen; Supermärkte voller Wonder Bread und tiefgefrorenen Bird's-Eye-Erbsen; lange Reihen von Häusern mit Zwischenstockwerken und Zentralhäusern, die saubere Straßen säumten, wo nichts geschah.

Anfangs fühlte ich mich dort ganz wohl, aber gegen Ende meiner Teenagerjahre ertrug ich die Langeweile nicht mehr, die Sommer-Barbecues, das einlullende Dröhnen der Rasenmäher. Während der Jahre, wo ich in Westchester aufwuchs, stand die Stadt am Rand des dichtbesiedelten Gebiets, dahinter erstreckten sich die Illinois-Farmen, das Weideland, wo ich an den Wochenenden auf die Jagd ging. Ich erinnere mich an die Felder im Herbst, an die braunen Stoppeln, die aus dem Schnee ragten, an tote Maishülsen, die trocken im Wind raschelten; an verlassene Farmhäuser, die auf Bulldozer warteten, um Platz für neue Wohnanlagen zu schaffen; und an ein paar kahle Platanen, die sich am Horizont vor einem grauen Novemberhimmel abzeichneten. Vor meinem geistigen Auge sehe ich immer noch, wie ich da draußen umherzog und Hasen aus Dornengstrüpp scheuchte, die Häuser ein paar Meilen hinter mir und vor mir die weite, leere Prärie, ein rastloser Junge, gefangen zwischen Vorstadtlangeweile und ländlicher Öde. Das einzige, was mir in meiner Kindheit wirklich gefiel, waren die Cook- und DuPage-Naturschutzgebiete, ein Gürtel aus jungfräulichem Waldland, durch den ein schlammiger Bach namens Salt Creek fließt. Der war damals noch nicht vergiftet, und in den träge strömenden Wellen gediehen Groppen, Katenfische, Karpfen und die seltenen Barsche. Im Wald hauste Kleinwild, manchmal traf man sogar auf Rehe. Vor allem war in der Wildnis die Vergangenheit lebendig geblieben, wo Füße in Mokassins über die Pfade gewandert und Trapper in Rindenkanus die Flüsse hinabgefahren waren. Hin und wieder fand ich steinerne Pfeilspitzen am Bachufer, träumte von fernen heroischen Zeiten und wünschte, ich hätte damals gelebt, bevor Amerika ein Land voller Geschäftsmänner und Einkaufszentren geworden war. Danach sehnte ich mich – nach der Chance, in einer gewöhnlichen Welt Heldentaten zu begehen. Nachdem ich nichts anderes kannte als Sicherheit, Komfort und Frieden, hungerte ich nach Gefahren, Herausforderungen und Gewalt.

Ich hatte keine klaren Vorstellungen, wie ich diesen seltsamen Ehrgeiz befriedigen sollte, bis eines Tages ein Rekrutierungsteam von der Marine einen Kiosk bei der Studentenverbindung der Loyola University aufbaute. Die Leute befanden sich auf Talentsuche, um künftige Offiziere anzuwerben, und stellten ein Poster von einem schneidigen, athletischen Leutnant zur Schau, mit einem jener etwas grausamen Gesichter, das beim Militär als attraktiv galt. Er sah aus wie eine Kreuzung zwischen einem typisch amerikanischen Football-Läufer und einem Nazi-Panzerkommandanten. Die klaren, furchtlosen blauen Augen schienen mich aufmunternd anzustarren. GEH ZUR MARINE, stand über seiner weißen Kappe. SEI EIN FÜHRER.

Ich wühlte im Propagandamaterial und suchte mir eine Broschüre heraus, auf deren Titelseite alle Schlachten angegeben waren, in denen die Marineinfanteristen bisher gekämpft hatten, von Trenton bis Inchon. Bei der Lektüre dieser Liste gelangte ich zu einer blitzartigen Erkenntnis – die heroische Erfahrung, die ich suchte, war der Krieg; Krieg, das großartigste Abenteuer; Krieg, die angenehmste Möglichkeit eines gewöhnlichen Mannes, vor der Gewöhnlichkeit zu fliehen. Im Land herrschte Friede, aber die ersten sechziger Jahre standen im Zeichen fast ständiger Spannungen und Krisen. Falls irgendwo ein Konflikt ausbrach, würde die Marine sicher in den Krieg ziehen, und ich könnte dabeisein. Wirklich *dabei.* Ich würde die Ereignisse nicht im Film oder Fernsehen verfolgen oder in einem Buch darüber lesen, sondern mittendrin meine Phantasien ausleben. Und ich sah mich bereits auf einem fernen Strand den Feind angreifen wie John Wayne in ›Sands of Iwo Jima‹ und als sonnengebräunter Krieger heimkehren, die Brust voller Orden. Das Rekrutierungsteam machte die übliche Reklame fürs Soldatenleben, aber die hatte ich gar nicht nötig. Ich beschloß, mich anwerben zu lassen.

Dazu trieb mich noch ein anderer Beweggrund, der die jungen Männer in die Armeen führt, seit die Armeen erfunden wurden – ich wollte etwas beweisen, meinen Mut, meine Härte, meine Männlichkeit, wie immer man es nennen mag. In Purdue hatte ich mein erstes Studienjahr verbracht, befreit von den Zwängen meiner kleinstädtischen Heimat und der Familie. Wegen einer Wirtschaftsflaute fand ich in jenem Sommer keinen Job. Das Leben auf dem Campus konnte ich mir nicht leisten (außerdem war ich fast ausgeflippt und hatte die Hälfte meines ersten Jahres mit Sauforgien und anderen Studentenpossen zugebracht). Deshalb mußte ich ans Loyola gehen, ein College in Chicago, und als Neunzehnjähriger wieder bei meinen Eltern wohnen.

Eine deprimierende Situation. In meiner pubertären Unreife bildete ich mir ein, meine Eltern würden mich für einen unverantwortlichen Jungen halten, der immer noch ihre lenkenden Hände brauchte. Und ich wollte ihnen beweisen, daß sie sich irrten. Ich mußte weg von zu Hause. Es war nicht nur eine Frage der räumlichen Trennung, vielmehr drängte es mich, ihnen und mir selbst zu zeigen, daß ich ein Mann war, so wie die stahläugige Figur auf dem Plakat des Rekrutierungsteams. DAS MARINECORPS MACHT JUNGS ZU MÄNNERN, lautete ein weiterer Slogan in jener Zeit, und am 28. November wurde ich eins seiner Erziehungsobjekte.

Ich trat der Zugführerklasse bei, der Marineversion des Trainingscamps für Reserveoffiziere. Sechs Wochen lang sollte ich mich im folgenden Jahr einer Grundausbildung unterziehen und dann während des Sommers vor meinem Studienabschluß am College einen Lehrgang für Fortgeschrittene besuchen. Wenn ich die Schule für Offizierskandidaten absolviert und an der Universität den Grad eines Magisters erworben hatte, würde ich einen Offizierstitel erwerben und danach drei Jahre Dienst tun müssen.

Eigentlich fand ich keinen Gefallen an der Offizierslaufbahn. Lieber hätte ich das College verlassen, um das Leben eines einfachen Soldaten zu führen, aber meine Eltern wollten unbedingt einen Akademiker als Sohn haben. Mein Entschluß bereitete ihnen großen Kummer. Ihre Vision von meiner Zukunft beinhaltete weder Uniformen noch Trommeln, sondern einen respektablen Job nach dem Studium, eine Ehe mit einem respektablen Mädchen und ein respektables Leben in einer respektablen Vorstadt.

Aber ich war hell begeistert, als ich zur Marine ging, und gelobte, die Vereinigten Staaten »vor allen Feinden im In- und Ausland« zu schützen. Ich hatte etwas getan, das mir wichtig war. Und daß es den Wünschen meiner Eltern zuwiderlief, erhöhte mein Glück. Der Gedanke, ich würde nach dem College zu gefährlichen, exotischen Orten segeln, statt jeden Morgen um sieben Uhr fünfundvierzig in einem Büro zu erscheinen, entzückte mich. Es ist seltsam, wenn ich mich daran erinnere. Die meisten meiner Schulfreunde fanden es schrecklich konventionell, bei der Armee zu dienen, und betrachteten das Soldatenleben als eine Art Sklaverei. Aber für mich war meine Rekrutierung ein Ausdruck meiner Rebellion, und das Marinecorps symbolisierte eine Möglichkeit, meine persönliche Freiheit und Unabhängigkeit zu erlangen.

Die Schule für Offizierskandidaten lag in Quantico, einem großen Reservat in den Fichtenwäldern von Virginia bei

Fredericksburg, wo die Armee des Potomac vor einem Jahrhundert sinnlos niedergemetzelt worden war. Im Sommer 1961 wurde ich dort mit ein paar hundert anderen hoffnungsvollen Leutnants ins Militärleben eingeführt und für den Ernstfall ausgebildet. Wir waren zwischen neunzehn und einundzwanzig Jahre alt, und jene, die das Training absolvierten, sollten vier Jahre später die ersten Truppen kommandieren, die man nach Vietnam schicken würde. Das wußten wir damals natürlich nicht. Wir wußten nicht einmal genau, wo Vietnam war.

Die ersten sechs Wochen unseres Rekrutendaseins verbrachten wir im Camp Upshur, mehreren Nissen- und Blechhütten tief in den Wäldern. Die klösterliche Isolation hatte ihre Berechtigung. Denn wie wir bald feststellten, war das Marinecorps mehr als eine Abteilung der Streitkräfte, nämlich eine Gesellschaft für sich, die bedingungslosen Gehorsam gegenüber ihren Doktrinen und Wertmaßstäben verlangte, wie eine jener religiösen Militärverbänden in alten Zeiten, die Deutschordensritter oder der Thebanische Bund. Wir waren Novizen, und der harte Drill, dem uns die Ausbilder unterzogen, fungierte als unsere Initiationstortur.

Es war tatsächlich eine Qual, in physischer und psychischer Hinsicht. Von vier Uhr morgens bis neun Uhr abends wurden wir geschliffen, in kräftezehrende Hindernisrennen geschickt und bei dreiunddreißig Grad Hitze zu Gewaltmärschen gezwungen, ständig angeschrien, getreten, gedemütigt und verfolgt. Die Ausbilder nannten uns nicht bei den Namen, sondern »Scheißkerl«, »Abschaum« oder »Trottel«. In meiner Truppe gab es einen kleinen Unteroffizier, so grausam, wie es nur kleine Männer sein können, und einen nervösen, energiegeladenen schwarzen Feldwebel, einen gewissen McClellan, dessen Muskeln so hart und drahtig wirkten wie unterirdische Telefonkabel.

Besonders lebhaft erinnere ich mich an das geschlossene Exerzieren – die Stunden, die wir unter einer heißen Sonne marschierten, über Asphalt, der an unseren Stiefeln klebte, unentwegt angetrieben und beschimpft von McClellans

Stimme, die gnadenlos unsere Unterwerfung verlangte, sich unseren Gehirnen einprägte, bis wir nirgendwohin gehen konnten, ohne sie zu hören, und rhythmisch brüllte: »Drei Schritte nach links, links, rechts, links, links, rechts, links – links – links... Aufschließen, damit der Abstand gleich bleibt! Dreißig Zoll zurück, vierzig Zoll Schulter an Schulter. Links, rechts, links. An die linke Flanke! Aufschließen, ihr Idioten! Die Fersen fest in den Boden! Drei Fuß nach links, links, rechts, links. Im Rhythmus bleiben! He, du Scheißkerl, der vierte Mann im vordersten Glied, bleib im Rhythmus, verdammt noch mal! Wenn du nicht im Rhythmus bleibst, schlag ich dir den Schädel ein! Bist du taub, verdammt? Augen nach vorn! Gafft mich nicht so blöd an! Im Rhythmus bleiben! So, jetzt habt ihr's endlich begriffen. Drei Fuß nach links, links, rechts, links, links, rechts, links – auf die andere Seite. Arschloch – links, rechts, links...«

Der Zweck dieses Drills lag darin, uns zu Disziplin und Teamwork zu erziehen, zwei Kardinaltugenden des Corps. In der dritten Woche hatten wir gelernt, Befehle augenblicklich und unisono zu befolgen. Jede Truppe war aus einer Gruppe von Individuen zu einer Einheit geformt worden, einer Maschine, deren Teile wir verkörperten.

Die geistige und physische Mißhandlung diente mehreren Zielen. Die Schwächlinge mußten eliminiert werden. Wer es nicht ertrug, angebrüllt und in den Arsch getreten zu werden, war den Anforderungen eines Camps nicht gewachsen. Außerdem sollten die Erniedrigungen unser Selbstwertgefühl zerstören und uns klarmachen, wir wären nichts wert, ehe wir bewiesen hatten, daß wir dem Standard des Corps entsprachen.

Und wir strengten uns mächtig an, das zu beweisen, unterwarfen uns allen unwürdigen Qualen, um zu zeigen, was wir verkraften konnten. Wenn uns ein Ausbilder auf den Hinterkopf schlug, weil unsere Gewehre schmutzig waren, sagten wir: »Danke, Sir.« Abend für Abend machten wir klaglos den chinesischen Liegestütz, um unsere Sünden zu büßen (dabei durften nur der Kopf und die Zehen den Boden berühren);

nach zehn oder fünfzehn Sekunden glaubte man, der Schädel würde in einem Schraubstock stecken. Das mußten wir mehrere Minuten lang aushalten, bis wir fast die Besinnung verloren.

Wie es den anderen ging, weiß ich nicht, aber ich ertrug dieses Martyrium, weil ich von einem überwältigenden Erfolgsstreben angespornt wurde. Das schreckliche Wort »Schwächling« quälte mich. Davor hatte ich noch größere Angst als vor Feldwebel McClellan. Nichts, was er mir antun konnte, erschien mir schlimmer als die Gefahr, heimkehren und meiner Familie gestehen zu müssen, daß ich versagt hatte. Die Kritik meiner Eltern fürchtete ich nicht, sondern vielmehr ihre entwürdigende Liebe, das Verständnis, das sie mir zeigen würden. »Schon gut, Junge«, hörte ich meine Mutter in Alpträumen sagen, »du gehörst eben nicht zur Marine, sondern hierher zu uns. Es ist schön, daß du wieder da bist. Du kannst Vater helfen, den Rasen zu mähen.« Der Gedanke an einen eventuellen Fehlschlag entsetzte mich so sehr, daß ich den Kandidaten aus dem Weg ging, die Grenzfälle darstellten, denn sie trugen den ansteckenden Virus der Schwäche in sich.

Die meisten dieser Grenzfälle wurden nach Hause geschickt. Andere gingen freiwillig. Zwei oder drei erlitten Nervenzusammenbrüche. Am Ende des Lehrgangs ehrten die Ausbilder uns Überlebende mit der Information, wir hätten nun das Recht erworben, uns Marineinfanteristen zu nennen. Wir waren stolz auf uns selbst, konnten aber nicht vergessen, was wir auf uns genommen hatten, um diesen Titel zu verdienen. Bis zum heutigen Tage erinnert mich der Geruch eines Waldes am frühen Morgen an jene lange zurückliegenden Tagesanbrüche im Camp Upshur, an schrille Wecksignale, an brüllende Feldwebel und Rekruten, die müde aus den Betten stolperten.

Alle, die jene ersten Qualen überstanden hatten, kehrten zwei Jahre später nach Quantico zurück, um am Lehrgang für Fortgeschrittene teilzunehmen, der noch grausamer verlief. Das meiste davon war uns vertraut – weiteres geschlossenes Exerzieren, Übungen mit Bajonetten, Nahkampf. Aber es gab noch ein zusätzliches Training, zum Beispiel die physische Tortur namens »Bergwanderung«, in typisch militärischer Phantasielosigkeit so bezeichnet, weil uns so ein Marsch über sieben Berge führte, und was für welche – steil wie Achterbahnen und zehnmal so hoch. Mindestens zweimal pro Woche mußten wir darüberlaufen, vollbepackt mit unserer Ausrüstung. Durch die dazwischenliegenden zwei Jahre auf dem Campus verweichlicht, brachen Dutzende von Männern während dieser Exkursionen zusammen. Die Ausbilder kannten keine Gnade mit den Opfern. Ich erinnere mich an einen übergewichtigen Jungen, der bewußtlos an einem Baumstumpf lehnte, während ein Feldwebel ihn am Kragen packte, unsanft schüttelte und in sein bleiches Gesicht brüllte: »Auf die Beine, du Arschloch! Beweg deinen Fettarsch und steh auf!« Unsere Erholung bestand aus Hindernisrennen oder einem Kampf mit dem Fauststock, einem dicken, an beiden Enden wattierten Holzstab, der uns mit dem »Geist des Bajonetts« erfüllen sollte, nämlich mit jener wilden Wut, die man aufbringen muß, um kalten Stahl in den Bauch eines Gegners zu rammen. Mit diesen Knüppeln schlugen zwei Männer aufeinander ein, angeführt von einem blutrünstigen Ausbilder. »Parier den Angriff, schlag zu! Mit einem vertikalen Streich! Los, bring den Hurensohn um! Stoß zu! Töte ihn!«

Zwischendurch wurden wir einer intensiven Belehrung unterzogen, die der kommunistischen Gerhirnwäsche glich. Beim Laufen mußten wir Slogans singen wie: »Eins-zwei-drei-vier, ich liebe das Marinecorps!« Und vor den Mahlzeiten: »Sir, die Marineinfanteristen der Vereinigten Staaten sind seit 1775 die unbesiegbarste Streitmacht in der Menschheitsgeschichte! Gung ho! Gung ho! Gung ho! Beten wir um einen Krieg!« Wie die Slogans von Revolutionären wirken diese Worte, schwarz auf weiß, unsinnig – aber wenn sie aus hundert Kehlen tönen, üben sie eine unheimliche hypnotische Wirkung aus. Die Psychologie des Mobs, des Einigkeitsgedankens beherrscht den Willen der Männer, und sie schreien diesen Unsinn, obwohl sie wissen, daß es Unsinn ist. Irgendwann beginnen sie zu glauben, daß sie das Marinecorps wirklich lieben, daß es unbesiegbar und daß es durchaus in Ordnung ist, um einen Krieg zu beten – eines jener Ereignisse, bei denen das Corps immer wieder seine Existenz gerechtfertigt und seine Apotheose erreicht hat.

Man brachte uns die Gesetze bei, an die sich alle Marineinfanteristen halten müssen. Niemals dürfen sie die gefallenen Kameraden auf dem Schlachtfeld liegenlassen, nie den Rückzug antreten, nie kapitulieren, solange sie die Möglichkeit haben, sich gegen den Feind zu wehren. »Und diese Möglichkeit fehlt einem Marineinfanteristen nur dann, wenn er tot ist«, erklärte uns ein Ausbilder. Wir wurden auch in der Geschichte des Marinecorps unterrichtet oder – besser ausgedrückt – in seiner Mythologie. Man erzählte uns von Leutnant Presley O'Bannon, der das Fort der Berberkorsaren in Tripolitanien gestürmt, von Kapitän Travis, der im mexikanischen Krieg die Festung von Chapultepec, »die Hallen Montezumas«, erobert hatte, vom Bajonettangriff des 5. und des 6. Regiments in Belleau Wood, von Chesty Pullers Sieg gegen die Rebellen in Nicaragua und die Japaner auf Guadalcanal.

Etwa siebenhundertfünfzig Männer begannen den Lehrgang für Fortgeschrittene – nur fünfhundert beendeten ihn. Die Abschlußzeremonie fand 1963 an einem sengenden Augustnachmittag statt. Wir standen in Habachtstellung auf dem breiigen Asphalt des Exerzierplatzes, wo wir so viele Stunden lang gedrillt worden waren. Mehrere Felddienstoffiziere nahmen ihre Plätze auf der Musterungstribüne ein, Ordensbänder verliehen ihren Khakihemden Farbe. Die Sonne spiegelte sich im Metall ihrer Rangabzeichen, in den polierten Instrumenten der Kapelle. Auch ein paar Zivilisten, hauptsächlich Eltern, waren erschienen, um zu beobachten, wie ihre Söhne an diesem martialischen Ritus teilnahmen, Preise wurden verteilt, die üblichen Glückwünsche verlesen, und jemand hielt eine kurze Rede über die Pflichten gegenüber dem Vaterland. Geduldig standen wir da, Schweiß rann von unseren Nasen auf die Krawatten, und die Hitze durchzog unsere Hemden mit Falten. Schließlich erhielten wir den

Befehl, zur Musterung anzutreten, marschierten an der Tribüne vorbei und rissen beim Kommando »Augen rechts« die Köpfe herum, während goldene und scharlachrote Wimpel in der Brise flatterten, die Trommeln dröhnten und die Kapelle die Hymne des Marinecorps spielte. Es war glorreich und grandios, wie eine altmodische Feier am 4. Juli – Hornsignale, Trommeln und Flaggen. Als wir in Bataillonsordnung über das Feld marschierten und die bewegende, erhebende Hymne in unseren Ohren gellte, fühlten wir uns unbesiegbar, Jungs zwischen einundzwanzig und zweiundzwanzig, froh und zufrieden, ohne zu ahnen, daß einige von uns nicht viel älter werden sollten.

Am 2. Februar 1964 bekam ich mein Offizierspatent und kehrte im Mai nach Quantico zurück, um die Grundschule für Offiziere zu besuchen, wo die neuen Leutnants einen sechsmonatigen Lehrgang absolvierten, ehe sie zu ihrem ersten Kommando geschickt wurden. Man teilte mich der Kompanie H, Grundschulklasse 2–64 zu.

Die Grundschule war relativ angenehm, verglichen mit der Ausbildung der Offizierskandidaten. Wir wurden nicht mehr von fluchenden, sadistischen Feldwebeln gequält, und die Lehrer mußten uns »Sir« nennen, aber da wir uns lebhaft genug an den vergangenen Sommer erinnerten, löste der Anblick alter Seebären mit drei Streifen immer noch Pawlowsche Angstreflexe in uns aus.

Die Quartiere waren fürstlich. Wir wohnten zu zweit in großen, luftigen Schlafzimmern. Ein Turnsaal – nach einem Studenten benannt, der in Korea gefallen war – vervollständigte die College-Atmosphäre. Die Offiziersgrundschule, dem Typ nach zwischen einem Campus und dem richtigen Marinecorps anzusiedeln, sollte uns auf unsere Zukunft als Berufsoffiziere vorbereiten. Infolge der Corps-Doktrin, daß jeder Marineinfanterist ein guter Schütze sein muß, wurde bei diesem Lehrgang großer Wert auf die fundamentalen Elemente einer Infanterie gelegt – Waffenübungen und Taktiken kleiner Einheiten. Das war trockenes, technisches Zeug, und man brachte es uns im Stil einer Gewerbeschule bei: Wie erobert man einen Hügel mittels eines Frontal- oder eines Umfassungsangriffs; wie verteidigt man ihn, nachdem man ihn eingenommen hat; wie eröffnet man mit M-60-Maschinengewehren ein Sondierungs- oder ein Breitenfeuer.

Der Unterricht wirkte lähmend auf meinen Geist. Ich sehnte mich nach der Romantik des Kriegs, Bajonettangriffen und verzweifelten Kämpfen gegen übermächtige Feinde. Und ich wollte erleben, was ich in ›Guadalcanal Diary‹ und ›Retreat, Hell!‹ und mehreren anderen Filmen gesehen hatte. Statt diese Romantik zu genießen, mußte ich mich mit der Methodologie des Krieges begnügen, mit Clausewitz und seinen neun Grundsätzen, mit Linien und Pfeilen auf Landkarten, einem abstrakten Jargon und einer Vielzahl verwirrender Akronyme. An einer Schlacht teilzunehmen, hieß, »sich in einer Kampfsituation zu befinden«; ein Hubschrauberangriff hieß »vertikale Entwicklung«, ein M-14-Gewehr eine »in der Hand gehaltene, mit Gas betriebene, halbautomatische Mehrlade- und Schulterwaffe«. Irgendwo hatte ich gelesen, Stendhal hätte diesen simplen, klaren Stil durch das Studium der napoleonischen Schlachtordnungen erlernt. Die Literatur muß dankbar sein, weil Stendhal nicht in unserer Zeit gelebt hat – die Schlachtordnungen, die wir studierten, waren in einer Sprache geschrieben, die Rosetta Stone zu einer Dick-and-Jane-Leserin degradierte.

»*Feindstellung*. Angriffsstreitkräfte in Div.-Stärke halten MLR-Hill 820 Komplex gc AT 940713-951716 w/fwd-Elemente geschätzte Bat-Zusammenziehung bei gc AT 948715 (siehe Anhang A, COMPHIBPAC Nachr. Zusammenfassung, beendet am 25. Juni) ... *Auftrag:* BLT 1/7 Obj. erobern, Stellung halten und verteidigen. A gc 948715 ... *Ausführung:* BLT 1/7 landet LZ X-RAY Stunde 310600 ... A co. GSF etabl. LZ-Sicherheit LZ X-RAY H minus 10 ... B co. achse BLUE H plus 5 etabl. Riegelstell. vic gs. AT 948710 ... A, C, D cos. Manöverelement beginnt Vorhutachse BROWN H plus 10 ... Bn. tacnet frequ. 52,9 ... Schäkelcode HAZTR-

CEGBD ... div. tacair dir. Luftsignal PLAYBOY ... Freund-Pos. mit Signaltüchern oder grünem Rauch markieren. tgt w/ WP markieren.«

Nicht nur meine Augen schmerzten bei dieser Lektüre. Während einer besonders langweiligen Unterrichtsstunde beugte sich ein Klassenkamerad namens Butterfield zu mir. »Weißt du«, wisperte er, »was das Schlimme am Krieg ist? Daß es keine Hintergrundmusik gibt.«

Unsere Hollywood-Phantasien konnten wir bei den Truppenübungen ausleben, die etwa die Hälfte des Ausbildungsplans einnahmen. Dabei wurden Kampfsituationen simuliert, und wir lernten, die Theorie in die Praxis umzusetzen und »Angriffslust zu entwickeln«. Das Corps legte großen Wert auf den Elan seiner Soldaten. Man brachte uns die Grundlagen des Verteidigungskriegs bei, während Rückzugsbewegungen kaum erwähnt wurden, und wenn, dann nur in verächtlichem Ton. Die Armee zog sich zurück, die Marine tat das nicht, obwohl es bereits vorgekommen war – im Chosin Reservoir in Korea. Die Quintessenz der Offensive war der Frontalangriff: »Direkt in die Mitte.« Das galt als Höhepunkt des Infanteriekampfs; keine trickreichen Flanken- oder Einkreisungsbewegungen, nur eine Reihe entschlossener Männer, die aus der Hüfte feuerten und unbeirrt auf den Feind zuliefen.

In blutleeren Scheinmanövern fiel uns das nicht schwer. Jede Operation verlief nach Plan, und die einzige unrealistische Gefahr lag darin, daß man stürzen und sich einen Fußknöchel brechen konnte. Wir nahmen diese sorgsam inszenierten Übungen sehr ernst und dachten, sie würden echten Kämpfen gleichen. Damals wußten wir noch nicht, daß sie dem richtigen Krieg ungefähr so ähnlich waren wie das Schattenboxen einem Straßenkampf. Eifrig folgten wir den fünf Paragraphen unserer Angriffsordnung. Wir verkrochen uns im Dickicht, das nach Fichten duftete, spielten pflichtbewußt die Rollen, die man uns zugewiesen hatte – Studentenkommandant eines Zugs, Studentenkommandant einer Gruppe – und planten, die Landkarten vor uns ausgebreitet, als offensive Streitkräfte die Vernichtung unseres fiktiven Feindes.

Den ganzen Frühling und Sommer bekämpften wir ihn, umzingelten ihn, stürzten uns in geballter Formation auf ihn, führten Frontalangriffe auf die sonnenbraunen Hügel durch, die er verteidigte, und stießen Schlachtrufe aus, wenn wir durch sein Platzpatronenfeuer stürmten.

Zu jener Zeit war die Konterrevolution in militärischen Kreisen fashionabel. Es wurde offensichtlich, daß der nächste Krieg, falls er ausbrechen sollte, in Indochina stattfinden würde (im August, wo die Tonkin-Gulf-Resolution in Kraft trat, hatten wir gerade die Hälfte unseres Grundlehrgangs absolviert); und die Revolutionskämpfe stellten das Militär in der Ära der »neuen Grenzen« vor Spezialaufgaben. Das Friedenscorps baute Staudämme in Indien oder Schulen in Bolivien, aber das Kriegscorps mußte im Kampf gegen die kommunistischen Guerillas seinen Mann stehen, gegen die neuen Barbaren, die überall die breitgefächerten Interessen des neuen Roms bedrohten. Schließlich wurde die Konterrevolution immer noch von der Kennedy-Mystik umhüllt, obwohl der junge Präsident seit fast einem Jahr tot war. Doch der glanzvolle Fürst von Camelot hatte der neuen Doktrin durch die Entsendung der ersten Spezialstreitkräfte nach Vietnam seine Zustimmung erteilt, jener ebenfalls glanzvollen Gestalten mit grünen Kappen, in Fallschirmjägerstiefeln.

Vor allem die jungen Offiziere waren fasziniert und fühlten sich zur scheinbaren Romantik der Guerillakämpfe in fernen Ländern hingezogen. Dazu kam noch das Bwußtsein unserer Unzulänglichkeit, wann immer wir die buntschillernden Brüste der Veteranen mit unseren eigenen verglichen, die bis auf die Schützenmedaillen nackt waren. Wir wollten das schwarze Khaki mit Bronze- und Silbersternen schmücken, und in Vietnam sahen wir den Ort, wo wir sie am ehesten erringen konnten.

Der Oberleutnant, der uns die Konterguerillaoperationen erklärte, hatte dort dreißig Tage lang als »militärischer Beobachter« gedient, was ihn nicht unbedingt zum Experten stempelte. Aber er war verwundet worden, wenn auch unter wenig heroischen Umständen – er hatte über einer Latrine gehockt und eine Kugel in den Hintern abbekommen –, und das Purpurherz über der linken Brusttasche verlieh ihm eine gewisse Autorität.

Jedenfalls klang seine Stimme ziemlich autoritär, als er uns die Geheimnisse der Konterrevolution verriet. Seine Lektionen, mit Jargon gespickt, raubten uns die Illusion, der Guerillakampf würde dem Indianerkampf gleichen, eine rauhe, erdverbundene Kriegsform. Ganz im Gegenteil – es schien sich um eine hochentwickelte Kunst zu handeln; um die wilden Aufrührer zu besiegen, mußte man komplizierte Taktiken mit esoterischen Namen anwenden. Man brachte uns bei, wie wir sie mittels der Hammer-und-Amboß-Bewegung zur Kapitulation und in einem Menuett-Hinterhalt zum Todestanz zwingen könnten, wie wir sie in die Falle eines Einschnürungskordons locken und ihre Attacken mit Hilfe der Dreiecksverteidigung zurückschlagen müßten.

Diese sonderbaren Manöver praktizierten wir im schwülen Tiefland, der besten Version eines asiatischen Dschungels, die Virginia zu bieten hatte. Viele Monate später würde ich mich – wie ein Erwachsener an Kinderspiele – daran erinnern, wie wir durch jene Wälder rannten, einander auflauerten und imaginäre Guerillacamps überfielen. In unserer Begeisterung versuchten wir diese Dramen so realistisch wie möglich zu gestalten, sogar in den geringfügigen Details unserer Kleidung. Ich besitze immer noch ein Foto von einem anderen Leutnant und mir, das uns vor dem Aufbruch zu einem »Aufklärungseinsatz« zeigt. Wir trugen, was wir für authentische Dschungeluniformen hielten – Tarnhemden und Tarnkappen, aus Helmen gefertigt, Tarnfarbe war auf unsere Gesichter geschmiert. Ich glaube, wir glichen kindischen Jungs, die Soldaten spielten, aber nach unseren grimmigen Mienen zu schließen, müssen wir unsere Mission sehr ernst genommen haben.

Einige meiner Klassenkameraden trieben einen richtigen Kult mit der Konterrevolution und vertieften sich in die beinahe gesamte Literatur, die über das Thema erschienen war. Sie boten einen sonderbaren Anblick, diese typisch amerikanischen Offiziere mit Bürstenschnitt, die Mao Tsetungs Evangelium ebenso eifrig studierten wie die Schüler des Vorsitzenden in Peking und Hanoi. Damit folgten sie dem alten Prinzip: »Lerne deinen Feind kennen.« Die meisten der emsigen Offiziere wollten Karriere machen und wandten diese exotische Strategie aus den gleichen Gründen an, die Medizinstudenten zur Lektüre von Artikeln über die neuesten Trends der Chirurgie bewegen: Sie glaubten, das würde ihre Leistung im Ernstfall steigern – falls sie jemals Gelegenheit finden würden, ihre Kenntnisse in die Praxis umzusetzen. Was mich betraf – ich hegte nicht den Wunsch, General zu werden. Vietnam interessierte mich nur als ein Land, wo ich gefährliche Abenteuer bestehen könnte – nicht als Testgebiet für neue militärische Theorien oder meine professionellen Talente, die bestenfalls mäßig waren.

Wann immer ich an jene Tage in der Grundschule zurückdenke, drängt sich mir zunächst immer dieselbe Erinnerung auf – eine Doppelreihe grüngekleideter Männer, unter ihren Tornistern gebeugt, marschiert eine Sandstraße hinab. Gnadenlos brennt die Sonne. Rote Staubwolken, von unseren Stiefeln aufgewirbelt, pudern die Bäume am Straßenrand und verleihen ihnen ein kränkliches, fahles Aussehen. Der Staub klebt an unseren Uniformen, rinnt in schlammigen Streifen über unsere verschwitzten Gesichter. Gewehrschlaufen und Bajonettscheiden rattern, die Blechbüchsen klirren in unseren Provianttaschen. Unsere Köpfe schmerzen unter dem Gewicht der Stahlhelme, und der Ruf »Aufschließen, Abstand einhalten, aufschließen« hallt die lange Kolonne entlang.

Ich weiß nicht, was schlimmer war, die Monotonie oder die Mühsal – die Monotonie, stundenlang einen Fuß vor den anderen zu setzen, oder die Mühe, zum Vordermann eine Distanz von fünf Schritten zu wahren, »damit ihr nicht alle von einer Kugel getroffen werdet«. Selbst auf die diszipliniertesten Truppen übt eine solche Marschkolonne eine »Akkordeonwirkung« aus. Infolge der unterschiedlichen Schritte dehnt sie sich und zieht sich wieder zusammen. Zu Beginn trabt die Kompanie leichtfüßig dahin; dann hält sie plötzlich an, wir prallen aufeinander und warten, bücken uns, um die Rückenschmerzen zu lindern. Die Kolonne setzt sich wieder in Bewegung, ruckartig wie ein Zug, der ein Abstellgleis verläßt. Lücken klaffen in der Reihe. Wir laufen, um sie zu schließen, den entnervenden Schrei in den Ohren. »Aufschließen, verdammt, Leute, aufschließen!« Endlich wird eine fünfminütige Pause eingelegt. Wir nehmen die Tornister ab, rutschen eine Böschung hinunter und sinken erschöpft ins kühle Gras. Die Zeit reicht gerade für einen Schluck aus der Feldflasche, ein paar Züge an einer Zigarette, ehe das gefürchtete Kommando ertönt. »H-Kompanie, aufbrechen! Hoch mit euren Ärschen! Auf die Beine! Vorwärts, marsch, marsch!« Wir schleppen uns zur Straße zurück, langsam, widerstrebend, wie Sträflinge bei der Zwangsarbeit, und es geht weiter. Ein Fuß vor den anderen – hochheben, abstellen. Manchmal konnte ich mich nicht entsinnen, jemals etwas anderes getan zu haben. Meine College-Jahre rückten in ferne Vergangenheit, und es kam mir so vor, als hätte ich mein ganzes Leben lang einen zu schweren Tornister unter einer zu heißen Sonne eine zu lange Straße entlanggeschleppt. Und ich entschied, daß die Quintessenz des Marinecorps eine Tortur war.

Aber es gab auch schöne Momente, die uns für die endlosen Märsche und die Blasen an den Füßen entschädigten. Ich erinnere mich an einen Abend, wo wir durch eine bergige Feuerschneise zu einem Biwakplatz trotteten. Auf dem Gipfel einer Anhöhe sah ich den ersten Zug, der einen weiteren Hang hinaufkletterte. Die Männer verteilten sich auf dem Weg wie zwei Abschnitte einer Kette, einer hinter der schlaksigen Gestalt Major Seymours, des Kompaniekommandanten, der andere hinter dem hüpfenden scharlachroten Fähnchen des Wimpelträgers. Als letzterer den Grat erreichte, fing sich eine Brise in der Flagge, für einen Augenblick zeigte sich ein goldenes H, dann rollte sie sich wieder zusammen und verschwand allmählich aus dem Blickfeld, während er den Hang hinabstieg. Die Kolonne folgte ihm, stolperte durch einen dünnen Staubschleier. Schwarze Schweißflecken sprenkelten die Uniformen, die Patronengurte schimmerten, vom ständigen Schrubben abgestumpft, in dumpfem Gelb. Zusammengerollte Decken rahmten die Tornister ein, Gewehrschäfte hoben sich wie braune Kleckse von den olivgrünen Uniformen ab. Rechts in der Feuerschneise erstreckten sich dichte Wälder bis zum Horizont, wo die Sonne über einer gezackten Baumreihe hing – ein gigantischer orangeroter Ballon, der über einem grünen Meer schwebte. Die Luft kühlte ab und roch nach Fichten, erfüllt von der schläfrigen Stille eines Sommerabends im Süden. Ich kletterte zu dem Sattel zwischen den beiden Hügeln hinab, stieg wieder empor und wieder hinab und sah beglückt, daß ebenes Terrain vor mir lag. Etwa eine Viertelmeile entfernt, mündete der Weg in die Pflasterstraße, die zum Biwak führte. Dieser Asphaltstreifen, der zwischen grünen Zweigen leuchtete, bot einen willkommenen Anblick. Jetzt, wo die Kompanie wußte, daß sie das Ziel bald erreichen würde, begann sie schneller zu marschieren, fast fröhlich. Ein paar Infanteristen an der Spitze fingen ein Marschlied zu singen an, der Rest der Kolonne stimmte ein.

»Mein Mädchen wohnt in Bergeshöh'n...
O kleine Liza, kleine Liza Jane.
Sie will nicht, doch ihre Schwester ist auch sehr schön...
Kleine Liza Jane.
Oho, oh, oh, oh, kleine Liza, kleine Liza Jane.
O kleine Liza, kleine Liza Jane.
Mein Mädchen wohnt in Rühr-mich-nicht-an...
O kleine Liza, kleine Liza Jane.
Sie weiß, wie's geht, doch sie läßt mich nicht ran...
Kleine Liza Jane.
Oho, oh, oh, oh, kleine Liza, kleine Liza Jane.
O kleine Liza, kleine Liza Jane.«

Das Lied klang wie ein trotziger Schrei. Soeben hatten sie in sengender Hitze dreißig Meilen in der Wildnis zurückgelegt, mit vierzig Pfund auf dem Rücken, und jetzt sangen sie. Nichts konnte sie zum Schweigen bringen. Als ich den Ruf »Oho, oh, oh, oh, kleine Liza, kleine Liza Jane« durch die Wälder hallen hörte, war ich stolz auf diese unverwüstliche Kompanie, und glücklich, weil ich dazugehörte.

Im Herbst verbrachten wir eine Woche in Norfolk, um den Unterwasserkrieg zu üben – seekranke Tage auf dem aufgewühlten Atlantik, trunkene Nächte in der South Granby Street. Dann die Rückkehr nach Quantico, wo wir Kämpfe zwischen zwei Häusern und Nachtangriffe trainierten, Scheinschlachten im schwachen, launischen Fackellicht. Woche um Woche, Monat um Monat erlernten wir unser brutales Handwerk, und jede Lektion bildete eine Stufe in unserer Entwicklung vom Zivilisten zum Berufssoldaten. Die Verwandlung würde erst abgeschlossen sein, wenn wir in Vietnam gedient hatten, denn der Krieg beinhaltet Fakten, die man in der Ausbildung nicht erforschen kann, so realistisch und anstrengend sie auch sein mag. Aber Quantico simulierte die Vorgänge so wirklichkeitsgetreu, wie es außerhalb des Schlachtfelds möglich war.

Wie alle Evolutionen wurde auch die unsere von Mutationen begleitet. Das Marinecorps hatte tüchtige Krieger aus uns gemacht, und allmählich sahen wir auch so aus. Die zotteligen, etwas übergewichtigen Kinder, die vor langer Zeit am Tor der Offizierskandidatenschule aus dem Bus gestolpert waren, existierten nicht mehr – verdrängt von stromlinienförmigen Marineinfanteristen, deren harte Muskeln bei langen Märschen und bei Übungen mit den Bajonetten entstanden waren, die mühelos zwischen die Rippen der Feinde gestoßen werden mußten.

Doch die physischen Veränderungen spielten keine so große Rolle. Wir waren selbstbewußt und stolz geworden, manche sogar arrogant. Und wir hatten uns die militärischen

Tugenden des Mutes und der Loyalität angeeignet, des *esprit de corps*, wenn auch zum Preis einer verminderten Fähigkeit, Mitleid zu empfinden. Es gab noch andere Verwandlungen. In meinem Fall betrafen sie den Blickwinkel, aus dem ich die Welt betrachtete. Noch vor einem Jahr hätte ich die bergige Landschaft von Virginia mit den Augen eines Studenten gesehen, der im Hauptfach Englisch belegt hatte und gern romantische Gedichte las. Jetzt vertrat ich den klaren, pragmatischen Standpunkt eines Infanterieoffiziers. Für mich war das Land keine Szenerie mehr, sondern ein *Terrain*, und ich beurteilte es eher nach taktischen als ästhetischen Maßstäben. Nachdem ich dazu erzogen worden war, ständig nach Deckungsmöglichkeiten zu suchen, fand ich Gräben und Furchen in einem Gebiet, das einem Zivilisten völlig flach erschienen wäre. Wenn ich einen Hügel in Augenschein nahm – »erhöhtes Terrain« –, plante ich automatisch, wie er anzugreifen oder zu verteidigen wäre, mein Blick suchte nach Wegen für die Annäherung, nach geeigneten Schlachtfeldern. Eine Wiese im Wald erfreute mich nicht durch ihre pittoreske Schönheit, sondern sie stellte eine potentielle Bedrohung dar. Wenn ich zu einer solchen Lichtung kam, versuchte ich instinktiv zu eruieren, wie ich einen Zug unbeschadet ans andere Ende des offenen Terrains bringen könnte und welche Formation am besten wäre – eine keilförmige, also ein Kampf-V, oder eine Linie von Stoßtrupps, zwei vorn, einer hinten.

Nicht die ganze Ausbildung befaßte sich mit tödlichen Praktiken. In meinen Tagen vor Vietnam schleppte sich der Lehrgang gemächlich dahin, und wir fanden genügend Zeit für die zeremoniellen Aspekte des militärischen Lebens. Wir lernten Paraden zu inszenieren, ein Schwert stilvoll zu schwingen und uns bei gesellschaftlichen Ereignissen richtig zu benehmen – kurz gesagt, das ganze unsinnige Dekor, das mit den schmutzigen Realitäten der Kriegführung im zwanzigsten Jahrhundert nichts mehr zu tun hat.

Trotz der Überflüssigkeit dieser Lektionen kann ich nicht

sagen, daß ich sie reizlos fand. Der Romantiker in mir reagierte entzückt auf die Prachtentfaltung bei den Paraden, die Stammesrituale der Zeremonien, die vor langer Zeit auf fernen Schlachtfeldern entstanden waren. Im Sommer feierten wir den Offiziersmesseabend, dessen obskure uralte Ursprünge im britischen Heer lagen. Von Trommelschlägen begleitet, marschierten die Offiziere in Galauniformen in die Messe. Der Raum, nur von Kerzen erleuchtet, wirkte so düster und geheimnisvoll wie der Speisesaal eines Klosters. Silbertrophäen unserer Ahnen, der Königlichen Marine, und anderer englischer Regimenter, schimmerten in einem Glaskasten. FÜR DAS US-MARINECORPS, lautete eine Widmung, VOM 1. BATAILLON DER KÖNIGLICHEN WALISISCHEN FÜSILIERE, PEKING 1900. Toasts wurden ausgebracht, Weingläser erhoben, gesenkt und wieder erhoben, wie Kelche bei einem seltsamen Gottesdienst.

Im Winter gedachten wir beim Geburtstagsball des Marinecorps seiner Begründung in einer Taverne in Philadelphia, am 10. November 1775. Dieses Ritual führte zu meinem ersten Verstoß gegen das Militärgesetzbuch. Um die Feier zu besuchen, verließ ich ohne Erlaubnis das Marinelazarett in Quantico, wo ich mich gerade von einer Mononucleosis erholte, und freute mich auf eine Nacht voll bierseliger Kameraderie, ähnlich den Zusammenkünften von Beowulfs Kriegern in der Methalle. Und diese Stunden wollte ich keinesfalls im aseptischen Gefängnis des Isolierspitals verbringen. Tagsüber hatten zwei Klassenkameraden meine Uniform und eine Flasche Jack Daniel's in mein Zimmer geschmuggelt. Nach der Bettenkontrolle um acht Uhr abends formte ich eine Puppe aus meinem Pyjama, stopfte ihn unter die Decke, schlüpfte in meine Uniform, packte den Whiskey in meine Papiertüte und spazierte an den Wachtposten vorbei. Eine kurze Taxifahrt durch Quantico – das aus ein paar Bars, einem halben Dutzend Waschsalons und doppelt so vielen Uniformläden am braunen Potomac besteht – erreichte ich die Little Hall, wo die Party stattfand.

Ich ging hinein und betrat das neunzehnte Jahrhundert. Die

rangniedrigen Offiziere trugen weiße Handschuhe und Preußischblau, Waffenröcke mit preußischen Kragen, die Majore und Obersten, die ich in praktischem Khaki zu sehen gewohnt war, stolzierten in taillenkurzen Dinnerjacketts mit Epauletten einher, die ihre Ränge in Gold und Rot verkündeten. Ein paar Generäle eilten in flatternden Umhängen zur Bar. An einer Seite saßen scharlachrot gewandete Musiker, wie Kardinäle auf der Stange, stocksteif auf Klappstühlen. Inmitten dieser militärischen Pracht raschelten die kostbaren Abendkleider von Ehegattinnen und Freundinnen. »Guten Abend, Major«, flötete eine dieser Kreaturen mit ihrem honigsüßen, koketten, aber züchtigen Flachlandaristokratenakzent. »Freut mich, Sie wiederzusehen. Was für eine wunderbare Party ...« Ein Ball in vollem Ornat. Ich wußte nicht recht, woran er mich erinnerte – an eine Szene aus ›The Student Prince‹, ein Kostümfest oder die Abschlußfeier auf einer Militärakademie.

Ich fühlte mich enttäuscht. Die Atmosphäre weckte eher Assoziationen mit einem Kotillon für Debütantinnen als mit Beowulfs Methalle. Und weil so viele hohe Tiere da waren, inklusive des Marinecorpskommandanten General Wallace Green, benahmen sich alle tadellos. Die Kapelle trug ein langweiliges Potpourri aus Broadway-Musicals vor, und General Greene hielt eine etwas undeutlich artikulierte Rede, die mit höflichem Applaus quittiert wurde.

Trotz allem hatte jener Ball im November 1964 eine besondere Bedeutung für mich. Ich sehe immer noch den Saal vor mir, voller Offiziere in barocken Uniformen und modisch gekleideten Frauen. Manche tanzen, andere schlendern an einem Buffet vorbei und spießen mit Zahnstochern Hors-d'œuvres auf; einige halten Gläser in den Händen und machen Konversation; niemand ahnt, was ihn erwartet – Angst, Verstümmelung, plötzlicher Tod, das Leid langer Trennungen, Witwenschaft. Und ich glaube ein zeitgeschichtliches Gemälde zu betrachten, ein Tableau jener unschuldigen Ära vor Vietnam.

2

Denn ich bin ein Mensch, der Obrigkeit untertan, und habe unter mir Kriegsknechte; und wenn ich sage zu einem: Gehe hin!, so geht er; und zum andern: Komm her!, so kommt er; und zu meinem Knecht: Tu das!, so tut er's.

Matthäus, 8, 9

Die alten Seebären pflegten uns zu erzählen, das erste Kommando sei das denkwürdigste Ereignis im Leben eines Offiziers. Angeblich gleicht es der ersten Liebe und ist ein Meilenstein auf dem Weg zur Mannbarkeit. Diese Veteranen, Majore und Obersten, behaupteten, sie wüßten immer noch alles über die ersten Züge, die sie auf Guadalcanal, in Tientsin oder Korea befehligt hatten. »Es kommt mir so vor, als wär's erst gestern gewesen, Leutnant... Da hatte ich diesen Gewehrschützen, einen Obergefreiten... Der arme Kerl wurde von einem japanischen Maschinengewehr getötet, als wir Bloody Nose Ridge einnahmen... Und dieser Feldwebel am Granatwerfer, ein großer Rotschopf, verdammt will ich sein, wenn der es nicht geschafft hat, aus maximaler Entfernung einen Achtzigpfünder in einen Schornstein zu zielen.«

So lebhafte Erinnerungen besitze ich nicht. Mein erstes Kommando war ein Schützenzug in einem Bataillon der 3. Marinedivision, der ich mich auf Okinawa anschloß, nachdem ich den Grundlehrgang beendet und einen Monat Urlaub in San Francisco verbracht hatte. Etwa vierzig Mann gehörten dazu, aber ich entsinne mich nur einiger weniger. Was in meinem Gedächtnis haften blieb, ist der Teil eines

Dienstplans vom 2. Zug, C-Kompanie, 1. Bataillon, 3. Marinedivision:

Unteroffizier Banks, 1. Gruppenführer an Stelle von Feldwebel Gordon, der vorübergehend der D-Kompanie zugeteilt wurde. Banks war ein Schwarzer mit weicher Stimme, der in Korea gekämpft hatte und deshalb von seinem Teenagertrupp als lebende Reliquie betrachtet wurde. Er war höchstens einunddreißig.

Unteroffizier Mixon, 2. Gruppenführer, war dünn und fast zierlich, von scheuem, zurückhaltendem Wesen.

Unteroffizier Gonzales, 3. Gruppenführer – klein, untersetzt, angriffslustig, aber nett.

Obergefreiter Sampson, ein alter Mann von fünfundzwanzig, dessen Karriere beim Marinecorps so kariert war wie ein Schachbrett. Zweimal war er zum Unteroffizier ernannt und zweimal zum einfachen Soldaten degradiert worden. Als ich den Zug übernahm, befand er sich wieder auf dem aufsteigenden Ast. Ein schlampiger, unachtsamer Mann mit starkem Bartwuchs, der ihm einen konstanten Fünf-Uhr-Schatten eintrug, war Sampson in der Garnison der archetypische Penner vom Dienst, aber ein guter Feldsoldat. Anscheinend brauchte er das Reizmittel von Mühsal oder Gefahr, um die guten Seiten seines Charakters zu zeigen.

Obergefreiter Bryce, ein hochgewachsener Bursche aus Kansas und einer der einsilbigsten Soldaten in der Kompanie. Irgend etwas schien seine Gedanken zu beherrschen; was immer es auch sein mochte, er behielt es für sich. Während der ganzen Zeit unseres Zusammenseins hörte ich ihn nur ein paar Dutzend Wörter aussprechen, und im Juli 1965 brachte ihn eine Granate für immer zum Schweigen.

Obergefreiter Marshall, im Zivilleben ein freiberuflicher Ritter von der Viertelmeilenstrecke. Er erzählte uns oft und gern Geschichten von Landstraßenrennen, die er in seinem chromgeschmückten Stahlroß gewonnen hatte, einem verbeulten Chevy mit kalifornischer verstellbarer Rückenlehne, vier Gängen, schnittigem Heck und einem Motor, der im Leerlauf heiser brummte und wie der Vesuv explodierte, wenn Marshall den Tacho in Schwung brachte, blitzschnell von Null auf Sechzig kam und, bei Gott, die anderen Idioten hinter sich ließ, als würden sie stillstehen. Nun setzte er seinen ganzen Ehrgeiz darein, beim Corps genug Geld zu verdienen, damit er sich nach der Entlassung ein noch wilderes Biest kaufen und den Rest seines Lebens mit der Betrachtung von Telegraphenmasten verbringen konnte, die an ihm vorbeirasten.

Gefreiter Chriswell, der siebzehnjährige Funker des Zugs, eine blonde Bohnenstange, die besser in einem kleinstädtischen Turnsaal Basketbälle abgefeuert hätte statt eines Gewehrs, zehntausend Meilen von daheim entfernt. Er hatte eine irritierende Angewohnheit, die man ihm nicht austreiben konnte, und zwar sprach er die Offiziere in der archaischen dritten Person an. »Wünscht der Leutnant, daß ich seine Pistole reinige?«

Gefreiter Lockhart, ein stiller, fast empfindsamer Bursche, der aber immerhin das rauhe Leben auf den Straßen von Chicagos South Side verkraftet hatte. Aus irgendwelchen Gründen erinnere ich mich an die belanglose Tatsache, daß es ihm schwerfiel, Liegestütze zu machen.

Gefreiter Devlin, Lockharts Kumpel, ein typisch amerikanischer Junge, neunzehn Jahre alt, mit blondem Haar und blauen Augen und dem Körperbau eines Mittelgewichtsringers.

Die Gefreiten Bradley und Deane, ein unzertrennliches Paar aus North Carolina, wie ihre rebellischen Ahnen geborene Infanteristen. Sie konnten endlos lang laufen, auf jedem Terrain, zielsicher schießen, und für physische Unannehmlichkeiten hatten sie nur fröhliche Verachtung übrig.

Unteroffizier Sullivan, dessen Maschinengewehrschützen meinem Zug für einige Zeit angeschlossen wurden. Einige »Lebenslängliche« brachte er zur Verzweiflung, weil er zum Feldwebel ernannt werden sollte, sich aber weigerte, das Verhalten eines solchen an den Tag zu legen. Sullivan war ein spindeldürrer Verfechter des Egalitarismus, ein »gottverdammter Bebop-Freak«, wie ihn einer seiner Gegner in

Anspielung auf seinen lässigen, lockeren Gang bezeichnete. Er hatte einen respektlosen Humor, und seine Befehle klangen wie Bitten. Mit zweiundzwanzig war er zu jung für einen dritten Streifen, und daß er überhaupt einen bekommen sollte, war – wie die Lebenslänglichen klagten – ein weiterer Beweis für den Verfall des Corps. »Bei Gott, als ich eintrat, gab's keine Feldwebel mit pickligen Milchgesichtern. Und um die Stufe E-4 zu erreichen, brauchten wir fünf Jahre.«

Die restlichen Leute sind nur Namen ohne Gesichter oder Gesichter ohne Namen. Ein paar Verallgemeinerungen gelten für alle. Sie waren Amerikaner durch und durch, was auf ihre Tugenden ebenso wie auf ihre Schwächen zutraf – idealistisch, unverschämt, großzügig, direkt, gewalttätig und insofern provinziell, als sie glaubten, der Grund und Boden, auf dem sie nun standen, würde für immer den Vereinigten Staaten gehören – einfach nur, weil sie drauf standen.

Die meisten stammten von den zerrissenen Rändern des »großen amerikanischen Traums«, aus den Slums der Citys und den Minenstädten der Appalachen oder von kleinen Farmen. Die Worte »zwei Jahre High School« tauchten deprimierend oft in der Rubrik AUSBILDUNG ihrer Dienstbücher auf, und unter ADRESSE DES VATERS stand bei so manchem: »Unbekannt«. Sie waren Freiwillige, aber ich fragte mich, wie viele sich wirklich freiwillig dem Militär verschrieben hatten. Ab dem achtzehnten Geburtstag drohte ihnen die Rekrutierung, und sie durften nicht wie die Jungs aus dem oberen Mittelstand auf einen Aufschub zu Studienzwecken hoffen – wie jene Leute, die ihnen später den Schimpfnamen »Killer« geben sollten. Das Jugendgericht hatte mehrere vor die Hobson-Wahl zwischen dem Gefängnis und dem Corps gestellt. Andere waren durch wirtschaftliche Not und psychologischen Druck zur Marine getrieben worden; das Corps bot ihnen ein garantiertes jährliches Einkommen, kostenlose ärztliche Versorgung, kostenlose Kleidung und noch etwas anderes, weniger greifbar, aber genauso wertvoll – Selbstachtung. Ein Mann, der diese Uniform trug, war jemand. Er hatte eine Prüfung bestanden, die nicht allzu viele bewältigten. Er war kein Pechvogel und Versager, der für einen Dollar fünfzig pro Stunde Benzintanks füllte oder Autos wusch, sondern ein Marineinfanterist

Der Feldwebel unseres Zugs, William Campbell (für seine Freunde »Wild Bill«) war ein Korea-Veteran und hatte zahllose Wirtshausschlägereien in fast allen Häfen zwischen Neapel und Yokohama hinter sich. Er paßte so perfekt zum Hollywoodklischee eines Marinefeldwebels, daß er wie eine lebende Imitation einer künstlichen Erscheinungsform wirkte. Über einsneunzig groß und zweihundertzwanzig Pfund schwer, glaubte er an das Marinecorps so wie ein Jesuit an die katholische Kirche. Für die übrige Marine, die Armee, den Kongreß, die Mutterschaft und die Offiziere – in dieser Reihenfolge – empfand er nur Verachtung. Es war ein Erlebnis, ihn eine Straße hinabgehen zu sehen, kerzengerade und großspurig, in einer Uniform, von tropischen Sonnentagen weiß gebleicht, mit geringschätzig funkelnden Augen unter dem Schirm seiner fadenscheinigen Mütze.

Der rothaarige Riese hinkte leicht, ein Souvenir von den Frostbeulen, die er sich 1950 im Chosin Reservoir zugezogen hatte. Zu jener Zeit, ehe dem Schlachtbanner des Corps Namen wie Khe Sanh, Hue und Con Thien beigefügt worden waren, hatte man den kämpferischen Rückzug aus dem »gefrorenen Chosin« als ungeheure Heldentat betrachtet, als harte Probe in Feuer und Eis. Im Lauf der Jahre nahm die Kampagne epische Züge an – und sogar die sachlichsten Militärhistoriker verglichen sie mit dem Marsch der Unsterblichen Xenophons. Jedem Soldaten, der von sich behaupten konnte: »Ich war im Chosin«, wurde höchster Respekt gezollt. Und Campbell zählte zu den wenigen, die das konnten.

Seine Stellung im Zug glich der Position eines Häuptlings in einem Kriegerclan. Die vierzig Marineinfanteristen bildeten sein privates Lehensheer, in dessen Gesetzmäßigkeit sich niemand einmischen durfte. Er vertrat – vermutlich zu Recht – die Überzeugung, daß die Disziplin in einer regulären Armee letztlich auf Angst basiert. Diese Emotion bleute er unserem Zug ein, und die Leute fürchteten sich nicht vor dem Kriegsrecht, sondern vor ihm. Und so zogen sie die möglichen Konsequenzen, die der Ausführung eines Befehls folgen könnten, dem Zorn Wild Bills vor, der sicheren Konsequenz des Ungehorsams. »Verdammt, ihr seid mein Marinecorps«, erklärte er dem jeweiligen Missetäter, und diese Worte gingen normalerweise der Aufforderung voraus, hinter die Baracken zu treten.

Der Zug lehnte Campbells brutale Methoden nicht ab. Alle Marineinfanteristen zeigen einen unerschütterlichen Hang zum *Machismo*, der an Masochismus grenzt, und ich glaube, unser Zug war stolz auf den Ruf seines Feldwebels, der als einer der härtesten in der Division galt. Außerdem fanden wir die Strafen, die er von Mann zu Mann verhängte, viel besser als die unpersönlichen Vergeltungsmaßnahmen im Sinne des Militärgesetzbuchs. Jedenfalls sorgte Campbells Strategie für saubere Dienstpapiere und bewahrte die Männer davor, degradiert zu werden oder die Chance zur Beförderung einzubüßen.

Das geschlossene Exerzieren war seine größte Leidenschaft. Und darin hatte er es bei einer Inspektionstour auf Parris Island, der Sammelstelle für Rekruten, zu erstaunlicher Meisterschaft gebracht. Für ihn war der Drill eine Kunstform, und kein Choreograph konnte in einer Ballettinszenierung höhere Befriedigung finden als Campbell, wenn er seine Soldaten über ein Paradedeck marschieren ließ. Etwa zwei Wochen nach meiner Ankunft auf Okinawa beobachtete ich ihn bei der Arbeit. Er stand auf einer Seite des Platzes, die Hände in die Hüften gestemmt, und brüllte Befehle, auf die der Zug in maschineller Präzision reagierte. Dies war eine eindrucksvolle Demonstration des Handwerks, das er am besten beherrschte, und als er mich fragte, ob ich's auch einmal versuchen wollte, verneinte ich und meinte, ich könne das nicht einmal halb so gut wie er, geschweige denn besser. »Das stimmt, Leutnant«, höhnte er. »Es gibt keinen Besseren als mich.«

Es fiel mir schwer, ihm klarzumachen, daß ich der Kommandant des Zugs war, und ich zweifle, ob ich jemals Erfolg damit hatte. Er schien mich wie ein unvermeidliches Ärgernis zu dulden – eine Haltung, die er gegenüber den meisten Offizieren zeigte. Trotzdem bewunderte ich ihn und mochte ihn sogar. In der modernen Armee, die Robert McNamara nach dem Vorbild der Ford Motor Company gestaltet hatte, einem Heer voller »Teamspieler«, die einen glatten PR-Jargon beherrschten und die Kunst praktizierten, stets ihre Spuren zu verwischen, wirkte ein profaner, trinkfreudiger Einzelgänger wie Campbell irgendwie erfrischend. Er hielt sich an seine eigenen Regeln, sofern das bei der Marine möglich war, und er tat nichts Halbes. Was er war, das war er hundertprozentig, und zwar ein Marinefeldwebel, ohne sich bei irgend jemandem dafür zu entschuldigen.

Das Bataillon litt an einer Inselfieberepidemie, als ich im Januar 1965 dazustieß. Abgesehen von einem kurzen Kaltwettertraining in Japan, befanden sich die Kompanien Eins – Drei seit dem September auf Okinawa und warteten darauf, daß etwas passieren würde. Die Isolation verstärkte ihre Langeweile. Sie waren im Camp Schwab stationiert, dem »Heim der Dritten Marineinfanteristen«, das mit den tristen ebenerdigen Betonbaracken und den Zäunen aus Maschendraht nicht besonders heimelig, sondern eher wie ein kleines Gefängnis aussah. Dieser entlegenste Stützpunkt auf dem Rock grenzte an die Dschungelberge, die das nördliche Drittel der Insel bedeckten. Eine kurze Taxifahrt trennte uns von den einzigen Spuren der Zivilisation, mehreren schäbigen Kneipen, deren Namen einer Lektion in amerikanischer Geographie glichen: Bar New York, Club California, Blue Hawaii Lounge. Die Stadt hieß Heneko, und die Soldaten begaben sich abends dorthin, um sich aus nichtigen Gründen auf Raufereien einzulassen und ihre Ehre zu verteidigen, von O-beinigen Barmädchen umworben zu werden und dem Alkohol genauso unmäßig zuzusprechen wie alle jungen GIs bei ihrer ersten Dienstzeit in Übersee.

Die Tage folgten der altehrwürdigen Garnisonsroutine – Wecksignal, Namensaufruf, Gymnastik, Frühstück, Einteilung der Arbeitsgruppen, Mittagessen, geschlossenes Exerzieren, Einteilung von Arbeitsgruppen, Gymnastik. Abendessen, Urlaubssignal für alle, die dienstfrei hatten, Wacheinteilung für alle, die Dienst hatten, Abendflagge, Zapfenstreich, Licht aus.

Es war ein ödes Leben und entsprach keineswegs meinen romantischen Vorstellungen von einem Marinestützpunkt im Fernen Osten. Meine erste Lektion in den Tatsachen des Lebens erteilte mir Fred Wagoner, der Kompaniefeldwebel, ein kräftig gebauter Mann, dem das dünne, graue Haar und die Metallbrille die Aura eines strengen Großvaters verliehen. Wie die meisten Oberfeldwebel hegte er eine große Ehrfurcht vor den Formalitäten der Militärbürokratie. Als ich mich bei der Kompanie meldete, unterzeichnete ich ein paar unausgefüllte Tauglichkeitsberichte und legte sie ihm auf den Schreibtisch, ehe ich mich bei Kapitän Lee Peterson vorstellte. Aber Wagoner hielt mich zurück, die unheilvollen Augen von den Brillengläsern vergrößert. »Mr. Caputo, Sie haben diese Formulare mit blauer Tinte unterschrieben.« Ich erwiderte, allerdings, mein Kugelschreiber sei blau. »Blaue Tinte! Verdammt, Sir, hat man Ihnen in Quantico denn gar nichts beigebracht?« fragte er rhetorisch, schob mir mit einer Hand neue Formulare hin und reichte mir mit der anderen seinen Füllhalter. »Schwarze Tinte, Sir. Beim Marinecorps wird alles mit schwarzer Tinte geschrieben.«

»Was für einen Unterschied macht das, zum Teufel?«

Sein Tonfall wechselte zu nachsichtiger Verzweiflung über, als spräche er mit einem geistig zurückgebliebenen Kind. »Bitte, Sir. Benutzen Sie meinen Füller. Schwarze Tinte. Das gehört zu unserem System, Leutnant, und wenn ich in all den Jahren irgendwas gelernt habe, dann dies – gegen das System kommt man nicht an.«

Und so verbrachte ich meine ersten Wochen in Übersee, indem ich das System studierte, leere Formulare mit schwarzer Tinte unterzeichnete und mit den anderen Offizieren im

Büro der Kompanie Kaffee trank. Soviel wäre also zu Hollywood und John Wayne zu sagen. Da ich wenig zu tun hatte, fühlte ich mich bald so rastlos wie alle anderen, sogar noch viel unruhiger. Der Müßiggang, die langweiligen Pflichten des Camplebens zerrten an meinen Nerven, weil ich eifrig – manche würden vielleicht sagen, übereifrig – auf eine Chance wartete, meine Fähigkeiten zu beweisen.

Dieser Wunsch wurde durch meinen Status in den Kompanien Eins bis Drei noch geschürt. Ich war nicht nur der jüngste Offizier, sondern auch noch ein Außenseiter, eine unangenehme Position in einer besonders engmaschigen Abteilung des amerikanischen Militärs. Eins–Drei fungierte als Ablösungsbataillon im Rotationssystem des Marinecorps, das zwischen dem Korea- und dem Vietnamkrieg angewandt wurde, um die Leistungskraft und den *esprit* der pazifischen Streitkräfte aufrechtzuerhalten. Ein Kader aus älteren Offizieren und Feldwebeln wie Campbell bildeten den Kern eines solchen Bataillons. Die Reihen wurden mit Soldaten gefüllt, die gemeinsam ausgebildet worden waren, die Plätze der jüngeren Offiziere nahmen Leutnants ein, die im selben Jahr ihren Lehrgang in Quantico beendet hatten. Die Marineinfanteristen der Ablösungsbataillons hatten also alle etwas gemeinsam, seit dem Tag, wo sie ihnen zugeteilt wurden: im allgemeinen blieben sie drei Jahre bei derselben Einheit. Die Hälfte dieser Zeit verbrachten sie beim Training mit der 1. Division im kalifornischen Camp Pendleton, dann taten sie dreizehn Monate Dienst im Fernen Osten bei der 3. Weil sie das alles zusammen unternahmen, entstand in solchen Verbänden eine stark ausgeprägte Kameradschaft. Wie bei der Zellvereinigung im menschlichen Körper waren alle Marineinfanteristen, alle Trupps, Züge und Kompanien eng miteinander verschmolzen und bildeten ein Ganzes, von eigenem Leben und eigenem Geist erfüllt, das Bataillon.

Zumindest galt das für die Kompanien Eins–Drei. Die Individualisten waren untrennbar mit der Identität des Bataillons verflochten, formten es und wurden von ihm umschlossen. Und alle, die ihm angehörten, hielten es für das beste

Bataillon in der besten militärischen Abteilung, für eine Elite innerhalb einer Elite. Diese Cliquen- und Clanatmosphäre erschien mir fast greifbar. Ich spürte sie von Anfang an, und deshalb war ich mir meiner Situation als Fremder schmerzlich bewußt. In der Offiziersmesse kam ich mir vor wie der Gast eines exklusiven Herrenclubs, nicht unwillkommen, aber kein Mitglied.

Meine »Stammeinheit« im Hauptquartier hatte mich für neunzig Tage den Kompanien Eins bis Drei zugeteilt. Hier sollte ich ein Kommando übernehmen, um mich für meine militärische Fachlaufbahn zu qualifizieren. Das bedeutete, daß ich dem Bataillon angeschlossen war, aber nicht dazugehörte; wenn die neunzig Tage abgelaufen waren, würde man mich wahrscheinlich ins Hauptquartier zurückbeordern und mit irgendwelchen langweiligen Verwaltungspflichten betrauen. Doch man erklärte mir, dieses Schicksal könne hinausgezögert oder überhaupt abgewendet werden, wenn mich das Bataillon als einen der Seinen akzeptiere. Das hing davon ab, ob ich mich als kompetent erweisen und den Respekt meines Zugs und meiner Offizierskameraden gewinnen würde. Weder das eine noch das andere fiel mir leicht. Die anderen Zugführer in der Charley-Kompanie – Glen Lemmon, Bruce Tester und Murph McCloy – blickten auf ein- bis zweijährige Erfahrungen zurück, während ich gar keine besaß. Verglichen mit diesen dreien war ich ein Amateur, der keinen blassen Schimmer von den einfachsten grundlegenden Dingen hatte. »Blaue Tinte!« hatte der Oberfeldwebel gesagt und mich vor seinen Schreibern bloßgestellt. »Verdammt, Sir, hat man Ihnen in Quantico denn gar nichts beigebracht?« Damit war ich im ganzen Bataillon zum Grünschnabel gestempelt.

Im Camp kursierten Gerüchte über einen möglichen Einsatz in Vietnam, schon seit dem Tag, wo die Delta-Kompanie nach Danang geschickt worden war, um dort für die innere Sicherheit der amerikanischen Siedlung zu sorgen – keine besonders

aufregende Pflichtübung und, wie wir von offizieller Seite hören konnten, nur eine vorübergehende. Inoffiziell munkelte man, der Rest von Eins–Drei würde demnächst nach Vietnam aufbrechen. Doch als die Wochen verstrichen und nichts geschah, schwand meine Hoffnung auf baldige Aktivitäten.

Im Februar wurde die Kompanie ins nördliche Trainingsgebiet entsendet, eine bergige Dschungelregion, wo wir uns im Konterguerillakampf übten. Nun wurde ich zum erstenmal auf dem Feld getestet. Allzu eifrig bestrebt, keinen Unmut zu erregen und jeden noch so kleinen Fehler zu vermeiden, vermasselte ich alles, zumindest am Anfang. Zögernd und meiner selbst unsicher, gab ich Befehle, die von meinem Zug oft mißverstanden wurden. Die Aufgabe, Patrouillen in den Dschungel von Okinawa zu führen, erschien mir viel schwieriger als ähnliche Operationen in den Wäldern von Quantico, die im Vergleich dazu eher wie Parkanlagen wirkten. Ein paarmal hätte ich mich beinahe verirrt und bestätigte die Wahrheit des alten Militärsprichworts, ein Leutnant mit einer Landkarte und einem Kompaß sei die gefährlichste Person von der Welt. Den Höhepunkt meiner Schmach erreichte ich bei einem taktischen Problem, während eines »Angriffs« auf einen simulierten Guerillastützpunkt. Während der Zug auf den Marsch zum Ausgangspunkt wartete, zündete Campbell die Rauchlaterne an, offenbar, weil er Lust auf eine Zigarette hatte. Als ich das beobachtete, fand ich, es wäre okay, und steckte mir auch eine an. Schon bei meinem ersten Zug stürzte ein erboster Ausbilder aus dem Bambusdickicht. »Was zum Teufel geht hier vor?« brüllte er. »Das Problem ist noch nicht gelöst, und die Laterne wird erst angezündet, wenn ich's sage! Wenn Sie so was in Vietnam machen, werden Sie den Feind zum Feuern veranlassen und Ihre Männer verlieren. Und nehmen Sie das gottverdammte Ding aus dem Mund! Sie sollen den anderen ein Beispiel geben.«

Vor den Soldaten zur Schnecke gemacht... Und als hätte das noch nicht genügt, erteilte mir Joe Feeley, der Ausführungskommandant der Kompanie, etwas später am selben Tag eine weitere Lektion. Der Ausbilder hatte Peterson den Zwischenfall gemeldet, der – wie Feeley erklärte – gewisse Zugeständnisse machen wollte, weil ich noch ein Grünschnabel war. Aber noch so ein Fehler, und der Kapitän würde an meiner Kompetenz zu zweifeln beginnen. »Und was Ihren Feldwebel angeht, *Leutnant* – erklären Sie diesem eigensinnigen Hurensohn lieber, wer hier der Boß ist, ehe er Sie wieder in Schwierigkeiten bringt.« Nachdem ich meine verbalen zwanzig Peitschenhiebe erhalten hatte, kehrte ich zum Zug zurück und erinnerte mich an den Ausspruch einer Person in einem Kriegsroman, den ich mal gelesen hatte. »Bei Gott, man kann nichts mit einem Kommando vergleichen.« Bei Gott, wirklich nicht, dachte ich und überlegte, ob ich das jemals hinkriegen würde. Aber ich schaffte es. Entschlossen, keinen Tadel mehr hinzunehmen, verwandelte ich mich in einen richtigen kleinen Leuteschinder, und während der restlichen Truppenübungen vollbrachte mein Zug zwar keine brillanten, aber immerhin respektable Leistungen.

Wenn ich jetzt zurückblicke, gewinne ich den Eindruck, daß ein Großteil meines späteren Verhaltens in Vietnam – in guter wie in schlechter Hinsicht – von den Verweisen herrührte, die ich an jenem Tag hatte einstecken müssen. Sie weckten in mir eine dauerhafte Angst vor Kritik und gleichzeitig eine heiße Sehnsucht nach Lobeshymnen. Für unzulänglich gehalten zu werden, der Mitgliedschaft in der harten, supermännlichen Welt eines Marineschützenbataillons nicht würdig – das war das letzte, was ich mir wünschte. Wäre ich älter oder erfahrener gewesen, hätte ich Feeleys Bemerkung nicht so unverhältnismäßig ernst genommen, aber ich litt an der jugendlichen Neigung, solchen Dingen eine viel zu große Bedeutung beizumessen. Das kommt auch in den verschiedenen Urteilen zum Ausdruck, die unsere Kommandanten in ihren Eignungsberichten über mich abgaben. Ich besitze immer noch die Kopien dieser Papiere, und sie zeichnen das Bild eines enthusiastischen, manchmal etwas leichtsinnigen jungen Leutnants, der viel zu krampfhaft versucht, die in ihn gesetzten Erwartungen zu erfüllen. »Leutnant Caputo zeigt keine Furcht angesichts des Feindes«; »... ein aggressiver, eifriger junger Offizier, der Erfolg haben will«; »...ein bißchen zu schießfreudig«; »...neigt zu impulsiven Aktionen«; »plant nicht im voraus«; »...brachte im Kampf gute Leistungen.« Napoleon sagte einmal, er könnte seine Männer dazu bringen, für ein paar kleine Orden zu sterben. Als das Bataillon nach Vietnam aufbrach, war ich bereit, für noch viel weniger zu sterben – für einige anerkennende Kommentare in einem Eignungsbericht. Für Worte.

Die Truppenübungen dauerten zwei Wochen; und es regnete zwei Wochen lang unablässig, so daß wir die besonderen Qualen des Dschungelkrieges kennenlernten – Blutegel, Moskitos, ständige Feuchtigkeit, den Klaustrophobie-Effekt der dichten Wälder, die das hellste Mittagslicht verdunkelten und um Mitternacht jene absolute Schwärze erzeugten, in der die Blinden leben. Wir praktizierten Taktiken, die das britische Heer 1950 bei den malaiischen Aufständen perfektioniert hatte, in einem Konflikt, den nur oberflächliche Ähnlichkeiten mit der Situation in Indochina verbanden. Trotzdem – jener Sieg war die einzige erfolgreiche Konterrevolution gewesen, die eine Westmacht in Asien durchgeführt hatte, und so wurden wir, wie es beim Militär so oft vorkommt, für den falschen Krieg ausgebildet; wir lernten alles, was man über die Guerillakämpfe auf der malaiischen Halbinsel wußte.

Man unternahm auch manche Versuche, uns jene antisozialen Eigenschaften einzuimpfen, ohne die ein Soldat im Dschungel nicht überleben kann. Er muß hinterlistig, aggressiv und skrupellos sein, eine Kombination aus Einbrecher, Bankräuber und Mafiakiller. Einer unserer Ausbilder war ein korpulenter Feldwebel, dessen dicker Kopf übergangslos auf den Schultern saß, und die waren so breit wie ein M-14-Gewehr lang. Stets betonte er die Notwendigkeit, jeden feindlichen Soldaten zu beseitigen, der in die Todeszone eines Hinterhalts eindrang. Auf die erste Salve in Taillenhöhe abgefeuert, mußte eine zweite aus Fußknöchelhöhe folgen, um jeden zu erledigen, der die vorangegangenen Schüsse überlebt hatte. Um uns in die brutale Stimmung zu bringen, die für ein kaltblütiges Gemetzel erforderlich war, begann der Feldwebel seine erste Lektion folgendermaßen:

Er betrat den Unterrichtsraum, stieß ein haarsträubendes Kriegsgeschrei aus und rammte ein Beil in eine der Holzwände. Wortlos schrieb er etwas auf die kleine schwarze Tafel und verbarg es mit seinem V-förmigen Rücken. Dann trat er beiseite, zeigte mit einer Hand zu der Aufschrift und mit der anderen auf einen Marineinfanteristen. »Was steht da?«

Marineinfanterist: »Da steht ›Hinterhalt ist Mord‹.«

Feldwebel: »Richtig.« *Schreit:* »HINTERHALT IST MORD!« Kehrt zur Tafel zurück und schreibt noch etwas, fragt dann: »Und was steht hier?«

Marineinfanterist: »›Und Mord macht Spaß.‹«

Feldwebel: »Wieder richtig.« Zieht das Beil aus der Wand und schwingt es hoch. »Und jetzt alle – HINTERHALT IST MORD, UND MORD MACHT SPASS!«

Die Schüler, zögernd, mit nervösem Gelächter: »Hinterhalt ist Mord, und Mord macht Spaß.«

Feldwebel: »Ich höre euch nicht, Soldaten.«

Die Schüler, diesmal unisono: »HINTERHALT IST MORD, UND MORD MACHT SPASS.«

Unrasiert und schmutzig kam die Kompanie ins Camp Schwab zurück, gerade rechtzeitig, um zu erfahren, daß in Vietnam – während wir fiktive Guerillas ermordet hatten – von den richtigen ein Blutbad angerichtet worden war. Der Vietcong hatte den amerikanischen Stützpunkt in Pleiku angegriffen und ihm schwere Verluste beigebracht. Zumindest wurde das damals so betrachtet: Etwa siebzig Gefreite von der Luftwaffe waren getötet oder verwundet worden. Wenige Tage später warfen die ersten US-Jagdflieger ihre Bomben über dem Norden ab. Das anhaltende Bombardement, später unter dem Namen Operation Rolling Thunder bekannt, hatte begonnen.

Das Bataillon versank wieder in seiner häuslichen Routine,

doch die Nachrichten über diese beiden Ereignisse – den Überfall auf Pleiku und die Vergeltungsaktion – gab den Gerüchten über einen baldigen Aufbruch »nach Süden« neue Nahrung. Vorfreude verdrängte die Langeweile. Am 15. Februar wurden die Gerüchte Lügen gestraft, denn da hörten wir, Eins–Drei würde vermutlich in einer Woche in See stechen, nach Hongkong oder zu den Philippinen fahren. Die Bestätigung erfolgte am 17., als man uns mitteilte, wir würden am 24. nach Danang gehen.

Und so begannen drei verwirrende Wochen voll Alarm und Gegenalarm, voller Warnungen und Entwarnungen. Die Charley-Kompanie wurde für weitere zwei Tage in den Busch zurückgeschickt, wo sie neue Truppenübungen absolvierte, wahrscheinlich als Probe für das viel realistischere Drama, in dem wir am Monatsende mitspielen sollten. Das Wetter – freundlich und warm, solange wir uns in der Garnison aufgehalten hatten – wurde feucht und kalt, wodurch wir eine zusätzliche Gelegenheit fanden, unter miserablen Bedingungen wertvolle Erfahrungen zu sammeln. Trotzdem zeigte der Zug große Begeisterung – abgesehen von Feldwebel Campbell. »Siebzehn gottverdammte Jahre mach' ich das schon«, sagte er, als wir im Regen durch einen lachsfarbenen, mit Schwemmsand gefüllten Fluß wateten. »Für diese Pfadfinderscheiße bin ich zu alt, Leutnant. Am liebsten würde ich abhauen, nach Parris Island zurücksegeln und dann zur Abwechslung mal mit meiner Alten und meinen Kindern zusammensein.«

»Zum Teufel, das ist doch nur roter Lehm, Feldwebel Campbell!« rief Bradley, der hinter uns ging. »Ich und der alte Deane mußten immer durch dieses Zeug stapfen, wenn wir von der Schule nach Hause gingen.«

»Ich hab' mit dem Leutnant geredet, Sie Arschloch.«

»Jawohl, Sir.«

»Wie gesagt, Leutnant, ich möchte aussteigen. Achtzig Morgen Land hab' ich in South Carolina gekauft. Dort will ich mich mal zur Ruhe setzen.«

Ich lachte. »Wild Bill Campbell als Gentleman-Farmer.«

»Lachen Sie nur, Sir. Aber wenn ich hier rauskomme, geh' ich zur Bundespolizei. Mit dem Geld, das man da verdienen kann, und mit der Pension vom Corps wird der alte Wild Bill in Saus und Braus leben, während diese Arschlöcher immer noch durch die Scheiße marschieren.«

»Ich marschier' nicht länger durch diese Scheiße als unbedingt nötig«, sagte irgend jemand. »Ich bin ja kein Lebenslänglicher.«

»Weil du nicht gut genug dazu bist, du kleiner Schwachkopf.«

Als wir die Übungen mit einem zehn Meilen langen Gewaltmarsch beendet hatten, passierten wir das Haupttor des Camps, fühlten uns wie Krieger und sahen auch so aus. Aber am 24. saß das Bataillon immer noch auf dem Rock fest. Eine Woche lang wurden Befehle erteilt und widerrufen. Wir hörten, die Danang-Operation sei abgeblasen worden. Wir würden gar nicht nach Hongkong gehen. Dann erfuhren wir, Eins-Drei sollte am 1. März auf dem Flugplatz von Danang landen. Am 1. verschob man den Flug auf den 3., dann vom 3. auf den 5., wo er vollends abgesagt wurde. Laut anonymer Informationsquellen, die abwechselnd Wahrheiten, Halbwahrheiten und Unwahrheiten verbreiteten, würde das Bataillon bis zum 8. April auf Okinawa bleiben und dann zu den Philippinen segeln.

Ich weiß nicht, ob diese Reihe aufgehobener Befehle ein geplantes Täuschungsmanöver oder einfach nur ein Beispiel für die Verwirrung war, die den meisten größeren militärischen Operationen vorausgeht. Wenn ersteres zutrifft, dann konnte niemand getäuscht werden außer uns. Die Barmädchen in Heneko, stets wahre Fundgruben, was präzise Informationen betraf, sprachen untröstlich von unserer baldigen Abreise. »Du von Eins-Drei Bataillon gehen Vietnam skoshiskoshi. Ich sagen Wahrheit. Vielleicht Sayonara ganze Dritte Marine. Nummer zehn ...« (Das schlimmste aller Schicksale.) »Kein GI, kein Geld in Heneko.« Andere Vorzeichen erschienen in den englischen Zeitungen auf der Insel, die berichteten, aus Saigon seien sechzig Prostituierte nach Danang gezogen –

»in Erwartung einer gerüchteweise in Aussicht gestellten Landung von US-Marineinfanteristen«. Und es gab weitere, ernsthaftere Hinweise, denen zu entnehmen war, daß die Südvietnamesische Armee, die ARVN, vor dem Zusammenbruch stand. Die Nachrichten in den Pacific Stars und Stripes und im Radio der Streitkräfte bildeten eine Litanei von Niederlagen: überrannte Außenposten, Entsatztruppen im Hinterhalt besiegt, angegriffene, zerbombte Flugplätze.

Trotz dieser Anzeichen glaubten wir nicht mehr an eine blutrünstige Zukunft. Überzeugt, die bisherigen Alarmzeichen wären nur erfolgt, um die »Kampfbereitschaft« des Bataillons zu testen, richteten wir uns auf eine längere Gefangenschaft im Camp ein. Am Sonntag, dem 7. März, genoß wenigstens die Hälfte der tausend Offiziere und Soldaten von Eins–Drei ein BB-Wochenende (Beischlaf und Besäufnis) in Kin und Kadena, Ishakawa und Naha, der Stadt des Teehauses im Augustmond.

Glen Lemmon tat an jenem Tag Dienst im Camp. Am frühen Nachmittag traf eine Nachricht im Hauptquartier ein, wo Lemmon gähnend Eintragungen in das Logbuch des Offiziers vom Tagesdienst machte. Er las sie, erwachte blitzschnell aus seiner Lethargie und griff zum Telefon, um den Kommandanten, Oberst Bain, anzurufen.

3

Bote: Bereitet Euch, Ihr Feldherrn.
Der Feind rückt an in wohlgeschloßnen Reihn.
Sein blutges Schlachtpanier ist ausgehängt,
Und etwas muß im Augenblick geschehn.

Shakespeare, Julius Cäsar

Während Lemmon telefonierte, tranken Murph McCloy und ich auf der Terrasse des Officer's Club Bier und bewunderten die Aussicht. Der Club lag auf einem hohen Gipfel, und die Szene unter uns hätte direkt aus ›South Pacific‹ stammen können. Nur ein liebeskranker Ezio Pinza fehlte, der Mary Martin etwas vorsang. Eine türkisblaue Lagune schimmerte in der Sonne, mahagonibraune Fischer paddelten in Skiffs über die stille Wasserfläche, und jenseits des Riffs erstreckte sich das Ostchinesische Meer bis zum Horizont. Zufrieden saßen wir in unseren Liegestühlen, warme Sonnenstrahlen auf den Gesichtern, eiskalte Biergläser in den Händen.

»Ein angenehmes Leben führen wir hier, P.J.«, meinte McCloy.

Das Telefon läutete, und Sammy, der Clubmanager, eilte auf die Terrasse. »Irgendein Offizier vom Eins–Drei-Bataillon soll sofort den Offizier vom Tagesdienst anrufen.«

McCloy erhob sich. Ich nahm an, daß es um nichts Wichtigeres ging als um einen weiteren Faustkampf im Soldatenclub. Aber als McCloy zurückkam, glühte sein Gesicht wie im Fieber. Und in gewisser Weise fieberte er tatsächlich. »Das war Lemmon. Er hat heute Dienst und die Nachricht soeben erhalten. Wir gehen nach Süden.«

»Was?«

»Wir ziehen in den Krieg!« rief er, als könnte einem Mann nichts Schöneres widerfahren, dann rannte er aus dem Club.

Nachdem man fast einen Monat lang blinden Alarm geschlagen hatte, war ich vorsichtig. Also ging ich hinein und rief Lemmon an. Er versicherte mir, es sei kein Witz. Die Mitteilung lag vor ihm – Eins–Drei würde nach Süden fliegen. Irgendwann in der kommenden Nacht sollten wir auf der Kadena-Luftwaffenbasis starten und am nächsten Morgen in Danang landen. *Morgen früh in Danang!* Diese Worte rissen mich aus der Trägheit, in der mich die Hitze und sechs Bierflaschen versenkt hatten. Ich spürte einen Adrenalinschub, ein Prickeln in den Händen und eine Leere im Magen, als stünde ich in einem Lift, der zu schnell nach unten fuhr.

Was sollte ich tun? Ich war noch nie in einem Krieg gewesen. »Ich auch nicht«, erklärte Lemmon. »Triff erst mal deine Vorbereitungen.« Er las mir eine Liste von Instruktionen vor: Feldtransportgepäck bereitstellen, zusätzliche Ausrüstung in einem Seesack verstauen, et cetera. Danach zur Kompanie. Um die Soldaten brauchte ich mich nicht zu sorgen, die Unteroffiziere würden sich um sie kümmern. Das war alles, was er mir sagen konnte. Nun mußte er die restlichen Offiziere verständigen. »Was für einen Tag sich die Idioten ausgesucht haben!« meinte er und brach in sein sonderbares Gelächter aus, das eher wie ein Meckern klang, trocken und rauh wie die Ebenen in West-Texas, wo er geboren war. *He-he-he-he*, die Idioten hatten sich einen Sonntag ausgesucht. Alle waren auf der ganzen Insel verstreut, jeder betrank sich oder lag mit einer Frau im Bett, und wenn er sie endlich in den Puffs und Bars erreichte, würden sie zu blau sein, um zu verstehen, was er ihnen erzählte.

»Ich hab' im Offiziersclub von Kadena angerufen, weil ich dachte, die Jungs würden dort dieses französische 75-mm-Kaliber saufen. Williamson geht ans Telefon, ich sage ihm, er solle seinen Arsch schleunigst nach Schwab zurückbefördern, weil wir nach Süden gehen. ›O Bullenscheiße‹, sagte er. Ich sage: ›Keine Bullenscheiße, Williamson, wir rücken aus, verdammt noch mal!‹ Und da sagt er: ›Lemmon, ich hab' eine Scheißangst vor Vietnam. Schick jemand anderen hin‹, und legt auf. Ich rufe zurück und krieg' den gleichen Quatsch zu hören. Bald danach kommt Major Lyons zu mir, und ich erzähl' ihm von meinem Problem mit Williamson. Lyons telefoniert mit Kadena, läßt ihn an den Apparat holen und sagt: ›Mr. Williamson, hier spricht der Ausführungskommandant des Bataillons. Wenn Sie nicht binnen einer Stunde hier erscheinen, und zwar stocknüchtern, häng' ich Ihren kleinen Arsch auf.‹ He-he-he-he, Phil, diesmal ist es wirklich was anderes. Alles spielt verrückt...« Lemmon legte auf und überließ es mir, die Pointe dieser Geschichte zu erraten, falls es überhaupt eine gab.

Ich sprintete zum Offiziersledigenheim zurück und stürmte so geräuschvoll durch meine Tür, daß sogar mein ansonsten unerschütterlicher Zimmerkamerad Jim Cooney erschrak. »Jesus, wer hat dir denn Feuer unterm Hintern gemacht?« Er stand ein paar Dienstgrade unter mir und war eben erst auf dem Rock eingetroffen. Also riß ich mich zusammen und versuchte meiner Stimme einen kühlen, professionellen Klang zu geben.

»Oh, wir haben gerade erfahren, daß wir ausrücken werden.«

»Wohin?«

»Vietnam«, erwiderte ich so beiläufig, als hätte ich bereits einen Monat dort verbracht.

»So?« sagte Cooney unbeeindruckt. Im August sollte er bei der Schlacht von Chu Lai seinen halben Zug verlieren. »Vietnam, eh? Kein Witz?«

Trotz der früheren Alarme war ich auf nichts Bedeutsameres als Felddienstübungen vorbereitet. Meine Ausrüstung lag im Zimmer verstreut, meine Felduniform befand sich in der Obhut eines einheimischen Mädchens namens Miko, das im Offiziersledigenheim für die Wäsche zuständig war. Nun, im Dschungel würde ich keine gestärkte Uniform brauchen. Ich lief in die Waschküche, drückte ein paar Dollars in Mikos Hand, packte mein Bündel und stürzte wieder hinaus, von Mikos Geschrei verfolgt. »Caputosan, müssen fertig machen, müssen fertig machen!« Ich rief zurück, ich würde nach Vietnam gehen. »Ah, Vietnam – Nummer zehn«, meinte sie. »Sehr schlimm.«

Wieder in meinem Zimmer suchte ich hastig mein Feldtransportgepäck zusammen. Diese Bürde bestand aus einem Proviantsack, einem Tornister, einer Decke, einer Zeltbahn, einem Poncho, Zeltpflöcken, einer Firststange, einer Spannschnur, einem Paar Ersatzstiefel, Socken und Unterwäsche, Koch- und Eßgeschirr, Rasierzeug und Werkzeugen für Schützengräben. Dazu kamen noch ein Stahlhelm, zwei Feldflaschen, eine Seitenwaffe, eine Flakjacke, Ferngläser, Kompaß, Messer und Proviant. Schließlich wog mein Gepäck fünfundsechzig Pfund und kam mir vor wie ein Wells-Fargo-Safe, als ich es auf den Rücken hievte, um die Schulterriemen zu justieren. Würden wir das Zeug meilenweit durch den schwülen Dschungel schleppen müssen? Ich ließ den Packen fallen, mit einem dumpfen Aufprall landete er am Boden. Um Lemmons Instruktionen zu befolgen, stopfte ich noch eine Ersatzausrüstung in meinen Seesack, dann meine Galauniform, die meisten meiner Zivilkleider und – zu meinem Bedauern – auch meine Bücher in eine Feldkiste. Die hätte ich gern mitgenommen, aber dafür war kein Platz im Seesack. Außerdem würde ich in Vietnam wohl kaum Zeit zum Lesen finden. Damals wußte ich noch nicht, daß neun Zehntel eines Krieges zu warten pflegen, bis sich das restliche Zehntel ereignet. Ich schrieb CAPUTO, P.J., 2LT. 089046 c-1-3 auf die Feldkiste und schleifte sie aus dem Zimmer, damit sie ins Lagerhaus der Division im Camp Courtney transportiert werden konnte. Dort würde sie bleiben, bis ich wieder hier eintraf und sie zurückverlangte. Die Möglichkeit, ich könnte nicht zurückkehren, kam mir gar nicht in den Sinn. Ich war dreiundzwanzig, in hervorragender körperlicher Verfassung und der festen Überzeugung, ich würde ewig leben.

Die Szene im Bataillonsgebiet war chaotisch, die Atmosphäre einer Krise lag in der Luft. Die Soldaten rannten in die Truppenquartiere und wieder heraus, hektisch wie Stummfilmgestalten. Einige trugen bereits ihre Kampfanzüge, andere immer noch Zivilkleidung oder nur ihre Unterwäsche, irgendwelche Ausrüstungsgegenstände um die nackten Schultern geschlungen. Arbeitsteams schleppten Kisten aus den Vorratsschuppen und stapelten sie auf den Straßen, bauten eine Hindernisstrecke für Jeeps und Lasten. Ein mechanischer Maulesel – ein Lastwagen für die schweren Waffen, der kein bißchen wie ein Maultier, sondern eher wie ein überdimensionales Spielzeugauto aussah – stieß gegen einen Stapel und schlitterte auf einen Gehsteig, wobei ein 106-mm-Gewehr, rückstoßfrei, auf der Ladefläche hochsprang. Der Bereich der Charley-Kompanie glich wie die anderen einem militärischen Überschußlager. Überall lagen Minenwerferröhren, Abstützplatten, Gepäckreihen, an denen Gewehre lehnten, Zeltplanen, Patronengurte für Maschinengewehre – Patronenketten, zusammengerollt in stählernen Munitionsdosen –, Flakjacken, Helme und verschiedene Kommunikationsgeräte. Die Funker testeten ihre Apparate und produzierten ein Konzert aus Quietsch-, Pieps-, Zischlauten und anderen Störgeräuschen, das von monotonen Stimmen übertönt wurde. »Burke sechs – Burke sechs, hier ist Charley sechs, Charley sechs, verstehe Sie schlecht und undeutlich, wiederhole, schlecht und undeutlich, bitte um langen Test-Count...«

»Roger, Charley sechs, langer Test-Count folgt... Zehn, acht, neun...«

Was in den nächsten Stunden geschah: Lärm und Verwirrung beherrschten die Szene, die Offiziere brüllten den Feldwebeln Befehle zu, die Feldwebel den Obergefreiten, die Obergefreiten den Gefreiten, die Gefreiten den Soldaten, die niemanden hatten, den sie anschreien konnten, und die ganze Arbeit taten. Wenigstens die Kommandokette funktionierte reibungslos. Ich erinnere mich an McCloys theatralischen Ruf: »Die Bronzegötter ziehen in den Krieg!«, als er einen Soldaten mit gekreuzten Bandelieren über der Brust erblickte, im mexikanischen Banditenstil; an einen Burschen von der Versorgungsabteilung, der kugelsichere Shorts verteilte, mit den Worten: »Sonst schießen Sie euch die Pimmel weg«; an ein seltsames Gefühl, eine Mischung aus Angst und Vorfreude, als ich meine Pistole aus dem Waffenlager holte und die 45er Patronen wie stumpfe gelbe Zähne in den Magazinen schimmern sah.

Um zwanzig Uhr beorderte Peterson seine Zugführer und Stabsunteroffiziere zu einer Besprechung ins Büro der Kompanie. Wir drängten uns in dem kleinen Raum, der bald von dichtem Zigarettenrauch erfüllt war und nach Schweiß roch. Der große, jungenhafte Peterson beugte sich über eine mit Acetat geschützte Landkarte, auf der mit Fettstift Linien und Pfeile eingezeichnet waren. Die Zugführer bekamen Kopien davon. Einige von uns hatten keinen blassen Schimmer von der Geographie Vietnams, so daß der Kapitän ihnen erst einmal zeigen mußte, wo Danang lag. Auf den alten französischen Armeekarten war es unter seinem Kolonialnamen Tourane eingetragen.

Wir erhielten nur skizzenhafte Instruktionen. Die Kommunisten, so erklärte Peterson, hätten jetzt, in der trockenen Jahreszeit, eine Offensive im I. Corps* und im Zentralhochland gestartet und drohten Südvietnam in zwei Hälften zu teilen. Die ARVN hatte schwere Verluste hinnehmen müssen, pro Woche das Äquivalent eines Bataillons. Nun mußten südvietnamesische Einheiten, die lebenswichtige Stützpunkte verteidigten, an die Front geschickt werden, um die ARVN-Verluste wettzumachen und die Kampfkraft für eine Gegenoffensive zu verstärken. Die amerikanischen Bodentruppen sollten sofort in Vietnam eingesetzt werden, zum Schutz der US-Basen, die Gefahr liefen, angegriffen und überrannt zu werden. In Danang glaubte man, der Vietcong würde seine Leute für einen Großangriff zusammenziehen – für ein zweites Pleiku. Die Infiltration hatte in letzter Zeit zugenommen, die Zahl der Heckenschützen war gewachsen.

* Eine der vier militärischen Regionen in Vietnam

Für die Sicherheit der Stützpunkte würde die 9. Expeditionsbrigade sorgen, ein Kampfverband, dem unser Bataillon angehörte; außerdem das 3. Bataillon, die 9. Marineinfanterie; ein Artilleriebataillon; und verschiedene Unterstützungstruppen. Die Brigade sollte einen kombinierten Luft- und Seeangriff organisieren, um soundsoviel Uhr am nächsten Morgen, und dann rings um Danang Verteidigungsstellungen errichten. Drei–Neun würde nördlich von der Stadt, vor einem Ort namens Red Beach One, mit einem Wasserlandflugzeug landen, landeinwärts vorrücken und den Hill 327 besetzen, der den Stützpunkt gegen Westen hin abschirmte. Eins–Drei sollte von Kadena aus in Air-Force-C-130-Maschinen starten und nach der Landung eine Vorpostenlinie um den Flughafen ziehen. Die C-Kompanie würde mit dem ersten Teil der Brigade abreisen. Mehr konnte uns Peterson nicht erzählen. »Irgendwelche Fragen?«

»Ja, Sir. Mit welcher Form von Widerstand wird gerechnet?«

»Mit geringem Widerstand. Höchstens ein paar Heckenschützen und ein bißchen Flugabwehr. Trotzdem sollten Sie sich auf eine massivere Gegenwehr vorbereiten. Noch was? Ja, Leutnant Lemmon?«

»Nun, Sir«, begann Lemmon gedehnt, »wie komm' ich von dieser feigen Einheit los?«

Alle lachten, auch Peterson. »Lassen Sie den Unsinn, Glen. Und jetzt hören Sie alle zu. Wenn Sie Ihre Leute instruieren, machen Sie ihnen klar, daß wir nur defensive Aufgaben erfüllen. Niemand soll sich einbilden, er könne John Wayne spielen. Wir sorgen für Sicherheit, das ist alles. Wir werden nicht kämpfen, sondern die ARVN nur befreien, damit *sie* kämpfen kann. Es ist *ihr* Krieg.«

Wir verließen das Büro und informierten unsere Züge. »Eine Vorpostenlinie – Scheiße«, hörte ich einen Gewehrschützen sagen. »Wir sind ein Kampfbataillon, keine Türsteher.« Trotzdem war diese Mission immer noch besser, als auf dem Rock herumzuhängen, und außerdem handelte es sich, wie mir erst jetzt bewußt wurde, um eine traditionelle Marinecorps-Operation: Wir würden amerikanisches Leben und Eigentum schützen, einem bedrängten Verbündeten helfen und einem Feind zeigen, daß es die Vereinigten Staaten ernst meinten. Die Marineinfanteristen sind gelandet, und so weiter.

Etwas später bildete sich ein Konvoi. Proviant und Ausrüstung wurden verladen, die Geschützkompanien kletterten an Bord der Laster. Und dann – nachdem wir während des ganzen Tages in aller Eile unsere Vorbereitungen getroffen hatten – taten wir, womit alle Soldaten drei Viertel ihrer Zeit zu verbringen pflegen, wir warteten. Eine halbe Stunde verstrich, eine Stunde, zwei Stunden. Ich saß in einem Jeep, etwa in der Mitte der langen müßigen Kolonne, fühlte mich müde und überlegte, ob ich wirklich und wahrhaftig da hockte, in Flakjacke und Helm, eine Colt Automatic an der Hüfte. War tatsächlich erst ein Jahr vergangen, seit ich in einem Seminar über die englische Literatur die Verdienste von Tom Jones und Joseph Andrews miteinander verglichen, seit ich mit meinem Zimmerkameraden während der Studien für unser Abschlußexamen Bach und Vivaldi gehört hatte? Das alles erschien mir jetzt wie reine Zeitverschwendung.

Plötzliches Motorengeheul riß mich aus diesen Tagträumen. Ein Dutzend Schützen rannte zu einem Laster, um einzusteigen. Offenbar hatten wir auf ein paar Nachzügler gewartet. Der Konvoi setzte sich in Bewegung, kroch bergauf zum Haupttor. Colby, der Feldwebel von McCloys Zug, ein Nachzügler, der uns nicht mehr rechtzeitig erreicht hatte, stand auf der Straße, in einem Sporthemd, ein dümmliches Grinsen auf den Lippen. »Auf bald, Charley-Kompanie!« rief er. »Bye-bye, Jungs!«

Ein Soldat, wohl wissend, daß die Dunkelheit seine Anonymität sicherte, beugte sich aus einem Wagen. »Feldwebel Colby versäumt die Operation! Hängt seinen Arsch auf!«

Colby lachte nur und winkte. »Bye-bye, Jungs.«

Ich fragte ihn, wo zum Teufel er den ganzen Tag gesteckt hätte.

»Oh, ich hab' mir nur eine kleine Poontang besorgt, Leutnant.«

»Sie wissen, daß wir nach Süden gehen?«

»Ja, Sir!« Er salutierte schwankend. »Und ich möchte Ihnen versichern, wie dankbar wir Zivilisten sind, weil ihr Jungs soviel für uns tut.«

Der Konvoi rollte über schmale Straßen, vorbei an Zuckerrohrfeldern, die im Mondschein silbergrün glänzten, an leeren Stränden, vor langer Zeit von einer anderen Generation in einem anderen Krieg gestürmt. Es war eine polternde, schaukelnde Fahrt zum Luftwaffenstützpunkt des Marinecorps in Futema, unserer letzten Station vor dem Abflug nach Kadena. Körper und Ausrüstungsgegenstände hüpften auf den Ladeflächen der Laster oder wurden gegen die hölzernen Geländer gedrückt, doch das konnte die gute Stimmung der Soldaten nicht beeinträchtigen. Sie brüllten und jaulten, zerrissen die Morgenstille in den Dörfern entlang der Strecke. In einigen der niederen Zementblockhütten blinkten Lichter. Einmal erschien eine empörte Frau in einer Tür und schrie uns etwas zu. Die Worte verstanden wir nicht, aber die Bedeutung war uns klar. Ein Schütze rief in Pidgin-Japanisch zurück. »He, Mamasan. GI okay, Joto okay. Nummer eins, altes Mädchen, honcho, tachasmeo!«

Die glücklichen Krieger. Ihr Gejohle hörte sich an, als wären sie alle leicht beschwipst. Und das waren sie auch, aber trunken von ihrer freudigen Erregung, nicht vom Alkohol. Das Bataillon hatte eine wunderbare Leistung vollbracht und sich ohne Vorwarnung, in nur acht Stunden, auf eine größere Kampfaktion vorbereitet. Nachdem das geschafft war, konnten die Leute das Abenteuer genießen, endlich befreit von den kleinlichen Regeln und Routinepflichten, die das Campleben beherrscht hatten. Es war berauschend, durch die Finsternis einem unbekannten Ziel entgegenzurasen, einem Krieg in einem fernen exotischen Land. Sie hatten genug vom Drill, von Inspektionen und Truppenübungen. Endlich würden sie etwas Wichtiges, Dramatisches erleben.

In Futema verzögerte sich die Reise von neuem. Die Soldaten stiegen aus und stapelten die Waffen auf einer Wiese neben dem Rollfeld. Rücken an Rücken gelehnt oder im Gras ausgestreckt, die Köpfe auf ihrem Gepäck, ruhten sie sich aus. Zigaretten glühten in der Morgendämmerung. Das Hauptquartier des Bataillons war provisorisch im Operationsraum des Stützpunkts aufgeschlagen worden. Da ich nichts anderes zu tun hatte, ging ich hinein, um mir eine Cola zu holen. Drinnen regierte das reinste Chaos. Telefone schrillten, Stabsoffiziere und Büroangestellte rannten umher. Zettel mit Nachrichten in den Händen. Oberst Bain, ein großer Mann, der in seiner Flakjacke wie ein Takelblock aussah, rief in eine Sprechmuschel: »Die sollen uns endlich sagen, ob wir abfliegen werden oder nicht.« Jesus, dachte ich, bitte, kein weiterer falscher Alarm!

Ein Kapitän, den ich noch nicht kannte, kam auf mich zu und fragte, ob ich irgendwie beschäftigt sei. Ich beging den Fehler, das zu verneinen. »Gut«, sagte er. »Das ist eine Liste aller Fahrzeuge – und das«, fügte er überflüssigerweise hinzu, »ist ein Stück Kreide. Suchen Sie die einzelnen Vehikel raus, und markieren Sie die Schwerkraftzentren mit Kreide.«

»Ja, Sir. Aber wie kann ich wissen, wo sich die Schwerkraftzentren befinden?«

»Die sind mit SZ markiert, in gelber Farbe. Sie werden's schon finden.«

Ich überlegte, ob ich die nächste logische Frage stellen sollte: Warum mußte ich Schwerkraftzentren markieren, die bereits markiert waren. Doch ich war schon lange genug beim Corps, um kategorische Befehle als solche zu erkennen.

Ich hatte eben erst begonnen, meinen bedeutsamen Auftrag auszuführen, als der mittlerweile vertraute Befehl zum Aufbruch über das Rollfeld hallte. Die Schwerkraftzentren würden unmarkiert bleiben. Ich rannte zu meinem Jeep, der bereits von einem Stabsmajor besetzt war. Der erhabene Herr reichte mir mein Gepäck, mit einer Miene, die zu besagen schien: »Mit einem hohen Rang verbinden sich nun einmal gewisse Privilegien, Sie Grünschnabel.« Ich fand noch Platz in einem Laster, bei Gonzalez' Gruppe, die das demokratische

Verhalten ihres Zugführers entzückt bejubelte. »Der Leutnant begibt sich zu uns minderwertigen Kreaturen herab!« sagte ein Soldat. »Macht den Weg frei für den Leutnant!« Sie räumten ihre Ausrüstung beiseite, so daß ich nach vorn gehen konnte. Ich sank auf die Ladefläche und lehnte mich an die Rückwand des Fahrerhauses, umgeben vom Geruch nach Waffenöl, Schweiß, Stiefelleder und Segeltuch. Die Motoren der Laster sprangen wieder an.

»Endlich geht's los, verdammt!« meinte Gonzales, dessen linker Fuß bald von einer Landmine verstümmelt werden sollte.

Ein großer, bulliger Feldwebel schritt an unserem Laster vorbei und rief: »He, seid ihr bereit für den Vietcong?«

»Klar.«

»Und was werdet ihr mit den Kerlen machen?«

»Wir treten sie in die Ärsche und notieren die Namen der Leichen.«

»Scheiße«, lautete die Antwort des kräftig gebauten, vitalen Feldwebels. Im Juni würde die Kugel eines Heckenschützen in seine Wirbelsäule dringen und ihn von der Taille abwärts lähmen.

Aber soweit war es noch nicht. Im Augenblick fuhr ich mit Gonzales' Gruppe durch den Dämmerschein, teilte mit den Leuten die knochenzermürbende Unbequemlichkeit, lauschte ihren derben Scherzen und ihrem Gelächter. Heiße Zuneigung erfaßte mich, wie ich sie nie zuvor für irgendwelche Männer empfunden hatte. Die unsichtbaren Bande, die das Bataillon zusammenhielten, zogen an mir. Zum erstenmal betrachtete ich es als *mein* Bataillon und mich selbst als einen, der dazugehörte.

Etwa eine Stunde lang wanden wir uns dahin, eine Schlange aus Menschen und Maschinen unter einem düsteren Morgenhimmel. Ein Heer, auf dem Weg zu einer Operation, strahlt eine ehrfurchtgebietende elementare Macht aus. Es schien seine eigene Schwungkraft zu besitzen, eine Stärke, die von seinen einzelnen Mitgliedern nicht kontrolliert werden kann, nicht einmal von den Kommandanten, deren Befehle es in

Bewegung gesetzt haben. Unaufhaltsam, wie von der Strömung eines gewaltigen Flusses getragen, näherten wir uns den Flugzeugen, die uns nach Vietnam bringen würden, zum Kriegsschauplatz.

Der Konvoi erreichte Kadena und holperte über ein breites Feld. Die Kolonne teilte sich in mehrere kleine Reihen, die nebeneinander fuhren. Die Laster wirbelten beißende Staubwolken auf, wenn sie enge Kurven beschrieben, dann hielten sie ruckartig am Rand der Startbahn. Vor uns kauerten die C-130-Maschinen im Morgengrauen. Für eine kleine Weile entwickelte sich hektische Aktivität. Schwerbeladene Soldaten sprangen unbeholfen von den Ladeflächen. Gruppenführer und Feldwebel standen mit hoch erhobenen Armen da und erteilten Befehle. »Hierher, Jungs!« – »Charley-Kompanie da rüber – Alpha nach rechts...« Rasch formte sich die drängelnde Masse zu geordneten Reihen. Die einzelnen Kompanien marschierten zu den wartenden Flugzeugen. Die Züge sonderten sich ab und polterten die rückwärtigen Rampen hinauf, in die gähnenden Schlünde der Maschinen, die man ihnen zugewiesen hatte. Dabei entstand der Eindruck, daß Zwerge von geflügelten Ungeheuern verschluckt wurden.

Meine gut vierzig Mann und ich mußten uns den Platz in unserer C-130 mit mehreren großen Kisten und einem Funkjeep teilen. Von einem Kettennetz festgehalten, verbannte uns die Fracht in einen schmalen Korridor, der zwischen ihr und der Flugzeugwand freigeblieben war. Einige erschöpfte Leute sanken auf die Kisten, die restlichen versuchten am Boden zu schlafen, wobei sie einander als Kissen benutzten. Und so ertrugen wir eine weitere Wartezeit, die den vorgesehenen Landetermin überschritt. Man munkelte, die Operation solle abgeblasen werden. Schließlich kam die Besatzung an Bord, gab die üblichen Instruktionen und holte die Rampe ein. Mit einem metallischen Klicken, das mich an eine ins Schloß fallende Zellentür erinnerte, rastete sie ein. Dröhnend rollte die Maschine über die Startbahn, stieg hoch und steuerte nach Süden, zum Chinesischen Meer.

Während des fünfstündigen Flugs ruhten wir uns aus, so

gut wir konnten. In meiner Erinnerung haftet ein Bild von einem Gewirr aus Körpern, Waffen und Ausrüstung; von einem jungen Soldaten, der dasaß und rauchte, anscheinend in seine eigenen Gedanken versunken; ein anderer hatte sich unter seiner Flakjacke, die ihn vor der Kälte in luftiger Höhe schützte, wie ein Fötus zusammengekrümmt; James Bryce lag reglos da, mit halbgeöffnetem Mund, ein Vorzeichen des Todes, der ihn sechs Monate später ereilen sollte.

Eine Warnlampe blinkte. Die C-130 setzte zu einem steilen Sturzflug an, um einem Flakfeuer zu entgehen, berührte den Boden und stoppte. »Alles antreten«, befahl Campbell. Der Zug ergriff das Gepäck und stand auf steifen Beinen da, während die Rampe hinabgesenkt wurde. Unbeholfen wie mittelalterliche Ritter gingen sie in ihren Panzerjacken und -hosen von Bord und betraten einen tristen Metallhangar. Der Nachmittag war schwül und wolkig. Am Südende des Rollfelds, etwa hundert Yards entfernt, sah ich eine Gruppe Miniatursoldaten, die ein Zelt errichtete. Hubschrauber, die Nachschub vom Landekopf der Drei-Neun herantransportierten, schwirrten über dem glatten Grat des Hill 327, eines geologischen Freaks, der sich abrupt aus den Reisfeldern westlich vom Luftwaffenstützpunkt erhob. Die grünlich schwarze Wand der Annamitischen Kordillere ragte in der Ferne empor, die Gipfel von dahinjagenden Wolken verdeckt.

Die zwei restlichen Kompanien setzten zur Landung an, die großen Transporter neigten sich aus den tiefhängenden grauen Schwaden herab. Grüngekleidete Gestalten stiegen aus den Maschinen und schwärmten zur Vorpostenlinie aus. Ich lauschte auf Schüsse, doch ich hörte keine und wußte nicht recht, ob mich das ermutigen oder enttäuschen sollte. Ein junger Leutnant in gefleckter Uniform – Khakihemd und grüne Feldhosen – kam auf mich zu und stellte sich vor. Er war der Verbindungsoffizier für die Landetruppen, gehörte der D-Kompanie an und fragte mich nach meiner Einheit. »Charley ist da drüben stationiert.« Er zeigte auf das Zelt, dann schüttelte er meine Hand. »Willkommen in Danang«, begrüßte er mich, als wäre ich ein Kongreßteilnehmer. In Zweierreihen trotteten wir an einem Lagerhaus und einer Schwadron geparkter H-34-Hubschrauber vorbei. Die Piloten beobachteten uns mit der typischen Sorglosigkeit alter Hasen. Sie trugen Piratenkostüme – Tarnuniformen, verwegene Dschungelkappen, tiefhängende Revolver. Ich erkannte einen der besonderen Vorteile von Vietnam – hier konnte man sich mehr oder weniger so anziehen, wie man wollte. Etwas weiter vorn wurden wir mit einem der Nachteile von Vietnam konfrontiert. Eine C-130 war von einem Flakfeuer getroffen worden, in einem Flügel klafften mehrere ausgezackte Löcher. Einige Mienen schienen zu fragen: »Wenn die Kugeln so was mit einem Flugzeug machen können – was würden sie dann mir antun?« Ein Gabelstapler, der in der Nähe ausgeladen wurde, gab die Antwort. Zur Fracht gehörten mehrere Aluminiumboxen, die wie große Werkzeugkisten aussahen. Es waren Särge.

Die Kompanie folgte einer Sandstraße, Lemmons Zug rechts, Testers zur Linken. Meiner nahm die Mitte ein. Einige von Lemmons Leuten unterhielten sich aufgeregt; sie waren in dem Flugzeug mit dem durchlöcherten Flügel eingetroffen und *angeschossen* worden, also hatte der Feind etwas gegen die Landung einzuwenden. Ein paar Kugeln zeugten zwar, wie man zugeben mußte, nicht unbedingt von massiver Gegenwehr, aber uns war zumindest die Demütigung erspart geblieben, die Drei-Neun erlitten hatte. Ihr Einzug in die Kriegszone glich einer komischen Oper. Wie die Soldaten in den Kinowochenschauen während des Zweiten Weltkriegs hatten sie den Strand gestürmt und waren nicht von Maschinengewehren und Kugeln empfangen worden, sondern vom Bürgermeister Danangs und einer Schulmädchengruppe. Der Bürgermeister hielt eine kurze Begrüßungsansprache, und die Mädchen schlangen Blumengirlanden um die Soldatenhälse. Geschmückt wie antike Helden, marschierten sie los, um den Hill 327 einzunehmen. Dieser wurde, wie sich bald herausstellte, nur von Affen okkupiert – Gorillas statt Guerillas, lautete ein vielbelachter Scherz –, die nichts gegen die Invasion ihrer aufrecht einherschreitenden, schwerbewaffneten Vettern unternahmen.

Die Charley-Kompanie war dem Südsektor der Vorpostenlinie zugeteilt worden, links von einer Asphaltstraße begrenzt, die nach Danang City führte, rechts vom Bereich der A-Kompanie. Die Hauptwiderstandslinie lag jenseits der Sandstraße, die unsere Front bildete, und bestand aus einem Maschendrahtzaun, einem Zickzack-Schützengraben, der mehrere steinerne Wachtürme miteinander verband – Relikte aus der französischen Kolonialzeit –, einem doppelten Stacheldrahtzaun, einem Minenfeld und einem dreireihigen Ziehharmonikazaun. Eine regionale ARVN-Einheit, ein Milizbataillon, bemannte die Hauptwiderstandslinie und sollte in zwei bis drei Tagen offiziell von uns abgelöst werden. Bis dahin würde die Eins-Drei als zweite Verteidigungslinie fungieren. Peterson erklärte uns, die Reisfelder und Dörfer im Süden seien jahrelang kommunistisches Terrain gewesen. Aus dieser Richtung müsse man mit einem Vietcong-Angriff rechnen. Kurz gesagt, wenn die Feinde zuschlugen, würden sie zuerst die C-Kompanie treffen.

Von dieser Warnung animiert, arbeiteten die Männer den ganzen Nachmittag hart und emsig, hoben Schützenlöcher aus, stapelten Sandsäcke aufeinander und schlugen sie mit den stumpfen Seiten der Schützengrabenwerkzeuge flach. Die Offiziere patroullierten entlang der Linie und ordneten die Stellungen. Ich bemühte mich, genau nach Vorschrift zu handeln, legte ineinandergreifende Feuerfelder an, postierte Maschinengewehre, um die Front des Zugs zu sichern – kurz gesagt, ich tat alles, was ich in Quantico im Fach »Defensivtaktik einer Schützenkompanie« gelernt hatte. Nun übte ich mein Handwerk allen Ernstes aus, aber es fiel mir schwer, daran zu glauben. Bis jetzt glich die Operation den fingierten Situationen unserer Truppenübungen. Auf Okinawa hatten die Instruktionen des Kapitäns bezüglich der Offensiven und

Gegenoffensiven in meiner Phantasie düstere Bilder von Feldern voller Bombenkrater und zerstörten Städten heraufbeschworen. Aber nach allem, was ich von Vietnam sehen konnte, wirkte es keineswegs wie ein vom Krieg verwüstetes Land (ein szenischer Mangel, den die amerikanische Feuerkraft bald korrigieren sollte). Die »kommunistische Festung« vor uns erinnerte mich an einen tropischen Park. Bambus – und Kokospalmenhaine erhoben sich aus den Reisfeldern wie Inseln aus einem jadegrünen Meer. Bäuerinnen mit Tragstangen auf den Schultern gingen an einem Bewässerungsgraben entlang, vorbei an einem kleinen Jungen, der auf einem Wasserbüffel ritt. Höflich lächelten sie, als ihnen ein Maschinengewehrschütze aus seinem Schützenloch zuwinkte. »He, *naisson,* Nummer eins. Joto itchiban.« Williams, sein Gruppenführer, erklärte ihm, daß er nicht mehr auf Okinawa war. Mittlerweile betrachtete ich die Landschaft durch mein Fernglas und suchte nach den roten Horden, aber die einzigen Kriegszeichen waren unsere Phantoms, die mit gefüllten Bombenmagazinen nordwärts rasten.

Die Beau-Geste-Wachtürme entlang der Hauptwiderstandslinie trugen zur Scheinatmosphäre bei. Wenn das eine richtige Kriegszone war – was hatten diese Anachronismen hier verloren? Ihr einziger Zweck schien darin zu liegen, daß sie den Granatwerferbatterien des Vietcong als Zielpunkte bei Schießübungen dienen konnten. Die Bemannung der Türme stellte uns vor weitere Rätsel. Für das lässige Verhalten der ARVN-Leute gab es drei Möglichkeiten: Niemand hatte sie vor einem unmittelbar bevorstehenden feindlichen Angriff gewarnt; sie waren informiert, aber so erfahrene Veteranen, daß sie durch eine bloße Warnung nicht alarmiert wurden; oder sie waren die schlechtesten Soldaten von der Welt. Ich wußte nicht viel über die Kampfkraft der ARVN, neigte aber zur letzten Vermutung. Sie schlenderten umher, manche ohne Helme oder Waffen, und beobachteten neugierig unsere fieberhaften Aktivitäten. Etwa ein halbes Dutzend schlief in einem strohgedeckten offenen Schuppen; andere saßen barfüßig bei einem der weißgetünchten Türme. Einige besonders kühne Männer schlüpften durch ein Loch im Maschendraht, kamen zu unserer Linie und baten um Zigaretten. »GI, du mir geben Zig'rette, du.« Sie verlangten Salem, aber wir konnten nur mit den Luckies von der C-Ration aufwarten, und die schmeckten so schal, daß sie wahrscheinlich aus den Vorratslagern des Koreakriegs stammten. Ermutigt vom Erfolg der Kameraden, setzte sich eine zweite Bettlerschar in Bewegung, wurde aber auf Petersons Order hin verjagt. Er befahl uns, jede Verbrüderung mit unseren Verbündeten zu unterlassen. Dem Nachrichtenoffizier zufolge waren die ARVN-Soldaten sowohl in politischer als auch in militärischer Hinsicht suspekt und ihre Reihen angeblich von Vietcong-Spionen oder Vietcong-Sympathisanten durchsetzt, was auf dasselbe hinauslief. Es ist wohl überflüssig, zu erwähnen, daß wir diese Information kaum fassen konnten. Daß ein Bataillon voller Vietcong-Leute in ARVN-Uniformen einen amerikanischen Luftwaffenstützpunkt gegen den Vietcong verteidigen sollte, überstieg unser Begriffsvermögen.

Wir hatten weder einen Schuß gehört noch abgefeuert, als wir in der Abenddämmerung unsere Stellungen sicherten und die Nachtquartiere aufbauten. Dann nahm die Kompanie ihre erste Mahlzeit seit dem Frühstück auf Okinawa am Vortag ein. Inzwischen schien eine Ewigkeit verstrichen zu sein. Die Soldaten kauerten am Boden und machten mit den Öffnern, die an ihren Erkennungsmarken hingen, die olivgrünen Rationsbehälter auf. Kleine blaue Kochfeuer flammten auf, der beißende Geruch von Herdplatten wehte über das Biwak. Die bei allen Mahlzeiten übliche Feilscherei begann. »O Scheiße, ich hab' Schinken mit Bohnen... He, ich geb' dir meinen Schinken mit Bohnen für deine Pfirsichdose...« – »Okay, ich nehm' ihn...« – »Du *magst* doch Schinken mit Bohnen, Mann, du bist ein verdammter Idiot...« – »Also gut, dann behalt dein Zeug, du Made...« »He, Mann, das war doch nur Spaß, gib mir die Pfirsiche...« – »Nein, nicht nur für den Schinken mit Bohnen. Mein Preis ist gestiegen. Schinken mit Bohnen *und* deine Datteln für meine Pfirsiche.«

Nachdem sie stundenlang im Erdreich gewühlt und zwei Tage lang kaum geschlafen hatten, waren sie schmutzig und blinzelten mit trüben Augen. Ich glaube, sie fühlten sich auch ein bißchen frustriert. Da sie in aller Eile nach Vietnam geschickt worden waren, hatten sie erwartet, hier eine völlig verzweifelte Situation vorzufinden. Die Planwagen, von Indianern umzingelt – die rettende Kavallerie stürmt heran... Sie hatten sich in eine so glühende Vorfreude hineingesteigert, daß ihnen die Wirklichkeit wie eine schmerzliche Antiklimax erschien. Die Situation war keineswegs verzweifelt, sondern völlig ruhig. Sicher, die Planwagen standen da, in Form von Jagdflugzeugen mit Überschallgeschwindigkeit, aber die Indianer fehlten. Wir blickten auf die lässigen ARVNs und die friedlichen Reisfelder und fragten uns: Wo findet denn dieser Krieg statt, von dem wir so viel gehört haben? Wo sind diese legendären Guerillas, wo steckt der Vietcong? Für einen kurzen Augenblick herrschte mäßige Aufregung, als in einem Reisfeld irgend etwas explodierte, etwa hundert Yards entfernt. Eine gelbbraune Rauchsäule stieg hoch, einige Männer griffen zu ihren Waffen, entspannten sich aber wieder, als sie erfuhren, was geschehen war: Ein Hund war in ein Minenfeld gewandert und hatte sich selbst in die Luft gejagt.

Rasch brach die Nacht herein. Innerhalb von Minuten verwandelte sich das Dämmerlicht in mondloses mitternächtliches Dunkel. Die Wachen wurden eingeteilt. Fünfundzwanzig Prozent der Leute taten in den ersten vier Stunden Dienst, fünfzig Prozent danach. Mit Helmen und Flakjacken (die unbequemen Panzerhosen hatten wir alle »verloren«) schwärmte die Kompanie entlang der Linie aus. Zwischen neun und zehn Uhr eröffneten Heckenschützen das Feuer auf unsere Stellungen, und da merkten wir, daß der Vietnamkrieg hauptsächlich ein nächtliches Ereignis war. Der Beschuß, weder massiv noch zielsicher, bestand aus ein paar Kugeln alle halben Stunden, rief aber eine gewisse Nervosität hervor, weil niemand feststellen konnte, woher sie kamen. Anscheinend aus dem Nichts. Die Landschaft, im Tageslicht so bukolisch, nahm allmählich unheimliche Züge an. Für unsere unerfahrenen Augen sahen die Büsche wie Männer aus. Aber wir erwiderten das Feuer nicht. In dieser Hinsicht mußte sich das Bataillon an eine strenge Order halten, denn man wollte vermeiden, daß versehentlich Zivilisten getroffen wurden. Die Magazine waren leer, kein Schuß durfte abgegeben werden, es sei denn, auf Befehl eines Stabsunteroffiziers oder eines Offiziers.

Den schlimmsten Kampf führten wir in jener Nacht gegen das vietnamesische Insektenleben. Die Moskitonetze und die Schutzmittel erwiesen sich als wirkungslos und konnten uns nicht vor den fliegenden, kriechenden, krabbelnden, summenden, beißenden Horden schützen. Aus allen Zelten drangen Schreie und klatschende Geräusche. »Diese gottverdammten kleinen Bastarde! Verschwindet!« Um Mitternacht prankten dicke Pusteln in meinem Gesicht und auf den Händen.

Um dieser Qual zu entrinnen, inspizierte ich immer wieder die Linie meines Zugs. Entweder geschah es in dieser Nacht oder in einer der nächsten – jene ersten Nächte an der Front verschmelzen in meiner Erinnerung –, daß ich beinahe von einem meiner Leute angeschossen wurde. Als ich mich seinem Schützenloch näherte, stoppte er mich mit einem vorschriftsmäßigen Anruf. »Halt, wer ist da?«

»Charly Zwei Actual.« (Mein Codename).

»Zwei Actual, treten Sie vor und geben Sie sich zu erkennen.«

Ich machte zwei Schritte auf ihn zu.

»Halt. Wer ist der Präsident der Vereinigten Staaten?«

»Lyndon B. Johnson.«

»Wer ist der Verteidigungsminister?«

»Robert D. McNamara.« Ich glaubte, meine Antworten würden mich eindeutig als Amerikaner ausweisen, und ging weiter. Wieder ertönte ein *Halt!*, gefolgt vom Klicken eines

Hahns, und der unangenehme Anblick eines Gewehrs, das aus einer Entfernung von zehn Yards auf mich zeigte, ließ mich erstarren.

»Zwei Actual, wer ist der Untersekretär des Verteidigungsministers?«

»Wie zum Teufel soll ich das wissen?«

»Zwei Acutal erkannt.« Der Soldat senkte seine Waffe. Es war Guiliumet. Als ich in sein Schützenloch sprang, erfuhr ich den Grund für seine exzessive Wachsamkeit. Er war, ebenso wie sein Kamerad Paulson, beinahe getroffen worden. Sie zeigten mir einen zerfetzten Sandsack.

»Die Kugel schlug direkt zwischen uns ein, Leutnant«, berichtete Paulson. »Jesus, hätte ich um zwei Zoll weiter drüben gesessen, ich wäre erledigt.« Ich machte eine lässige Seebärenbemerkung über einen Schuß, der meilenweit danebengegangen war, vermied es aber geflissentlich, in die Nähe des zerfetzten Sandsacks zu geraten. In der Finsternis jenseits der Drahtzäune konnte ich nichts Gefährliches entdecken, nur leere Reisfelder, jetzt grau statt grün, Tintenflecken, die Dörfer oder Gebüsch markierten, und die Wipfel ferner Baumreihen, schwärzer als der schwarze Himmel. Trotzdem – irgendwo da draußen mußte der Heckenschütze kauern, womöglich mit meinem Kopf im Visier. Ehe mich meine Phantasie zu überwältigen drohte, kroch ich aus dem Schützenloch und setzte meinen Rundgang fort, in wachsendem Unbehagen. Phantome, dachte ich, wir kämpfen gegen Phantome.

Später brach ein lebhaftes Feuergefecht aus, etwa tausend Yards von der Vorpostenlinie entfernt. Granaten und Minenwerfer krachten. Kleine Waffen knisterten wie brennendes Holz, und ein paar Leuchtspurgeschosse zeichneten stumme, scharlachrote Streifen über den Bäumen. In einer anderen, noch weiter entfernten Schlacht dröhnte die Artillerie. All diese Geräusche – mysteriöse, faszinierende Boten heftiger Kontakte – schienen unsere früheren Fragen zu beantworten: Der Krieg und der Vietcong warteten tatsächlich auf uns.

4

Ich hatte von unseren Helden gelesen und wollte meine eigene Rolle im vaterländischen Spiel spielen.

Irische Ballade

Sie warteten lange. Bis zum 22. April erlebte das Bataillon keine Aktion – bis zu dem Zeitpunkt, wo die B-Kompanie beauftragt wurde, einen Spähtrupp zu verstärken, der einige Meilen westlich vom Hill 327 in einen Hinterhalt geraten war. In der Zwischenzeit kämpften wir gegen das Klima, die Heckenschützen und die Monotonie, wobei uns das Klima am schlimmsten erschien.

Ein Tag glich dem anderen. Um sechs ging die Sonne auf und wechselte die Farbe, von Rot über Gold zu Weiß. Die Nebel über den Reisfeldern lösten sich auf, die Morgenbrise erstarb. Zu Mittag bewegte sich überhaupt nichts unter dem gleißenden Himmel. Die Bauern verließen die Felder, um den Schatten ihrer Dörfer zu suchen; Wasserbüffel lagen reglos in den Suhlen, nur die Köpfe mit den breitgeschwungenen Hörnern ragten aus dem Schlamm; still wie Treibhauspflanzen standen die Bäume da. Um die Mitte des Nachmittags wehte ein heißer Wind von den Bergen herüber und wirbelte den Straßenstaub auf, rissig lagen die ausgedörrten, bereits abgeernteten Reisfelder unter der Sonne. Wann immer der Wind aufkam, konnten wir nirgendwohin schauen, ohne Staub zu sehen – Staub, der sich zu Wolken zusammenballte. Staubschleier, Staubstürme, die in die Zelte fegten und die Planen wie Segel blähten, die Spannschnüre strafften und plötzlich in sich zusammensanken, wenn die Windhose vorbeizog. Es war kein feiner Staub, sondern dickes Zeug, das an allem haften blieb, was es berührte, an der Haut, an den Gewehren, an den Blättern der Bäume. Es bedeckte das fettige Kochgeschirr in der Kombüse, also mußten wir den Staub nicht nur einatmen, sondern auch essen. Und trinken, denn er drang in die Kanister und gab dem Wasser den Geschmack von warmem Schlamm. Am Spätnachmittag warfen die Berge ein vorzeitiges Dämmerlicht auf die Küstenebene, aber am schlimmsten war das frühe Dunkel. Der Wind verebbte, und die Luft wurde immer stickiger, während die Erde die Hitze abgab, die sie den ganzen Tag absorbiert hatte. Wir tranken aus unseren Feldflaschen, bis sich die Bäuche blähten, und versuchten uns so wenig wie möglich zu bewegen. Schweiß strömte über unsere Gesichter. Der Staub, der an unserer Haut klebte, verdickte sich zu einem gummiartigen Film. Die Temperaturen waren irrelevant – das indonesische Klima läßt sich nicht mit konventionellen Graden messen. An diesem oder jenem Tag mochte die Quecksilbersäule auf siebenunddreißig Grad steigen, am nächsten auf zweiundvierzig, am übernächsten auf einundvierzig, aber diese Zahlen können die Intensität der Hitze ebenso wenig ausdrücken wie ein Barometer die zerstörerische Kraft eines Taifuns. Der einzig gültige Maßstab war die Qual, die diese Hitze einem Mann antun konnte, und das war einfach genug – sie konnte ihn umbringen, sein Gehirn rösten und den Schweiß aus ihm wringen, bis er erschöpft zusammenbrach. Die Piloten und Mechaniker des Luftwaffenstützpunkts flohen in ihre Baracken, aber an der Vorpostenlinie gab es keinen Schutz, man mußte die Hitze ertragen. Nur die Nacht linderte die Qualen, aber die Nächte brachten uns auch die Schwärme der Malaria-Moskitos und das *Knack-Knack-Knack* der Heckenschützen.

Die Langeweile war ein weiteres Problem, wie immer in der stationären Kriegsführung. Das Bataillon löste die ARVNs ab, die sich – keineswegs begeistert über die Möglichkeit, in der Gegenoffensive zu kämpfen – viel Zeit ließen, ehe sie aufbrachen. Wie gern wären wir an ihrer Stelle gewesen...

Statt des Abenteuers, das wir uns von der Verteidigung des Luftwaffenstützpunkts erhofft hatten, entpuppte sich dieser Dienst als zermürbende Routine. Nachts schoben wir Wache, bei Sonnenuntergang gingen wir in Kampfbereitschaft, im Morgengrauen kam die Entwarnung. Tagsüber reparierten wir rostige Drahtzäune, gruben Schützenlöcher und füllten Sandsäcke. Unsere Stellungen wurden häufig verlagert, erst nach rechts, dann nach links, schließlich wieder nach rechts, je nach dem ständig wechselnden Verteidigungssystem, das der Brigadestab plante. Das war kein Krieg, sondern Zwangsarbeit. Einmal erhielten wir die Order, Geschütze in Bunkern in Stellung zu bringen, die einem direkten Beschuß durch 120-mm-Minenwerfer – damals die schwerste Artillerie im Vietcong-Arsenal – standhalten konnten. Die Maschinengewehrschützengruppen, von kreativem Drang gepackt, errichteten komplizierte Gebilde, in einem Stil, den man als Sandsackmoderne bezeichnen mag. Kaum waren die architektonischen Projekte vollendet, erfolgte auch schon der Befehl, sie wieder auseinanderzunehmen. Der Brigadekommandant, General Karsch, war der Meinung, die Bunker würden den »Offensivgeist« der Soldaten zerstören, was Sullivan zu der Bemerkung veranlaßte, nach der wochenlangen Arbeit in der Prallsonne, und das ohne Bademöglichkeit, hätte die Aggressivität seiner Männer ohnehin erheblich nachgelassen.

Karsch und Oberst Bain kamen ziemlich oft zur Vorpostenlinie, und es faszinierte uns, den Unterschied zwischen diesen beiden Offizieren zu beobachten. Der Oberst war jeder Zoll ein Feldsoldat und sah auch so aus, ein brüsker, massiger Mann mit einem Gesicht, das attraktiv und gleichzeitig häßlich wirkte. Die Nase, mehrfach gebrochen und zu groß, die Falten und die harten, müden Augen erzählten mehr über seinen Lebensweg als die Dienstberichte und die Orden an seiner Brust. Es war kein schönes Gesicht, aber es strahlte die Würde eines Mannes aus, der die körperlichen und seelischen Schmerzen des Kriegs erlitten hatte. Der Oberst hatte unter schwerem Beschuß seinen Tribut gezollt, und deshalb gehörte er zu jener uralten Brüderschaft, zu der ein Mann weder durch Geld noch durch gesellschaftlichen Rang oder politische Kontakte Zugang gewinnen kann.

Der große, dicke Brigadegeneral war ein anderer Fall. Er mimte Schneidigkeit, indem er eine schmale grüne Krawatte zu seiner gestärkten Kampfjacke trug. Seine Stiefel und die Sterne am Kragen glänzten, und wann immer er die Vorpostenlinie abschritt, folgte ihm ein Rattenschwanz von Stabsoffizieren. Bei diesen Inspektionen versuchte der General, von Mann zu Mann mit uns zu reden, doch das gelang ihm nie so recht. Einmal kam er zum Kommandoposten meines Zugs, als ich mich gerade rasierte und keinen Helm trug. Ich wollte mir den Schaum vom Gesicht wischen, aber die elegante Gestalt, frisch gestärkt und mit messerscharfen Bügelfalten, winkte gönnerhaft ab. »Nicht nötig, Leutnant. Auch auf dem Feld muß man stets sauber bleiben. Das sehe ich gern. Machen Sie nur weiter.« Ich machte weiter, bestürzt über die unaufrichtige Freundlichkeit in seiner Stimme, die mich an einen Politiker auf Wählerfang erinnerte.

Ende März wurde die Gegenoffensive eröffnet. Der Begriff »Gegenoffensive« trifft eigentlich nicht zu; der Lärm, den wir jede Nacht hörten, schien eher von zusammenhanglosen Feuergefechten zu stammen als von einer organisierten Schlacht. Kurze Maschinengewehrsalven zogen sich allmählich in die Länge, bis ein ununterbrochener Krach dröhnte, um dann plötzlich zu verstummen; nach einer Weile begannen die kurzen Salven von neuem. Hin und wieder explodierte ein Granatwerfer mit einem dumpfen Knall, der Phantasiebilder von zerrissenem Fleisch und zertrümmerten Knochen heraufbeschwor. Schwere Artillerie dröhnte die ganze Nacht in unregelmäßigen Intervallen, das helle Licht der Mündungsblitze flackerte über den fernen Bergen. Manchmal näherten sich die Kämpfe dem Flughafen, kamen aber niemals nahe genug, um uns zu tangieren, abgesehen von gelegentlichen Heckenschützen; es war ein seltsames

Gefühl, unbehelligt in den Schützenlöchern zu sitzen, während eine knappe Meile entfernt andere Männer töteten und starben.

Um die Soldaten vor träger Selbstzufriedenheit zu bewahren, schickte sie der Artillerieoffizier der Kompanie, ein fröhlicher, kraftvoller Mann namens Marquand, zu ihren Stellungen, mit der Prophezeiung, eine Attacke stünde unmittelbar bevor. »Heute nacht werden sie uns angreifen. Das garantiere ich euch.« Nichts dergleichen geschah. Unsere Rolle in der vermeintlichen Gegenoffensive beschränkte sich auf das Abfassen detaillierter Berichte über den Kriegslärm, den wir in unseren diversen Zugsektoren hörten. Ich weiß nicht, wem diese Informationen nützten, aber ich glaube, sie halfen dem Nachrichtenoffizier des Bataillons, die jeweiligen Positionen der Verbündeten und der Feinde auf seiner Karte einzutragen. Die zeigte er mir eines Tages. Die Hauptwiderstandslinie war mit grünem Fettstift gezeichnet. Dahinter bildeten mehrere Rechtecke, die Vietcong-Bataillone und unabhängige Kompanien symbolisierten, einen Halbkreis um den Luftwaffenstützpunkt, im Süden und Westen am stärksten konzentriert. Ein ernüchternder und verwirrender Anblick – die Kommunisten besaßen eine Streitkraft von der Größe einer Division – aber wir hatten noch keinen einzigen feindlichen Soldaten gesehen. Ich schaute auf die Karte, auf die Reisfelder, dann wieder auf die Karte und verspürte das gleiche Unbehagen wie in Guiliumets Schützenloch. Damals hatte mich das Phantom eines Heckenschützen irritiert. Jetzt war es eine ganze Division von Phantomen.

Gegen Ende des Monats wurde Gonzales verwundet, als erster an unserer Front. Er kommandierte einen Sondertrupp, der Leitungen verlegen sollte, und geriet auf ein Minenfeld, das die ARVNs vor der Ablösung hätten entschärfen müssen. Entweder waren die schlampig gewesen, oder ein Vietcong in ihren Reihen hatte absichtlich ein paar Minen liegenlassen. Es handelte sich um kleine Splitterbomben, die ihre Opfer eher verstümmelten als töteten, und diejenige, auf die Gonzales stieg, erfüllte diesen Zweck. Er wurde in die Luft gejagt, und sein linker Fuß verwandelte sich im zerfetzten Stiefel in eine blutige Masse. Fast wäre er da draußen verblutet, aber der Obergefreite Sampson kroch auf dem Bauch über das Feld, tastete mit seinem Bajonett nach Minen, bahnte sich einen Weg zu dem Verletzten, hievte ihn auf die Schultern und brachte ihn in Sicherheit. Sampson wurde für die bronzene Tapferkeitsmedaille vorgeschlagen. Wir sahen Gonzales nicht wieder. Er flog in die Staaten, und als wir das letzte Mal von ihm hörten, erholte er sich im Marinehospital in Oakland. Sein Fuß war amputiert worden.

Er wurde schmerzlich vermißt, nicht weil er besondere Qualitäten besessen hätte, sondern weil er einer von uns gewesen war. Peterson, besorgt angesichts der Trübsal in seiner Kompanie, beauftragte die Zugführer, mit ihren Männern zu reden. Wir sollten sie daran erinnern, daß dies eine Kriegszone war und daß sie sich an Tote und Verwundete in ihren Reihen gewöhnen müßten, weil Gonzales zwar der erste, aber bestimmt nicht der letzte gewesen sei. Beim Gedanken, daß ich den Leuten eine solche Lektion erteilen würde, fühlte ich mich wie ein Betrüger. Ich verstand überhaupt nichts von der Kriegspsychologie, aber ich führte den Befehl aus. Der Zug versammelte sich in der Abenddämmerung bei meinem Kommandoposten, wie mein kleines Zelt großspurig genannt wurde, und umdrängte mich wie ein Footballteam einen Quarterback, die Helme unter den Armen, die Gesichter mit Staub verklebt, so daß die Augen aus roten Masken zu blicken schienen. Geduldig hörten sie einem unerfahrenen Leutnant zu, der ihnen die harten Tatsachen des Kriegs erklärte. Als ich meinen Vortrag beendet hatte, fragte ich, ob jemand Fragen stellen wolle. Nur ein einziger meldete sich. »Wird José wieder gesund, Leutnant?« Das bejahte ich, mit der Einschränkung, er müsse sich einer Amputation unterziehen.

Und wir mußten weitere Verluste beklagen. Am schlimmsten traf es die Drei-Neun. Nur wenige Leute wurden vom Feind verwundet. Die meisten erlitten Sonnenstiche oder Unfälle – jene Mißgeschicke, die unweigerlich zu einem Krieg gehören. Nervöse Wachtposten schossen versehentlich auf Kameraden. Zufällig ausgelöste Explosionen töteten oder verletzten eine große Anzahl von Leuten. Ein Propeller-Skyraider wurde von einem Flakfeuer zerstört und machte eine Bruchlandung auf dem Rollfeld. Der Pilot hatte sein gesamtes Wehrmaterial über Bord geworfen, ausgenommen einen 250-Pfünder, der aus irgendeinem Grund in der Bombenaufhängevorrichtung geblieben war. Eine gewaltige Ausnahme. Das Geschoß explodierte, pulverisierte die Maschine und den Mann und verletzte mehrere Luftwaffengefreite, die sich in der Nähe befanden. Außerdem setzte uns ein anderes, unvermeidliches Unglück zu, Krankheit – allerdings nicht allzu schlimm. Am häufigsten wurden wir von Durchfall und Ruhr betroffen. Auch die Malaria tauchte auf, aber die bitteren Pillen, die wir schluckten, hielten sie unter Kontrolle, wenn sie unsere Haut auch gelb färbten. Ich erfuhr, zwei Soldaten in der Brigade seien am Schwarzwasserfieber gestorben. Eine andere Krankheit kam häufiger vor. Auch ich wurde in diesem Frühling davon befallen. Sie hieß FUO – Fever unknown origin (Fieber von unbekanntem Ursprung). Die Symptome waren erhöhte Temperatur, ein schmerzender, geschwollener Hals und eine Müdigkeit, die von der Hitze noch gefördert wurde.

Diese Leiden erwuchsen in erster Linie aus unseren Lebensbedingungen. Verblüfft lasen wir die Berichte über den Luxus, der auf die US-Army gehäuft wurde. »Eiscremesoldaten« nannten wir sie, denn die Marineinfanteristen im I. Corps fristeten ein entbehrungsreiches Dasein, so wie sämtliche Infanteristen im Lauf der Geschichte. Staub, Schmutz und Moskitos erfüllten nachts unsere Zelte. Unsere einzige warme Mahlzeit am Tag schien für alle Ewigkeit aus Reis und Bohnen zu bestehen. Die beiden anderen Mahlzeiten stammten aus den C-Rationenen, und irgendwann kam der Augenblick, wo ich diese Dosen nicht mehr sehen konnte, ohne zu würgen. Ausgenommen die Pfirsiche und Birnen. Meistens brachten wir in diesem Klima nur Pfirsiche und Birnen hinunter. Anfangs hatten wir keine Duschen. Es gab nur selten genug

Trinkwasser, von Badewasser ganz zu schweigen, und aus den Dorfbrunnen quoll meist nur grüne Erbsensuppe. Diese wurde mit Halizon-Tabletten geklärt, wodurch sie nach Jod schmeckte. Trotz der Tabletten entfesselte das Wasser unsere Eingeweide, und wenn es einen Geruch gibt, den ich für immer mit Vietnam assoziieren werde, dann ist es der Gestank von Fäkalien und Kalk in den Latrinen. Toilettenpapier war Mangelware, abgesehen von den kleinen Papiertüchern in den Rationsboxen. Da wir uns nicht richtig waschen konnten, nahmen die Fäkalreste, die an den Analhaaren klebten, und der ständige Schweiß, der immer wieder in den Uniformen trocknete, solche Ausmaße an, daß wir uns selber nicht mehr riechen konnten.

Ansonsten waren diese Wochen während des Scheinkriegs keineswegs unangenehm. Die Monsunmonate lagen noch vor uns, ebenso wie der Zermürbungskrieg mit seinem mörderischen Kampf um den Thron. Wir fühlten uns der Gefahr nahe genug, um die Illusion zu wahren, wir wären tatsächlich in Gefahr, und uns zu Kampfinfanteristen hochzustilisieren. Durch die in der Basis stationierten Luftwaffengefreiten wurde unser Selbstwertgefühl noch gesteigert. Diese unkriegerische Bande von Mechanikern und Technikern hatte wochenlang nur die dünne, unverläßliche Linie der ARVN-Miliz zwischen sich und dem Vietcong gehabt. Jetzt, unter dem Schutz einer Marinebrigade, konnten sie sich nachts in ihren Bunkern verkriechen, ohne befürchten zu müssen, daß ihnen im Schlaf die Hälse aufgeschlitzt wurden. »Mann, ich kann euch gar nicht sagen, wie froh wir sind, daß ihr da seid, Jungs«, lautete der konstante Refrain. Sie luden uns in ihre Clubs ein, und wir bekamen jedesmal wenigstens eine Runde Freibier. In den Augen dieser Leute waren wir Helden. Dieses Image polierten wir noch kräftig auf, indem wir das feindliche Feuer schilderten, vor dem wir uns an der Vorpostenlinie ständig ducken mußten, die sie für das Ende der Welt hielten.

Ein gewisses Risiko stellten unsere kleinen Sicherheitspatrouillen in den Dörfern jenseits der Hauptwiderstandslinie dar, aber die verhalfen uns immer nur zu gesunder Bewegung an der frischen Luft. Zur Abwechslung genossen wir hin und wieder einen Urlaub in Danang, wo wir – wie bei unsereins üblich – herumhurten und tranken. Sobald wir diese Soldatenpflichten erfüllt hatten, gingen wir ins Grand Hotel Tourane, einen weißgestrichenen, charmant schäbigen Kolonialbau, und verdrückten eine anständige Mahlzeit. Danach saßen wir gesättigt und in wundervoll sauberem Tropenkhaki auf der Veranda, tranken kaltes Bier unter langsam kreisenden Ventilatoren und beobachteten die Sampans, die den Tourane River hinabglitten, auf rostroten Wellen im Licht des Sonnenuntergangs.

Das waren seltsame Wochen in Vietnam, mit dem romantischen Flair von Kiplings Kolonialkriegen. Sogar der Name unserer Einheit klang romantisch. Expeditionsbrigade. Das gefiel uns. Und als damals einzige amerikanische Brigade im Lande hatten wir das Gefühl, etwas Besonderes zu sein. »Wir wenigen, wir Glücklichen, wir Brüder«. Leutnant Bradley, der Transportoffizier des Bataillons, brachte die Atmosphäre jenes Zeitraums treffend zum Ausdruck – er nannte ihn den »großartigen kleinen Krieg«.

Für die Vietnamesen war's natürlich nicht so großartig, und Anfang April bekamen wir einen Vorgeschmack auf die Kämpfe, die im Busch ausgetragen wurden. Zwei australische Kommandanten, Berater eines ARVN-Rangertrupps, kamen in den Bereich der Charley-Kompanie – hartgesottene Typen mit steinharten Gesichtern, begleitet von einem Ranger, der noch härter aussah, mit den leergebrannten Augen eines Mannes, den es nicht mehr kümmert, was er getan und erlebt hatte. Die Aussies besuchten Feldwebel Loker von Testers Zug, ihren ehemaligen Berater. Ein lautstarkes Wiedersehen wurde gefeiert. Ein paar von uns kamen neugierig näher und hörten zu. Die Australier schilderten ein Feuergefecht, an dem sie diesen Morgen teilgenommen hatten. Die Einzelheiten dieses Berichts habe ich vergessen, aber ich erinnere mich, daß der kleinere von beiden erzählte, ihre Patrouille hätte einem toten Vietcongsoldaten ein »Souvenir« abgenommen. Er zog etwas aus der Tasche und hielt es grinsend hoch, wie ein Angler, der mit einer besonders großen Forelle für ein Foto posiert. Es war ein erzieherischer, wenn nicht sogar erbaulicher Anblick. Nichts hätte das Wesen des Vietnamkriegs deutlicher zum Ausdruck bringen können – und die Dinge, zu denen ein Mann während eines Krieges fähig war, wenn er lange genug darin kämpfte. Es schockierte mich zutiefst – einerseits, weil ich nicht erwartet hatte, so etwas zu sehen, andererseits, weil der Mann, der es hochhielt, ein Spiegelbild meiner eigenen Gesellschaft war – ein Mitglied der englischsprechenden Welt. Eigentlich müßte ich »es« im Plural erwähnen, denn es handelte sich um zwei Gegenstände, auf einen Draht gespießt – zwei braune, blutbefleckte Menschenohren.

Gegen Ende April lösten wir die Drei–Neun auf dem Hill 327 ab. Dieser ist kein einzelner Berg, sondern eine Gebirgskette, die eine natürliche Barriere zwischen Danang und dem vom Vietkong kontrollierten Tal im Westen bildete. Happy Valley wurde es genannt, obwohl es keineswegs vom Glück gesegnet war.

Die D-Kompanie besetzte die linke Flanke des Gebirges, den Gipfel von 327; der zentral gelegene Hill 268 wurde von unserer C-Kompanie okkupiert, an der rechten Flanke. Die A-Kompanie verteidigte den Dai-La-Paß. Nördlich davon ragte ein weiterer Berg auf, 368, besetzt vom 3. Bataillon, das vor ein paar Tagen mit dem Führungsstab gelandet war. Der Führungsstab und die B-Kompanie schlugen ihr Lager am Fuß der Berge auf, in der Nähe eines Dorfs, das den Spitznamen »Hundehütte« trug. Direkt dahinter wurde eine Batterie aus 105s aufgebaut. Runde Wälle aus Sandsäcken umschlossen die Haubitzen, die Läufe waren erhöht, so daß die Geschosse die Berge überqueren konnten.

Das neue Heim der Kompanie wies einige Vorteile auf. Eine größere Streitkraft vermochte die steilen Grashänge des Hill 268 kaum anzugreifen. Die ehemaligen Besatzer hatten die natürlichen Verteidigungsbastionen mit Schützengräben voller Sandsäcke, Maschinengewehrstellungen und einem Beobachterbunker verstärkt, der einer Festung glich. Offensichtlich hatte die Drei–Neun keine Probleme mit ihrem Offensivgeist gehabt, und was uns noch besser gefiel – hier oben war es nicht so heiß. Es gab keinen Staub und keine Heckenschützen, abgesehen von Sechzehn-Uhr-Charlie, einem pünktlichen Guerilla, der fast jeden Nachmittag um vier ein paar Kugeln auf uns feuerte. Wir schlossen ihn mit der Zeit ins Herz, weil er keinen einzigen Treffer erzielte. Die Aussicht war imposant, besonders, wenn man nach Westen schaute. Das Happy Valley, ebenso schön wie gefährlich, wirkte wie eine Steppdecke aus smaragdgrünen und staubgrauen Reisfeldern, durchbrochen von den gewundenen Linien der Bewässerungsgräben und den Palmenhainen, in denen die Dörfer lagen. Der Song Tuy Loan fließt durch das Tal, aber wegen des Bambusdickichts an seinen Ufern sahen wir ihn nicht. Nur an manchen Stellen schimmerte braunes Wasser zwischen den gebogenen Zweigen hindurch. In weiter Ferne stiegen die graubraunen Ausläufer zur Kordillere empor, deren Gipfel unter anderem Ba-Na, Dong Den und Tung Heo hießen. Unentwegt veränderten sich die Berge und blieben doch immer gleich. Die Formen wechselten in den flimmernden Hitzewellen, die Farben variierten im Lauf des Tages zwischen hellem Grün, wenn die Sonne aufging, und immer dunklerem Grün, während sie über den Himmel wanderte, und an klaren Tagen, wenn ein Regen den Staub aus der Luft gewaschen hatte, wurden sie blau. Nie zuvor hatte ich ein solches Land gesehen, tagsüber so schön und üppig, daß es mich an Shangri-La erinnerte. Aber nachts gemahnte mich der Lärm der Artillerie daran, daß ich mich in Vietnam befand, wo die Jugend entbehrlich war.

Zehn Tage verstrichen im Müßiggang. Der Reiz der neuen Umgebung verblaßte, das Bataillon begann an einer seelischen Krankheit zu leiden, von den französischen Soldaten in Indochina *la cafard* genannt. Die Symptome waren gelegentliche Depressionen, begleitet von einer unüberwindlichen Müdigkeit, die selbst die einfachsten Tätigkeiten wie Rasieren oder die Reinigung eines Gewehrs wie Schwerstarbeit erscheinen ließen. Die Ursachen blieben ein Geheimnis, hingen aber mit der gnadenlosen Hitze zusammen, mit dem Nichtstun und den langen Tagen, wo man auf die fremde Landschaft starrte; eine schöne Landschaft, sicher, aber nach einiger Zeit wurde das Dschungelgrün so monoton wie die Sandfarbe der Wüste oder das Weiß der Arktis.

Wir warteten und warteten auf einen Angriff, der nie erfolgte. Schließlich entschied jemand in der zweiten Monatshälfte, daß wir den Vietcong – da er nicht zu uns kam – aufsuchen würden. Die Strategie der statischen Verteidigung wurde fallengelassen. Die Brigade erhielt den Befehl, jenseits der Vorpostenlinie ausgedehnte Patrouillen und Aufklärungs- und Vernichtungsaktionen im kleineren Stil durchzuführen. »Im kleineren Stil« bedeutete der Größe des Bataillons entsprechend. Die neue Taktik gehörte in die Kategorie »aggressive Verteidigung«, und das hieß, daß wir an den Kämpfen teilnehmen würden. Der Krieg war nicht mehr »ihr Krieg«, der Krieg der Vietnamesen, sondern auch unserer, ein gemeinsames Unterfangen.

Das erwies sich als wirksame Medizin gegen *la cafard*. Die alte Erregung, während wochenlanger Schinderei abgestumpft, pulsierte wieder durch das Bataillon. Seit der Landung waren wir überzeugt, daß wir diesen Dschungelkrieg gewinnen würden, und zwar schnell, wenn man uns endlich in den Kampf schickte. Mit »wir« meine ich nicht die Vereinigten Staaten, sondern nur unsere Brigade; und mit »schnell« meine ich »sehr schnell«. »Ich glaube, in ein paar Monaten haben wir hier für Ordnung gesorgt«, sagte mir ein Stabsmajor zu jener Zeit. Diese Zuversicht wirkte damals keineswegs merkwürdig und beschränkte sich nicht auf uns, die wir in Vietnam stationiert waren. Ein High-School-Freund, ebenfalls beim Marinecorps, befand sich an Bord eines Schiffes mitten im Atlantik, als er von der Landung in Danang erfuhr. Sobald er in die Staaten zurückkehrte, eilte er nach Washington und suchte um sofortige Versetzung zu den »Bodentruppen im Westpazifik« nach.

»Ich hatte Angst, der Krieg würde vor meiner Ankunft zu Ende gehen«, erklärte er mir Jahre später. (Sein Wunsch erfüllte sich; zweimal wurde er nach Vietnam beordert und zweimal verwundet, erst von einem Minenwerfer, dann von einer Rakete, die ihn auf einem Auge erblinden ließ.)

Ich denke, wir glaubten fest an unsere eigene Publicity – asiatische Guerillas hatten keine Chance gegen US-Soldaten – und wir glaubten auch an die Mythen, die der wortgewandteste und eleganteste aller Mythenerfinder, John Kennedy, ersonnen hatte. Wenn er der König von Camelot war, dann betrachteten wir uns als seine Ritter und den Vietnamkrieg als unseren Kreuzzug. Es gab nichts, was wir nicht vermocht hätten, weil wir Amerikaner waren, und aus demselben Grund konnten wir auch gar nichts falsch machen.

Die neue Phase wurde mit einem Scharmützel der B-Kompanie am 22. April eröffnet. Soviel ich weiß, war es das erste Engagement einer amerikanischen Einheit in Vietnam. Wie so viele der zahllosen Feuergefechte, die noch folgen sollten, begann es mit einem Hinterhalt und endete mit einem Unentschieden. Eine Achtzig-Mann-Kompanie vom 3. Aufklärungsbataillon patrouillierte an jenem Morgen durch das Happy Valley, eine Bande selbstgestylter Säbelraßler, deren Wappen einen Totenkopf mit gekreuzten Gebeinen zeigte und deren Motto lautete: CELER, SILENS und MORTALIS – schnell, stumm und tödlich. Langsam, laut und harmlos – das hätte besser zu ihnen gepaßt, denn sie brachten nicht mehr zustande, als sich in einen Hinterhalt locken oder einkreisen zu lassen und dann um Hilfe zu rufen.

Am 22. April geschah folgendes. Eine Vietcong-Kompanie, etwa hundertzwanzig Mann stark, eröffnete in der Nähe des Dörfchens Binh Thai das Feuer auf die Patrouille. Sie griff die feindlichen Positionen an, aber der leicht bewaffnete Spähtrupp konnte die Guerillas nicht aus der Stellung werfen, da sie mit Automatic-Waffen festgenagelt wurden. Ein Team von ARVN-Scouts, den Marineinfanteristen angeschlossen, geriet in Panik und floh. Der Patrouillenführer forderte per Funk Verstärkung an. Nach einer langen Verzögerung, während der das Ansuchen die Kommandokette hinauf- und hinunterlief, erhielt die Bravo-Kompanie den Befehl, sich für den Kampf zu wappnen. Angeführt von ihrem entzückten Kapitän, versammelten sich die Gewehrschützen auf dem Hubschrauberstartplatz des Bataillons, ein Symbol der »neuen Mobilität« des Militärs. Die H-34 trafen ein, aber nicht rechtzeitig genug, um einen weiteren Aufschub zu verhindern der – wenn auch nicht durch die Schuld der H-34 Maschinen – die neue Mobilität zur Bedeutungslosigkeit verdammte. Ein Stabsoffizier des Regiments bemerkte, daß die Soldaten keine Flakjacken trugen, und schickte sie zu ihren Zelten zurück. Das brachte Oberst Bain in Wut, der eine bissige Bemerkung über »hasenfüßige Stabsoffiziere« machte, »die Uniformregeln ernster nehmen als die Aufgabe, Kameraden aus der Bedrängnis zu helfen«. Um seine Verachtung für diese Wichtigtuer zu demonstrieren, sprang er in seinen Jeep und fuhr auf einer Sandstraße ins Tal. An ihrem Ende ging er zu Fuß zum Kampfschauplatz, durch einen zwei Meilen langen feindlichen Dschungel, nur von einem verängstigten Fahrer und dem Hauptfeldwebel begleitet. Diese wagemutige Aktion brachte ihm die Bewunderung der Soldaten und den Haß des Brigade- und Regimentstabs ein.

Die C-Kompanie ahnte nichts von diesen verwirrenden Problemen. Von unserer achthundert Fuß hohen Zitadelle aus beobachteten wir nur das Drama der Operation und fühlten uns, als würden wir in einem Freilufttheater einen Kriegsfilm sehen. Geduckt rannten die Soldaten zu den Hubschraubern, die dann hochstiegen, einer nach dem anderen, und sich im Schwebeflug, die Nasen nach unten gereckt, aus den von ihren Propellern aufgewirbelten Staubwolken erhoben; das ohrenbetäubende Dröhnen der Motoren verhallte, als die Maschinen einen Versammlungspunkt in einiger Entfernung erreichten, während vor uns die Landezone von Hueys – im Tiefflug und winzig vor der Bergkulisse – mit Geschützfeuer bestrichen wurde. Die Entfernung verringerte die Explosionen ihres Schnellfeuers zu einem sirrenden Geräusch; dann kam der lange, nach unten führende Gleitflug der Angriffshubschrauber, die größer und dann kleiner wurden, ehe sie hinter dem niederen Grat verschwanden, auf dessen anderer Seite die Landezone lag; weiße Phosphorwolken quollen aus den Bäumen, wo die Bravo-Kompanie kämpfte, eine Knisterstimme drang aus dem Funkgerät. »Burke Bravo hat vier VC getötet, ich wiederhole, vier Victor Charlies getötet.« Das alles faszinierte uns, und der glühende Wunsch, bei den anderen da draußen zu sein, erfüllte mich. Ein Kampf – das Ereignis, nach dem sich so viele in unserem Bataillon sehnten. Damals erkannte ich, daß sich irgend etwas in mir zum Krieg hingezogen fühlte. Es mochte eine ungute Neigung sein, aber sie war da und ließ sich nicht leugnen.

Das Feuergefecht dauerte, mit einigen Pausen, bis zur Abenddämmerung, aber die B-Kompanie kam nicht an das Hauptkontingent des Vietcong heran. Die Guerillas hatten die Verzögerungen genutzt, um den Kampf mit der Patrouille zu beenden und im Busch zu verschwinden, wobei ihr Rückzug von ein paar Heckenschützen und einer kleinen Nachhut gedeckt worden war. Sechs dieser Leute wurden getötet, vier in einem Dorf gefangengenommen, das unsere Phosphorgranaten niederbrannten. Wir erlitten nur geringfügige Verluste. Granatsplitter verwundeten ein paar Männer, aber nur ein Mitglied des Spähtrupps schwer genug, so daß er ins Lazarett gebracht werden mußte. Die Bravo-Kompanie fand, daß sie ihre Feuertaufe bestanden hatte, das Sakrament des Soldaten, und kehrte in bester Stimmung zurück.

Einen Tag später rief Peterson die Offiziere und Feldwebel zu einer Besprechung zusammen. Das Scharmützel der B-Kompanie hatte den Stab zu größeren Ambitionen inspiriert, und man plante eine Späh- und Vernichtungsoperation, an der zwei Kompanien teilnehmen sollten. Die feindliche Einheit, die gesucht und – wenn wir sie finden konnten – zerstört werden sollte, war das 807. Bataillon. Der Stab glaubte, daß es in den Gebirgsausläufern rings um Hoi-Vuc operierte, ein Dorf am anderen Ende des Tals. Die Delta-Kompanie sollte nahe dem Kampfschauplatz vom Vortag in Riegelstellung gehen, während die Charley-Kompanie ein paar Meilen weiter westlich einen Hubschrauberangriff durchführte. Die Landezone würde eine Lichtung sein, eingezwängt zwischen den Hills 107 und 1 098. Letzterer ist eine große grüne Pyramide, den Vietnamesen unter dem poetischeren Namen Nui Ba-Na bekannt. Von dort sollte die C nach Osten vorrücken, dem Lauf des Song-Tuy-Loan-Flusses folgen, Hoi-Vuc passieren und sich dann mit der D treffen. Dieses Manöver kannte ich von meiner Ausbildung in Quantico her – eine Hammer-und-Amboß-Bewegung. Die C-Kompanie war der Hammer, und vom Vietcong wurde erwartet, daß er wie ein hektischer Rattentrupp floh, wenn sie vorrückte, um mit dem Amboß in Gestalt der D-Kompanie zusammenzuprallen. So sah der Plan auf der Landkarte des Kapitäns aus, wo die Dschungeltiefen nur ein grüner Tintenfleck und alle Berge flach waren.

Peterson schloß die Besprechung ab, indem er die Brigaderegeln für Engagements vorlas. Am vergangenen Tag hatte ein Schütze der B-Kompanie einen Bauern für einen Vietcong gehalten und erschossen. Um künftig ähnliche Zwischenfälle zu vermeiden, ordnete die Brigade an, die Magazine müßten bis unmittelbar vor dem Kampf leer bleiben. In Gebieten, die von Guerillas kontrolliert wurden, durfte man nicht auf unbewaffnete Vietnamesen feuern, *es sei denn, sie rannten.* Ein laufender Vietnamese war ein geeignetes Ziel. Das verwirrte uns und weckte Unbehagen. Niemand war bestrebt, Zivilisten zu töten. Warum wies sich jemand als Kommunist aus, wenn er rannte? Wenn wir nun auf einen Vietnamesen schossen, der es mit gutem Grund eilig hatte? Wäre das eine gerechtfertigte Kriegshandlung oder ein Fall fürs Kriegsgericht? Schließlich sagte der Kapitän: »Hören Sie, ich weiß nicht, was das bedeutet, aber ich habe mit dem Stab gesprochen, und man hat mir erklärt, ein toter Vietnamese sei automatisch ein Vietcong.« Und mit dieser Erkenntnis gingen wir davon, um die Gruppenführer zu instruieren.

In den nächsten Stunden trafen wir die üblichen Vorbereitungen. Alle waren fröhlich gestimmt – bis auf die Feldwebel. Als ich ihr Zelt betrat, um Campbell ein paar Anweisungen in letzter Minute zu geben, schauten sie alle ziemlich düster drein. Campbell erschien mir besonders grimmig, keineswegs er selbst, und das schwache Licht einer Kerosinlampe vertiefte Schatten und Linien in seinem Gesicht, so daß er älter aussah als seine sechsunddreißig Jahre. Er schrieb einen Brief an seine Frau und seine drei Söhne. Merkwürdigerweise war es mir nie gelungen, ihn als Ehemann und Vater zu betrachten oder als irgend etwas anderes – immer nur als Feldwebel. Ich machte eine Bemerkung über die allgemeine Melancholie, und Colby erwiderte: »Wir sind nicht schlecht gelaunt, aber diese Kompanie führt sich auf, als würden wir einen Pfadfinderausflug unternehmen. Gerade haben wir drüber geredet, und wir finden, wenn morgen jemand fällt, sollte die ganze Kompanie an der Leiche vorbeimarschieren. Mal sehen, ob die Jungs dann immer noch lachen.«

Ich entgegnete, das klänge ziemlich morbid.

»Diese Helikopterangriffe können tatsächlich sehr morbid sein, Leutnant.« Corby schilderte eine blutige Operation, die er als Berater der ARVN-Ranger miterlebt hatte. »Wir wandten uns nach links, und die Minenwerfer wandten sich nach links. Wir wandten uns nach rechts, und die Minenwerfer wandten sich nach rechts. Auf dem ganzen Weg durch das Tal folgten sie uns. Das war unten bei Tam-Ky, wo ich eine Kugel abbekam, Leutnant. Unsere Ärsche wurden gründlich poliert, und das kann uns morgen in einer heißen Landezone genauso blühen.«

Ich verzog mich, denn ich fühlte, daß ich einen wunden Punkt dieser Veteranen berührt hatte. Aber was für ein Punkt das sein mochte, wußte ich nicht, ebenso wenig, wie ich ihre Stimmung verstand. Selbst voller Illusionen, erkannte ich nicht, daß sie keine mehr hatten.

5

Du wolltest kämpfen? Wozu? Ich weiß wirklich nicht, warum. Oder ich weiß wirklich, warum. Wer will einen richtigen Kampf? Aber da ist er...

Ernest Hemingway, Über den Fluß und in die Wälder

Widener weckte mich am frühen Morgen. Er griff durch mein Moskitonetz und rüttelte mich an der Schulter. »Vier Uhr, Leutnant. Höchste Zeit, um aus der Falle zu kriechen.« Widener, ein Indianer aus dem Süden und Chriswells Nachfolger als Funker unseres Zugs, besaß die schrille, klirrende Stimme eines Country-Music-Discjockeys – um diese Tageszeit eine äußerst unangenehme Stimme. »Vier Uhr, Sir! Aufstehen!«

»Ich bin wach, Widener, Sie können verschwinden.«

»Ja, Sir.«

Ich schwang mich aus meinem Feldbett. Der festgestampfte Erdboden im Zelt fühlte sich kühl unter meinen Füßen an. Ich hatte einen metallischen Geschmack im Mund, weil ich in der Nacht zuviel geraucht und zuwenig geschlafen hatte. Erst kurz vor Wideners Ankunft war ich eingenickt. Trotzdem verspürte ich keine Müdigkeit. Manchmal hatte ich in meinem Zivilleben zehn Stunden geschlafen und war nicht so hellwach gewesen wie an jenem frühen Aprilmorgen in Vietnam. Miller, der Beobachter, den man der C-Kompanie zugeteilt hatte, schnarchte auf dem Feldbett neben meinem. Durch das Moskitonetz konnte ich nur die Umrisse seiner kräftigen Gestalt sehen. Die anderen waren wach. Peterson schnürte seine

Stiefel zu. McCloy rasierte sich draußen an einem improvisierten Waschtisch, im Licht einer Taschenlampe, Lemmon wischte die Feuchtigkeit aus seinem Karabiner, Tester machte das gleiche mit seinem kostbaren SK-50, einer Maschinenpistole, die er sich zugelegt hatte, weil er seinen Revolver als unzulängliche Selbstverteidigungswaffe betrachtete. Ich tastete in der Dunkelheit nach meinen Stiefeln und der Jacke und fand beides mit Hilfe meines Geruchssinns, der den moderigen Gestank von getrocknetem Schweiß und Schmutz mühelos aufstöberte. Das ganze Zelt roch so – wie ein Umkleideraum, der niemals gelüftet worden war. Wortlos zogen wir uns an; die einzigen Geräusche waren ferne Artillerieexplosionen und das Klirren des Eßgeschirrs, als die Kompanie zur Feldküche ging, um zu frühstücken. Dann eröffnete eine Batterie von 8-Zoll-Haubitzen, auf der anderen Straßenseite, gegenüber dem Hauptquartier des Bataillons, das Feuer. Der Lärm krampfte mir das Herz zusammen. Die großen Geschütze waren erst vor wenigen Tagen geliefert worden, und ich konnte mich nicht an den ungeheuren Krach gewöhnen, ebensowenig an das wilde Kreischen der Rücklaufbremsen, wenn die Rohre ihre Geschosse davongeschleudert hatten.

»Großer Ivan«, sagte Miller, den das Feuer geweckt hatte. Ivan lautete der Funkcodename der Batterie. »Damit bereiten sie die Landezone vor. Wahrscheinlich merkt Charlie schon was. Ich wette, Ivan jagt ihm schreckliche Angst ein.« Wir nannten den Vietcong »Charlie«, abgeleitet von der Abkürzung VC – Victor Charlie.

»Von Charlie weiß ich nichts«, erwiderte ich. »Mir ist Ivan jedenfalls unheimlich.«

»He!« rief irgend jemand. »Kaum geht's los, wird P.J. nervös.« McCloy, der sich draußen feinmachte, zitierte Kipling: »›Ich bin alt, und ich bin nervös, und die Armee hat mich rausgeworfen.‹«.

Diese Witze ärgerten mich, weil sie der Wahrheit viel zu nahe kamen. Ich war tatsächlich nervös. Weil ich einen dummen Fehler zu begehen befürchtete, wenn der Zug die Landezone erreichte, hatte ich die ganze Nacht wach gelegen, mir vorzustellen versucht, was alles geschehen könnte, und überlegt, wie ich in diesem oder jenem Fall vorgehen sollte. Immer wieder, erschöpft von der geistigen Anstrengung, hatte ich mich mit Phantasien über meine künftigen Heldentaten aufgemuntert und mir sogar ausgemalt, wie die Zeitungsberichte über meine tapferen Aktivitäten lauten würden: »Wie heute zu erfahren war, wurde ein Soldat aus dem Chicago-Gebiet in Vietnam mit der Silbersternmedaille ausgezeichnet. Philip Caputo aus dem Vorort Westchester, Zugführer im 3. Marineregiment bei Danang, wurde wegen seines Mutes belobigt. Der dreiundzwanzigjährige Offizier warf ganz allein ein Vietcong-Maschinengewehrnest aus der Stellung...« Während mein Gehirn zwischen fieberheißen Träumen von Ruhm und Glanz und den kalten praktischen Problemen schwankte, die mit der Sicherung einer Landezone zusammenhingen, verwirrten sich meine Gefühle. Ich hoffte, auf Widerstand zu treffen, damit sich meine Träume erfüllen könnten oder damit ich wenigstens lernte, wie man sich unter Beschuß verhielt. Gleichzeitig wünschte ich, es möge nichts passieren – aus Angst, ich würde mich als unfähig erweisen. Ich sehnte die Aktion herbei – und ich wollte ihr entrinnen. Das Ergebnis dieses inneren Konflikts war eine emotionale Spannung, und der Haubitzenlärm drohte meine Nerven zu zerreißen.

Infolge dieses Zustands irritierte mich McCloys Zitat viel mehr, als es der Anlaß rechtfertigte. Bissig bemerkte ich, wie albern es sei, sich vor einer Operation zu rasieren. Jeder winzige Kratzer würde in der Hitze höllisch brennen. Murph meinte, es zeichne einen Offizier ganz sicher aus, wenn er ordentlich rasiert in den Kampf ziehe, und fügte hinzu: »Auch die Franzosen waren rasiert, als sie sich auf Dien Bien Phu stürzten.«

»Ja, und das hat ihnen sehr geholfen«, sagte Lemmon.

Die Haubitzen begannen wieder zu feuern, als wir zur Feldküche gingen. Zunächst sahen wir die Geschütze, dann verschwanden sie hinter grellen Mündungsblitzen. Gegen Westen zu war das Tal ein schwarzer Teich, nur von den rot explodierenden Geschossen beleuchtet. Im Osten ließ sich das Chinesische Meer nicht vom Himmel unterscheiden, so daß die Lampen der Fischerdschunken wie tiefhängende Sterne aussahen und die Streifen des weißen Küstensands wie das Ende der Welt. Die Kompanie zog an der Essenausgabe vorbei, im Licht der gelben Laterne, die in der Feldküche brannte, waren die Gesichter der Männer nur undeutlich zu erkennen. Gleichmütig warfen die Feldküchensoldaten, in fetzigen Kattunanzügen, das Frühstück auf die Tabletts, und ein Kamerad drückte sein Erstaunen aus, als er die Mahlzeit sah. »Steak und Eier? Leide ich unter Halluzinationen? Steak und gottverdammte Eier?«

»Du hast keine Halluzinationen«, sagte ein Koch. »Wir päppeln dich nur ein bißchen für das Schlachtfest auf, Dummkopf. Steaks und Eier sehen großartig aus, wenn euch die Eingeweide raushängen.«

Im Zelt, das großspurig als Offiziers- und Stabsunteroffiziersmesse bezeichnet wurde, aßen wir in aller Eile, umweht vom angenehmen, seltsam häuslich wirkenden Kaffeeduft. Die Feldwebel hatten sich von ihrem Gram erholt und waren wieder fröhlich, in der resignierenden Art von Männern, die wissen, daß sie ihr Schicksal nicht kontrollieren können. Sie beklagten nur den Mangel an Brot und Marmelade. Was nutzte einem der Luxus von Steaks mit Eiern, ohne Brot und Marmelade? Oberfeldwebel Wagoner meinte, sie dürften nicht zuviel verlangen, und Campbell erwiderte: »Boß, du steckst voll saurer Eulenscheiße.« Alles lachte, ein bißchen zu laut.

Es wurde hell, nicht so wie in gemäßigten Klimazonen, wo das Dunkel langsam vor dem Morgengrauen zurückweicht, sondern ganz plötzlich. Das Frühstück war vorbei, unsere erste anständige Mahlzeit seit sieben Wochen. Ich roch Wasser, feuchte Erde und Holzrauch – Düfte, die von der Morgenbrise herangetragen wurden. Dies war in Vietnam die einzige erträgliche Tageszeit. Ich genoß die Kühle und fürchtete die Hitze, die uns die aufsteigende rote Sonne verhieß.

Wir bildeten Hubschrauberteams von je acht Mann und

versammelten uns auf dem großen flachen Sattel zwischen unserem Berg – mittlerweile betrachteten wir ihn als unser Eigentum – und dem Hill 327. Der Anblick, den die C-Kompanie bot, hätte ein Kriegssymbol sein können. Dichte Soldatenreihen in Gewehrgrün, mit Tarnhelmen, erwarteten stehend oder auf einem Knie die Helikopter, die sie in den Kampf führen würden. Tief unten, an der Straße, gegenüber den taubedeckten Zelten des Hauptquartiers, begann die Acht-Zoll-Batterie die Landezone mit Feuer zu bestreichen. Ein solcher Anblick bewegt mich immer noch, obwohl ich meine Kriegsillusionen verloren habe – schwere Geschütze in Aktion. Es waren Haubitzen auf Selbstfahrlafetten, ehrfurchtgebietende Gebilde, groß wie Panzerwagen. Flammenzungen zuckten aus den langen schwarzen Rohren. Zischend flogen die Geschosse über unsere Köpfe hinweg, über das Tal, das dunkle im Schatten der Berge. Um diese Tageszeit war die Kordillere besonders schön und wirkte in der klaren Luft greifbar nahe, oben goldgrün, wo sie von der Sonne berührt wurde, tiefer unten grünlichschwarz, und die Linie zwischen Licht und Schatten erschien mir gestochen scharf, wie gezeichnet. Auf der anderen Seite sahen wir die Hubschrauber vom Flugplatz hochsteigen. Am wolkenlosen Himmel schwebten sie über die Küstenlandeplätze hinweg und glichen einer Schar plumper Zugvögel. Das Geräusch des Bombardements erreichte uns. Die Explosionen der ersten Geschosse hallten zwischen den Bergen wider. Wenn die Echos verklangen, krachte eine neue Salve. Schließlich hörten wir ein ununterbrochenes Dröhnen. Die Geschütze feuerten Luftsprengpunkte ab. Graue Rauchwolken erblühten über dem Hill 107, der wie der Rücken eines schlafenden Dinosauriers aus dem braunen Elefantengras aufragte. Dahinter erhob sich der Nui Ba-Na, an dessen Osthang die Schattenlinie zurückwich, während die Sonne höherstieg. Aus dem Dschungel, der die Berge bedeckte, schlängelten sich Nebelsäulen empor und mischten sich mit dem Rauch, um eine Wolke zu bilden, die bei jeder neuen Salve erzitterte und sich verdichtete. Die Szenerie entzückte mich – das dunkle Tal, die Berge, die grauen Schleier und über allem der hohe Gipfel mit dem mysteriösen Namen.

Die Hubschrauber trafen ein, als das Bombardement eingestellt wurde. Jeweils zu dritt, landeten sie in der kleinen Zone, und jeder entfesselte einen Miniaturhurrikan. Der Kommandant der ersten Maschine winkte mein Team herab. Unter den wirbelnden Propellern rannten wir geduckt durch den Staubwirbel und wurden an Bord geholt. Der Lärm war gräßlich. Die vierschrötige, stumpfnasige H-34 bebte und ratterte ohrenbetäubend. Wir mußten schreien, um uns verständlich zu machen. Der Kommandant saß auf einer zusammengefalteten Flakjacke hinter seinem Maschinengewehr und bedeutete uns, daß wir uns in den gutbespannten Sitzen festschnallen sollten. Das Motorengeräusch schwoll an. Sekundenlang schien sich der Helikopter zu ducken, wie ein Hochspringer, der zum Sprung ansetzt, dann schnellte er nach oben. Bei diesem abrupten Aufstieg krampfte sich mein Magen zusammen. In einem Kurvenflug glitten wir empor, und ich sah tief unten die restliche Kompanie, die rasch kleiner wurde.

Wir steuerten nach Westen und folgten dem Lauf des Song Tuy Loan. Südlich und nördlich des Flusses erstreckten sich Reisfelder, ein grünbraunes Mosaik, durchschnitten vom senfgelben Band des Stromes. Widener und die sechs Schützen meines Teams saßen stocksteif da, die Gewehre zwischen die Knie gestellt. Staub klebte an ihren Gesichtern wie roter Talkpuder. Der Hubschrauberkommandant, auf den Kolben seiner M-60 gestützt, versuchte, sich im Wind, der durch die offene Luke hereinblies, eine Zigarette anzuzünden. Es war der erste, kühle, stetige Wind, den ich seit meiner Ankunft in Vietnam spürte, und ich genoß ihn in vollen Zügen. O Gott, im Busch würde es heiß sein. Wenn die Hitze doch wenigstens an diesem einen Tag nicht so schlimm wäre... Ich blickte durch die Luke und sah die anderen Hubschrauber in unregelmäßiger Formation dahinfliegen. Dunkelgrün vor dem blauen Himmel, hoben und senkten sie sich auf den Windströmungen, wie Schiffe, die auf sanften Meereswellen reiten.

Nach meiner Heimkehr aus dem Krieg wurde ich oft

gefragt, wie ich mich vor meinem ersten Kampf gefühlt hätte. Ich gab keine wahrheitsgemäßen Antworten, aus Angst, man würde mich für einen Kriegsfanatiker halten. In Wirklichkeit war ich glücklich. Sobald ich in den Hubschrauber gestiegen war, hatte sich meine Nervosität verflüchtigt. Und ich war glücklicher denn je, wenn ich auch nicht weiß, warum. Ein Onkel hatte mir von den Gefechten auf Jwo Jima erzählt. Und ein älterer Vetter, der mit Patton in Frankreich gekämpft hatte, konnte kaum von etwas anderem sprechen als von seinen Kriegserlebnissen. Ich hatte alle ernstzunehmenden Bücher gelesen, die sich mit den Weltkriegen befaßten, und Wilfred Owens Dichtung über die Westfront. Trotzdem hatte ich nichts daraus gelernt. »Alles, was der Dichter heute tun kann, ist warnen«, schreibt Owen. Colby und die anderen Feldwebel waren gewiß keine Poeten, aber genau das hatten sie am Vorabend versucht – mich zu warnen, uns alle zu warnen. Sie waren bereits dagewesen, wo wir jetzt hinfliegen, an jener Grenze zwischen Leben und Tod, doch wir wollten nicht auf sie hören. Ich glaube, jede Generation ist dazu verdammt, in ihrem eigenen Krieg zu kämpfen, die gleichen uralten Erfahrungen zu sammeln, den Verlust der immer gleichen alten Illusionen zu erleiden, die gleichen alten Lektionen selbst zu lernen.

Die Landschaft veränderte sich. Der Tuy Loan wurde schmäler, bis er nur mehr ein Faden im Bambusdickicht war. Zerklüftete gelbe Gebirgsausläufer verdrängten die Reisfelder und sahen aus wie Berge auf einem Terrainmodell oder einer Reliefkarte. Ich schaute nach, ob die Rauchgranaten gut an meinem Patronengurt befestigt waren, und durchdachte, vermutlich zum zehntenmal, den Plan für die Sicherung der Landezone. Die ersten Hubschrauber würden um zwölf landen, die erste Gruppe sollte das Gebiet von zwölf bis vier besetzen, die zweite von vier bis acht, die dritte von acht bis zwölf; roter Rauch, heiße Landezone, grüner Rauch, kalte Landezone. Während ich diesen Gedanken nachhing, änderte die Formation den Kurs. Wir flogen parallel zu den Bergen, vor uns breitete sich die Kordillere aus, das unheimlichste

Terrain, das ich je gesehen hatte. Ungebrochenes Grün zog sich nach Westen, ein Berg erhob sich nach dem anderen, manche über eine Meile hoch, mit Wäldern bedeckt, so dicht, daß man glaubte, man könne darauf gehen. Das Gebirge nahm kein Ende, reichte bis zum Horizont. Ich erblickte keine Dörfer, keine Felder, keine Straßen – nichts, nur endlose Regenwälder, dunkel wie altes Moos. Das war die Annamitische Kordillere, feindselig und fremdartig. Auch die Vietnamesen betrachteten sie mit Grauen. »Da draußen«, nannten sie die schwüle Wildnis, wo der bengalische Tiger umherschlich, die Kobra zusammengerollt unter Felsen lag und der Vietcong im Hinterhalt lauerte. Während ich hinabschaute, fragte ich mich sekundenlang, ob sich irgendein Witzbold diese Operation ausgedacht hatte. Unserer Order zufolge mußten wir ein feindliches Bataillon finden. Ein Bataillon – ein paar hundert Mann. Die ganze nordvietnamesische Armee hätte sich in diesem Dschungelmeer verbergen können, und wir mußten ein Bataillon suchen, um es in einer Hammer-und-Amboß-Bewegung zu vernichten. Suchen und Vernichten. Halb und halb erwartete ich, die gewaltigen Berge vor verächtlichem Gelächter angesichts unserer Anmaßung zittern zu sehen.

Wir überquerten die imaginäre Linie, hinter der wir mit einem Angriff rechnen mußten. Ich gab den Befehl zum Laden. Gewehrbolzen wurden zurückgeschoben, Patronen in Magazine gesteckt, Kinnriemen aufgeschnallt. In steilem Spiralflug glitten die Helikopter hinab. Die Bäume schienen fast hundert Fuß hoch aufzuragen, die oberen Teile der Stämme waren grau und kahl wie Knochen. Direkt vor uns lag die Landezone, rückte rasch näher, ein heller Kreis in der Finsternis des Dschungels. In der Mitte der Lichtung schimmerte der braune Tuy Loan matt im Sonnenlicht, wie ein Gürtel aus stumpfem Messing. Der Hubschrauber rasierte die Wipfel, der Kommandant feuerte Maschinengewehrsalven ins Unterholz am Rand der Wiese. Zuckend spulte sich der Patronengut aus der Munitionsbox. Der Pilot setzte zur Landung an. Die Rotoren ratterten, der Helikopter berührte den Boden, wir stiegen aus und rannten in einer Schützenlinie durch das vom Wind flachgedrückte Gras.

Die beiden anderen Gruppen landeten, und ich beobachtete erleichtert, wie sie ungehindert auf der Lichtung ausschwärmten. Daß wir nicht von feindlichem Feuer empfangen wurden, beruhigte mich ebenso. Dies war der letzte Ort, wo ich in einen Kampf verwickelt werden wollte. Eine kalte Landezone ist reines Glück. Innerhalb weniger Augenblicke hatten wir sie verlassen und bildeten eine Vorpostenlinie im Wald. Wir kamen uns vor, als würden wir aus dem Sonnenlicht in einen dunklen Raum treten. Durch das dichte Gewölbe über unseren Köpfen fielen einzelne Strahlen herab und tauchten das Unterholz in grünlichen Dämmerschein. Kein Wind regte sich, es war unglaublich schwül, und der Dschungel roch wie ein feuchter Keller. Wir hörten Tiere vorbeihuschen und im Gestrüpp rascheln, aber wir sahen sie nicht. Es fiel uns überhaupt schwer, irgend etwas zwischen den Bäumen und Ranken zu erkennen, die sich ineinanderschlangen, in einem stummen, verzweifelten Kampf um Licht und Luft. Ein Krieg der Vegetation.

Ich warf eine Granate, Dichter grüner Rauch quoll heraus, und die restliche Kompanie landete. Als die Hubschrauber davonflogen, überkam uns ein Gefühl der Verlassenheit. Jetzt war die Charley-Kompanie von der Außenwelt abgeschnitten. Wir hatten eine Grenze zwischen dem Bekannten und dem Unbekannten überschritten. Die Helikopter hatten dem Terrain eine vertraute Atmosphäre verliehen. Als Amerikaner waren wir an Maschinen gewöhnt, aber nachdem sich die H-34 entfernt hatten, wurde uns die fremdartige Aura dieser wuchernden, modernden Wildnis bewußt. Nichts bewegte sich in der gelähmten Luft, und wir hörten nichts außer den gurgelnden Flußwellen und dem Rascheln der Tiere. Doch es war keine friedliche Stille. Ich dachte an jene alten Worte aus Wildwestfilmen: »Es ist zu still.« Ja, hier war es wirklich zu still. In diesem Schweigen lag eine sonderbare Spannung, die Ruhe vor dem Sturm. Ich umrundete die Vorpostenlinie, um sicherzugehen, daß sich niemand verirrt hatte, durchbrach ein

Dickicht aus Elefantengras und hörte eine gepreßte Stimme rufen: »Wer ist da?«

»Der Leutnant.«

Die Stimme gehörte dem Obergefreiten Skates, der normalerweise kein nervöser Typ war. Ein paar Yards weiter vorn fand ich ihn. Sein Gewehr zeigte immer noch in meine Richtung. »Okay, Sie sind's, Sir. Sie haben mich ganz schön erschreckt.«

Lemmons und Testers Züge formierten sich am anderen Ende der Lichtung. In der Mitte der Reihe, befand sich, durch einen kleinen Funkantennenwald markiert, das Hauptquartier der Kompanie. Mein Gerät knisterte, und Wideners Discjockey-Stimme zerriß die Stille. »Roger, Charley Sechs. Eine Kontrolle. Charley Zwei bleibt in Stellung, bis Eins und Drei ausrücken, dann folgt sie. Roger, Sechs. Hier ist Zwei.« Dann wandte er sich an mich. »Sir, Sechs sagt...«

»Ich habe gehört, was Sechs gesagt hat, Widener. Und jeder Vietcong im Umkreis von zehn Meilen muß es ebenfalls gehört haben. Sprechen Sie leiser, verdammt noch mal!«

»Tut mir leid.«

»Es braucht Ihnen nicht leid zu tun, aber seien Sie um Himmels willen still.«

»Ja, Sir.«

Die Kompanie begann am Fluß hinabzuwandern. Einer nach dem anderen verschwand im Unterholz, als würde er verschluckt. Dann entfernte sich mein Zug von der Vorpostenlinie und bildete die Nachhut. Eine Stunde lang marschierten wir durch den Dschungel am Ufer und gewannen im gefleckten Licht, in der heißen, feuchten Luft den Eindruck, unter Wasser zu gehen. Der Pfad war schmal und schlammig. Nicht einmal in der trockenen Jahreszeit verdorrt der Busch, die Nässe verringert sich nur. Ein Irrgarten aus Bambus und Elefantengras, doppelt so hoch wie ein Mann wuchs an einer Seite des Wegs, an der anderen strömte der träge Fluß dahin, und westlich davon erhoben sich die Berge. Die Sägekanten der Halme ritzten unsere Haut auf, Schweißtropfen brannten in den Kratzern. Die Hitze trommelte auf unsere Helme und wrang den Schweiß aus uns heraus wie aus Schwämmen. Es gab Augenblicke, wo ich die Hitze nicht mehr als witterungsbedingten Zustand betrachtete, sondern als ein bösartiges Lebewesen. Langsam gingen wir weiter, der hohe, grüne Wall der Berge ragte neben uns auf.

Die Patrouille an jenem Morgen wurde von der alptraumhaften Atmosphäre begleitet, die alle Operationen kleiner Einheiten während dieses Krieges charakterisierte. Die Kompanie schien in ein Vakuum zu marschieren, gejagt von einer ungreifbaren, aber doch realen Präsenz, mit dem Gefühl, von etwas umzingelt zu werden, das wir nicht sehen konnten. Darin liegt die Macht des Dschungels, Furcht zu erzeugen – er läßt uns erblinden, er weckt die Instinkte, die uns veranlassen, Orte wie Dachböden und dunkle Gassen zu meiden.

Vor allem phantasievolle Männer fielen solchen Ängsten zum Opfer. Im Krieg braucht man viele Eigenschaften – eine lebhafte Einbildungskraft gehört nicht dazu. Die besten Soldaten in Vietnam waren die phantasielosen Leute, die sich nicht fürchteten, ehe ein offensichtlicher Grund dafür bestand. Aber wir anderen litten an der Überzeugung, daß jeden Augenblick etwas geschehen würde, warteten darauf und wünschten, es möge sich endlich ereignen und uns von dieser unerträglichen Spannung befreien.

Schließlich geschah etwas an jenem Morgen, und als es soweit war, fuhr ich vor Schreck beinahe aus der Haut. Eigentlich war es nichts Besonderes – nur Gewehrfeuer an der Spitze unserer Kolonne, und der dichte Wald verstärkte den Lärm. Sofort fielen die Männer zu Boden und sicherten die Flanken. Die Schüsse dauerten nur ein paar Sekunden, dann hörte ich nur mehr mein Herz gegen die Rippen hämmern. Widener nahm per Funk einen Befehl von Peterson entgegen, der mich zu sich beorderte, Geduckt rannte ich um die reglos hingestreckten Soldaten herum. Die Bewegung tat mir gut. Ich fand Peterson ausgerechnet in einem Maisfeld. Der dichte Busch war durchbrochen, und da lag dieses Maisfeld, ein Stück amerikanischen Mittelwestens in einem asiatischen Dschungel. Vorsichtig bewegte sich eine Schützenreihe zwischen den verdorrten Stauden hindurch. Das Feld grenzte an ein Dickicht aus Elefantengras, von der gleichen Farbe wie der Mais, und dahinter erhob sich ein niedriger bewaldeter Bergrücken. Schräg hinter uns, zur Linken befand sich, etwa tausend Yards entfernt, der Hill 107.

Auf dem Bergrücken hatte ein Heckenschütze das Feuer eröffnet. Obwohl er sich seit unserer ersten Salve nicht mehr rührte, rechnete Peterson mit einem Hinterhalt. Ein feindlicher Granatwerfertrupp auf dem Gipfel des Hill 107 und ein paar Schützen mit Automatic-Gewehren auf dem Bergrücken konnten unserer Kompanie schweren Schaden zufügen, während sie das breite Maisfeld durchquerte. Deshalb sollte jeweils nur ein Zug hinübergehen und einer dem anderen Deckung geben, während der Kapitän einen Luftangriff auf den Hill führte.

Lemmons Männer rückten zuerst vor. Ein Maschinengewehrschütze bestrich den Dschungel auf der anderen Seite des Felds. Diese Aktion hieß »Aufklärung durch Feuer«, eine elegante Bezeichnung für eine Ballerei auf Büsche, die man vornahm, um zu sehen, ob sie zurückschießen würden. Zwei Skyhawks flogen herunter und warfen Raketen. Testers Zug joggte über die Lichtung, gefolgt von meinem. Erde und Rauch explodierten zwischen den Bäumen auf dem Hill. Der Krach wirkte tröstlich, er zerriß die irreale Stille und besänftigte irgendwie unsere Furcht vor den gespenstischen Wesen, die in jedem Dickicht zu lauern schienen. Das mochte der wahre Grund für den Luftangriff und das blinde Feuer ins Unterholz gewesen sein – die Operation erzeugte Lärm, und der Lärm linderte unsere Angst, als wären die Raketen und Maschinengewehre technologische Äquivalente der Flaschenkürbisse und Rasseln, die Eingeborene benutzen, um böse Geister zu bannen.

Nachdem dieser aufregende Zwischenfall überstanden war, trottete die Kolonne wieder den gewundenen Weg hinab. Auf einen zehnminütigen Marsch folgte jeweils ein fünfminütiger Stop, während die Vorhut verdächtig anmutendes Terrain absuchte. Hinfallen, die Flanken erkunden. Aufstehen, weitergehen. Wieder ein Stop. Was nun? Was zum Teufel ist an der Spitze los? Hinfallen, das Gesicht nach außen, Flanken beobachten. Aufstehen, weitergehen. In eine Schlucht hinabstolpern, auf der anderen Seite wieder hoch, in rutschigem Schlamm. Keine Haufen bilden, warnen die Führer der Züge und Schützengruppen. Kommt schon, Leute, keine Haufen bilden, Abstand einhalten. Runter, Flanken beobachten. Weiter. Marsch, Stop, Marsch, und die Sonne scheint mit jeder Minute heißer. Ein Schluck aus der Feldflasche. Nur ein Schluck. Wasserdisziplin. Oh, verdammt, das war gut. Wie wär's mit einem zweiten Schluck? Gut, aber dann reicht's. Oh, der war noch besser als der erste. Zum Teufel damit, du hast zwei Feldflaschen, und wenn's sein muß, trinkst du das Gift in diesem Fluß. Den Kopf in den Nacken gelegt, saugst du an der Flasche wie ein Baby an einer Titte. Du spuckst das Wasser nicht aus, so wie man's dir beigebracht hat. Nein, du schluckst es, bis du spürst, wie sich dein Bauch bläht. Du steckst die leere Feldflasche in ihre Hülle, und fünf Minuten später ist deine Kehle so staubtrocken wie zuvor.

Wir brauchten den ganzen Vormittag, um die drei Meilen zwischen der Landezone und dem Dorf zurückzulegen. Ein vierstündiger Marsch für drei Meilen, und die Kompanie war kein einziges Mal auf nennenswerten Widerstand von seiten des Feindes gestoßen. Aber das Land wehrte sich gegen uns, der Dschungel, die Sonne.

Hoi-Vuc lag am Südufer des Tuy Loan, nahe einer hufförmigen Biegung des Flusses, eine Gruppe strohgedeckter Hütten mit einer zerstörten Pagode, die Spuren früherer Feuergefechte zeigte. Peterson befahl uns, einen Kordon zu bilden und das Dorf zu durchsuchen. Zunächst sollten der erste und der dritte Zug das Dorf einkreisen, während der zweite in den Hütten herumstöbern würde. Mittlerweile schwitzte ich so stark, daß ich kaum noch aus den Augen schauen konnte. Wie durch einen milchigen Vorhang blickte ich in die Welt. Halbblind stolperte ich vom Weg, spürte, wie der Boden unter mir nachgab, und plötzlich war ich um zwei Fuß kleiner. Ich steckte in einer Pangee-Falle, glücklicherweise einer alten. Die

Pfähle waren locker und vermodert, und ich erlitt keinen schlimmeren Schaden als das spöttische Grinsen des Soldaten, der mich herauszog.

Mein Zug kämpfte sich durch heißes Elefantengras und watete durch den Fluß, der in der trockenen Jahreszeit ziemlich seicht war. Ein Wasserbüffel faulenzte in einer Suhle stromabwärts und hob den breitgehörnten Kopf, als wir durch die trägen Wellen planschten. Der Weg am anderen Ufer war breiter und schlängelte sich durch einen Tunnel aus gebogenen Bambusstangen. Schützengräben säumten den Pfad, mit Schützenlöchern, Pangee-Fallen und Reihen aus gekreuzten Pfählen, schräg zueinander plaziert, ähnlich den *chevaux-de-frise*, die wir in unserem eigenen Bürgerkrieg eingesetzt hatten.

Vorsichtig betrat der Zug das Dorf. Von Kokospalmen überschattet, umstanden die Hütten einen Platz, wo eine alte Frau mit einem braunen, runzligen Gesicht, das einer Walnuß glich, vor einem kleinen Feuer hockte. Neben ihr stapelten sich Holzscheite. Eines hielt sie über die Flammen – offenbar, um die Spitze zu erhärten. Sonst war kaum jemand zu sehen – nur weitere Greisinnen, die Zähne rot-schwarz gefleckt vom Betelnußkauen, und ein paar untätige alte Männer in kurzen weißen Baumwollhosen, mit kegelförmigen Strohhüten. Ein ausgemergelter Hund wälzte sich im Staub.

Wir teilten uns in kleine Gruppen und begannen unsere Suchaktion, wobei wir mehr oder weniger ziellos in den Habseligkeiten der Dorfbewohner herumwühlten. Vielleicht lag es an der Bürgerrechtkunde, die ich in der höheren Schule gelernt hatte, jedenfalls fühlte ich mich sehr unbehaglich bei dieser Tätigkeit, wie ein Einbrecher oder einer dieser anmaßenden Rotröcke, die während unserer Revolution in amerikanische Wohnhäuser eingedrungen waren. Allerdings wußte ich nicht recht, ob ich diese Stroh- und Bambushütten als Wohnhäuser betrachten sollte – ein Wohnhaus mußte Ziegelmauern, Fenster, einen Rasen vor der Tür und eine Fernsehantenne auf dem Dach haben. Die meisten Hütten waren verlassen, aber in einer fanden wir eine junge Frau. Sie stillte ein Baby, auf dessen Kopf mehrere Wunden eiterten, saß auf einem Lager aus geflochtenem Stroh und sah uns mit Augen an, die weder Furcht noch Haß verrieten, überhaupt keine Gefühle. Stickiges Dunkel erfüllte den Raum, die Luft roch nach Holzrauch. Der Erdboden war hart und glatt wie Beton. Widener und ich durchsuchten Kleiderbündel. Zwei andere Soldaten rollten eine große, mit Reis gefüllte Urne beiseite, um zu sehen, ob sie einen Tunneleingang verdeckte, ein dritter stocherte mit seinem Bajonett in den Wänden. Man hatte uns gesagt, der Vietcong würde in solchen Hüttenwänden manchmal Munition für Handwaffen verstecken. Die Frau starrte uns nur an und nährte das Kind. Die völlige Gleichgültigkeit in ihrem Blick begann mich zu irritieren. Wollte sie wie eine Statue dasitzen, während wir in ihrem Heim das Unterste zuoberst kehrten? Ich erwartete, daß sie Wut oder Entsetzen zeigte, ich wünschte es mir, weil mir ihre Passivität wie eine Verleugnung unserer Existenz erschien – als wären wir nur ein Wind, der kurz vorbeiwehte und ein paar Sachen in Unordnung brachte. Ich lächelte dümmlich und zog eine große Show ab, indem ich alles aufräumte, ehe wir gingen. Sehen Sie, Lady, wir sind nicht so wie die Franzosen. Wir sind typisch amerikanische gute GI-Joes. Eigentlich müßten Sie uns mögen. Wir sind Yankees, und die Yankees wollen geliebt werden. Wenn's sein muß, nehmen wir diese Hütte auseinander, aber nachher setzen wir sie wieder zusammen. Schauen Sie, was ich jetzt mache... Aber wenn sie meine Ritterlichkeit zu würdigen wußte, so zeigte sie es nicht.

Bei unserer Suchaktion kam nichts Besonderes heraus. Peterson ordnete eine kurze Mittagspause an. In einer halben Stunde sollten wir wieder aufbrechen. Dankbar warfen die Soldaten ihr Gepäck ab und sanken in den Schatten der Bäume. Ein paar energiegeladene Jungs sammelten leere Feldflaschen ein. Campbell, Widener und ich ruhten uns in einer der Hütten aus. Sie mußte einer Lokalgröße gehört haben, denn sie war mit einem Zementboden ausgestattet. Ich legte den Kopf auf meine Provianttasche und trank den Saft aus einer Pfirsichdose. Das war alles, was ich hinunterbrachte.

Jesus, nie zuvor hatte ich mich so erschöpft gefühlt, und dabei war ich nur drei Meilen gegangen, nicht einmal ein Zehntel der Entfernungen, die ich in Quantico zurückgelegt hatte. Es mußte an der Hitze liegen, dieser unglaublichen südostasiatischen Hitze. Durch die Hüttentür starrte ich in das weißglühende Licht und fragte mich, wie diese Sonne dieselbe sein konnte, die jetzt zu Hause sanft auf einen kühlen Mittelwestenfrühling hinabschien.

»Das macht einen ganz schön fertig, was?« sagte Campbell, als hätte er meine Gedanken gelesen. »Wissen Sie, was ich jetzt gern hätte? Eine kalte Flasche San Miguel. Den hab' ich immer getrunken, als ich auf den Philippinen Kasernendienst hatte. Dort wohnte ich in Subi Bay in einem kleinen Haus, mit Mädchen und allem Drum und Dran. Ein nettes kleines Filipino-Ding. Wenn ich vom Dienst nach Hause kam, setzte ich mich auf die Couch, und die Kleine machte eine Flasche San Miguel auf. Eiskalt, Leutnant.«

»Jesus Christus, hören Sie auf!«

»Eiskalt, Leutnant. Eine eiskalte Flasche San Miguel, die könnte ich jetzt wirklich gebrauchen.«

Unfähig, diese Qualen noch länger zu ertragen, ging ich zum Fluß hinab, tauchte meinen Helm in die Strömung und goß das Wasser über meinen pochenden Schädel. Auf dem Rückweg beobachtete ich ein Beispiel der paradoxen Mischung aus Freundlichkeit und Brutalität, die dem Vietnamkrieg so merkwürdige Züge verlieh. Einer unserer Soldaten verarztete ein Kind mit offenen Geschwüren, strich eine Salbe auf die Wunden, während andere das Baby mit albernen Possen unterhielten, damit es nicht weinte. Nur wenige Yards entfernt, nahm unser Dolmetscher, ein vietnamesischer Marineleutnant, die alte Frau an der Feuerstelle in ein grausames Verhör. Er schrie sie an und schwenkte eine Pistole vor dem faltigen, verhärmten Gesicht. Ich verstand kein Wort, brauchte aber keine vietnamesischen Sprachkenntnisse, um zu erraten, daß er drohte, er würde ihr den Kopf wegblasen. So ging es mehrere Minuten lang weiter. Schließlich nahm seine Stimme einen schrillen, hysterischen Klang an, er packte die

45er am Lauf und schwang sie hoch, als wollte er die Frau mit dem Griff schlagen. Sicher hätte er es getan, wäre Peterson nicht dazwischengetreten.

»Sie ist VC, Dai-uy«, protestierte der Leutnant und erklärte, die Holzscheite, deren Spitzen sie über dem Feuer erhärtete, seien Geräte, die zur Hubschrauberabwehr dienten; der Vietcong würde sie in Felder legen, die als Landezonen benutzt werden könnten. Peterson erwiderte, okay, die Scheite sollten vernichtet werden, aber er würde niemals die Folterung einer alten Frau dulden, Vietcong hin, Vietcong her. Erstaunt und enttäuscht stolzierte der Leutnant davon und prophezeite uns, wir würden schon noch lernen, wie es hier draußen zuging. Die alte Frau schlurfte davon, ein Bündel aus verhutzelter Haut und Knochen. Der Feind.

Nach einer halben Stunde zog die Kompanie weiter. Wir hatten eben erst begonnen, das staubige, gefurchte Feld außerhalb des Dorfes zu überqueren, als einige Heckenschützen das Feuer eröffneten. Kugeln strichen kreischend über unsere Köpfe hinweg oder sausten an unseren Ohren vorbei, mit saugenden Geräuschen, als würde man durch zusammengebissene Zähne den Atem einziehen. Die Schüsse schienen aus dem Gebiet zu kommen, durch das wir zuvor marschiert waren, doch wir sahen nur Bäume. Zwei oder drei Soldaten, hinter die zerbröckelten, überwucherten Mauern eines zerstörten Tempels geduckt, feuerten blindlings in den Dschungel. Der Vietcong antwortete mit ein paar weiteren Kugeln, die Soldaten jagten noch eine Salve zwischen die Büsche, und damit war die Auseinandersetzung beendet. Die Kompanie bildete eine Kolonne und trottete den Flußweg hinab, schleppte sich lustlos durch das weiße, gleißende Licht des tropischen Nachmittags, Schweiß schwärzte unsere Uniformen, unsere Rücken schmerzten unter dem Gewicht der Packen und Waffen.

Unserem Plan zufolge mußten wir am Südufer immer wieder kleine Patrouillenmärsche in den Busch unternehmen, dann den Fluß durchwaten und ein bergiges Terrain an der Nordseite passieren, ehe wir auf die D-Kompanie treffen würden. Damit wäre die Operation abgeschlossen, falls man diese ziellose Wanderung als Operation bezeichnen konnte. Mein Zug hatte die Spitze übernommen. Wir hatten etwa zweihundert Yards zurückgelegt, als unsere Freunde erneut losballerten. Eine kurze, aber heftige Detonation aus Automatic-Gewehren brach über uns herein. Die Kugeln schlugen in Baumstämme, zerfetzten Blätter und rissen Zweige ab. Die erste Gruppe, unter Feldwebel Gordons Kommando, sprang in einen nahen Schützengraben und jagte eine langgezogene, stotternde Salve in das Unterholz am anderen Flußufer. Rasch leerte ein Soldat sein Magazin, lud nach und begann wieder zu schießen. Eine Kugel strich an mir vorbei, mit einem Lärm, der in keinem Verhältnis zu ihrer Größe stand. Ich warf mich in den Graben an die Seite des Obergefreiten Bunch, nicht ganz sicher, was ich jetzt tun sollte. Also schrie ich, meiner Gewohnheit entsprechend. Wenn man in Gefahr schwebte oder von Zweifeln gepeinigt wurde, rannte man im Kreis und brüllte. »Langsam feuern!« schrie ich in Bunchs Ohr. »Langsam feuern! Worauf zum Teufel schießen Sie überhaupt?«

»Da drüben, Sir, da sind sie!« erwiderte er und entfesselte ein weiteres Schnellfeuer aus fünf Kugeln. Ich schaute über seine Schulter, erblickte aber nur den trägen Fluß und dahinter den Dschungel. Es sah so aus, als würden uns die Bäume beschießen. Ich war nicht verängstigt, nur verwirrt. Oder vielleicht war ich verwirrt, weil ich Angst hatte. Dann hörte ich Campbells Stimme über und hinter uns dröhnen.

»Feuer einstellen, ihr blöden Scheißer! Feuer einstellen!« Mehrere Feindeskugeln folgten ihm auf dem Flußweg und wirbelten Staub auf, der letzte Schuß nur einen Zoll hinter seiner Ferse. Er ging weiter, lässig wie ein Ausbilder auf dem Schießplatz. »Feuer einstellen, Leute! Ich habe keine Ahnung, auf was ihr ballert. Wir wollen doch ein bißchen gottverdammte Feuerdisziplin wahren.«

Hustend verstummte der Krach, und ich kletterte verlegen aus dem Graben.

»Ich hatte keine Ahnung, daß Sie da drin waren«, sagte Campbell, und ich wußte nicht recht, ob er damit nur eine

Feststellung treffen oder mich tadeln wollte. »Diese Kerle haben keine Feuerdisziplin, Leutnant. Das ist eine Bande von Baumwollpflückerinnen.«

»Hören Sie, da war ganz schön was los. Beinahe hätte Ihnen der VC den Arsch weggeschossen.«

Campbell setzte jenes höhnische Grinsen auf, das niemand außer ihm zustande brachte. »Jetzt machen Sie keinen gottverdammten Helden aus mir. Ich konnte mich nicht fallen lassen, weil ich mir den Rücken verrenkt hab', als wir aus dem Hubschrauber gestiegen sind. Immerhin bin ich schon ein alter Mann.«

Und was für ein alter Mann, dachte ich.

Petersons Stimme drang aus dem Funkgerät. Er wollte wissen, was wir machten. Inszenierten wir ein Remake des Zweiten Weltkriegs? Die alte Angst vor Kritik stieg in mir auf, aber der Kapitän ließ mich mit einem milden Vorwurf davonkommen. »Verschießen Sie nicht Ihre ganze Munition auf ein paar Heckenschützen. Okay, marschieren wir weiter.«

Fünfzehn Minuten später, als wir gerade mehrere Reisfelder überquerten, wurde der Zug erneut von einer kleinen Guerillagruppe gestoppt. Es konnten nicht mehr als drei gewesen sein, zwei mit Karabinern, einer mit einem Automatic-Gewehr, wahrscheinlich einer AK-47. Diesmal befanden sie sich auf unserer Seite des Flusses hinter einer Baumreihe, fast außerhalb der effektiven Schußweite von Handwaffen. Ein Karabiner eröffnete das Feuer. Ein Doppelkrach ertönte – das Geräusch der Kugel, gefolgt vom Knall der Waffe. Es klang so, als würde ein Mann schnell und rhythmisch in die Hände klatschen. Dann jagte die AK ein paar Kugeln an unserer Spitze vorbei, und der Zug ging zu Boden, als wäre er über einen Stolperdraht gefallen. Plötzlich bot sich mir ein in jener Kriegsphase seltener Anblick – ich sah einen VC, den Mann mit der Automatic. Eigentlich nahm ich nur eine zuckende, sandfarbene Wolke zwischen den Bäumen wahr, den Staub, den der Rückstoß seines Gewehrs aufgewirbelt hatte. Vielleicht sah ich auch den Guerilla, konnte aber nicht sicher sein. Jedenfalls war er zu weit entfernt, um uns zu treffen, es sei denn, durch Zufall. Aber ich dachte, mit einer M-60 müßten wir ihn erwischen. Ich rannte zu einem der Maschinengeschütze und setzte es in Gang. Während die Leuchtspurgeschosse in langen roten Bögen zum Wald rasten, bildeten ein paar Schützen vom dritten Zug eine Linie hinter einem Bewässerungsgraben und begannen in die Richtung der Leuchtspurgeschosse zu feuern. Aber mein Zug lag nur flach da, in lähmender Verwirrung.

Ich beschloß, die Gelegenheit zu nutzen und den Schaden wiedergutzumachen, den ich vorhin meinem angestrebten Hollywood-Heldentum zugefügt hatte. Und so stellte ich mich vor einen verkümmerten Baum – es war der einzige im Reisfeld und ein idiotischer Standort, weil ich mich völlig exponierte –, beugte den Arm und bewegte ihn auf und ab. Damit gab ich das Zeichen zu einem Angriff im Laufschritt. »Los, Leute!« brüllte ich. »Bewegt eure Ärsche! Soll sich ein ganzer Zug von ein paar Heckenschützen lahmlegen lassen? Los!« Irgend etwas schoß keine sechs Zoll über meinem Kopf in die Äste – ein Gruß von Charlie. Ein abgetrennter Zweig fiel auf meinen Helm, zerrissene Blätter flatterten an meinem Gesicht vorbei. Mit einiger Verspätung warf ich mich zu Boden. Daran gab es nichts zu deuteln – der Schuß hatte mir gegolten. Zum erstenmal in meinem Leben wurde ich von jemandem attackiert, der mich im besonderen zu töten versuchte. Es war nicht so schrecklich, wie man meinen sollte, eher verblüffend. Meine erste Frage – in der Illusion verwurzelt, daß jeder, der mich umzubringen versuchte, ein persönliches Motiv haben mußte – lautete: Warum will er gerade *mich* abknallen? Was habe ich ihm denn getan? Einen Augenblick später erkannte ich, daß es hier nicht um persönliche Erwägungen ging. Er sah einen Mann in der falschen Uniform, sonst nichts. Und er hatte mich zu töten versucht und würde es wieder versuchen, weil das sein Job war.

Peterson meldete sich wieder per Funk, und diesmal ärgerte er sich. Das hörte ich aus der kontrollierten Verzweiflung in seiner Stimme heraus. Peterson, für mich einer der besten Kommandanten in unserer Kompanie, wurde fast niemals laut. In ruhigem Ton fragte er, warum zum Teufel ich unter Beschuß mit meinem Arm herumfuchtelte. Ich erklärte, ich würde meinen Leuten ein Angriffszeichen geben, das ich in Quantico gelernt hatte.

»Sie sind nicht mehr in Quantico. Mit diesem Getue ziehen Sie nur die Aufmerksamkeit des Feindes auf sich.«

Ich berichtete, der VC hätte mir das soeben noch drastischer klargemacht.

Nach dem Scharmützel suchte eine unserer Gruppen die Baumreihe ab, fand aber nur ein paar Patronenhülsen. Die Phantome hatten sich wieder einmal verflüchtigt. Am späten Nachmittag stießen wir – sonnenverbrannt, müde bis auf die Knochen, von der Frage gequält, ob wir etwas erreicht hatten, und von der Vermutung erfüllt, daß dem nicht so war – auf die D-Kompanie und wurden zum Basiscamp zurückgeflogen.

6

...ich stehe Euch dafür, Ihr werdet finden, daß die Zeremonien des Krieges und die Sorgfalt in selbigem und die Sitten in selbigem ... ganz anders sein.

Shakespeare, König Heinrich der Fünfte

In den nächsten Wochen folgten die Schützenkompanien einer Routine, die fast so gleichmäßig war wie das Arbeitsprogramm von Büroangestellten oder Fabrikarbeitern. Mit dem Krieg hatten wir nichts zu tun. Wir gingen für einen, zwei oder drei Tage in den Busch, kehrten zurück, um eine kurze Ruhepause einzulegen, und brachen wieder auf.

In diesen Patrouillen und Operationen war kein System zu erkennen. Ohne Front, Flanken oder Schwanz, fochten wir formlose Kämpfe gegen einen formlosen Feind aus, der sich immer wieder wie die morgendlichen Dschungelnebel in Luft auflöste, um an einem anderen unerwarteten Ort wieder aufzutauchen. Es waren planlose, episodische Kontakte. Meistens geschah überhaupt nichts; und wenn etwas passierte, kam es blitzschnell und ohne Vorwarnung auf uns zu, Gewehr- oder Maschinengewehrfeuer explodierte so plötzlich, daß uns das Herz stehenblieb, so wie Wachteln oder Fasane mit lautem Flügelschlag aus ihrer Deckung emporrasen. Oder Minenwerfergeschosse jagten aus dem Nichts heran, nur vom Husten der Röhren angekündigt.

In jenen Wochen sahen wir keine schweren Kämpfe; die Verluste des Bataillons beliefen sich nur auf durchschnittlich zwanzig Mann pro Monat, unsere Kampfkraft setzte sich aus etwa tausend zusammen. Aber wir sahen genug, um jene Lektionen zu lernen, die man in Ausbildungslagern nicht begreifen kann – wie sich die Furcht anfühlt, wie der Tod aussieht und riecht, wie es ist, Menschen zu töten, Schmerzen zu ertragen und anderen zuzufügen, Freunde zu verlieren und auf Wunden zu starren. Wir erfuhren, was ein Krieg bedeutete, »die Sorgfalt in selbigem und die Sitten in selbigem«. Und wir begannen uns zu verändern, legten das jungenhafte Ungeschick ab, das uns nach Vietnam begleitet hatte. Wir wurden professioneller, zäher und härter, Schwielen wuchsen rings um unsere Herzen, emotionale Flakjacken, die alle Angriffe und Stiche des Mitleids abwehrten.

Wegen der sporadischen, wirren Natur unserer Kämpfe ist es unmöglich, in der richtigen Reihenfolge zu schildern, was wir taten. Mit ein oder zwei Ausnahmen sind mir nur unzusammenhängende Erinnerungen an jenen Zeitraum, den Frühling 1965, geblieben. Um so lebhafter entsinne ich mich bestimmter Ereignisse. Aber ich kann die einzelnen Vorfälle nicht miteinander in Verbindung bringen.

Die Kompanie marschiert auf einer Sandstraße an einer katholischen Kirche vorbei, vor langer Zeit von französischen Missionaren erbaut. Der gotische Stil paßt nicht in die asiatische Landschaft. Die Mauern sind aus dunklem Gestein, von vulkanischem Aussehen. Ein Steinwall umgibt den Hof, von Bougainvillea überwuchert wie von bunten Wimpeln, und über dem Torbogen hängt ein Kruzifix. In Doppelreihen trotten wir durch den Staubschleier, den unsere Stiefel hochwirbeln. Langsam weht der Staub von der Straße weg, sinkt in den Hof und dämpft die strahlenden Farben der Bougainvillea. Es ist extrem heiß an diesem Tag, heißer denn je. Man hat uns gesagt, die Temperatur betrüge fast fünfundvierzig Grad, doch diese Zahl ist bedeutungslos. Ein Instrument kann die Grausamkeit der Sonne nicht messen. Vor mir geht ein Maschinengewehrschütze, den Kopf gesenkt, die Waffe über den Schultern, eine Hand hängt über der Mündung, die andere über dem Kolben, so daß sein Schatten der Christusfigur über dem Kirchentor gleicht. Weiter vorn führt die Straße an niederen grasbewachsenen Hügeln und überschwemmten Reisfeldern vorüber. Ein verlassenes Dorf liegt vor uns, auf halber Strecke zu unserem Ziel, einer stillgelegten Teeplantage.

Lemmons Zug marschiert an der Spitze, und ich sehe durch den Staub, wie sich die Männer auf schweren Beinen dahinschleppen, unter einem Himmel, der wie eine fleckenlose Stahlplatte glänzt. Plötzlich explodiert Handwaffenfeuer, die Kugeln jagen im überfluteten Reisfeld Fontänen hoch. Die Kolonne stoppt. Lemmons Leute bilden eine Schützenlinie und greifen die Hügel an. Sie waten über das Feld, weichen den jähen Eruptionen in Schlamm und Wasser aus, dann verschwinden sie im Elefantengras, das einen Hang bedeckt. Sie durchqueren es und betreten das Dorf. Zwei Gruppen kehren zur Straße zurück, eine dritte durchsucht die Hütten. Wir hören Rufe, »Feuer im Loch!«, und gedämpften Krach, als Granaten in Bunker und Tunnels geworfen werden. Aber der Feind ist nicht da. Die Gruppe kommt wieder zur Kolonne, und wir marschieren weiter, marschieren durch Hitze und beißenden Staub.

Mein Zug bemannt einen Außenposten auf einem Berg an der Spitze einer Gebirgskette, tausend Yards vor den Linien der C-Kompanie. Seit zwei Tagen sind wir hier, obwohl es mir wie zwei Wochen vorkommt. Tagsüber haben wir nichts zu tun, sitzen nur in Schützenlöchern, von Sandsäcken umgeben, und blicken auf die Reisfelder und die Gipfel dahinter. Nachts haben wir nervös Wache gehalten und zwischendurch unruhig geschlafen, auf ein Rascheln im Unterholz gelauscht – Menschen? Tiere? Schlangen? –, Moskitos erschlagen, versucht, mit den Augen das Dunkel zu durchdringen, das nur gelegentlich von einer fernen Leuchtbombe erhellt wird.

Jetzt beginnt der Nachmittag des dritten Tages. Ich sitze mit Feldwebel Gordon im Befehlsstand des Zugs. Um uns vor der Sonne zu schützen, haben wir über dem Schützenloch einen offenen Verschlag errichtet, aber es ist trotzdem heiß. Der Gummiponcho bläht sich im sporadischen Wind, der durch die Baumwipfel weht, und sinkt wieder in sich zusammen. Gordon, ein kleiner Karrieresoldat mit rosa Wangen, spricht von Furcht und Tapferkeit. Er sagt, Tapferkeit sei die Überwindung der Angst, was keineswegs ein neuer Gedanke ist. Ich höre ihm nur mit halbem Ohr zu und versuche das Kipling-Taschenbuch zu lesen, das aufgeschlagen in meinem Schoß liegt, kann mich aber nicht konzentrieren, weil Gordon redet und weil mich eine unbezähmbare Müdigkeit daran hindert, mehr als ein paar Zeilen hintereinander zu begreifen. Außerdem denke ich an ein Mädchen, eine große Blondine, mit der ich vor fünf Monaten und hundert Jahren meinen Urlaub in San Francisco verbracht habe. Ich vermisse sie, aber wenn ich an sie denke, fällt es mir schwer, mich deutlich an ihr Gesicht zu erinnern. Das Mädchen und San Francisco sind so weit weg, daß sie nicht zu existieren scheinen. Schweiß tropft von meiner Nase und auf das Kipling-Buch, befleckt den Druck. Gordon schwatzt weiter.

Ich greife nach meinem Fernglas und suche das Tal unter mir ab. Die Luftfeuchtigkeit hat die Linsen verschmiert, und ich sehe nur eine verschwommene, mit Licht gesprenkelte Landschaft – als würde ich mit einer Taucherbrille auf dem Grund eines grünen Flusses sitzen. Ich wische die Linsen und mein Gesicht ab, aber nach wenigen Sekunden strömt eine neue Schweißflut in meine Augen. Ich wische die Linsen wieder ab und schwenke mein Fernrohr über das leere Tal. Das habe ich in den vergangenen achtundvierzig Stunden schon ein dutzendmal getan. So lautet meine Order: »Das Song-Tuy-Loan-Flußtal observieren und alle beobachteten Feindbewegungen und -aktivitäten melden.« Natürlich gibt es keine Feindbewegungen oder -aktivitäten. Ich sehe nur sonnengetränkte Reisfelder, einen kegelförmigen Berg, eine halbe Meile entfernt, den Hill 324, und den zerklüfteten Wall der Annamitischen Kordillere. Es ist interessant, wie einen die Farbe Grün, die Poeten und Liedkomponisten stets mit

Jugend und Hoffnung assoziieren, deprimieren kann, wenn keine anderen Farben Kontraste dazu bilden. Grün. Es prägt mein ganzes Bewußtsein. Reisfelder, grüne Berge, grüne Hügel, grüne Uniformen füllen mein Blickfeld aus; Hellgrün, Mittelgrün, Dunkelgrün, Olivgrün. So monoton wie Gordons Stimme.

Ich unterbreche ihn und lese eine Strophe vor, die mir ins Auge gesprungen ist:

»Und am Ende der Schlacht steht in weißer Pracht
Ein Grabmal mit Namen und Epitaph –
So traurig und wahr: ›Hier liegt ein Narr,
Der den Osten bekämpfte, dessen Faust ihn traf.‹«

Gordon nimmt die Ironie nicht wahr und hält einen Vortrag über sein Lieblingsgedicht, eine Ballade namens »Rye Whiskey«. Näselnd beginnt er zu singen:

»Rye Whiskey, Rye Whiskey, hört meinen Schrei!
Gewiß werd ich sterben ohne meinen Rye!«

Das wirst du, wenn du nicht den Mund hältst, Gordon, denke ich, und zwar früher, als du glaubst. Ich denke es, aber ich sage es nicht, und ich merke, daß ich mich im zweiten Stadium der *cafard* befinde, in der Phase, wo man alles und jeden ringsum haßt. Um Gordon zu entrinnen, überprüfe ich die Vorpostenlinie. Die Soldaten teilen meine Stimmung – »die Nase voll, beschissen, fern der Heimat«. Ihre Arme sind dunkel gebräunt, aber die Hitze hat die Farbe aus ihren Gesichtern gezogen, und in ihren Augen liegt jener leere Ausdruck, den wir »Tausend-Yard-Blick« nennen.

Es ist Nacht im selben Außenposten, und zumindest einer der Soldaten, der Gefreite Buchanan, läßt sich von seiner Angst übermannen. Er hört etwas, das sich vor seiner Stellung bewegt, und er feuert mehrmals darauf. »Sie verdammter Amateur!« brülle ich ihn an. »Sie sollen eine Granate werfen, wenn hier was passiert – nicht schießen! Ein Mündungsblitz kann Ihre Position verraten. Das müßten Sie eigentlich wissen.« Die Lektion nützt nichts. Buchanan steht da, geduckt und angespannt, den Finger am Abzug seines Gewehrs, das auf der Brustwehr aus Sandsäcken liegt. Er schaut mich nicht an, fixiert den Dschungel. Graugrün schimmert die Vegetation im Mondlicht. »Buchanan«, flüstere ich, »nehmen Sie den Finger vom Drücker. Regen Sie sich ab. Wahrscheinlich war es nur einer von diesen Affen.« Er rührt sich nicht. Nackte Furcht hat ihn überwältigt. Er starrt an seinem Gewehrlauf vorbei und behauptet, ein Mensch habe das Geräusch verursacht. »Also gut, ich bleibe eine Weile hier. Feuern Sie nicht, ehe Sie ein Ziel haben.« Ich rutsche ins Schützenloch hinab, nehme eine Granate aus der Tasche, biege die Pinne zurecht und lege das Geschoß neben mich.

Etwas später wispert Buchanan: »Da ist er, da ist er.« Ich höre ein lautes, trockenes Rascheln, als würde jemand Kreppapier zusammenknüllen, stehe auf und schaue über die Brustwehr. Zwanzig oder fünfundzwanzig Yards weiter unten am Hang bewegen sich die Büsche. Was immer da drinnen unterwegs ist, muß groß sein, groß wie ein Mann. Aber ich glaube nicht, daß ein Spion soviel Lärm machen würde – es sei denn, er will eine Schießerei heraufbeschwören. Das Rascheln verstummt. Es klickt leise, als Buchanan das Gewehr entsichert. Wieder erkläre ich ihm, es sei vermutlich ein Affe. Daran glaube ich selber nicht mehr so recht, und Buchanan glaubt es schon gar nicht. »Das ist kein verdammter Affe, Leutnant.« Es raschelt wieder. Ein Busch zittert und erstarrt. Irgend etwas oder irgend jemand kriecht quer über den Hang, parallel zur Vorpostenlinie. Ehe Buchanan feuern kann, ziehe ich an der Abreißkappe. Mit einer Hand werfe ich das Geschoß hoch, mit der anderen zerre ich Buchanan nach unten. Die Granate explodiert. Rauch weht durch das graugrüne Unterholz wie Trockeneisdampf. Jetzt raschelt nichts mehr.

»Wenn da wirklich ein VC war, hab' ich ihn entweder getötet, oder er ist vor Angst erstarrt«, sage ich. Endlich nimmt Buchanan das Gewehr von der Schulter. Die Granate hat ihm anscheinend sein Selbstvertrauen wiedergegeben. Auf einem Weg, der zwischen Bäumen mit schwarzen, öligen Stämmen dahinführt, kehre ich zum Befehlsstand zurück. Es ist dunkel wie in einer Gruft, und ich atme erleichtert auf, als ich meine Stellung erreiche. Widener gibt den stündlichen Funkbericht an das Kompanie-Hauptquartier durch. »Charley Sechs, hier ist Charley Zwei. Alles in Ordnung, Situation unverändert.«

Später weckt mich ein Gewehrschuß. Offenbar habe ich die seltsame Fähigkeit entwickelt, zu schlafen und doch nicht zu schlafen. Mein Kopf wird sofort glasklar, und ich weiß, was geschehen ist – ebenso gut, als wäre ich die ganze Zeit wach gewesen. Ein paar Karabinerschüsse und eine M-14-Salve, rechts hinter mir, bei der Stellung des Obergefreiten Marshall. Ich steige aus dem Schützenloch und gehe zwischen den schwarzen Bäumen in die Richtung der Explosionen. Als ich dreißig oder vierzig Fuß vor mir die Silhouette eines Mannes sehe, bleibe ich stehen. Ich glaube, daß es ein Mann ist. Die Gestalt rührt sich nicht. Sie muß mich im selben Moment entdeckt haben. Eine halbe Ewigkeit schauen wir uns an. Ich kann nicht feststellen, ob er bewaffnet ist, aber ich habe eindeutig einen Karabinerschuß gehört. Oder war das nur Einbildung? Bilde ich mir auch jetzt etwas ein? Vielleicht wächst da nur ein Busch, der wie ein Mensch geformt ist. Wie ich es gelernt habe, betrachte ich die Figur nicht direkt, sondern ihre Umrisse. Wenn man bei Nacht geradewegs auf einen Gegenstand schaut, spielen einem die Augen böse Streiche. Und so beobachte ich die Konturen der Gestalt oder des Strauchs, was immer es sein mag. Ja, es ist ein Mann, mitten im Schritt erstarrt. Offensichtlich versucht er herauszufinden, ob ich ihn bemerkt habe. Ich sehe keine Waffe, aber vielleicht hat er eine, oder er könnte Granaten bei sich tragen. Ich will ihn anrufen, »Dung lai« (»Halt!«) schreien, doch die Worte bleiben mir im Hals stecken, ein Schwächegefühl kriecht in meine Beine. Wie festgewurzelt stehe ich da, und wir belauern einander. Die Zeit verstreicht wie in einem Alptraum, der nur wenige Sekunden dauert, aber kein Ende zu nehmen scheint.

Ein Soldat brüllt irgend etwas, es klingt wie: »Er ist da drüben!« Die Gestalt bewegt sich, und mit einer einzigen Bewegung öffne ich meine Halfter, ziehe die Pistole, heble eine Kugel in die Kammer und ziele. Er ist verschwunden, stürmt durch das knackende Gebüsch bergab. Ich ziele auf die Geräuschquelle, drücke aber nicht ab, weil ich fürchte, einen meiner Männer zu treffen. Dann wird mir bewußt, daß mein Herz wie rasend schlägt, daß der karierte Pistolengriff schweißnaß und glitschig ist.

Marshall kommt zu mir und erzählt, was geschehen ist. Er hatte gerade keine Wache und lag in seinem Loch, als er eine Bewegung hörte, ganz in seiner Nähe. Ein Wachtposten stieß einen Werdaruf aus, gefolgt von ein paar Schüssen. Marshall kroch aus seiner Deckung und sah einen VC vorbeilaufen, in die Richtung des Befehlsstands. Aber der Infiltrant verschwand in der Finsternis, ehe jemand einen gezielten Schuß auf ihn abgeben konnte.

Nachdem ich für die nächste Stunde hundertprozentige Alarmbereitschaft befohlen habe, kehre ich zum Befehlsstand zurück und übernehme das Funkgerät von Widener. Ich bin mir immer noch nicht sicher, ob es ein Vietcong war, den ich sah und hörte, irgendein Tier oder eine Schimäre. Aber meine Angst ist real genug. Wir verbringen eine ereignislose, aber unruhige Nacht, und ich würde am liebsten jubeln, als der Morgen graut, als ich den letzten Lagebericht durchgebe. »Charley Sechs, hier ist Charley Zwei. Alles in Ordnung, Situation unverändert.«

Der Obergefreite Parker und ich besuchen im Divisionslazarett den Gefreiten Esposito, einen Grenadier aus einer meiner Gruppen. Er ist schwerkrank und soll in die Staaten gebracht werden. Der untersetzte, dunkelhäutige Junge sagt, nun würde er nach Hause zurückkehren, nach vierjährigem Dienst. Das erfüllt ihn mit gemischten Gefühlen. Er freut sich auf die Heimat, aber er bedauert es, das Bataillon und Parker verlassen zu müssen, mit dem er seit dem Ausbildungscamp befreundet ist. Esposito scheint unter der Einwirkung starker Medikamente zu stehen. Er liegt mit glasigen Augen auf seinem Feldbett, seine Stimme klingt dumpf. Parker boxt ihn sanft in die Schulter. »Du wirst bald wieder gesund. He, wir waren ziemlich lange zusammen, was?«

»Ja, sehr lange.« Espositos Antwort gleicht einer Schallplatte, die zu langsam abgespielt wird.

»Erinnerst du dich an die kubanische Rakete, 1962? Mann, es kommt mir so vor, als wäre seither eine Ewigkeit vergangen.« Parker wendet sich zu mir. »Wir verstehen uns wirklich sehr gut, Leutnant, Esposito und ich.«

Mehrere Verwundete liegen im Zelt, drei US-Soldaten und ein halbes Dutzend Südvietnamesen. Getrocknetes Blut befleckt die leeren Betten. Zwei unserer drei Soldaten sind nur leicht verletzt und erholen sich, als hätten sie Urlaub. Der dritte hat eine gefährliche Kopfverletzung erlitten und trägt einen dicken Verband. Ein intravenöser Tropf ist mit einem seiner Unterarme verbunden, ein Plasmaspender mit dem anderen, und beides hängt in Flaschen herab, die an einem Metallgestell befestigt sind. An seinem Penis befindet sich ein weiterer Plastikschlauch, und durch alle rinnen ununterbrochen verschiedene Flüssigkeiten – Urin, Glukose, Blutplasma. Der Soldat ist groß und athletisch gebaut, so lang, daß seine Füße über den Bettrand ragen. Ganz still liegt er da, und nur seiner Brust, die sich hebt und senkt, und den gutturalen Lauten, die er alle paar Minuten ausstößt, entnehme ich, daß er noch lebt.

Ein Lazarettgehilfe steckt ihm ein Thermometer in den Mund, mißt den Blutdruck, dann kümmert er sich um den ARVN-Soldaten, der neben Esposito liegt, in einem richtigen Krankenhausbett mit erhöhtem Kopfteil, so daß der Patient fast aufrecht sitzt. Bandagen und Gips verbergen seinen ganzen Körper, bis auf einen Arm, die untere Gesichtshälfte und den Oberkopf. Dichtes schwarzes Haar fällt über den Verband um Stirn und Augen. Mehrere Instrumente sind mit ihm verbunden – Röhren, Gummischläuche, Klammern, Druckmesser. In Weiß gehüllt, von all diesen Geräten umgeben, erinnert er mich an diese grausigen Experimente in Horrorfilmen.

Parker und Esposito schwelgen immer noch in Erinnerungen an ihre langjährige Freundschaft. Parkers Augen glänzen feucht, seine Stimme klingt brüchig, und ich gerate in Verlegenheit, als würde ich ein Gespräch zwischen zwei Liebenden belauschen, die sich trennen müssen. Ich rede mit dem Lazarettgehilfen und frage ihn, was mit dem südvietnamesischen Soldaten geschehen ist. Und da erfahre ich, daß er am linken Arm, an beiden Beinen, im Bauch und am Kopf verwundet wurde. Vermutlich wird er in ein bis zwei Tagen sterben. Der US-Soldat hat nicht soviel Glück. »Wahrscheinlich wird er für den Rest seines Lebens so dahinvegetieren wie jetzt«, erklärt der Sanitätsgehilfe.

Wenige Sekunden später – als wollte er gegen diese Prognose protestieren –, beginnt der schwerverletzte US-Soldat um sich zu schlagen und stößt sonderbare Laute aus, ein gurgelndes Knurren. Dann höre ich ein Geräusch, das dem Knacken einer durchgebissenen Selleriestange gleicht. In seinen Krämpfen hat er die Zähne in das Thermometer geschlagen und versucht es nun zu verschlucken. »Hurensohn!« ruft der Lazarettgehilfe aus, läuft zu ihm und zieht ihm das zersplitterte Instrument aus dem Mund. Der große Mann zuckt heftig, die Flaschen am Metallgestell schwanken, während der Lazarettgehilfe eine Spritze aufzieht, Alkohol auf den muskulösen Arm des Patienten tupft und das Sedativum injiziert. »Ist ja gut«, sagt er und hält ihn fest. »Alles ist gut. Von jetzt an werden wir das Fieber rektal messen. Das heißt, wir schieben Ihnen das Thermometer lieber in den Arsch, bevor Sie sich umbringen.«

Das Sedativum beginnt zu wirken. Die Zuckungen des Soldaten lassen nach, das Knurren geht in ein leises Stöhnen über, und schließlich verstummt er.

Wir liegen in einem Graben, während eine AK-47 kupferverkleideten Tod vor uns in die Straße jagt. Als die Schüsse verklingen, laufen wir hinüber, verschanzen uns hinter einer Böschung und erwidern das Feuer. Ziellos ballern wir in ein Feld von Elefantengras und auf runde, niedere Hügel. Einige klettern die Böschung hoch, bilden eine Schützenlinie und joggen über das Feld zu den Hängen vor. Ein Soldat schickt ein paar Kugeln zu einem Objekt, das er gesehen oder gehört hat – oder das er zu sehen oder zu hören geglaubt hat. Es ist totenstill und heiß im Gras, so heiß, daß das Atmen schwerfällt.

Paulson und ich steigen einen Hügel hinauf und finden einen L-förmigen Bunker am Hang. Vorsichtig schleiche ich in die Nähe des Eingangs und werfe eine Granate hinein. Ein Zittern durchläuft den Boden, als das Geschoß mit geballter Kraft detoniert. Nachdem sich der Rauch aufgelöst hat, kriechen Paulson und ich in den Bunker und entdecken eine Schilfmatte, von der Explosion zerfetzt. Aber der Heckenschütze, falls überhaupt einer da war, ist längst verschwunden. Wir trotten zur Straße zurück, ermattet von der überflüssigen Anstrengung, wie Boxer, die zu kräftig zugeschlagen und den Gegner verfehlt haben.

Eine Stunde verstreicht. Soldaten wanken umher, schleppen Verwundete auf Bahren davon, die wir aus Bambusstangen, mit Macheten abgeschnitten, und Ponchos hergestellt haben. Mein Zug soll den ersten an der Spitze ablösen. Unterwegs treffen wir Lemmons Männer, in einem Graben unter mehreren schattenspendenden Bäumen verteilt. Ein Soldat sitzt da, mit hängenden Schultern, die Arme zwischen den Knien, in der klassischen Pose des müden Kriegers. Mit glanzlosen Augen starrt er ins Leere. Schweißverschmierter Staub bedeckt sein Gesicht. Der Helm liegt zu seinen Füßen. Das Gewehr steht auf der Kolbenkappe und lehnt an einem seiner Beine. Ich schau ihn an und weiß, daß er das gleiche fühlt wie ich – eine übergroße Müdigkeit, tiefer als knochentief, eine Erschöpfung, die in einen Teil meiner Existenz vordringt, für den ich keinen Namen kenne.

Noch eine Stunde vergeht, und wir sehen den Konvoi, der uns zum Basiscamp auf dem Hill 268 zurückbringen wird. Die

Laster warten an der Kreuzung unserer Straße und der Zufahrt zum Lai-La-Paß. Schlank und kerzengerade erhebt sich ein alter französischer Wachturm auf dem Paß, ein zerstörtes Monument eines zerstörten Reichs. Der Konvoi ist etwa fünfhundert Yards entfernt, olivgrüne Vehikel, wie eine Fata Morgana in den Hitzewellen, die von der Straße hochsteigen. Obwohl der Anblick unsere Stimmung hebt, sind unsere Körper zu schwach, um das Tempo zu beschleunigen.

Ein Maschinengewehrschütze namens Powell beginnt zu taumeln, dreht eine Pirouette, als wollte er einen Betrunkenen nachahmen. Ein anderer Soldat erbietet sich, ihm die schwere Waffe zu tragen, aber Powell schiebt ihn beiseite und entgegnet stolz: »Das schaff' ich schon. Ich werde doch mein eigenes Gewehr schleppen können.« Klirrend fällt die M-60 zu Boden. Powell stolpert weiter, dann stürzt er, sein Gesicht landet im Staub. Wir drehen ihn auf den Bauch und stellen fest, daß seine Haut trocken und weiß wie ein Fischbauch ist. Hitzschlag. Wir befeuchten seine Lippen und gießen unser ganzes restliches Wasser auf seinen Kopf. Zwei Soldaten heben den Bewußtlosen hoch und tragen ihn im Feuerwehrgriff zu den Lastern, so schnell sie können. Er wird in ein Fahrerhaus gelegt, das ihn vor der Sonne schützt, doch das ist ein Fehler. In der stickigen Luft da drinnen verschlechtert sich sein Zustand. In wildem Delirium erwacht er und versucht den Fahrer zu erwürgen. Drei Leute müssen seine Finger von der Kehle des Mannes lösen. Powell fletscht die Zähne und knurrt wie ein gefangenes Tier, als er auf die Ladefläche gezerrt und mit Stoffgurten auf einer Bahre festgebunden wird. Für einen Rettungsflug stehen keine Hubschrauber zur Verfügung.

Langsam fährt der Konvoi dahin. Powells Zustand schwankt zwischen Ohnmacht und wilder Raserei, und einmal gelingt es ihm, die Gurte loszureißen. Als wir die 105-mm-Batteriestellung erreichen, bringt Leutnant Miller den Kranken mit meiner Hilfe in seinen Jeep, und wir schaffen ihn so schnell wie möglich ins Lazarett. Er tobt wieder, und der Marinearzt weigert sich, ihn zu behandeln. »Das ist kein medizinisches Problem.«

»Zum Teufel, was denn sonst, Doc?« fragt Miller. »Ein disziplinarisches Problem?«

»Ich kann nichts für ihn tun.«

»Das sollten Sie aber«, sage ich und lege die Hand auf den Griff meiner Pistole – eine dumme Reaktion, typisch für mein hitziges Temperament und meine melodramatischen Neigungen. Aber es funktioniert. Der Arzt läßt Powell in eines der Zelte bringen. Nach einer halben Stunde kommt er heraus und erklärt, Powell müsse in die Staaten geflogen werden.

»Ich weiß nicht einmal, warum er überhaupt noch lebt. Er hat dreiundvierzig Grad Fieber.« Ich frage, was das bedeutet, und er erwidert, das Blut in Powells Kopf würde wie Wasser in einem Kochtopf brodeln. »Wenn er's überlebt, wird er wahrscheinlich einen bleibenden Gehirnschaden davontragen.«

Wir haben einen Mann verloren, sage ich mir auf der Rückfahrt in Millers Jeep, nicht an den Feind, sondern an die Sonne. Das Land und die Sonne scheinen mit dem Vietcong im Bunde zu stehen, um uns zu schwächen, in den Wahnsinn zu treiben, zu töten.

Die Kompanie marschiert wieder in das Gebiet rings um Hoi-Vuc, ein Dorf, das in unserem Denken zu einem Synonym für den Krieg geworden ist. Es unterliegt der Kontrolle des VC, Tag und Nacht, und wir erleben dort immer wieder Überraschungen, wenn auch stets im gleichen Schema. Zum Beispiel führt eine Kompanie einen Hubschrauberangriff in der Nähe des Dorfes durch, auf ein Feld, das den unkriegerischen Codenamen »Landezone Ente« trägt. Die C-Kompanie fährt mit Lastern zu einem Startpunkt nahe dem Song-Tuy-Loan-Fluß. Von dort gehen wir drei oder vier Meilen zu Fuß weiter, orientieren uns am Fluß und bilden eine Riegelstellung. Es handelt sich um den gleichen alten Hammer-und-Amboß-Plan, aber inzwischen haben wir gelernt, daß nichts im Dschungel planmäßig verläuft. Die Dinge geschehen rein zufällig, wie Autounfälle.

Wir fahren am Bataillonshauptquartier vorbei. Bürogehilfen und Stenotypisten stehen am Straßenrand und drehen die Köpfe weg, um die Augen vor dem Staub zu schützen, den die Laster aufwirbeln. Sie jubeln und schauen uns nach, von jenem Neid erfüllt, den die meisten Soldaten vom rückwärtigen Stab beim Anblick von Infanteristen verspüren. Wie so oft vor einer Operation beflügelt uns »kriegerischer Geist«, und wir neigen dazu, uns selber zu dramatisieren. Mit unseren schiefsitzenden Helmen und den Zigaretten, die aus den Mundwinkeln hängen, posieren wir vor dem Verwaltungsapparat als hartgesottene Veteranen, spielen die Hauptrollen in unserem eigenen Kriegsfilm, und die nahe Haubitzenbatterie liefert die tosende Hintergrundmusik.

Im Schneckentempo kriecht der Konvoi durch die »Hundehütte«. In diesem Dorf herrschen Schmutz und Armut, wie im Mittelalter. Grüne Abwasserteiche liegen in den Senken, ihr Geruch mischt sich mit dem Gestank von Dünger und Nuoc-maum, einer Sauce aus fauligen Fischen. Auf den Sandstraßen schnappen dürre, knurrende Hunde nacheinander. Wasserbüffel brüllen in schlammigen Gehegen, von Bananenpalmen überschattet, deren Blätter weißer Staub einhüllt. Die meisten Hütten sind aus Stroh, aber die amerikanische Anwesenheit hat ein neues Baumaterial hinzugefügt – mehrere Häuschen bestehen aus flachgepreßten Bierdosen, rotem und weißem Budweiser, goldenem Miller, cremefarbenem und braunem Schlitz, blaugoldenem Hamm's aus dem Land der himmelblauen Gewässer.

Kinderscharen und Teenager laufen neben dem Konvoi her. Viele haben aufgeblähte Bäuche und Hautgeschwüre, jahrzehntealte Weisheit in den Augen und immer wieder dieselben Worte auf den Lippen. Sie betteln und wollen uns was verkaufen. »GI, geben mir Zig'rette, du.« Eine Zigarette wird in die Menge geschnippt, der Junge, der sie fängt, wird sofort von seinen Freunden umlagert. Er verschwindet unter einem Haufen winziger Arme und Beine, die nach dem Glimmstengel grapschen und treten. »He, GI, geben mir Bonbon.« Eine C-Rationsdose fliegt nach unten. »He, Bullenscheiße, GI, ist nicht Bonbon. Nummer zehn!« Die Freunde des Jungen lachen, als er die Dose gegen einen Laster wirft. »Mir geben Zig'rette, mir geben Bonbon, du kaufen Coka. Eine Coka zwanzig P.« Ein paar Soldaten lassen Piasterscheine und -münzen in ein Meer von Händen fallen, die Colaflaschen hochhalten, aber sie nehmen die Ware nicht. In diesem Alice-im-Wunderland-Krieg ist Cola eine Waffe. Der VC vergiftet manche Flaschen oder steckt Glassplitter hinein und gibt sie dann den Kindern, damit sie an die Amerikaner verkauft werden. Das hat man uns zumindest erzählt. »Zwanzig P, GI, ich sage zwanzig P. Das sind nicht zwanzig P. Zum Teufel mit dir, mieser GI.« Die Teenager sind nicht so geldgierig. Wie alle heranwachsenden Jungs auf der ganzen Welt sind sie fasziniert von den Soldaten und Armeen. Einer schreit: »Maaarine Nummer eins! Tötet buku VC!« Ein Infanterist, nicht viel älter als der Teenager, formt mit Daumen und Zeigefinger einen Revolver. »Du VC. Peng, peng.« Der Junge grinst und mimt einen Soldaten, der aus der Hüfte feuert. »Okay, okay. Töten buku VC.«

Die älteren Dorfbewohner bleiben arrogant im Hintergrund. Die Männer rauchen knorrige Zigarren und starren uns an, scheinbar, ohne Notiz von uns zu nehmen. Die Frauen stehen in den Türen, stillen Kinder, spucken rote Betelnußpfrieme in den Staub. Für diese Leute stellen wir keine Novität dar. Sie haben schon zuvor ausländische Soldaten gesehen. Die Huren sind die einzigen Erwachsenen, die uns Aufmerksamkeit schenken. Seit der Landung unserer Brigade gibt es mehrere Bordelle in der »Hundehütte«. »Boom-boom-Häuser« heißen sie im Lokalslang. Die Mädchen bieten einen mitleiderregenden Anblick in ihren Western-Jeans, so dick geschminkt, daß sie wie Karikaturen ihres Gewerbes aussehen. Sie machen obszöne Gesten und bedeuten uns mit den Fingern, wieviel es kosten soll, wie Händler auf einem Rohstoffmarkt.

Um die Mitte des Nachmittags verteilt sich die Kompanie am Nordufer des Flusses. In diesem Krieg gibt es keine richtige Front, aber wir wissen, daß wir eine unbestimmte

Grenze zwischen der Sicherheitszone und dem Gebiet überschritten haben, das die Soldaten »Indianerland« nennen. Die Dörfer sind verlassen, abgesehen von den steinalten und blutjungen Bewohnern. Pangee-Fallen gähnen am Wegesrand, eine spannungsgeladene, drückende Stille lastet auf uns. Wir haben etwa die halbe Strecke bis zur Riegelstellung zurückgelegt, als der Spitzenzug – unter Testers Kommando – in einen Hinterhalt gerät. Der Vietcong eröffnet das Feuer aus dem Schützengraben am anderen Ufer. Das Automatic-Feuer klingt, als würde Papier zerreißen. Kugeln zerschneiden die Blätter über unseren Köpfen, vor uns schreit jemand: »Hinterhalt links!« Es kracht wieder, der dritte Zug erwidert das Feuer. Rasch verebbt der Schußwechsel, es knallt nur noch vereinzelt, dann schwillt der Lärm genauso schnell wieder an. Die Luft knistert. Der Ruf »Zweiter Zug nach vorn!« hallt die Kolonne entlang. Geduckt laufe ich den Weg hinauf und falle beinahe über einen Soldaten, dessen Gewehr hinter einem Baum hervorragt. Er zielt auf helle Kleider, die sekundenlang im grünen Gewirr jenseits des Flusses aufblitzen, drückt ab und schreit »Verdammt!«, als nichts passiert. Seine Waffe klemmt, oder er hat in der Aufregung vergessen, ein Geschoß in die Kammer zu hebeln. »Verdammt«, sagt er, ohne sich an eine bestimmte Adresse zu wenden. »Ich hatte ihn im Visier.«

Gleichzeitig stolpert ein Teil des dritten Zugs die steile Uferböschung hinab. Der Rest watet durch den Fluß, schreit und feuert, greift entschlossen ein Dorf auf der anderen Seite an. Heckenschützenschüsse explodieren, ein Kamerad, der sich gerade durch das Gestrüpp am Wasserrand kämpft, dreht eine Pirouette und stürzt. Ein anderer ruft nach einem Sanitätssoldaten. Die Aktion dauert höchstens drei Minuten, aber ich sehe und höre alles ungewöhnlich klar, und das muß damit zusammenhängen, daß ich genauso getroffen werden könnte, jeden Augenblick.

Peterson befiehlt Lemmon und mir, mit unseren Zügen eine Vorpostenlinie um die Reisfelder auf dieser Seite des Tuy Loan zu bilden. Inzwischen verfolgt der dritte Zug den VC, doch der hat sich wieder einmal verdünnisiert. Irgend jemand berichtet, Blutspuren würden in den Dschungel führen. Daran will ich nicht glauben. Ich will nicht wahrhaben, daß diese Geister menschliches Blut vergießen.

Unser einziger Verwundeter, der Obergefreite Stone, hat nur einen Streifschuß in die Hand abbekommen. Trotzdem beeindruckt ihn die Wucht der Kugel. »Das Ding hat mich nur rasiert«, erzählt er dem Sanitätssoldaten, der die Wunde verbindet, »aber ganz schön umgehauen.« Testers Leute stürmen das Dorf. Eine Phosphorgranate explodiert in einer dicken weißen Rauchwolke, eine Hütte beginnt zu brennen. Eine andere fängt Feuer. Nach wenigen Minuten steht das ganze Dorf in Flammen. Stroh und Bambus knattern wie Handwaffensalven. Die Infanteristen stoßen schrille Schreie aus wie die Rebellen im amerikanischen Sezessionskrieg, schießen in Bunker und Schützengräben. Frauen kreischen, Kinder weinen. In wilder Panik laufen die Dorfbewohner aus dem rauchenden Flammenmeer, als würden sie vor einer Naturkatastrophe fliehen. Das Vieh gerät außer Rand und Band, gellend gackern die Hühner, Schweine quieken, die Wasserbüffel heulen, und die Kakophonie mischt sich in ohrenbetäubendes Menschengeschrei und das Knistern der brennenden Hütten.

»Die sind verrückt geworden, Kapitän«, sagt Tester. »Die schießen das ganze Dorf zusammen. Jesus Christus, sie töten auch die Tiere.« Mit der Hilfe des Kapitäns versucht er die Verwüstung zu verhindern, aber es ist sinnlos. Anscheinend hat der gesamte dritte Zug den Verstand verloren und tobt in hemmungslosem Zorn. Endlich ist es vorbei. Das Dorf – auf unseren Karten als Giao-Tri (3) eingezeichnet – existiert nicht mehr. Nur glühende Aschenhaufen und verkohlte Pfähle sind übriggeblieben. Wie durch ein Wunder ist kein Mensch verletzt worden. Ich höre Frauen klagen, sehe eine durch den Rauch, der über den Fluß weht. Sie liegt auf den Knien, beugt sich immer wieder hinab und wühlt im schwarzen Staub, der einmal ihr Heim gewesen ist. Ich verhärte mein Herz gegen ihr Schluchzen. Ihr habt dem VC erlaubt, euer Dorf für einen Hinterhalt zu benutzen, denke ich. Jetzt zahlt ihr den Preis dafür. In diesem Augenblick erkenne ich, daß die Vernichtung von Giao-Tri mehr war als eine Wahnsinnstat, begangen in der Hitze des Gefechts, nämlich ein Vergeltungsakt. Diese Dorfbewohner haben dem VC geholfen. Jetzt bekommen sie unsere Rache zu spüren. Wir lernen den Feind zu hassen.

7

Und du hast deine Jugend verloren und bist zum Mann geworden, alles in wenigen Stunden... Oh, das ist schmerzlich. Das ist es wirklich.

Howard Fast, April Morning

Unsere nächste Operation fand in einem öden Gebiet südwestlich von Danang statt, einem richtigen Indianerland voller brachliegender Felder, sonnenheißer Hügel und verlassener Dörfer, nahe einer hellgrünen Gebirgskette namens Charlie Ridge. Die viertägige Operation war ein weiterer Versuch, den Vietcong zwischen zwei Schützenkompanien einzuklemmen, unserer und Kapitän Millers A-Kompanie. Diesmal erzielten wir Teilerfolge, allerdings mehr zufällig als planmäßig.

Am ersten Tag durchstreiften wir den Busch und lieferten den üblichen Heckenschützen ein paar Scharmützel. Während einer Rastpause wurden wir von einem Automatic-Feuer getroffen. Obwohl Peterson und der Oberst (der per Hubschrauber gekommen war, um irgendeine Information zu übermitteln) beinahe gefallen wären, störte die Attacke höchstens unseren Seelenfrieden. Am zweiten Morgen hatte der Nachrichtendienst eine Meldung über eine Feindbewegung südlich von unseren Stellungen erhalten. Die C-Kompanie sollte einen Hubschrauberangriff in der Nähe eines Berges durchführen, der auf der Karte als Hill 270 eingezeichnet war.

Der kurze Flug führte uns über einen Teil der Annamitischen Kordillere. Die Handbücher, die wir in unseren Kursen über den Guerillakrieg benutzt hatten, erklären fröhlich, der moderne, zivilisierte Soldat dürfe sich nicht vor dem Dschungel fürchten. »Er kann ebensogut ein Freund sein wie ein Feind.« Als ich jetzt auf die grüne Unendlichkeit hinabblickte, kam mir der Verdacht, die Verfasser dieser Handbücher müßten sich unter dem Dschungel so etwas wie den Everglades National Park vorgestellt haben. Der vietnamesische Dschungel wirkte alles andere als freundlich; er war eine der letzten dunklen Regionen auf der Erde, und nur sehr mutige oder sehr dumme Leute – oft ging beides Hand in Hand – konnten ihn furchtlos betrachten.

Wir waren erst zehn Minuten in der Luft, als die H-34 bereits die Landezone anflog – ein Feld, im Norden von verschlungenen Wäldern begrenzt, mit einem Fluß, dessen stilles, weißgeflecktes braunes Wasser mich an schmutzige Milch erinnerte. Im Süden trennte eine niedere Hügelkette die LZ von einem Sumpf, hinter dem die düsteren Hänge des Hill 207 aufragten. Die Hubschrauber kreisten über dem Feld und begannen feindliche Schüsse herauszufordern – kein massives Feuer, aber es gab uns das Gefühl, hilflos auf Kugeln warten zu müssen, die den Hubschrauberrumpf durchschlagen und uns in die Füße oder zwischen die Beine treffen würden. Wir saßen fest, eine menschliche Fracht, die sich nicht verteidigen und nirgends in Deckung gehen konnte. Der Maschinengewehrschütze an der Luke saß nervös hinter seiner Waffe, auf einer zusammengefalteten Flakjacke.

Er durfte das Feuer nicht erwidern, sonst hätte er womöglich einen anderen Helikopter getroffen. Während ich dem *Pop-Pop-Pop* draußen lauschte, fielen mir die Worte eines Piloten ein: »Wenn ein Hubschrauber an der richtigen Stelle getroffen wird, nimmt er die Flugeigenschaften eines fallenden Safes an.« Trotzdem war das Erlebnis – unsere erste heiße Landezone – nicht unangenehm. In unserer Hilflosigkeit lag ein seltsam heiteres Element. Als wir nolens volens zur LZ transportiert wurden, der Wind unsere Gesichter peitschte und die Bäume unter uns wie grüne Schemen vorbeirauschten, verspürten wir ein wohliges Prickeln. Wir kamen uns vor wie in einer Achterbahn oder in einem Kanu, das eine wilde Stromschnelle hinabrast. Jenes sonderbare Gefühl – halb Furcht, halb freudige Erregung – erfaßte uns, das man oft empfindet, wenn man unkontrollierbaren Kräften ausgeliefert ist.

Plötzlich landeten wir. Ich sprang aus der Luke und war froh, als meine Stiefel die weiche feuchte Erde berührten. Nun war ich wieder da, wo ein Infanterist hingehört, auf seinen Beinen, im Schlamm. Gebückt stürmten wir in den Wald am Nordrand der Lichtung. Gegenüber versammelten sich Lemmons Männer im Elefantengras am Fuß der niederen Bergkette. Das Gras wogte im Wind, den die Hubschrauberpropeller erzeugten. Der VC beschoß immer noch aufs Geratewohl die Landezone; wir hörten die Kugeln über unseren Köpfen pfeifen, das Knattern russischer SKS-Karabiner. Beide Geräusche ertönten fast simultan, und so war es unmöglich, festzustellen, wo sich die Heckenschützen versteckten. Aber jetzt, wo wir uns wieder im angestammten Element des Infanteristen befanden, erschien uns das Feuer nur mehr halb so schlimm. Es war die übliche, sporadische, lästige Ballerei, und wir hatten mittlerweile erkannt, daß solche Attacken keinen ernsthaften Hinterhalt darstellten, sondern eine VC-Taktik, die unsere Nerven strapazieren sollte. Also ignorierten wir die Schüsse.

Der letzte Hubschrauber landete, ließ Testers Zug aussteigen und flog davon. Es krachte noch ein paarmal, als der VC auf die Helikopter zielte, aber keine einzige H-34 wurde getroffen. Wir schauten ihnen nach, bis sie nur mehr winzige Punkte am Himmel waren, und einige von uns hegten den vorübergehenden, aber tief empfundenen Wunsch, mit ihnen zu reisen, zurückzukehren in die relative Sicherheit des Camps. Dieses Gefühl hatte uns auch bei der ersten Operation befallen – das Gefühl, an einer feindlichen Küste gestrandet zu sein, ohne zu wissen, ob wir sie jemals wieder verlassen würden. Im Basiscamp, in straffer Formation, hatte die C-Kompanie formidabel ausgesehen – zweihundert schwerbewaffnete Marineinfanteristen. Aber hier in der Landezone, umgeben von hohen Dschungelbergen, wirkte sie wie eine eher kleine Streitkraft.

Mein Zug bildete eine Kolonne und näherte sich seinem ersten Angriffsziel, einem Hügel am anderen Ufer des milchbraunen Flusses. Eigentlich war das nur ein geographisches Ziel, denn es hatte keinerlei militärische Bedeutung. Im Vakuum dieses Dschungels hätten wir so viele Richtungen einschlagen können, wie es Punkte auf einem Kompaß gibt. Jede konnte uns zum VC oder davon weg führen. Der Hügel diente uns nur als Bezugspunkt, als Ort, den es anzusteuern galt und der uns, falls wir ihn erreichten, in der Illusion wiegen würde, etwas geleistet zu haben.

Der Zug stolperte durch knöchelhohe Schlingpflanzen und zog dann im Gänsemarsch durch das gelbgrüne Gestrüpp am Rand der Lichtung. Hinter uns ratterte immer noch das Feuer der Heckenschützen. Zwei Schüsse, eine halbe Minute lang Stille, dann noch ein Krach, fünfzehn Sekunden Schweigen, dann zwei neue Schüsse. Der dichte Wald dämpfte die Geräusche, und bald konnten wir die Explosionen der Handwaffen nicht mehr hören. Massive Vegetation säumte beide Seiten des Wegs, die Bäume ragten so reglos empor, daß sie uns unwirklich erschienen. Ein Soldat rutschte im Schlamm aus, sein Gewehr und die Ausrüstung klirrten, als er stürzte. Die Kolonne begann sich zusammenzuballen, und die Unteroffiziere gaben den Befehl aus: »Verteilen, fünf Schritte Abstand zwischen den Männern.« Dieses Phänomen hatte ich bereits beobachtet: Im Dschungel neigten die Leute dazu, sich zusammenzuscharen, den Trost physischer Nähe zu suchen, auch wenn sie dadurch die Gefahr der sprichwörtlichen Kugel vergrößerten, die mehrere Soldaten auf einmal töten könnte. Ich glaube, zu diesem Gedrängel kam es vor allem deshalb immer wieder, weil die Vorstellung, in der geisterhaften, mörderischen Wildnis allein zu sein, unerträglich war. Natürlich hätten wir's besser wissen müssen, aber die Offiziere fielen dieser Angst genauso zum Opfer wie die gewöhnlichen Soldaten. Bei einem früheren Patrouillengang hatte ich meinen Vordermann aus den Augen verloren; er war hinter einer scharfen Wegbiegung verschwunden. Obwohl ich wußte, daß er nicht weit entfernt war, fühlte ich mich verlassen, fast verängstigt, und rannte hinter ihm her, bis mich der Anblick seines Rückens beruhigte.

Und so zog sich die Kolonne immer wieder zusammen und auseinander, trottete entnervend langsam dahin. Endlich erreichten wir den Fluß. Der erste Mann hielt sein Gewehr hoch und begann ins brusttiefe Wasser zu waten, das dunkel im Schatten überhängender Äste schimmerte. Ich schreckte zurück vor dem Gedanken, da hineinzusteigen, obwohl mich Erinnerungen an den Forellenbach in Michigan hänselten, wo ich in den Sommerferien geangelt hatte. An schmalen Stellen strömte er so schnell dahin, daß er die Steine am Grund so glatt geschliffen hatte wie polierten Marmor. Und ich glaubte wieder zu spüren, wie ein heftiger Schmerz durch meine Zähne gefahren war, wenn ich das kalte Wasser getrunken hatte. In diesen Tagträumen versunken, hörte ich nur mit halbem Ohr den Befehl, der von hinten kam. »Halt! Der Leutnant soll die Leute zurückrufen!«

»Warum, zum Teufel?« rief ich.

»Zurück, Leutnant!«

Schweiß verschleierte meinen Blick, Ärger stieg in mir auf. »Verdammt, ich habe gefragt, warum, zum Teufel?«

Ein verschwitzter Soldat joggte auf mich zu, einer der Bürohengste unserer Kompanie, der bei Operationen als Meldegänger fungierte. »Mr. Caputo, der Kapitän sagt, Sie sollen Ihren Zug sofort zur Landezone zurückbringen«, keuchte er. »Der VC sitzt auf der Bergkette, und wir sollen angreifen.«

Sofort verwandelte sich mein Ärger in Freude. Ein Angriff! »Wie viele?«

»Sir, der Kapitän hat mir nur gesagt, Sie sollen so schnell wie möglich zur Landezone zurückkehren. Aber ich glaube, es handelt sich um einen Zug. Einer der Piloten hat sie gesichtet.«

In umgekehrter Reihenfolge, so daß die frühere Nachhut jetzt die Vorhut bildete, rannte der Zug zurück. Die Helme wackelten auf unseren Köpfen, die Feldflaschen stießen gegen die Hüften, Gewehrschlaufen und Bandeliere klirrten, und das Ganze klang wie das Manöver einer Altwarenhändlertruppe. Wir hatten etwa die halbe Strecke zurückgelegt, vielleicht hundert Yards, als ich eine stockende Salve hörte, dann all die Geräusche, die auf einen ernsthaften Kampf schließen ließen – das Stottern von Maschinengewehren und die Explosionen von M-79-Granaten, eine 44 mm-Granate, mit einem gewehrähnlichen Werfer abgeschossen. Wir verließen den Dschungel, rannten auf die Lichtung und mitten hinein in ein lebhaftes Gefecht. Kugeln sausten durch die Luft, flogen allerdings in sicherer Entfernung über unsere Köpfe hinweg. Instinktiv schwärmten wir aus, mit gebeugten Schultern, als müßten wir uns gegen einen kräftigen Wind stemmen. Während wir durch die niederen Schlingpflanzen stolperten, konnten wir nicht feststellen, was eigentlich vorging. Sechzig oder siebzig Yards vor uns stiegen Lemmons Männer den Hang hinauf; kleine Gruppen stürmten vor, andere beschossen den Grat. Staubwolken quollen empor, wo die Kugeln das Erdreich trafen, und hinter dem Bergrücken wirbelte grauer Rauch, gefolgt von der dumpfen Detonation einer M-79.

Der Meldegänger brachte mich zu Peterson, der mit einstudierter Gelassenheit neben seinem Funker stand. Er gab mir die Order, meinen Zug im Defilement neben einem Hügel zu postieren, der einen rechten Winkel zur Bergkette bildete. Wir machten uns auf den Weg. Vor uns zeichnete Testers Zug eine lange Linie an den Fuß des Hanges. Erhitzt und atemlos kauerten wir uns hin, um zu warten, während der erste Zug einen Frontalangriff duchführte, die Hauptoperation jeder Marineeinheit. Das war etwas anderes als die choreographierten Attacken, die wir in Quantico oder auf Okinawa geübt hatten. Die Soldaten formierten sich in einer unregelmäßigen Reihe, an manchen Stellen geballt, an anderen weit auseinandergezogen. Einige blieben zurück, ein Teil attackierte und feuerte aus der Hüfte. Da, wo es besonders steil bergauf ging, schienen ein paar auf allen vieren zu kriechen. Meine Phantasie gaukelte mir den Vietcong auf dem Grat vor. Falls ich ihn tatsächlich sah, dann nur für einen Sekundenbruchteil. Plötzlich erschienen mehrere grüngekleidete Gestalten auf dem Bergrücken. Ich hörte ein rhythmisches Knattern, das mich an die Geräusche an einem Schießstand erinnerte. Der Funker erklärte, der VC wäre verscheucht worden und würde jetzt durch den Sumpf fliehen. Lemmon wollte sie mit Granatwerfern angreifen, ehe sie die Deckung des Dschungels auf dem Hill 270 erreichten.

Feldwebel Johnsons Granatwerfertrupp rannte in die Mitte der Landezone, stellte blitzschnell die Geschütze auf und jagte drei Geschosse in die Luft. »Direkt fünf-null!« rief jemand. Johnson, ein Korea-Veteran mit einem dunklen Gesicht, zerfurcht wie ein ausgebeuteter Minenschacht, gab die Korrektur an das Team weiter. Wieder rasten Granaten über den Grat und landeten mit dumpfer Wucht im Sumpf, der sich dahinter erstreckte.

Peterson befahl Testers und meinem Zug, hochzusteigen; wir sollten uns an der Flanke der Guerillas postieren und dann in den Sumpf vorrücken. Ein Artilleriesperrfeuer würde uns Deckung geben, das er auf den Hill 270 beordern wollte, für den Fall, daß dort eine weitere VC-Truppe lauerte. Während Johnsons Granatwerfer den Beschuß fortsetzten, kletterten wir den Hang hinauf, Testers Zug an der Spitze. Im taillenhohen Elefantengras kamen wir nur langsam und mühselig voran. Gelegentlich raste ein singender Querschläger an uns vorbei, aber das Gefecht war zu einem zögernden Schußwechsel zwischen Lemmons Maschinengewehren und ein paar Heckenschützen auf dem 270 verebbt. Dann vernahmen wir ein schwaches, vibrierendes Zischen. Nach wenigen Sekunden verstärkte es sich zu einem Geräusch, das wie reißendes Segeltuch klang, gefolgt vom gräßlichsten Lärm, der je in meine Ohren gedrungen war, einem Kreischen, als würde eine Sägemaschine auf einen Astknoten stoßen. Die Artillerie, 155 mm... Und weil das Ziel so nahe war, hörten wir die Bombenexplosionen nicht nur, wir spürten sie auch. Der Boden bebte, die Stoßwelle erschien mir wie ein Windstoß. Rauch und Erdklumpen flogen aus dem Sumpf und dem vorderen Hang des 270. Bei dieser Entfernung bestand die

Möglichkeit, daß ein Geschoß zu früh herabfiel, nämlich auf uns. Und so duckten wir uns, so tief es unsere Würde erlaubte. Während die 155er die Luft mit ihrem Geheul und Gebrüll erfüllten, fragte ich mich, was man empfinden mochte, wenn man diesem Beschuß ausgesetzt war, so wie jetzt der VC – wehrlos dem splitternden Stahl eines Hundertpfünders ausgeliefert. Für einen Augenblick hatte ich Mitleid mit dem Feind, wohl kaum in größerem Maße als meine Kameraden, aber in jenen Tagen kam mir der Krieg wie eine Art Freiluftsport vor, und ich fand dieses Bombardement unfair. Der Meldegänger hatte gesagt, vermutlich sei ein Guerillazug auf dem Grat postiert, also höchstens fünfundzwanzig Mann. Wir waren zweihundert. Diese Überzahl genügte nicht – wir bewarfen unsere Gegner auch noch mit hochexplosivem Zeug. Doch ich stand erst am Anfang des Krieges; später würde ich imstande sein, frohen Mutes zu beobachten, wie unser Napalm feindliche Soldaten verbrannte.

Das Bombardement wurde eingestellt, die C-Kompanie erhielt den Befehl, zum Sumpf hinabzusteigen. Wir sollten alle restlichen Widerstandsnester ausräumen und nach VC-Leichen suchen, deren Menge als Maßstab unseres Sieges dienen würde. In den taktischen Handbüchern hieß diese Phase der Aktion »Verfolgung«. Das Wort beschwört das Bild einer heiteren Jagd herauf, aber in diesem Fall bedeutete es eine widerwärtige Menschenhetze in Matsch und Schlamm. Der Sumpf, ein rostroter Tümpel, etwa doppelt so groß wie ein Footballplatz, wurde von Inseln aus Dornengestrüpp und rasiermesserscharfen Grashalmen durchbrochen, die unsere Haut aufritzten und die Uniformen zerrissen. An manchen Stellen versanken wir bis zur Taille im Morast, der an unseren Stiefeln zerrte und sie bei jedem Schritt fast von unseren Füßen riß. Unentwegt stieg uns der Geruch des entweichenden Sumpfgases in die Nasen, das wie faule Eier stank. Bald waren wir alle mit Blutegeln übersät, daumengroßen schwarzen Biestern.

Im Irrgarten des Dickichts war es unmöglich, eine Formation zu bilden. Die Einheiten gerieten durcheinander; Züge teilten sich in Gruppen, und Gruppen in Feuerteams, bis die Kompanie in etwa so organisiert war wie eine Menschenmenge auf einem Bahnsteig. Außerdem bereitete es uns große Mühe, die Leichen aufzustöbern. Einige lagen vermutlich im Schlamm vergraben. Die verwundeten VCs waren, nach den Blutspuren zu schließen, in fast undurchdringliches Dickicht gekrochen. Wir überließen sie ihrem Schicksal – sie würden langsam sterben oder, falls sie schon tot waren, vermodern. Ein oder zwei mußten von der Artillerie zerrissen worden sein; hier und da hingen Fleisch- und Kleiderfetzen im Unterholz. Nach fünfzehn oder zwanzig Minuten wurde die erste Leiche entdeckt. Zwei Soldaten schleiften sie an den Fußknöcheln davon. Das Gehirn quoll aus einem großen Loch im Kopf, wie grauer Pudding aus einer zerbrochenen Schüssel.

Im Schlamm von Hitze, von Blutegeln und Dornen gepeinigt, voller Angst vor einem verwundeten VC, der eine Granate aus seinem Versteck werfen könnte, geriet die Kompanie in wilde Wut. Das galt besonders für den ersten Zug; dessen Mitglieder hatten bereits getötet, und wenn Männer zu töten beginnen, ist es nicht so leicht, sie zu stoppen. Und so waren wir weder erstaunt noch empört, als wir erfuhren, wie jener VC mit dem zerschossenen Gehirn gestorben war. Im Feuergefecht schwer verwundet, lebte er noch, als ihn ein Suchtrupp fand. Ohne Vorwarnung jagte ihm ein Soldat – der Gefreite Marsden, Grenadier in Lemmons Zug – eine Pistolenkugel ins Gesicht. Diese Exekution im Schnellverfahren überraschte Marsden offenbar selbst. Als er geschossen hatte, starrte er auf seine Waffe, als wäre sie aus eigenem Antrieb losgegangen, und fragte: »Warum hab' ich das getan?«

Es gab noch zwei andere Versionen über den Zwischenfall – der feindliche Soldat sei bereits tot gewesen, als Marsden den Schuß abgegeben habe; der Gefreite habe in Notwehr gehandelt, denn der VC versuchte eine Granate zu werfen. Was immer zutreffen mag, in jenem gefährlichen Sumpf erschien uns Marsdens Verhalten ganz natürlich. Und der Order zufolge, die der Kommandant des Marinecorps, General Greene, im vergangenen Monat bei einer Inspektionstour durch Vietnam erlassen hatte, wurden solche Aktionen höheren Orts gebilligt. Greene hatte einer Soldatengruppe erklärt, sie hätten in diesem Krieg nur eine einzige schlichte Mission zu erfüllen: »Ihr seid hier, um VCs zu töten.« Nun, genau das hatte Marsden getan. Er hatte einen Vietcong erschossen, einen kleinen Teil der kommunistischen Streitkräfte beseitigt und seinen Auftrag ausgeführt.

Die Säuberungsaktion wurde fortgesetzt, wir fanden eine zweite Leiche. Mit dem Gefreiten White, einem Maschinengewehrschützen vom ersten Zug – wegen seines ehrwürdigen Alters von neunundzwanzig »Pappy« genannt –, war ich einer dritten auf der Spur. Ein blutiger Splitter, mit Fleisch- und Eingeweidefetzen beklebt, führte uns in braunes Sumpfgras.

»Da muß er sein, Sir«, meinte White und hob seine M-60. »Wir haben vom Grat aus mindestens ein Dutzend abgeknallt, und ich weiß, daß einer in dieser Gegend gefallen ist.« Ich zog meine Pistole, und wir gingen weiter. Das Gras war fast mannshoch. Wir konnten nur ein paar Yards weit sehen. Die Blutspur wurde breiter, wie frische rote Farbe, auf die braunen Halme gekleckst, die der Verwundete flachgedrückt hatte, als er hindurchgekrochen war. Wir folgten der Spur noch einige Yards, dann blieben wir stehen und lauschten. Außer gedämpften Gewehrschüssen in der Ferne war nichts zu hören – wahrscheinlich sicherte ein Soldat ein Dickicht, ehe er es durchsuchte. White und ich gingen weiter. Plötzlich stolperte ich und wäre beinahe über den VC gefallen. Er lag auf dem Rücken, einen Arm über die Brust geworfen, den anderen ausgestreckt, und die Augen starrten zum Himmel auf, den er nicht sehen konnte.

»Ich wußte ja, daß wir hier einen erwischt haben«, sagte White.

Der feindliche Soldat schien achtzehn oder neunzehn Jahre zu zählen. Er war an der schlimmsten, schmerzlichsten Stelle verwundet worden, wo es einen Menschen treffen kann, im Zentrum so vieler Leiden, der Angst, des Hungers, manchmal sogar der Liebe – wir fühlen so viel in unserem Magen. Und dort waren zwei 7,62-mm-Kugeln eingedrungen. Nach der

Entfernung zu schließen, die er auf allen vieren zurückgelegt hatte – gut dreißig Yards –, mußte ihm genug Zeit geblieben sein, um Schmerzen zu fühlen und vielleicht zu erkennen, daß ihn nicht Jahrzehnte vom Tod trennten, sondern nur wenige Minuten. Erstaunlich, wie lange er durchgehalten hatte... Eine moderne Hochgeschwindigkeitskugel schlägt mit gewaltiger Wucht ein und hinterläßt keine sauberen Löcher wie auf der Filmleinwand. Die beiden Geschosse im Magen des VC waren klein, etwa so groß wie Zehncentstücke, aber in die Austrittslöcher am Rücken hätte ich meine Faust stecken können. Er hatte eine Riesenmenge Blut verloren und lag in einer karmesinroten Pfütze, in der Hautreste und weiße Knochensplitter schwammen.

Er trug nichts bei sich, keine Fotos, keine Briefe, mit deren Hilfe wir ihn hätten identifizieren können. Das würde die Jungs vom Nachrichtendienst enttäuschen, aber mir war's recht. Ich wünschte mir, daß dieser Junge anonym blieb, ich wollte ihn nicht als toten Menschen mit einem Namen, einer Familie und einer bestimmten Anzahl von Lebensjahren sehen, sondern als toten Feind. Das fiel mir leichter. Zwei Soldaten kamen zu uns und sammelten die Ausrüstung des VC ein – einen Karabiner, einen geflochtenen Patronengurt mit einer daran befestigten Feldflasche –, dann schleiften sie die Leiche davon. »Wie schwer der ist!« meinte einer der Männer. »Kaum zu glauben, daß so ein kleiner Kerl so schwer sein kann.«

Inzwischen hatte die Kompanie den Fuß des Hill 270 erreicht. Patrouillen erklommen den Hang und versuchten auf die Reste des feindlichen Zugs zu stoßen. In der Nähe knatterte Gewehrfeuer. Ein paar Soldaten rannten auf eine Rauchsäule zu, die aus dem Unterholz am Rande des Sumpfs emporstieg, »He, Leutnant!« rief einer, »Hierher!«

Der Rauch quoll aus einer brennenden Kiste voller Papiere. Offenbar war einer der Guerillas lange genug zurückgeblieben, um diese Dokumente zu vernichten, und dann getroffen worden. Im nahen Gebüsch fanden wir Blutflecken und folgten der Spur bis zu einem trockenen Bachbett, das bergauf führte. Finsterer, unheimlicher Dschungel lag vor uns. Ich entschied, daß dies keine Aufgabe für eine kleine Patrouille war. Womöglich lauerten uns in der üppigen Vegetation hundert VCs auf. Also rief ich meinen Zug zusammen, und wir vierzig kletterten im Bachbett nach oben.

Der Boden war steinig, von Moos überwachsen und schlüpfrig, von winzigen Rinnsalen durchzogen. Frische Blutflecken sprenkelten das Geröll, hoben sich rot vom dunklen Moosgrün ab. Der Zug bewegte sich langsam voran, blieb alle paar Schritte stehen, um auf Atemzüge oder ein Rascheln im Unterholz zu lauschen. Aber wir hörten nur das Rasseln unserer eigenen Gewehrschlaufen, das Knirschen unserer Stiefel im Kies.

Das Bachbett wurde tiefer, die Böschungen überragten unsere Köpfe um mehrere Fuß. Graugrünes Zwielicht drang durch das Dschungelgewölbe. An beiden Ufern wucherte die Pflanzenwelt in verschlungener Überfülle; Zweige und Ranken hatten sich verknotet und versuchten einander zu erwürgen – kämpferisch bemüht, aus den Schatten emporzusteigen, ins Sonnenlicht. Wasser sickerte aus den Wänden der Schlucht, die tote Luft roch nach moderndem Holz und fauligen Blättern, und es kam uns so vor, als wanderten wir durch eine Kloake.

Wir hörten noch immer nichts, und dann verloren wir die Spur. Vielleicht hatte sich eine Kruste auf der Wunde des VC gebildet. Oder er war in den Busch gekrochen und erwartete uns, um einige Feinde in den Tod mitzunehmen. Das würde ihm mühelos gelingen. Im schmalen Korridor des Bachbetts gefangen, konnte unser Zug der Länge nach bestrichen werden. Eine einzige Salve aus einem Automatic-Gewehr würde die ersten vier oder fünf wie Kegel umwerfen. Wo bist du? fragte ich in Gedanken. Wo steckst du, kleiner Hurensohn? Seltsam – ich hatte diesen Patrouillengang in der Absicht begonnen, den Guerilla gefangenzunehmen. Jetzt wollte ich ihn töten, den kleinen Bastard beseitigen und dann diese feuchte, heiße Schlucht so schnell wie möglich verlassen.

Rivera, der Spitzenmann, hob eine Hand, sank auf ein Knie

und winkte mich zu sich. »Schauen Sie, da drüben, Leutnant.« Er zeigte auf einen Sampan, der auf einer Plattform lag. Diese hatte man in eine der steilen Schluchtwände hineingebaut. Darunter stapelten sich rostige Dosen, mit Reis gefüllt, Munition für Handwaffen, Baumwollbandeliere und Patronengurte. Ein paar Yards weiter oben beschrieb das Bachbett eine scharfe Kurve. »Wenn er noch lebt, ist er nicht weit«, flüsterte Rivera.

Ich wischte mir die Hände an der Hose ab und kämpfte mit der Versuchung, mir eine Zigarette anzuzünden. In diesem Augenblick wünschte ich mir nichts sehnlicher. Meine Phantasie – meine verfluchte lebhafte Phantasie – beschwor die Vision des VC herauf, der gleich hinter der Biegung auf der Lauer lag. Wäre doch diese verdammte Kurve nicht gewesen... Rivera musterte mich mit jenem Ausdruck, den jeder Infanterieoffizier irgendwann auf den Gesichtern seiner Männer sieht und der zu fragen scheint: Was nun, Mr. Offizier? Im Grunde blieben mir nur zwei Möglichkeiten – umzukehren oder den Weg fortzusetzen und das Risiko eines Hinterhalts einzugehen. Ich entschied mich für letzteres, teils aus der »Angriffslust« heraus, die das Marinecorps mir eingeimpft hatte, teils aus Neugier, teils aus persönlichem Ehrgeiz. Das muß ich zugeben – ich *wollte* kämpfen und beweisen, daß ich den anderen Offizieren in der C-Kompanie ebenbürtig war. Lemmon hatte an diesem Tag den Löwenanteil der Aktion eingeheimst, und ich beneidete den hartgesottenen kleinen Texaner. Wahrscheinlich würde er ein Empfehlungsschreiben bekommen, vielleicht sogar eine Medaille, und ich wollte auch eine ergattern. »Hören Sie«, sagte ich zu Rivera, »ich stelle ein Feuerteam zusammen, und wir schauen nach, was hinter dieser Biegung los ist. Sie übernehmen die Spitze. Wenn Sie diesen VC sehen, blasen Sie ihm die Scheiße raus.«

»Ja, Sir.«

Zu sechst krochen wir weiter, während der restliche Zug wartete. Der Boden der Schlucht, moosbedeckt und voller Steine – von den Fluten zahlloser Monsune geglättet –, war so grün, glitschig und feucht wie Eidechsenhaut. Rivera bog um die Kurve, hob eine Hand, um uns zu stoppen, und zeigte mit dem Gewehrlauf auf die Ursache seiner Aufmerksamkeit. Mein Blick fiel auf etwas Gelbes im grünen Laub, dann erkannte ich die Umrisse einer Hütte, eines kleinen Basiscamps auf Pfählen über dem Bachbett.

Wir wagten uns weiter, hielten nervös Ausschau nach Stolperdrähten und Sprengfallen und kletterten zur Hütte hinauf. Das Camp bot nur wenigen Männern Platz. Matten aus festgeflochtenem Schilf hingen übereinander wie Stockbetten. Die Moskitonetze waren zerrissen. Eine gewisse Bewunderung erfaßte mich. Man mußte schon sehr viel Begeisterung für eine Sache aufbringen, um an einem solchen Ort zu hausen, wo man kaum die Sonne sah, wo die Luft zum Schneiden war und ungeheure Moskitoschwärme aus abgestandenen Pfützen hochstiegen.

Ausrüstungsgegenstände und viele Dokumente lagen im Camp verstreut. Vielleicht hatte der Guerilla – sollte er bis hierhergekommen sein – in aller Eile irgend etwas gesucht – oder dieses Chaos erzeugt, um uns abzulenken und einen Vorsprung zu gewinnen. Wenn er das bezweckte, war es ihm gelungen. Der Dschungel vor uns verdichtete sich, die Schlucht verlor sich im Dunkel wie eine tiefe Höhle. Meine Aggressionslust ließ erheblich nach. Ich wollte nicht weitergehen. Charlie würde lange genug leben, um noch einen Tag lang zu kämpfen, oder – falls er schwer verletzt war – in ein Gebüsch kriechen und sterben.

Wir untersuchten die Papiere, bei denen wir mehrere Notizbücher mit säuberlich eingetragenen numerierten Abschnitten fanden. Letztere sahen wie Operationspläne aus, was mich zu der Überlegung veranlaßte, ob wir auf das Hauptquartier einer kleinen Einheit gestoßen waren. Ich wollte mir gerade zu dieser für den Nachrichtendienst sehr wertvollen Entdeckung gratulieren, als einer meiner Soldaten sagte: »He, Leutnant, schauen sie mal!«

Er zeigte mir ein kleines Bündel – Briefe und Fotos. Ein Bild zeigte Vietcongs in gefleckten Uniformen und schneidigen Heldenposen; ein anderes einen Guerilla im Familienkreis. Ich entdeckte auch ein paar postkartengroße Porträts von Ehefrauen oder Freundinnen. Die Schriftzüge in den Ecken waren vermutlich Liebes- und Treueschwüre, und ich fragte mich, ob die Gegenseite so wie wir ein System hatte, durch das die Familien über die Toten und Verwundeten informiert wurden. Hoffentlich... Ich wollte mir nicht vorstellen, wie diese Frauen von einem Wiedersehen träumten, das niemals stattfinden würde, vergeblich auf Briefe warteten und sich über die mangelnden Nachrichten wunderten, wie sie sich ein Dutzend Gründe dafür ausmalten – nur nicht den einen, den sie am meisten fürchteten – und wie ihre Sorge mit jedem langen Tag wuchs, der in düsterem Schweigen verstrich und sich zu einer noch längeren Nacht verdunkelte.

Eine kleine Solatengruppe umringte mich, starrte auf die Briefe und Fotos. Was die Männer empfanden, weiß ich nicht. Mich selbst erfüllten widersprüchliche Gefühle. Unser Fund verlieh dem Feind jene Menschlichkeit, die ich ihm nicht zugestehen wollte. Die Erkenntnis, daß die Guerillas aus Fleisch und Blut bestanden und daß ich sie zu Unrecht für mysteriöse Phantome gehalten hatte, war tröstlich; doch diese Gewißheit weckte ein tiefes, unvergängliches Bedauern. Diese Menschen waren mit unserer Hilfe umgebracht worden, und durch ihren Tod mußten andere Menschen unersetzliche Verluste erleiden. Niemand sprach, aber später, im Basiscamp, sollte der Grfreite Lockhart in Worte fassen, was vielleicht alle dachten. »Das sind junge Männer«, sagte er zu mir. »So wie wir, Leutnant. Es sind immer die jungen, die sterben.«

Wir blieben noch einige Minuten in der Hütte, versuchten unsere Gedanken und Gefühle zu ordnen. Die Kompanie hatte nur getan, was man von ihr erwartete und wofür sie ausgebildet worden war – sie hatte den Feind getötet. Nach allem, was uns das Marinecorps immer wieder einbleute, mußten wir stolz darauf sein. Die meisten waren das auch, aber wir verstanden nicht, warum Gefühle wie Mitleid und Gewissensbisse diesen Stolz beeinträchtigten. Die Antwort ist einfach, – nur – damals fanden wir sie nicht. Trotz aller Intensität hatte der körperliche und seelische Drill die davor zu

Hause, in der Schule und in der Kirche verbrachten Jahre nicht völlig ausgelöscht, ebenso wenig das Wissen um die Kostbarkeit des menschlichen Lebens, das man niemandem nehmen durfte. Die Ausbildungscamps und die ersten zwei Monate in Vietnam hatten unsere Empfindsamkeit abgestumpft, aber nicht getötet. Die Fähigkeit, Reue zu verspüren, war uns geblieben, das Stadium der moralischen und emotionalen Lähmung noch nicht erreicht.

Zumindest galt das für die Mehrheit der Männer. Es gab auch Ausnahmen. Zumindest ein Soldat in der Kompanie hatte bereits den Übergang von der Hartherzigkeit zur Brutalität geschafft. Wir zündeten die Hütte an, machten uns auf den Rückweg, und da trafen wir eine Patrouille unter Feldwebel Lokers Kommando. Die Männer wirkten völlig erschöpft und sahen aus, als wären sie in einen Wolkenbruch geraten. Loker legte eine Rastpause ein, sank zu Boden und zündete sich eine Zigarette an. »Haben Sie dieses Feuer da hinten gelegt, Sir?«

»Ja«, erwiderte ich.

»Wir sind vorhin an der Hütte vorbeigekommen, aber ich hab' sie nicht angerührt. Sie wissen doch, wie wütend der Kapitän war, als wir dieses Dorf niederbrannten. Er sagte, das dürfen wir nicht mehr tun.«

»Das war kein Dorf, sondern ein Basiscamp, Feldwebel Loker.«

Er zuckte mit den Schultern. »Okay, Leutnant, Sie sind der Boß.« Er nahm einen kräftigen Zug aus seiner Zigarette, schaute weg, dann wandte er sich wieder zu mir. Schweiß tropfte von seinem sorgsam gestutzten schwarzen Schnurrbart. »Haben Sie das von Hanson gehört, Sir?«

»Nein. Was ist mit ihm?« Hanson war Schütze im ersten Zug.

»Ich hab' diesen kleinen Hurensohn ertappt, als er gerade einem toten VC die Ohren abschneiden wollte. So ein Widerling! Ich packte ihn am Kragen und sagte, ich würde ihm den Arsch aufreißen, wenn ich ihn noch mal bei so was erwische.«

Vor meinem geistigen Auge erschien Hansons Bild – ein

stiller Junge, etwa neunzehn Jahre alt, groß und dünn, mit dunkelblondem Haar, so amerikanisch, daß er für einen Norman Rockwell in der alten *Saturday Evening Post* posieren könnte. Und dann versuchte ich mir vorzustellen, wie er die Tat beging, die Loker soeben geschildert hatte. Es gelang mir nicht. »Weiß Mr. Lemmon Bescheid?«

»Ja Sir. Ich glaube, diesmal wird dem Jungen nichts passieren. Ich ließ ihm keine Zeit, den Job zu beenden. Aber wie kann man wissen, was in so einem kleinen Kerl alles drinsteckt?«

Ich schwieg, obwohl es mir auf der Zunge lag, Loker an seine beiden australischen Freunde zu erinnern. Vielleicht war Hanson dabeigewesen, als die Aussies voller Stolz ihre Trophäe präsentiert hatten, und bildete sich in einem halbentwikkelten jungen Hirn ein, so was sei völlig okay. Trotzdem – mit einem Mann, der die kaltblütige Fähigkeit besaß, eine Leiche zu verstümmeln, konnte irgendwas nicht stimmen. Marsdens Handlungsweise erschien mir wenigstens noch verständlich. Hansons Verhalten überstieg meinen Horizont. Ich wollte nichts mehr davon hören. Für diesen Tag war das Maß meiner emotionalen Schocks voll.

Bei der Rückkehr in den Sumpf sahen wir die toten Feinde ordentlich aufgereiht daliegen, wie für eine Inspektion. Ein Fotograf – vermutlich von *Stars and Stripes* – knipste sie aus verschiedenen Blickwinkeln. Erstaunlicherweise waren's nur vier. *Vier.* Anderthalb Stunden hatten wir gekämpft, Hunderte von Handwaffenpatronen und zwanzig Granaten geopfert und eine volle 155er Batterie eingesetzt, um vier Mann zu töten. Im Kompaniehauptquartier machte ich eine Bemerkung darüber und bekam die Antwort: »Wir haben viele Leichenteile und Blutspuren gefunden, also gehen wir von acht gefallenen VCs aus.« Als ich fragte, wie man zu dieser Schätzung gekommen sei, entgegnete der Soldat. »Ach, ich glaube, jemand hat die Arme und Beine gezählt und durch vier dividiert.«

Ich gab Peterson die Dokumente, die ich im Guerillacamp an mich genommen hatte, und erstattete Bericht über unsere Exkursion. Er war anscheinend zufrieden, was mich natürlich freute. Der Zug erhielt den Befehl, einen Außenposten auf einem Hügel am Westrand des Sumpfes zu etablieren und nach der A-Kompanie Ausschau zu halten, die im Verlauf des Tages zu uns stoßen sollte. Während eines Scharmützels bei Hoi-Vuc hatte sie fünf Guerillas gefangengenommen.

Als sich der Zug bis zum Gipfel des dreihundert Fuß hohen Hügels hinaufgekämpft hatte, war er einigermaßen erschöpft. Wir bildeten eine Vorpostenlinie, danach brachen die Soldaten zusammen und streckten sich aus, die Köpfe auf Helme und Packen gelegt. Nun erfüllte ich die altehrwürdige Pflicht eines Zugführers – ich nahm eine Fußinspektion vor. Die Leute zogen ihre schlammigen Stiefel und die schweißnassen Socken aus. Blutegel bedeckten alle Beine von den Knien abwärts, die Haut war weiß und schrumpelig wie bei Tattergreisen.

Während ich von einem Mann zum anderen ging, bemerkte ich subtile Unterschiede zwischen ihnen, die mir wohl kaum aufgefallen wären, hätte ich sie nicht so intim kennengelernt. Ihre erste Aktion war überstanden, wenn auch nur eine kleinere, von neunzigminütiger Dauer. Aber in diesen neunzig Minuten hatten sie getötet, zum erstenmal den gewaltsamen Tod gesehen – und etwas von jener Grausamkeit, die ein Kampf in Soldaten bewirken kann. Vor dem Gefecht hatten beide Bedeutungen des Wortes »Infanterie« auf sie gepaßt – »Kampftruppe, meist zu Fuß, auf den Nahkampf spezialisiert«, und jene andere, aus dem Begriff »Infant« (Kind, Knabe) abgeleitet. Die zweite Definition konnte man jetzt nicht mehr anwenden. Nach dem wichtigsten Sakrament des Kriegs, der Feuertaufe, lag die Kindheit hinter ihnen. Weder ich noch die anderen hegten damals solche Gedanken. Wir sagten uns nicht: Wir wurden beschossen, wir haben Blut vergossen, jetzt sind wir Männer. Wir spürten nur – auf unbeschreibliche Weise –, daß etwas Wichtiges mit uns geschehen war. Als ich an der Vorpostenlinie entlangschlenderte, hörte ich, wie die Leute über das Erlebnis sprachen; manche versuchten dadurch ihre Gefühle zu meistern; andere verbargen sie hinter harten Fassaden. »Habt ihr den Charlie gesehen, den Marsden umgelegt hat?« – »Ja, dem hat er das blöde Gehirn rausgeblasen. Ein Typ vom ersten Zug erzählte mir, durch das Loch im Hinterkopf hätte man die Zähne sehen können.« – »Ja, eine 45er aus dieser Entfernung verdirbt für alle Zeiten die Gesundheit.« – »Bei einem dieser Charlies haben sie einen Ausweis gefunden, und da drin steht, daß er erst fünfzehn war. Fünfzehn, Mann! Ein gottverdammtes Kind.« – »Fünfzehn, Scheiße. Hör mal, diese Schlitzaugen sehen alle jünger aus, als sie sind. Wahrscheinlich ist das ein gefälschter Ausweis.« – »Nun viel älter als wir war keiner. Ich weiß nicht, irgendwie tun sie mir leid. Das ist kein Witz.« – »Kein Witz? Glaubst du, die würden sich die Augen ausweinen, wenn's andersrum wäre? Sicher nicht. Zum Teufel, die würden uns abknallen! Also mußten *wir* sie abknallen. So ist das nun mal.«

Die meisten waren zu müde für lange Diskussionen. Bald senkte sich düsteres Schweigen herab. Die Reaktion auf die Erfahrungen des Tages setzte ein – Enttäuschung, Depressionen. Das Feuergefecht, unsere erste Kampfhandlung, war nicht so verlaufen, wie wir's erträumt hatten. An die wohlgeordneten Scheinschlachten bei den Truppenübungen gewöhnt, fanden wir die Wirklichkeit chaotisch und viel weniger heroisch als in unseren Vorstellungen. Vielleicht hegten Lemmons Männer heroische Gefühle. Für uns war die Aktion eine demütigende Menschenjagd gewesen; nachdem wir diese Leichen durch den Schlamm geschleift hatten, schämten wir uns, kamen uns eher wie Monstren vor als wie Soldaten.

Und die Verstümmelungen, die moderne Waffen anrichten können, schockierten uns. Bis jetzt hatten wir nur unversehrte Tote gesehen. Eine Leiche – das war für uns ein alter Onkel, der in einem Sarg lag, mit gepudertem Gesicht und ordentlich geknoteter Krawatte. Der Tod läßt keine Gradeinteilung zu; der alte Onkel, der friedlich im Bett stirbt, ist nicht weniger tot als der feindliche Soldat, dessen Kopf von einer 45er Kugel zerrissen wird. Trotzdem fühlten wir uns ganz krank bei der Erinnerung an das zerfetzte Fleisch, die herausquellenden Eingeweide, das zerquetschte Gehirn. Das Grauen lag vor allem in der Erkenntnis, daß der Körper, angeblich das irdische Heim einer unsterblichen Seele, dieser Körper, für den die Leute so viel Mühe verwenden, um ihn zu nähren, zu kräftigen und zu verschönern, in Wirklichkeit nur eine verletzliche Hülle ist, mit widerwärtigen Dingen gefüllt. Sogar das Gehirn, das wunderbare, komplizierte Organ, das die Macht der Gedanken und der Sprache erzeugt, ist nichts weiter als ein schleimiger grauer Klumpen. Der Anblick jener Verstümmelungen weckte nicht nur physischen Ekel in mir – er zerstörte die religiösen Mythen meiner katholischen Kindheit. Ich konnte die Toten nicht anschauen und immer noch glauben, ihre Seelen wären »ins Jenseits hinübergegangen« – oder daß überhaupt Seelen in diesen Körpern existiert hatten, daß diese blutigen Massen am Jüngsten Tag wiederauferstehen würden. Irgendwie kamen sie mir »toter« vor als andere Leichen. Wir hatten sie nicht nur getötet, sondern *massakriert – völlig ausgelöscht*. Diese Begriffe beschreiben treffsicher, was mit ihnen geschehen war. Wie auch immer, sie hatten sich restlos entfernt – in Körper, Seele und Geist, ihren letzten Tag gesehen und davon auch nicht viel. Schon vor der Mittagsstunde waren sie gestorben.

Nachdem ich bei den Männern keine Anzeichen von Schützengrabenfüßen festgestellt hatte, kehrte ich zum Befehlsstand des Zugs zurück. Campbell und Widener lagen unter einem Poncho, den sie zwischen zwei Bäumen gespannt hatten. Es war Mittag, kein Lüftchen regte sich, und der Himmel glich einem glühenden, auf die Welt geklappten Deckel. Aber die Sonne fühlte sich gut auf meinen nackten Füßen an.

Campbell redete mit sich selbst, während er einen Blutegel von einem Bein brannte. »So, gleich haben wir dich«, sagte er und hielt eine brennende Zigarette an das angeschwollene schwarze Ding. »Jetzt mach' ich dir mal Feuer unterm Hintern...« Der Egel rollte sich zusammen und fiel hinunter. »Jetzt ist er weg, der kleine Bastard. Haben Sie auch welche, Leutnant?«

»Ich hab noch nicht nachgeschaut«, erwiderte ich.

»Dann lassen Sie das mal Ihren alten Feldwebel machen. Hosen runter, Sir.«

Ich befolgte die Aufforderung und kam mir ein wenig lächerlich vor, als ich dastand und von Campbell untersucht wurde. Nur ein Egel hatte sich an mir festgebissen, und ich beobachtete vergnügt, wie er sich unter der Zigarettenglut krümmte.

»Das wär's Leutnant. Ich glaube, die Biester mögen Ihre Blutgruppe nicht. Nur ein einziger *alter* watashiwa.«

Das japanische Wort bedeutet »Ihr Ergebener« und erinnerte mich an die friedlichen Zeiten auf Okinawa. Sie schienen schon sehr lange zurückzuliegen.

Während ich auf der Bergkuppe stand, sah ich die Stellungen des Bataillons auf den Hills 268 und 327. Sie lagen acht oder neun Meilen entfernt, aber duch die klare Luft und zufällige Eigenheiten der Landschaftskonturen sah es so aus, als könnte man die Posten in wenigen Minuten zu Fuß erreichen. Die Gipfel der Berge – von Unterholz befreit, so daß Platz für die Batterien entstanden war – ragten rot und kahl aus dem dichten Grün. Die Zelte waren schwarze Punkte, die Schützengräben dunkle, unregelmäßige Linien auf der rostfarbenen Erde. Diese fernen staubigen Camps bedeuteten für mich die Zivilisation. Duschen. Ein Feldbett zum Schlafen. Warmes Essen.

Statt dessen mußte ich mich mit der üblichen C-Ration begnügen. Es fiel mir schwer zu essen – wegen der Hitze, weil mir die Cs zum Hals raushingen und weil ich mich immer wieder an den Jungen erinnerte, den White und ich gefunden hatten. Die starren Augen, wie bei einem toten Fisch, der grinsende halboffene Mund...

Im weiteren Tagesverlauf gaben wir uns dem Müßiggang hin. Gelegentlich ließ ich mein Fernglas über das Tal nach

Westen wandern und hielt Ausschau nach der S-Kompanie. Es war hoffnungslos. Im dichten Einerlei des Dschungelgrüns konnte man nichts sehen außer ein paar großen, rechteckigen Felsbrocken, die sich wie gigantische Grabsteine an einem Hang erhoben. Die A-Kompanie sollte den Treffpunkt niemals erreichen; wie ich später erfuhr, war sie von undurchdringlichen Wäldern zur Umkehr gezwungen worden. Der Busch hatte eine weitere Runde gewonnen.

Gegen Abend landete ein Hubschrauber auf der ersten Insel im Sumpf, wo die vier Leichen lagen. Alle hatten sich versteift, in seltsamen Posen, und sie begannen zu riechen. Zusammen mit den eroberten Dokumenten und der Ausrüstung wurden sie in den Helikopter verladen. Sein langsamer vertikaler Aufstieg erinnerte mich an einen Ballon, der in einem Aufwind nach oben schwebt. Ich nahm an, man würde die Toten zu jenem Friedhof in Danang bringen, wo die gefallenen Feinde angeblich in Massengräbern beerdigt wurden.

Peterson rief mich per Funk an und beorderte den Zug zur Landezone zurück, dort würde die Kompanie ihren nächtlichen Verteidigungsposten errichten. Die Soldaten beluden sich mit ihren Packen, schlangen die Gewehrriemen um die Schultern und stolperten den Hang hinab, stapften wieder durch den Sumpf und erklommen den Bergrücken, wo der VC vor dem Angriff des ersten Zugs geflohen war. Abgesehen von ein paar Patronenhülsen wies nichts darauf hin, daß hier ein Kampf stattgefunden hatte. Leer lag der Sumpf, in dem Menschen gestorben waren, unter dem dämmernden Himmel. Der rote Schlamm füllte die Bombenkrater, der Rauch des abgebrannten Camps war verflogen. Müde, verschwitzt, mit Schlamm bespritzt, kletterte der Zug über den Grat, im Tempo einer Prozession. Frösche, Grillen und Vögel stimmten ihren Abendchor an. Die Artillerie begann ihren nächtlichen Refrain, Geschütze donnerten in der Ferne, Geschosse flüsterten in der Luft, dann explodierten sie mit einem Knall, dessen Echos wie gedämpfte Trommelschläge klangen.

Während der erste Zug in der Nähe einen Hinterhalt legte,

bildeten der zweite und der dritte eine Vorpostenlinie um die Landezone. Wachen wurden eingeteilt, Horchposten ausgesandt, die Funkgeräte auf die Nachtfrequenz eingestellt, Schützenlöcher gegraben – die übliche Routine. Danach setzten sich die Soldaten, um eine letzte Zigarette zu rauchen, ehe die Finsternis hereinbrach. Einige nutzten das restliche Tageslicht, um ihre Gewehre zu reinigen. Irgend jemand machte einen Witz, und Gelächter brach aus. Schließlich versank die Sonne hinter dem zerklüfteten Rand der Berge, der asiatischen Berge, die hier standen seit dem Anbeginn aller Zeiten und an deren Ende wahrscheinlich auch noch dastehen würden.

8

Wie viele Kameraden habe ich gefunden...
In Liebesliedern aus vergangener Zeit wird nichts davon erzählt.
Von süßen Lippen wird das Band der Liebe nicht gewunden –
Der Stacheldraht des Kriegs ist's, der es stählt...

Wilfred Owen, »Apologia Pro Poemate Meo«

Die Kompanie verbrachte eine unangenehme Nacht. Dichter Nebel zog gegen zwei Uhr morgens herauf, zu jenem Zeitpunkt, wo der VC normalerweise angriff. Die Wachtposten sahen alle möglichen eingebildeten Greuel im wirbelnden Weiß; ein Soldat hielt einen Busch für einen Mann und gab mehrere Schüsse ab, die jedermanns Nerven für eine ganze Stunde zum Zerreißen anspannten. Geblendet von den dicken Schleiern, mußten wir uns auf das Gehör verlassen, und dieses Sinnesorgan wurde häufig von den kleinen Tieren getäuscht, die geräuschvoll durch das trockene Gras rings um die Landezone huschten.

Einmal hörten wir in der Ferne Trommelschläge. Es hätte der VC sein können, aber es waren vermutlich Angehörige des Montagnard-Stammes, die einander Zeichen gaben. Jedenfalls erschreckten uns diese Laute, erschienen uns wie die Quintessenz aller beängstigenden, geheimnisvollen Dschungelelemente. Etwas später feuerte ein Scharfschütze in Lemmons Hinterhalt auf einen Guerilla, den er durch ein Sternenteleskop gesehen hatte, ein Gerät, das unsere Heckenschützen bei Nacht benutzten. Er glaubte, den VC getroffen zu haben, war sich aber nicht sicher. Während wir in Nebel und Dunkelheit den fremdartigen nächtlichen Geräuschen lauschten, wußten wir alle nicht, was wir denken sollten. Und es sah so aus, als würde der Morgen niemals anbrechen.

Als es endlich hell wurde, atmeten wir auf, in maßloser Erleichterung. »Bin ich froh, daß das vorbei ist«, sagte Feldwebel Gordon, als er aus dem Dickicht eines Hügels kam, wo er mit einigen Leuten auf Horchposten gestanden hatte. »Da drin war's wie in einem Safe. Ich sah überhaupt nichts, und wann immer ich ein bißchen zu schlafen versuchte, knackte und raschelte irgendwas, und wir glaubten, es wäre ein gottverdammter Infiltrant. Meistens machten wir uns vor Angst fast in die Hosen.«

Für die Kompanien S und C verliefen die letzten beiden Tage der Operation genauso wie die ersten – stundenlange monotone Märsche, durchbrochen von kurzen Duellen mit unsichtbaren Heckenschützen. Zwei Soldaten wurden verwundet, aber nicht ernsthaft. Mehrere fielen unserem anderen Feind zum Opfer, dem Sonnenball.

Am Nachmittag des vierten Tages passierten wir Giao-Tri, das Dorf, das der 3. Zug zerstört hatte. Einige Bewohner suchten in den Aschenhaufen und zwischen den verkohlten Skeletten ihrer einstigen Heime nach Habseligkeiten. Ein alter Mann schlurfte vorbei, mit einem teilweise verbrannten Topf. Wie die anderen – im ganzen waren es etwa sechs – blieb er stehen, und sie beobachteten uns, während wir vorbeimarschierten. Ich sehe sie immer noch vor mir, in zerissenen Baumwollkleidern, vor dem Hintergrund von Schutt und geschwärzten Bäumen. Ihre Passivität uns gegenüber hatte nichts mit Unterwerfung zu tun. Zunächst stiegen Mitleid und Schuldgefühle in mir auf. Die Verwüstung des Dorfes war eine Demonstration unserer schlimmsten Eigenschaften gewesen, und ich sehnte eine Gelegenheit herbei, ihnen das Beste zu zeigen, das in uns steckte. Instinktiv wollte ich sie für das Leid entschädigen, das wir ihnen zugefügt hatten. Natürlich blieben mir nur begrenzte Möglichkeiten, aber wie gern hätte ich meine Taschen geleert, ihnen mein Essen und die

Zigaretten gegeben und dem Zug befohlen, meinem Beispiel zu folgen ... Doch die steinerne Kälte der Dorfbewohner hielt mich davon ab. Anscheinend wollten sie nicht, daß wir etwas für sie taten. Sie standen nur da, stumm und reglos, zeigten weder Kummer noch Zorn oder Furcht. Denselben Gleichmut hatte ich im Blick jener Frau in Hoi-Vuc gelesen, bei der Durchsuchung ihrer Hütte. Diese Menschen schienen die Verwüstung ihrer Heimat als Naturkatastrophe zu betrachten, nahmen sie hin als Teil ihres Schicksals und begegneten uns genauso wie einer Sintflut. Ich fand diesen Fatalismus unmenschlich. Vielleicht war er eine stoische Maske, die tiefe Gefühle wie Schmerz oder Wut verbarg; aber wenn das stimmte, mußte mir ihre Fähigkeit, Emotionen zu kontrollieren, genauso unmenschlich erscheinen. Und so verwandelte sich mein Mitleid sehr schnell in Geringschätzung. Sie verhielten sich nicht so, wie ich es von ihnen erwartete – nämlich nicht so, wie sich Amerikaner unter ähnlichen Umständen verhalten würden. Amerikaner hätten etwas getan – zornig dreingeschaut, die Fäuste geschüttelt, geweint, die Flucht ergriffen, eine Wiedergutmachung verlangt. Diese Dorfbewohner taten gar nichts, und deshalb verachtete ich sie. Ihre offensichtliche Gleichgültigkeit gegenüber den Ereignissen machte auch mich gleichgültig. Warum sollte ich Menschen bedauern, die nichts für sich selbst zu empfinden schienen? Damals ahnte ich noch nichts von der Mühsal ihres Alltags. Konfrontiert mit Krankheiten, schlechten Ernten und insbesondere der willkürlichen Grausamkeit des endlosen Krieges, hatten sie das Talent entwickelt, alles zu akzeptieren, was für uns inakzeptabel gewesen wäre. Leiden zu ertragen, die für uns unerträglich gewesen wären. Das erforderte ihr Überlebenswille. Wie die gewaltigen annamitischen Berge hielten sie durch.

Am frühen Abend erreichte die Kompanie die Sandstraße, die am »Franzosenfort« vorbeiführte, einer Stein- und Betonruine oberhalb der Reisfelder westlich vom Hill 327. Einer

Legende zufolge war die französisch-marokkanische Garnison in den frühen fünfziger Jahren vom Vietmin zerstört worden. Keiner von uns dachte über das Schicksal jener Soldaten nach, keiner las eine Warnung in den Kugellöchern der Festungsmauern.

Im sterbenden Tageslicht kauerten wir am Straßenrand und warteten auf den Konvoi, der uns ins Basiscamp zurückbringen würde. Bäuerinnen näherten sich, mit Tragestangen auf den Schultern. Heftig schwenkten die Arme hin und her, und die Körbe an den Enden der Stangen schaukelten im selben Rhythmus, als die Frauen vorbeieilten, um ihre Dörfer noch vor der Ausgangssperre zu erreichen. Dem »Kriegsgesetz« zufolge galt jeder Vietnamese, den man nach Einbruch der Dunkelheit im Freien antraf, als VC und wurde erschossen oder gefangengenommen. Wenig später rollten die Laster heran. Die Soldaten stiegen ein – beglückt, weil sie endlich fahren konnten und nicht mehr gehen mußten, aber auch im Bewußtsein der Tatsache, daß sie in diesen Vehikeln ein erhöhtes Risiko eingingen, von Heckenschützen getroffen oder von einer Mine in die Luft gejagt zu werden. Die Erleichterung war fast greifbar, als der Konvoi den Dai-La-Paß überquert hatte. Jetzt lag das Indianerland, die unmittelbare Gefahrenzone, hinter den Leuten, und sie wurden von der nervösen Spannung befreit, die sie vier Tage lang gequält hatte.

Ich fuhr mit Unteroffizier Mixons Gruppe und einem Maschinengewehrschützenteam, insgesamt waren wir etwa fünfzehn Mann. Die US-Armee nennt die Infanterie »Königin der Schlachten«, aber diese müden Soldaten wirkten alles andere als königlich. Von den Knien abwärts klebte getrockneter Schlamm an ihren Hosen; die Veteranenstiefel verrotteten an ihren Füßen – die neuen Dschungelstiefel aus Segeltuch waren noch nicht verteilt worden; ihre Gurte waren ebenso wie die Uniformen verblichen und ausgefranst.

Zusammengepfercht wie Pendler in einem Bus, stießen wir unentwegt gegeneinander, während die Laster auf der zerfurchten Straße hinabholperten. Wir passierten das Bataillonshauptquartier, das uns unglaublich heimelig vorkam, nachdem sich unsere Augen an den Dschungel gewöhnt hatten. Wäscheleinen hingen zwischen den Zelten, Rauch kräuselte sich fröhlich aus dem Schornstein über der Feldküche. Einige Panzersoldaten aus der Panzertruppe, die der Kompanie angeschlossen war, saßen träge auf ihren Dreißig-Tonnen-Monstren. Eine Marineinfanteristengruppe ging in Gummisandalen zu den Duschräumen, Handtücher um die Hüften gewickelt. Und in den Schützenlöchern hinter dem Stacheldraht entlang der Vorpostenlinie lungerten die Soldaten lässig herum und warteten auf die Nacht.

Der Konvoi bog in die neue Straße, die unsere Ingenieure gebaut hatten, um das Hauptquartier mit den Truppencamps auf den Hills 327 und 268 zu verbinden. In mehreren engen Kurven stieg sie bergan, in der regenlosen Hitze der trockenen Jahreszeit von einer dichten roten Sandschicht bedeckt. Langsam fuhren wir hinauf, zwischen einem sanft abfallenden Hang und einer Steilwand. Die Kehlen staubtrocken, warteten wir ungeduldig auf die Ankunft im Camp und schätzten unser Tempo ab, indem wir die Laster an der Spitze der Kolonne im Auge behielten. Sie verschwanden hinter Haarnadelkurven, tauchten etwas höher oben wieder auf. Der Hang an der einen Seite begann steiler abzufallen, bis er schließlich in eine senkrechte Felswand überging, an deren Fuß eine buschbestandene Senke lag. Die Wand an der anderen Straßenseite flachte allmählich ab, und wir sahen grasbewachsene Felsblöcke und -vorsprünge unterhalb des Grats. Wenn ich hinunterschaute, konnte ich beobachten, wie sich der Schwanz der Kolonne und die Staubwolke dahinter um mehrere S-Kurven schlängelten. Die Zelte des Hauptquartiers, die Panzerwagen und die Soldaten am Fuß des Berges schienen aus einer Spielzeugarmee zu stammen.

Abrupt hielt der Konvoi auf dem von Bulldozern planierten Feld, das der Kompanie als Versammlungsplatz diente. »Aus den Lastern und antreten!« donnerte Artilleriefeldwebel Marquands Stimme. »Übergebt euren Zugführern die pyrotechnische Ausrüstung...« Damit meinte er die Leuchtspurgeschosse und Leuchtgranaten. »Antreten, Leute! Je schneller wir's hinter uns kriegen, desto eher könnt ihr kneifen.«

Laut knallten die hinteren Ladeklappen, während die Soldaten ausstiegen und sich aufstellten, ohne Getue und das übliche Aufhebens. Sie wirkten nicht entmutigt, eher ernst.

Die Zugführer bellten die rituellen Befehle. »In Reih' und Glied formieren, Augen nach vorn, rührt euch!« Ich musterte die Kompanie, die blutjungen Gesichter, die rissigen, schlammigen Stiefel, und ich spürte, daß seit dem März eine weitere Veränderung mit den Männern vorgegangen war. Von Anfang an eng miteinander verbunden, wurden sie in Vietnam noch fester zusammengeschweißt, auf andere Weise. Die alte Kameradschaft hatten pubertäre Züge geprägt, wie bei einem Footballteam oder Verein. Die Emotionen an diesem Abend waren von anderer Art; Vietnam hatte dem Band, das sie vor der Landung in Danang geeint hatte, härtere Stränge beigefügt, geflochten aus der Erfahrung des gemeinsamen Kampfes und den Schuldgefühlen infolge des ersten gemeinsamen Blutvergießens, der geteilten Gefahren und Anstrengungen. Was mich betraf, so erkannte ich, daß ich die Leute im Bataillon nicht mehr so naiv betrachtete wie früher. Meine anfänglichen Eindrücke hatten nicht auf der Realität basiert, sondern auf Kindheitserinnerungen an Kriegsfilme und blutrünstige Romane. Für mich waren die Männer Verkörperungen von Willie und Joe gewesen, außen hartgesotten, im Herzen gut und anständig. Jetzt merkte ich, daß einige gar nicht so gut und anständig waren. Viele zeigten kleinliche Eifersucht und Haß, Vorurteile bestimmten ihr Denken, Arroganz beeinträchtigte ihren tief verwurzelten amerikanischen Idealismus (»ein US-Soldat ist mehr wert als zehn VCs«).

Ich war nicht kritisch geworden. Selbst kein allzu exemplarischer Charakter, maßte ich mir nicht an, andere zu verdammen. Vielmehr betrachtete ich sie nun als ziemlich gewöhnliche Männer, die manchmal – unter dem Druck des Kampfs – ungewöhnliche Taten begingen, tapfere ebenso wie grausame.

Feldwebel Colby vertrat einen etwas anderen Standpunkt. Eines Abends sagte ich ihm, ich könne nicht verstehen, was in

Hanson vorgegangen sei. »In Korea sah ich, wie unsere Leute die Visiere ihrer Gewehre erprobten, indem sie auf koreanische Bauern schossen«, erzählte er. »Ehe Sie von hier weggehen, werden Sie lernen, daß unser neunzehnjähriger amerikanischer Durchschnittsjunge der brutalste Kerl von der Welt ist.« Aber ich weigerte mich, ihm zu glauben. Ich hatte eine starke Zuneigung zu diesen jungen Soldaten entwickelt, ganz einfach, weil wir schon einiges zusammen erlebt hatten. Hitze und Staub hatte ich mit ihnen geteilt, die Nervosität durchwachter Nächte, die Risiken der Patrouillengänge auf einsamen Dschungelpfaden. Es gab bewundernswertere, prinzipientreuere und sensiblere Menschen auf der Welt, aber die schliefen in friedlichen Betten.

Urlaub!

Die Offiziere und Feldwebel wurden im Zelt des Kapitäns zur täglichen Besprechung erwartet, und Oberfeldwebel Wagoner hatte soeben das magische Wort ausgesprochen.

»Sagten Sie Urlaub, Boß?«

Wagoner schnaufte, rückte seine Brille zurecht und bestätigte: »Ja, zehn Prozent des Bataillons könnten in Danang Aschenputtelurlaub machen (bis Mitternacht). Aber ihr dürft nur mit dem Linienbus hinfahren«, fügte er hinzu.

»Okay, und wann geht der Bus?« fragte irgend jemand.

Ohne eine Miene zu verziehen, erwiderte Wagoner: »Soviel ich weiß, gibt es keinen.«

Der strohblonde kleine Tester, stets gut gelaunt und der Literat unserer Kompanie (er hatte eine beachtliche Bibliothek nach Vietnam mitgenommen) lehnte sich lachend in seinem Klappstuhl zurück. »Und ich dachte, ›Catch 22‹ sei reine Erfindung.«

»Was ist ›Catch 22‹?« wollte der Boß wissen.

»Eine Satire über die Bürokratie in der Armee«, erklärte ich.

Wagoner schaute verwirrt drein. »Armee? Was hat sie mit uns zu tun? Wir sind das Marinecorps, nicht die Armee.«

Trotz des mangelnden Linienbusses bekamen wir an jenem Nachmittag Urlaub. Etwa fünfundzwanzig Soldaten aus der C-Kompanie wurden mit Lastern nach Danang gebracht. McCloy, Peterson, Feldwebel Loker und ich fuhren im Jeep des Kapitäns und trugen die Verantwortung dafür, daß die Leute nicht in ernsthafte Schwierigkeiten gerieten.

In frischgewaschenem Tropenkhaki verließen wir das Camp, kamen aber völlig verschmutzt und verstaubt in der Stadt an. Auch wenn ihr Anblick unseren Augen, die so lange nur auf Reisfelder und Dschungel gestarrt hatten, wohltat – Danang war nicht Hongkong. Vor dem Krieg mochte es exotischen Charme besessen haben; Relikte aus jenen Tagen fanden sich immer noch in stillen Vierteln, wo weißgetünchte Häuser im Schatten von Palmen und Tamarinden standen. Aber in erster Linie war Danang eine Garnisonstadt geworden, die von Flüchtlingen aus den ländlichen Gebieten, bewaffneten Soldaten in Kampfanzügen, Huren, Zuhältern, Marketendern und Schiebern wimmelte.

Strohgedeckte Hütten drängten sich im Schmutz der Außenbezirke aneinander und gingen in ein Labyrinth aus Schuppen mit rostigen Walzblechdächern über. Kinder mit prallen Bäuchen schrien in schlammigen Gassen, die wie Jauchegruben stanken. Die Doc Lap Street, eine der Hauptstraßen, blieb den Glücklicheren vorbehalten. Dort wohnten Armeeoffiziere mittleren Ranges, Beamte und Kaufleute in Stuck-Cottages, umgeben von Stuckmauern, mit Bougainvillea überwuchert. Flammenbäume mit hellroten Blüten überschatteten die Doc Lap. Sie führte uns ins Zentrum, ein Chaos voller schäbiger Restaurants, Bordellen und Läden, deren Stahlrouleaus herabgelassen waren, während sich die Eigentümer in der drückenden Nachmittagshitze ausruhten. In der Nähe lag ein Gemüsemarkt. Bäuerinnen drängten sich an den Ständen und feilschten in schnellem Singsang.

Der Obergefreite Reed, Petersons Fahrer, steuerte den Jeep durch eine Schwadron aus Fahrrad-Taxis, die immer wieder die Straße blockierten. Vor einer Reihe von Bars mit Namen wie Velvet Swing und Blue Dahlia bremste er. Rumpelnd kamen die Laster hinter uns zum Stehen. Von fast sechswöchigen konstanten Kampfoperationen erlöst, sprangen die Soldaten heraus und stürmten in die Kneipen, die trotz der exotischen Namen sehr schlicht ausgestattet waren. Die Theken hatten Plastikplatten. Stereoanlagen – aus Verkaufsläden der amerikanischen Streitkräfte geklaut – spielten Songs über Georgia und Tennessee, und in mehreren Nischen gurrten schwarzhaarige Mädchen die weit von Georgia und Tennessee entfernten Jungs an: »GI, du mir kaufen Drink?«

»Klar, ein Drink. Wie heißt du?«

»Mein Name Co-Phoung. Kommen aus Saigon. Du mir kaufen jetzt Drink.«

»Klar, hab' ich doch gesagt. Wenn ich dir einen Drink kaufe, gehn wir in dein Haus.«

»Sicher, du und ich gehen in mein Haus. Nummer eins. Kurzarbeit. Aber erst du müssen mir kaufen Drink.«

An den Straßenecken fungierten die Radfahrer als Zuhälter. Eidechsenflink glitten die Augen unter den Korksonnenhüten über die vorbeiziehenden Khakimassen. »He, du GI!« zischten sie. »Du fahren mein Rad zu gutem Haus. Sehr billig. Gutes Haus. Kein Tripper. Kein Vietcong.« Alte Frauen mit Gesichtern wie getrocknete Datteln hockten auf den Gehsteigen und verscherbelten Schwarzmarktzigaretten oder Devisen oder Souvenirs oder billige Jacken mit einem aufgestickten Schriftzug am Rückenteil – »Danang – ich habe in der Hölle gedient«.

Hin und wieder humpelte ein Mann vorbei, dem ein Arm oder ein Bein oder ein Auge fehlte, und hielt den Passanten eine verblichene Drillichmütze hin. In Danang gab es keine Veteranenversorgung, und die Legionen verstümmelter Soldaten mußten wie Falstaffs wackere Überlebenskünstler am Ende der Stadt hausen und sich bettelnd durchs Leben schlagen.

Ich ging mit McCloy und Loker die Straße hinab und gab einem dieser Bettler ein paar Piaster. Kaum hatte er »Cam Ong« (Danke) gesagt, belagerte uns auch schon eine Schar kleiner Jungen mit alten Augen. »Du mir geben Geld.«

»Kein Geld. Geht weg, di-di.«

»Du mir geben Zig'rette. Eine Zig'rette. Du mir geben Salem.« Sie imitierten die Bewegungen eines Rauchers.

»Di-di, ihr kleinen Bastarde!« knurrte Loker. »Di-di mau.« (Verschwindet, und zwar schleunigst.)

Aber sie blieben bei uns und sangen im Chor: »Mieser Charlie, Nummer zehn, mieser Charlie.«

Es war kochend heiß, und es stank nach den aufeinandergestapelten Fischen, die am Kai des Tourane-Flusses verfaulten. Wir suchten Zuflucht in der Bar Simone's, nach der Eigentümerin benannt, einer französisch-kambodschanischen Thai-Abenteurerin, die ihren ganzen Ehrgeiz darein setzte, einen Amerikaner zu heiraten und in die Staaten zu begleiten. Fünf oder sechs Soldaten aus meinem Zug waren da und auf dem besten Weg, sich zu betrinken und Bankrott zu machen. Loker begann sich sofort mit Simone zu unterhalten. Sie gefiel ihm, wenn er auch nicht die Absicht hegte, sie in die Staaten mitzunehmen. Das wußte sie, und deshalb blieb sie reserviert. McCloy stellte mich zwei Mädchen aus Simones Stall vor. Sie trugen die unglaublichen Namen Yum-Yum und Yip-Yap, waren rundlich, freundlich und recht vernünftig. Aber ich scheute mich davor, in Anwesenheit meiner Leute herumzuhuren.

Zwei Soldaten, Marshall und Morrisson, wollten wissen, ob ich mit ihnen und den anderen einen heben würde. Ich stimmte zu. Für eine kleine Weile wollte ich die Barriere zwischen Offizier und gewöhnlichem Soldat durchbrechen, mit den Jungs trinken und herausfinden, wie sie sich verhielten, wenn sie unter sich waren.

Das Experiment in militärischer Demokratie funktionierte nicht. Wir tranken alle zuviel und redeten eine Menge Unsinn. Immer wieder warf Morrisson seine kräftigen behaarten Arme um meinen Hals und lallte: »Leutnant, wir beide könnten diesen Krieg gewinnen. Nur wir zwei.« Dann fragte er, ob ich mit Peterson über einen brillanten Schlachtplan sprechen würde, den er mit seinen Kumpels ausgeheckt hatte. »Wir dachten, wir könnten Charlie den Arsch wegblasen, wenn wir nachts über der laotischen Grenze mit Fallschirmen abspringen und dann zu Fuß nach Danang zurückgehen. Verstehen Sie, Sir, der Cong wird uns niemals fangen, weil wir nur zu viert oder fünft sind. Wir gehen einfach durch dieses Gewimmel und Gewusel im Busch, und unterwegs legen wir uns immer wieder in einen Hinterhalt und machen dem Cong den Garaus. O ja, wir setzen Himmel und Hölle in Bewegung und knallen den Kerlen die Scheiße raus. Sagen Sie's doch dem Kapitän.«

»Der alte Moe würde das schaffen«, meinte ein anderer Soldat. »In der Garnison ist er ein Arschloch, aber draußen in der Wildnis ein gefährlicher Dämon.«

»Morrisson«, erklärte ich, »das ist so ungefähr die verrückteste Idee, die ich je gehört habe.«

»Weil ich ein verrückter Mutterficker bin, Leutnant, ein Scheißtyp. Sie wissen es, und ich weiß es. O Mann, ich bin schon so oft degradiert worden, daß ich es niemals zum Obergefreiten bringen würde, nicht mal, wenn ich dreißig Jahre in dieser Tretmühle bliebe.«

Ein schwankender Soldat erhob sein Bierglas. »Ja, sag ihm nur tüchtig Bescheid! Beiß in den sauren Apfel! Zum Teufel mit dem Corps!«

»Halt die Klappe, du Abschaum«, erwiderte Morrisson. »Wie gesagt, Sir, ich bin ein verrückter Scheißtyp, aber es sind immer die verrückten Scheißtypen, die Kriege gewinnen.«

Ich hatte alles gehört, was ich über die militärischen Theorien des Soldaten Morrisson wissen wollte, und wandte mich zu Marshall, der stumm neben uns gestanden hatte. Die folgende Unterhaltung verlief nicht viel besser. Marshall hatte ein Lieblingsthema, vielleicht sein einziges – Autos. Ich verstand fast gar nichts davon und hörte verdattert zu, während die anderen fachkundig nickten und Marshall über Drehleistungen, Drehzahlen, Übersetzungsverhältnisse, Hubräume und Tachos schwadronierte und schilderte, wie phantastisch es wäre, auf dem Parkplatz eines A & W-Limonadenkiosks die Reifen quietschen zu lassen. Nach diesem autophilen Monolog fragte er mit erwartungsvoll glänzenden Augen, was für einen Wagen ich führe. Ein Offizier mußte doch mindestens einen Jaguar XKE besitzen. Traurig gestand ich, daß ich kein Auto besaß und nie eins besessen hatte. Marshall schien ehrliches Mitleid mit mir zu empfinden. »Kein Witz, Sir?«

»Kein Witz. Aber ich wollte schon immer einen '57er Chevy haben.«

»Eh – ich meine – okay, Sir, dann erzähl' ich Ihnen mal was über die '57er Chevys...«

Und er legte wieder los. Verblüfft von diesem Jargon, schrecklich angeödet, zwischendurch von Morrisson belästigt, der mir immer noch seinen wahnwitzigen Plan ans Herz legen wollte, entschied ich, daß die Barriere zwischen Offizieren und Soldaten aus gutem Grund bestand. Irgendwie schaffte ich es, mich von der Clique loszueisen und die Bar mit McCloy zu verlassen.

Murph, der als Beobachter bereits eine Tour durch Vietnam unternommen hatte, war ganz versessen darauf, mir die Wunderwelt von Danang zu zeigen. Wir begannen mit einem Dinner in einem Restaurant. Der Kommandant des ARVN-Bataillons, der 11. Rangers, bei denen McCloy gedient hatte, begleitete uns. Es war keine denkwürdige Mahlzeit, abgesehen von chayo – Reispapier, mit Gemüse gefüllt – und der scharfen Nuoc-maum-Sauce, die glücklicherweise besser schmeckte, als sie roch. Nachdem wir das Essen mit Eistee hinuntergespült hatten, machten wir uns auf den Weg, um andere physische Bedürfnisse zu stillen.

McCloy führte mich zuversichtlich durch einen Irrgarten voller enger, unheimlicher Gassen zu einem einstöckigen Haus mit abblätternden gelben Mauern und grünen Fensterläden. »Da sind wir«, sagte er und stieg die Eingangsstufen hinauf. Drinnen erwartete uns eine Bordellszene aus einem Fellini-Film; halbnackte Huren lungerten auf Strohmatten herum und schlugen lässig mit Fächern aus Korbgeflecht nach den Fliegenwolken, die ihre Köpfe umschwirrten. In einer Ecke lag eine knochige Gestalt von unbestimmbarem Alter und starrte mit opiumglasigen Augen zur Decke hinauf. McCloys Zuversicht begann zu bröckeln. »Letztes Jahr war's hier ganz anders«, erklärte er mit seinem weichen, gedehnten Kentucky-Akzent. »Vielleicht hab' ich den falschen Schuppen erwischt.«

Eine Frau stand auf und schlurfte auf uns zu. Ihr Mund war mit Lippenstift verschmiert. Rote Rougekreise schmückten die fahlen Wangen. »Boom, boom, GI?« girrte die Clownsfigur und zeigte auf eine Treppe. »Fuck-suck?«

»Khoung, khoung«, erwiderte ich und wich zurück. »Nein, nein.« Ich wandte mich zu McCloy. »Murph, es ist mir egal, ob's der richtige oder der falsche Puff ist. Machen wir, daß wir hier rauskommen. Hier kriegt man schon eine Dosis ab, wenn man nur die Luft einatmet.«

In diesem Augenblick kamen drei Soldaten aus der Charley-Kompanie lachend die Treppe herab und stopften sich die Hemden in die Hosen. Bei unserem Anblick erstarrten sie. McCloys eher heller Teint färbte sich dunkelrot, und auch mir stieg vor Verlegenheit das Blut in die Wangen. Offiziere müssen keine Heiligen sein, aber man erwartet zumindest Diskretion von ihnen. Das bedeutet, daß sie sich nicht ertappen lassen dürfen, wenn sie einen über den Durst trinken oder ein Bordell besuchen. Ich hatte keine Ahnung, was ich sagen sollte, aber Murph löste das Problem, gelassen wie immer. Mit strenger Miene erklärte er: »Leutnant Caputo und ich möchten uns vergewissern, ob Sie alle gut auf sich aufpassen. Wir hoffen, Sie haben Vorkehrungen getroffen.«

»Wenn Sie diese Gummis meinen, ja. Sir, die haben wir verwendet«, entgegnete ein schwarzer Obergefreiter.

»Sehr gut. Wir wollen nicht, daß Sie sich einen Tripper einfangen. Nun, dann machen Sie weiter.«

»O ja, Sir, wir machen weiter.«

Ohne ein weiteres Wort kehrte McCloy unseren Leuten den Rücken und marschierte zur Tür hinaus.

»Das hast du gut hingekriegt«, meinte ich.

»P.J., ich war nicht umsonst auf der Marineakademie.«

Wir gingen in die Blue Dahlia, ein schummrig beleuchtetes Lokal mit einem üppigen Garten draußen und vielen üppigen chinesischen Bardamen drinnen. Hier vergnügten sich die in

Danang stationierten australischen Berater. Drei davon waren den 11. Rangers zugeteilt, und ich mußte wohl oder übel mit anhören, wie sie mit McCloy in Erinnerungen an Dschungelscharmützel in »alten Zeiten« schwelgten.

Wie die meisten Australier waren sie geeichte Trinker. Bald ließen sie sich zwei Flaschen Johnnie Walker aus ihrem Privatvorrat bringen. Im Geiste der australisch-amerikanischen Freundschaft gossen sie für uns zwei Wassergläser mit klarem, weißgoldenem Whisky voll. Pur natürlich. Kein Wasser, kein Eis. Dann füllten sie ihre Gläser, leerten die eine Flasche und zum Teil die andere. Einer der Aussies, ein schlanker, verwitterter Warrant-Offizier*, tat etwas, das ich nie zuvor gesehen hatte und später auch nicht mehr. Er nahm sein Glas, das mindestens acht Unzen enthielt und trank den ganzen Inhalt in einem Zug. »Verdammt gut, das Zeug«, meinte er und schenkte sich noch einen Drink ein. Verglichen mit diesem heroischen Zug hatte ich nur ganz dezent an meinem Glas genippt. Der Aussie schlug mir auf den Rücken. »Hören Sie, Kumpel, ich dachte, Sie wären ein US-Marineinfanterist, und angeblich seid ihr knochenharte Kerle. Los, trinken Sie alles aus! Wir haben noch viel mehr.«

Vom Männlichkeitswahn eines Dreiundzwanzigjährigen befallen und herausgefordert, die Ehre der US-Marineinfanteristen zu verteidigen, schüttete ich alles in mich hinein. Nach wenigen Sekunden begann sich der Raum langsam zu drehen, wie die Propeller eines Hubschraubers, dessen Motor soeben gestartet worden war. »So ist's recht«, bemerkte der Warrant-Offizier und goß mir noch ein paar Unzen ein. Jemand rief »Prost!«, auch ich sagte »Prost!« und trank wieder. Die Gesichter im kreisenden Raum multiplizierten sich mit zwei, mein Mund fühlte sich an wie nach der Betäubungsspritze eines Zahnarztes; die markanten australischen Stimmen schienen aus einem langen Tunnel zu kommen. »Los, Kumpel, noch ein Drink! Runter damit! Ja, das schmeckt, was? Prost! Mann, Sie sind wirklich schwer in Ordnung.«

* Rang zwischen Offizier und Unteroffizier

Ich war keineswegs schwer in Ordnung, als ich im Zimmer einer chinesischen Bardame erwachte. Wie ich dahingelangt war, wußte ich nicht. Meine Uniform lag auf dem Boden verstreut, ihr ao-dais hing sorgsam zusammengefaltet über einem Stuhl. Kichernd rekelte sie sich neben mir und erklärte, ich sei »buku betrunken« gewesen und sofort eingeschlafen. Ob ich jetzt wieder okay sei und eine Nummer-eins-Kurzarbeit wolle?

»Klar. Wieviel?«

»Viertausend P.«

Abgesehen von dem harten, kommerziellen Ausdruck in ihren Augen war sie schön, viel rundlicher als die Vietnamesinnen, aber mit dem gleichen glatten schwarzen Haar. Ohne über die Tatsache nachzudenken, daß viertausend Piaster mehr wert waren als dreißig Dollar, erwiderte ich: »Natürlich. Warum nicht? Viertausend.« Ich wühlte in meiner Brieftasche und zog ein Bündel orangegelber Scheine mit Tigern und Drachen hervor. Gewissenhaft zählte sie das Geld, dann legte sie sich auf mich und lieferte eine Kurzarbeit ab, die zwar Nummer eins, aber keinesfalls viertausend wert war.

Als wir uns angezogen hatten, brachte sie mich über die Straße in die Blue Dahlia zurück. McCloy saß immer noch da, mit einem Mädchen auf den Knien. Unglaublicherweise killten die Australier eine weitere Scotch-Flasche.

»Und wie war Lang?« fragte der Warrant-Ofizier. Zum erstenmal hörte ich den Namen des Mädchens.

»Lang war gut, aber teuer.«

»Ja, in dieser Kneipe sind sie ziemlich verwöhnt.« Es klopfte an der Tür. »Scheiße«, sagte der Aussie, »das werden diese verdammten Militärpolizisten sein. Ihr zwei Yankees kriecht jetzt da drüben unter die Couch.« Er schob McCloy und mich zu einem Wandsofa. Offensichtlich lag die Bar in einem Viertel, das die Amerikaner nach einem gewissen Zeitpunkt nicht mehr aufsuchen durften. Wir zwängten uns unter die Couch, und ich entsinne mich, zwei Paar glänzende schwarze Stiefel mit weißen Schnürsenkeln gesehen zu haben, keine sechs Zoll von meinem Gesicht entfernt. Der Whisky und die Situationskomik stiegen mir zu Kopf. McCloy mußte mir eine Hand auf den Mund pressen, um mein Gelächter zu unterdrücken. Die Militärpolizisten stapften ein paar Minuten lang umher, bis sie sich überzeugt hatten, daß keine Amerikaner da waren. Die Tür fiel hinter ihnen ins Schloß.

Ihr Aufbruch gab McCloy und mir das Zeichen zu unserem. Wir dankten den Aussies für den Whisky und das Versteck, dampften ab und gingen durch die schwüle Nacht zum Grand Hotel. Auf der Veranda tranken Peterson und Loker mit einem norwegischen Handelsschiffer Rum. Ein glasäugiger Peterson machte uns mit dem Norweger bekannt, einem großen blonden Mann mit blauroten Adern im Gesicht. »Phil und Murph, dieser Seefahrer ist ein verdammt guter Mann«, lallte der Kapitän. »Ein verdammt guter Mann, weil er Skandinavier ist, und *ich* bin Skandinavier und stolz darauf. Die Skandinavier sind das großartigste Volk von der Welt.«

Murph und ich anerkannten die superlativen Qualitäten der Skandinavier und setzten uns. Der Handelsschiffer erbot sich, eine Runde Rum auszugeben. Das nahm ich an, da ich auf dem Weg zum Hotel den Whisky herausgeschwitzt hatte. Dann gab ich eine Runde aus, danach war der Norweger wieder dran. Halb betäubt beobachtete ich die Lichter der Fischerdschunken, die auf dem seidigen schwarzen Band des Tourane-Flusses tanzten. Plötzlich erschienen vier gigantische Militärpolizisten und verhafteten uns alle bis auf den Seemann. Sie erklärten, wir hätten ein Ausgangssperregesetz verletzt. Ohne auf unseren Protest zu achten, wir wären Feldsoldaten und wüßten nichts von der Ausgangssperre, schleppten sie uns zum Danang-Marinegefängnis.

Von meinem kurzen Aufenthalt an diesem Ort blieb nur eine einzige Szene in meinem Gedächtnis haften: Ich stand auf unsicheren Beinen vor einem großen Spiegel über dem ein Schild befahl: AUFGEPASST! BÜGELFALTEN, STIEFEL UND MESSING KONTROLLIEREN! Ich kontrollierte meine Bügelfalten – die hatten sich in der Hitze aufgelöst; die Stiefel – die waren schmutzig; mein Messing – das hatte allen Glanz verloren.

Nach einer längeren Diskussion ließen die Militärpolizisten ihren Plan, uns hinter Gitter zu bringen, fallen. Irgendwie erhielt der Obergefreite Reed den Befehl, uns abzuholen, und man ließ uns laufen. Wir kletterten in den Jeep des Kapitäns, sammelten zwei Lastwagenladungen johlender, betrunkener Soldaten ein und polterten zum Camp zurück. Alle lachten und sangen. Nun ja, nicht alle. Peterson hatte die Besinnung verloren.

Der Preis, den wir für den Aschenputtelurlaub zahlen mußten, war keineswegs märchenhaft. Am nächsten Tag litten alle Zecher an einem schlimmen Kater. Drei Tage später merkten fünfzig Prozent, daß sie sich Geschlechtskrankheiten zugezogen hatten, standen vor dem Lazarett des Bataillons Schlange und entblößten die Hinterbacken, um sich von einem Sanitätssoldaten mit Penicillin vollpumpen zu lassen.

Meine Erinnerungen an die letzten beiden Wochen beim Bataillon sind ziemlich lückenlos. In dieser Zeit beteiligte sich die Charley-Kompanie an zwei oder drei weiteren Operationen. Die immer heißen und manchmal gefährlichen Tage im Busch lösten monotone Wartestunden im Camp ab. Hin und wieder vertrieb uns ein kurzer, unfeiner Urlaub, so ähnlich wie der erste, die Langeweile.

Einmal leitete ich einen schwierigen Patrouillengang und führte einen Trupp, so groß wie ein Zug, in die Nähe des Charlie Ridge. Daran denke ich gern zurück, wann immer ich einen General, der seine Inspektionstouren mit Landkartenstudien und Hubschrauberflügen verbracht hat, behaupten höre, wir hätten den Krieg gewinnen können. Zunächst mußten wir uns einen Weg durch ein Bambusdickicht und zehn Fuß hohes Elefantengras bahnen. Abwechselnd schlugen der Spitzenmann und ich mit Macheten auf die üppige Vegetation ein. Wenn wir möglichst viele Zweige weggehackt hatten, warfen sich drei oder vier Soldaten gegen das Gestrüpp, um es flachzudrücken, und der restliche Zug konnte wieder ein paar Yards zurücklegen. Danach schwangen der Spitzenmann und ich erneut die Macheten. Das alles in Backofenhitze... Als wir den Dschungel verließen, lag ein Sumpf vor uns, den wir überqueren mußten, indem wir von einer kleinen Insel zur anderen sprangen. Einmal verlor Unteroffizier Mixon das Gleichgewicht, fiel in eine Treibsandpfütze und versank bis zur Brust, ehe er herausgezogen werden konnte, voller Schlamm und Blutegel. Die Route des Patrouillengangs führte uns durch den Sumpf und danach auf einen àchthundert Fuß hohen Bergrücken, dessen Grat nur über eine zugewachsene Wildspur zu erreichen war. Anfangs gab es keine Schwierigkeiten, doch dann wurde der Hang so steil, daß wir auf allen Vieren hinaufklettern und uns an den knochengrauen Wurzeln der Mahagonibäume festklammern mußten, keuchend und schwitzend in der feuchten Luft. Manchmal stürzte ein Mann ab und riß mehrere Kameraden mit sich, wenn er bergab rollte. Dornenbüsche griffen nach uns, »Wart-ein-Weilchen«-Ranken, dick wie Stricke, umschlangen unsere Arme, Gewehre und Feldflaschenverschlüsse mit einer Beharrlichkeit, die fast menschlich wirkte. Als wir den Grat endlich erreichten, checkte ich meine Landkarte und die Uhr – in fünf Stunden, ohne einen einzigen Kontakt mit dem Feind, hatten wir eine gute halbe Meile zurückgelegt.

Ein paar Tage später wurde Lemmon bei einer Operation verwundet. Die Kompanie kampierte in einer Landezone namens LZ Oriole, und Lemmons Zug war losgeschickt worden, um einen angrenzenden Hügel auszukundschaften. Auf halber Höhe des Hangs geriet der Zug in ein kurzes, aber heftiges Feuergefecht mit einer VC-Gruppe, die ein großes Basiscamp bewachte. Ein Guerilla, hinter einem Felsvorsprung verborgen, warf eine Granate, während Lemmon das Lager angriff. Das Geschoß prallte von seiner Brust ab, fiel zwischen seine Füße und rollte in eine kleine Senke, wo es detonierte. Fragmente bohrten sich in Lemmons Gesicht, und die Wucht der Explosion warf Sullivan, der ihm mit einem Maschinengewehr folgte, beinahe um.

Der Zug stürmte das Camp. Dort fanden die Leute keinen Vietcong – die Djinns waren wieder einmal verschwunden –, aber genug Uniformen, Ausrüstung und neue AK-47er für eine ganze Kompanie. Fröhlich vernichteten die Soldaten die Waffen, Geräte und Munition, steckten das Camp in Brand und traten den Rückzug an, während unsere Artillerie die Berge hinter ihnen bestrich.

Lemmon kam mit geringfügigen Kratzern davon, Sullivan mit einer durchlöcherten Uniform. Doch das Erlebnis hatte beide ziemlich mitgenommen. Normalerweise hinterlassen alle solchen Ereignisse einen tiefen Eindruck. Sullivan, mittlerweile Feldwebel und Vater eines zwei Monate alten Jungen, wollte dem Tod nicht mehr ins Auge blicken. »O Mann«, hörte ich ihn sagen, als der Zug zur LZ zurückkehrte, »diese Explosion traf mich wie ein heißer Wind und klebte mir die Uniform an die Haut. Diese Scheiße ist nichts mehr für mich. Ich bin jetzt ein Daddy.«

Zunächst sagte Lemmon gar nichts und schüttelte nur den Kopf. Sein kantiges Gesicht erscheint immer noch vor meinem geistigen Auge, weiß wie Porzellan zwischen den blutigen Flecken, wo die Granatsplitter eingedrungen waren. Er schwieg einige Minuten lang, dann brach alles aus ihm heraus. »Phil, das werde ich nie vergessen. Ich sah dieses Ding auf mich zukommen, ich sah auch den Hurensohn, der es herabgeworfen hatte. Gerade wollte ich ihn mit meinem Karabiner erledigen, und da flog dieses Ding runter.«

Er sog an seiner Zigarette und schüttelte wieder ein paarmal den Kopf. Die seltsame kränkliche Blässe wollte nicht aus seinen Wangen weichen. Weiter oben am Hang quoll der Rauch des brennenden Camps zwischen den Bäumen hindurch. Das Lager sahen wir nicht, nur den Rauch und manchmal den orangegelben Widerschein der Flammen. Von den Bergen dahinter stiegen die grauschwarzen Schleiersäulen der Artilleriegeschosse empor, die Lemmons Rückzug gedeckt hatten. »Ich glaubte, es wäre aus mit mir«, fuhr er fort. »Das Ding sprang von meiner gottverdammten Brust weg, fiel zwischen meine Beine, und ich konnte nur an meine kostbarsten Teile denken. Wird es mir die Eier wegblasen? Das war alles, was ich denken konnte. Und dann rollte es einfach weg und ging in die Luft.«

Die D-Kompanie, während der Operation an unserer linken Flanke, geriet im weiteren Tagesverlauf ebenfalls in Schwierigkeiten. An einem Ort mit dem passenden Namen Mortar Valley (Granatwerfertal) wurde sie mit 60 mms beschossen, und etwa sechs Mann erlitten schwere Verletzungen. Doch das machten unsere Leute wett, als sie ein anderes Basiscamp angriffen und fünf VCs töteten, inklusive eines nordvietnamesischen politischen Offiziers. Inzwischen lag mein Zug die ganze Nacht im Hinterhalt, eine Aktion, an die ich mich wegen der damit verbundenen körperlichen Qualen lebhaft erinnere. Kein einziger feindlicher Soldat kam in unsere Nähe, aber eine gewaltige Insektenschar. Acht Stunden lagen wir hellwach im Dickicht und ertrugen Moskitobisse und Ameisenstiche.

Erschöpft, mit roten Augen, kehrten wir am nächsten Tag zu den Linien des Bataillons zurück und wurden von einem sonderbaren Gerücht begrüßt. Im September sollten wir die Rolle beenden, die wir in diesem Krieg spielten. Dann würde das Regiment nach Okinawa zurückkehren. Einige akzeptierten das Gerücht als Tatsache, weil sie sich in der Illusion wiegten, wir würden dem VC schweren Schaden zufügen. Teilweise wurde diese Illusion von den unwandelbar optimistischen Berichten genährt, die das höhrere Hauptquartier herausgab oder die in den *Stars and Stripes* erschienen, teils auch von unserer beharrlichen Überzeugung, wir würden den Krieg ziemlich schnell gewinnen. Nicht so schnell, wie wir anfangs gehofft hatten, aber – sagen wir mal – in sechs Monaten oder einem Jahr.

»Ich glaube, daß die VCs allmählich demoralisiert werden«, schrieb ich zuversichtlich an meine Eltern. »Aus Angst vor uns haben sie sich in ihre Bergcamps zurückgezogen. Jetzt jagen wir sie in ihre Schlupfwinkel da oben.«

Ende Mai beorderte man mich zu meiner Stammeinheit zurück, der Hauptquartierskompanie des Regiments. Nach einem einwöchigen Lehrgang in Yokosuka, Japan, sollte ich dem Stab als zweiter Adjutant zugeteilt werden. Ein Adjutant ist ein Verwaltungsoffizier. Ich haßte den Gedanken, die Eins-Drei verlassen zu müssen, dieses erstklassige Infanteriebataillon mit seinem einzigartigen Gemeinschaftsgeist, seiner starken Persönlichkeit. Der Stab hingegen schien nichts Wichtigeres darzustellen als eine militärische Organisation, ein seelenloses, blutleeres Etwas. Papiere. Berichte. Stecknadeln auf Landkarten. Ich unternahm mehrere Versuche, die Versetzung zu verhindern – ohne Erfolg. Also packte ich meine Sachen zusammen und beklagte mich bitter. Lemmon, der ganz anders über den Krieg dachte, seit er dem Tod um Haaresbreite entronnen war, verstand meine Enttäuschung nicht. »Warum meckerst du, P.J.? Ich würde alles drum geben, wenn ich nur für eine Woche aus diesem Loch rauskäme. Ja, eine Woche in Yokosuka in einem sauberen Bett mit einer japanischen Honigwabe ...«

Untröstlich verschloß ich meinen Seesack und verabschiedete mich von meinem Zug; vom tollkühnen Morrisson; von Sampson, der für Gonzales' Rettung eine bronzene Tapferkeitsmedaille erhalten hatte und dann wegen unerlaubter Entfernung von der Truppe (einer Spritztour nach Danang) zum Gefreiten degradiert worden war; von Butler, der die langweiligen Camptage mit seinem Gesang aufgeheitert hatte; von Mixon, Marshall, Skates und Parker und natürlich von Feldwebel Campbell. »Irgendwie tut's mir leid, daß Sie gehen, Leutnant«, sagte er. »Nun ist der alte Wild Bill der Kommandant des Zugs und der Feldwebel des Zugs und muß die ganze Arbeit allein machen.«

Teil zwei

Ein Offizier, für die Toten verantwortlich

Wie viele Tote? So viele du nur willst.
So viele sind's, du brauchst sie nicht zu zählen.
Wer kauft mir hübsche frische Leichen? Für einen Penny darf man sich gleich zwei auswählen.

Siegfried Sassoon, »The Effect«

9

Dein raffinierter Witz wird folgen uns noch lang
Und unsre Trauer mit Vergangenheit verwunden.
Dein Lachen ist gebrochner Liederklang;
Der Tod hat liebenswert und heiter dich gefunden.

Siegfried Sassoon, »Elegy«

Am 15. Juni kehrte ich aus Japan zurück, und der Obergefreite Kazmarack, der Fahrer des Adjutanten, holte mich vom Flugplatz ab. Es war ein feuchter, bewölkter Tag. Am frühen Morgen hatte ein Regenguß den Straßenstaub in Schlamm verwandelt. Die Zelte im Regiments- und im Bataillonshauptquartier – beide okkupierten dasselbe Camp – sahen seltsam sauber aus. Auf den Zeltdächern hatten sich Pfützen gesammelt, und die Soldaten schlugen von unten mit Stöcken dagegen. Das Wasser verursachte ein angenehmes Geräusch, während es in Silberkaskaden herabglitt und plätschernd am Boden aufkam. Kazmarack bog von der Straße ab, der Jeep schlitterte im Schlamm und passierte eine Öffnung im Stacheldraht. Zwei Soldaten saßen in einer von Sandsäcken geschützten Stellung, die Ponchos noch naß. Ich zuckte zusammen, als eine Acht-Zoll-Haubitze von der Batterie auf der anderen Straßenseite ein Geschoß abfeuerte. Um das zu verstehen, muß man so ein Geschütz hören. Kazmarack lächelte. »Keine Bange, Sir, das war ein Schuß aus *unseren* Reihen.«

»Ich weiß«, erwiderte ich, über meine Reaktion ebenso verärgert wie über den Fahrer, der sie bemerkt hatte. »Aber das Ding ist verdammt laut.«

»Warten Sie mal bis heute abend, Leutnant. Diese Mütter und die 155er krachen die ganze Nacht. Man könnte meinen, die rotchinesische Armee wäre da, nicht bloß eine Guerillabande.« Er hielt neben dem Adjutantenzelt und stieg aus, um mein Gepäck vom Rücksitz zu nehmen. »So, da sind wir, Sir. Daheim. Willkommen im guten alten Dang-Dang am Meer. Wie war Japan, im Vergleich dazu?«

Ich dachte an das Wochenende, das ich nach Beendigung des Lehrgangs in Tokio verbracht hatte. »Kazmarack, was glauben Sie, wie Japan im Vergleich dazu war?«

»Verglichen mit diesem miesen Loch muß Japan Nummer eins gewesen sein, Sir.«

»Genau.« Eigentlich störte mich die Rückkehr gar nicht so sehr. Während der zehn Tage in Japan hatte ich mich einsam gefühlt, und als ich jetzt durch den Schlamm des Camps stapfte, wußte ich, warum. Meine Freunde und meine Einheit befanden sich in Vietnam. Hierher gehörte ich. Das Regiment war mein Zuhause.

Ich meldete mich bei meinem neuen Boß, Kapitän Anderson. Schwergewichtig saß er auf einem Segeltuchsessel hinter einem Schreibtisch, der aus Holzresten einer alten Landkartentafel und Munitionskisten bestand. Gegenüber stand ein weiterer improvisierter Schreibtisch – meiner. Mehrere leere Patronenboxen, beschriftet mit »155 mm Haub.«, dienten als Aktenschränke. Der Adjutantensektor, S-1, vereinnahmte das halbe Zelt, die S-4 (die Logistikabteilung) die zweite Hälfte.

Ich überreichte Anderson meine Ordern, alle dreizehn Kopien, Er nahm sie in seine dicken Hände und unterzeichnete die Empfangsbestätigung. Nachdem ich über fünf Monate lang unter dem schlanken, muskulösen Peterson gedient hatte, staunte ich über den prallen Bauch des Adjutanten, der das verschwitzte Unterhemd zu sprengen drohte und über den Gürtel hing. Er hatte einen ziemlich großen Kopf, und das Gesicht mit dem kraftlosen Kinn und den kleinen, in sonnenverbrannten Fleischfalten eng beisammenstehenden Augen wies schweinische Züge auf. »Willkommen an Bord«, grunzte er. »Sie bekommen den restlichen Tag frei, damit Sie sich häuslich niederlassen können. Melden Sie sich morgen früh um sieben Uhr dreißig zum Dienst.«

Leutnant Schwartz, den ich ablöste, zeigte mir das Quartier der Junioroffiziere und war ebenso glücklich über meinen Transfer ins Hauptquartier, wie ich unglücklich drüber war; er sollte im 2. Bataillon eine Schützenkompanie befehligen. Er wies auf ein Feldbett mit einem grünen Moskitonetz, das wie ein ausgefranster Kokon herabhing. »Das ist Ihr's. Es wird Ihnen hier gefallen. In diesem Camp genießt man alle Nachteile einer Linienkompanie und keinen einzigen ihrer Vorteile.«

Ich ließ mein Gepäck auf das Holzbrett neben dem Feldbett fallen. Das Zelt war schmutzig. Es stand an der Straße, und der Staub aller Konvois und Panzer, die vorbeifuhren, drang herein. Tote Insekten übersäten den festgestampften Erdboden. Draußen bot ein Schützengraben Deckung vor feindlichen Kugeln, oder er würde im unwahrscheinlichen Fall eines Erdkampfangriffs als Verteidigungsstellung dienen. Wasser, ein Fuß tief, füllte den Graben.

Am Nachmittag fuhr ich zum Hill 268, um ein paar persönliche Sachen zu holen, die ich zurückgelassen hatte. In der intimen Welt einer Infanteriekompanie lernt man die Kameraden so gut kennen wie die eigene Familie. Als ich das Biwak der C-Kompanie betrat, spürte ich sofort, daß etwas geschehen war. Keiner sagte ein Wort zu mir, alle schauten mich sonderbar an. Ich kam mir vor wie ein Mann, der nach längerer Abwesenheit sein Haus betritt, vertraute Worte von vertrauten Menschen hört, die üblichen Gegenstände an ihrem üblichen Platz vorfindet, aber instinktiv weiß, daß die Dinge nicht mehr so sind wie bei seiner Abreise.

Das Camp sah so wie früher aus. Die Feldküche, das Hauptquartier, die Zelte der Offiziere und Zugfeldwebel standen immer noch dicht nebeneinander auf dem schmalen Felsvorsprung am hinteren Berghang. Tiefer unten lag die braunrote Narbe der Landezone, darunter befanden sich die Soldatenquartiere. Die Verteidigungsstellungen am vorderen Hang waren nicht verändert worden. Ich sah den alten Schützengraben, der ihn im Zickzack traversierte, die Schützenlöcher mit ihrer verwitterten Brustwehr aus Sandsäcken, teilweise mit Wachtposten in Flakjacken bemannt; den Unterstand, wo ich so viele Nächte verbracht hatte; den Bunker für die Feldoffiziere, massiv mit Holz verkleidet, die Funkantenne, die darüber in der Brise schwankte wie ein stählernes Schilfrohr.

Ich ging an der Feldküche vorbei. Ein paar Soldaten säuberten unter der Plane, die sich wie ein Sonnensegel vor dem Zelteingang wölbte, ihre Gewehre. Die vertrauten Gerüche von Öl und Lösungsmittel stiegen mir in die Nase, ich hörte die metallischen Geräusche der Reinigungsstäbe und Kaliberbürsten, als sie durch die Läufe gezogen wurden. Aus einem Transistorradio tönte das Country-music-Programm, das die Station der US-Streitkräfte in Saigon jeden Nachmittag ausstrahlte. Ein paar Männer von meinem alten Zug entdeckten mich, winkten mir zu und fragten, wie es »in der hinteren Stellung« wäre. Ich erwiderte, das wüßte ich nicht, ich hätte mich eben erst beim Adjutanten gemeldet. Während ich meinen Weg fortsetzte, wuchs das Gefühl, daß sich die Atmosphäre verändert hatte. Die Männer wirkten kühl und distanziert – weil sie mich jetzt als Außenseiter betrachteten?

Im Unteroffizierszelt spielten Campbell und Greene, Lemmons Zugfeldwebel, Cribbage – wie immer, wenn sich die Kompanie im Camp aufhielt. Lemmon, Tester und McCloy saßen nebenan im Offizierszelt. Tester sagte etwas über sein Zeug, womit er das Teac-Tonbandgerät meinte, das er in Hongkong gekauft hatte, bevor das Bataillon nach Vietnam geschickt worden war. Er hatte es auf Okinawa lagern müssen und sorgte sich nun darum. »Ich hoffe, diese Clowns machen mein Zeug nicht kaputt«, sagte er zu Lemmon, als ich eintrat. Glen, dessen Habichtsgesicht immer noch die Spuren der Granatsplitter zeigte, schwieg. McCloy las eine Saga aus dem Zweiten Weltkrieg, betitelt ›Panzer Leader‹. »Dieses Zeug würde mich in den Staaten eintausendzweihundert Piepen kosten, und ich hab's für sechs… He, P.J. ist wieder da!« unterbrach sich Tester. »Caputo, hau ab! Das ist eine Linienkompanie. Hier haben die Bürohengste nichts verloren.«

»Bruce, ich fühle mich ohnehin schon lausig genug. Mach's nicht noch schlimmer.«

»Oh, oh, Caputo ist stocksauer! Caputo wird die Scheiße aus mir rausprügeln!«

»Ich weiß nicht, warum du dich lausig fühlst«, sagte Lemmon. »Du solltest froh sein, daß du beim Stab bist«, fügte er hinzu, ohne mich anzuschauen. Er saß auf einer leeren Kiste, einen Tropenhelm tief in die Stirn gezogen, und verteilte Spielkarten an sich selbst und einen imaginären Gegner. »Und ich versteh' auch nicht, warum du's so eilig hattest, nach Nam zurückzukommen. Zum Teufel, Walsh von der Alpha-Kompanie und Mike Repp von Delta gingen letzten Monat nach Okinawa, um an einem Flugtechnikkurs teilzunehmen, und ich glaube nicht, daß sie schon wieder da sind. Du hättest deinen Lehrgang in die Länge ziehen sollen.«

»Ich hab' Walsh und Repp getroffen. Übrigens versuchte ich meine Rückreise so lange wie möglich hinauszuzögern.«

»Ach, Phil, du bist immer noch ein Grünschnabel. Wenn du nun ein paar Tage länger dort geblieben wärst – was hätten sie dir schon antun können? Schlimmstenfalls hätten sie dich degradiert und nach Vietnam geschickt.« Lemmons Texas-Akzent klang von Natur aus hart, aber jetzt schwang eine neue Schärfe in seiner Stimme mit, eine Bitterkeit, die mir nie zuvor aufgefallen war. Und wie vorhin die Soldaten wahrte er eine vage Distanz.

»Also, was ich über Japan wissen will«, mischte sich Tester ein, der mehr oder weniger der Alte geblieben war. »Hat dich eine von diesen Honigwaben fertiggemacht? Das würde mich interessieren.«

Ich erzählte von dem Wochenende in Tokio und dem halb russischen, halb chinesischen Mädchen, das mit mir im Palace Hotel gewohnt hatte. Sie hieß Ayako und arbeitete als Bardame in Yokosuka. Kurz bevor wir in den Zug nach Tokio gestiegen waren, hatte sie sich zu mir gewandt und erklärt: »Philsan, ich verbringe zwei Tage mit dir, und du mußt mir nichts bezahlen. Zwei Tage lang werde ich dich lieben, und danach werde ich dich nicht mehr lieben.«

»Jesus, du hast es umsonst gekriegt?« fragte Tester. »Warum bist du bloß zurückgekommen?«

Lemmon, der immer noch Karten verteilte, schüttelte den Kopf. »O Mann, hätte ich so ein Glück gehabt, wäre ich immer noch dort. Wie gesagt, was könnten sie mir antun? Schlimmstenfalls würden sie mich degradieren und nach Vietnam schicken.«

»Sie könnten dich auch ins Marinegefängnis werfen, Glen«, gab ich zu bedenken.

»Scheiße, das Gefängnis ist besser als das hier. Im Gefängnis kann man nicht abgeknallt werden.«

»Nun, ich habe nicht die Absicht, mich abknallen zu lassen. Dazu findet man beim Stab ohnehin kaum eine Chance.«

»Weißt du noch nichts von Sullivan?«

»Nein.«

»Er ist tot.«

Sullivans Bild tauchte vor meinem inneren Auge auf. Groß, dünn ... Er wirkte viel jünger als seine zweiundzwanzig Jahre, als er mir eine Zigarre gab. Ich stand in einer der alten französischen Blockhütten, blickte durch mein Fernglas auf die Reisfelder, und Sullivan saß daneben und mußte sich nach oben strecken, so weit er konnte, um mir die Zigarre zu reichen. Ein Lächeln zerbröckelte die Staubschicht, die auf seinem Gesicht klebte. »He, Leutnant, gerade hab' ich einen Brief von meiner Alten aus Pennsylvania bekommen. Es ist ein Junge.« Das war im März oder Anfang April geschehen, als das Bataillon noch die Vorpostenlinie am Flugplatz besetzt hatte; und während ich mir Sullivan vorstellte, so wie er damals gewesen war, spannte sich etwas in mir an, fester und fester, bis ich dachte, es würde zerreißen.

»Wieso?« erkundigte ich mich.

»Ein Heckenschütze hat ihn erwischt. Dieser Kerl war nicht bloß irgendein Cong, der mit einem Karabiner losballerte. Der konnte schießen. Wir waren südlich vom Song Tuy Loan postiert, in der Nähe des Sing-Yen-Flusses. Alle litten unter der mörderischen Hitze, und Sully wollte die Feldflaschen füllen. Er ging zum Ufer, und da feuerte der Heckenschütze eine Kugel ab. Wahrscheinlich benutzte er eines dieser alten russischen Gewehre mit Zielfernrohr, weil er Sullivan mit einem einzigen Schuß umbrachte. An der einen Seite ging das Ding rein, an der anderen kam's wieder raus. Ein höllisches Loch, mittendurch. Vermutlich war er schon tot, bevor er umfiel.«

Ich fragte, wann es passiert sei, und kam mir vor wie ein Deserteur, als Lemmon antwortete: »Ein paar Tage nach deiner Abreise.« Natürlich hätte meine Anwesenheit keinen Unterschied gemacht. Doch mein Gefühl sagte mir, ich hätte bei ihnen sein müssen.

»Drei Kompanien führten eine Operation von Bataillonsformat durch«, fuhr Glen fort. »Sei froh, daß du das verpaßt hast, denn es lief alles schief. Ingram mußte auch dran glauben.«

»Ist er gefallen?«

»Nein, aber schwer verletzt. Eine Kugel traf ihn in den Rücken, und ich glaube, sie zersplitterte seine Wirbelsäule. Neulich hörten wir, er hätte eine infektiöse Meningitis bekommen und würde im Rollstuhl sitzen. Ich nehme an, er ist in einem Krankenhaus irgenwo in Tennessee, in der Nähe seiner Heimatstadt. Wahrscheinlich wird er nie wieder gehen können.«

Und da sah ich Ingram vor mir, wie er – groß und breitbrüstig – am Morgen vor unserer ersten Operation mit kraftvollen Schritten aus der Feldküche gekommen war, glaubte den Gesang seines dröhnenden Baritons zu hören, und dieser emotionale Draht in mir spannte sich noch stärker an und zersprang. Ich spürte es so intensiv wie einen Knochenbruch oder Sehnenriß; danach war nur noch ein kaltes, leeres, elendes Gefühl in meiner Magengrube. Ingram verkrüppelt und Sullivan tot. Tot. Tod. *Tod.* So oft hatte ich dieses Wort gehört, aber seine Bedeutung niemals erkannt.

»Ingram hat's herausgefordert«, sagte Lemmon. »Dieser gottverdammte Ingram ... Du weißt ja, wie er war. Er dachte, er wäre zu groß oder zu hartgesotten, um verwundet zu werden. Gleich nachdem Sullivan getroffen worden war, entdeckte irgend jemand den Heckenschützen in einer Baumreihe bei einem Dorf. Duyen Son. Er war ziemlich weit weg, und so feuerten wir eine 3.5er auf ihn ab. Ein schwaches Schüßchen. Und danach ging alles schief. Ein paar von unseren Jagdbombern sahen den Mündungsblitz und dachten wahrscheinlich, wir würden das Ziel für einen Luftangriff markieren. Sie begannen das Dorf mit Raketen zu bestreichen. Eine meiner Gruppen hörte Frauen und Kinder schreien und weinen, und wir rannten los, um die Leute rauszuholen. Dabei tappten wir mitten in eine Falle hinein. Von drei Seiten wurden wir angegriffen. Ingram stapfte herum wie auf dem Exerzierplatz. Ich sagte ihm, er solle den Arsch einziehen, und er erklärte: ›Ich bin ein Marineunteroffizier, Sir, und ich werde nicht auf dem Bauch kriechen.‹ Wie gefällt dir diese Bullenscheiße, Phil? Er wurde also in den Rücken getroffen, dann haben sie auch noch die Arme meines Funkers zu Scheiße zerschossen. Wir liefen in das Dorf, um diese Zivilisten zu retten, aber wir konnten die Hueys nicht dazu bringen, das Feuer einzustellen. Die fingen an, uns mit Raketen zu bewerfen. Das war mal was anderes – von den eigenen Flugzeugen attackiert zu werden ...«

Wie Lemmon berichtete, war es ein weiterer Alptraum gewesen, die Verwundeten zu evakuieren. Die Landezone stand im feindlichen Maschinengewehrfeuer, die Sanitätshubschrauber konnten nicht landen. Gallardo, Gefreiter im ersten Zug, stürmte in die LZ und dirigierte die Helikopter mit Handzeichen. Die Feldflaschen wurden ihm von der Hüfte geschossen, Kugeln umschwirrten seine Füße, aber er hielt durch, bis die Vögel herabkamen und die Verletzten an Bord nahmen.

»Sullivans Leiche lag die ganze Zeit da draußen. Der Kapitän konnte ihn nicht anschauen, die anderen auch nicht. Wie gesagt, das war ein schlimmes Loch, seitlich in Sullys Brust.

Die Kugel hatte alles in seinem Körper zu Brei zerschlagen, und Peterson war richtig schockiert. Er drehte sich einfach um und ging davon, weil er den Anblick nicht mehr ertrug.«

»So ist er nun mal«, bemerkte ich. »Er liebt seine Kompanie wirklich.«

»Ja«, bestätigte Lemmon. »Ich glaube, ein bißchen zu sehr.«

Wir sprachen über andere Dinge. Dann packte ich meine Sachen zusammen und ging. Draußen lief mir Colby über den Weg. »He, Leutnant Caputo, wollen Sie sehen, wie die andere Hälfte lebt?«

»Ihr Jungs könnt einfach nicht damit aufhören, was? Ich hab' nicht um meine Versetzung zum Stab gebeten.«

»Ich weiß, Sir. Sicher haben Sie inzwischen von Feldwebel Sullivan gehört.«

»Gerade eben. Mr. Lemmon hat's mir erzählt.«

»Nun, Sir, irgendwann mußte so was geschehen. Mir tut's nur leid, daß es ausgerechnet Sully getroffen hat.«

»Mir tut's auch leid, und alles andere genauso. Sie sagten mal, Sie würden alle zwingen, unseren ersten Gefallenen anzuschauen. Haben Sie's getan, Feldwebel Colby?«

»Natürlich nicht, Sir.«

Kazmarack fuhr mich die gewundene Sandstraße hinab, zurück zum Hauptquartier des Regiments. Die Soldaten stellten sich fürs Abendbrot an. Ich war nicht hungrig, ging aber trotzdem in die Offiziersmesse. Es gab nichts anderes zu tun. Die Messe erschien mir luxuriös, verglichen mit den Räumlichkeiten, an die ich gewöhnt war. Man hatte zwei Truppenzelte miteinander verbunden und über Kastenrahmen gespannt. Feinmaschige Gitter hielten Staub und Insekten vom Essen der Offiziere fern, Sperrholzplatten bildeten den Boden, drei Tische formten ein U. An einem der Kastenrahmen hing das Regimentswappen, ein schwarzer Schild mit einer rotgoldenen 3 über einem Bajonett, und ein Banner verkündete: DRITTE MARINEINFANTERIE, FORTES FORTUNA ADJUVAT. Im Gegensatz zur eher demokratischen Atmosphäre in einer Schützenkompaniemesse ging es beim Regiment streng hierarchisch zu. Die Plätze an der Uförmigen Tafel waren nach der Rangordnung verteilt. Der Kommandant des Regiments, Oberst Wheeler, und sein Stellvertreter saßen am Kopfende, dann kamen die Majore, die Kapitäne und Oberleutnants an die Reihe, während man die Enden des Us für die Leutnants reserviert hatte. Von meiner Sorte gab's nur zwei bei diesem Stab, und da der andere abwesend war, speiste ich allein.

Das paßte zu meiner Stimmung. Nach Gesprächen stand mir nicht der Sinn. Ich dachte unentwegt an Sullivan, Hugh John Sullivan, gestorben im Alter von zweiundzwanzig, ehe er eine Gelegenheit gefunden hatte, seinen Sohn zu sehen. Ich gab Colby recht – irgendwann hatte es geschehen müssen. Aber warum mußte es einem anständigen jungen Mann zustoßen, der stets einen Witz zu erzählen wußte? Warum nicht irgendeinem zynischen alten Veteranen? Warum einem Ehemann und Vater – warum auf diese Weise? Wie viele unerfahrene Soldaten litt ich unter der Illusion, in einem Krieg müßte es schöne Todesarten geben. Ich schwelgte in grandiosen Träumen von edlen Opfern, von Männern, die ihre Körper darboten, um das Leben eines Kameraden zu retten. Aber mit Sullivans Tod verbanden sich keine Opferbereitschaft oder irgendwelche zeremoniellen Elemente. Er war von einem Heckenschützen getroffen worden, als er an einem schlammigen Dschungelfluß Feldflaschen gefüllt hatte.

Ich sah ihn vor mir, wie Lemmon ihn beschrieben hatte, auf dem Rücken liegend, ein großes, blutiges Loch seitlich in der Brust. Und ich stellte mir vor, sein Gesicht müßte so ausgesehen haben wie die Gesichter der toten Vietcongs, die ich im vergangenen Monat betrachtet hatte – der Mund geöffnet, die Lippen zu einem Totenschädelgrinsen verzerrt, leere Augen mit starrem Blick. Es war schmerzlich, ein solches Bild von Sullivan heraufzubeschwören; ich hatte mich an sein lebendes Gesicht gewöhnt. Und während ich in der Messe über einem fettigen Tablett mit fettem Essen saß, verspürte ich zum erstenmal jene schleimige, höhlenkalte Furcht – die Todesangst; plötzlich verwandelte sich die Vision von Sullivans totem Gesicht in meine eigenen Züge. Eines Tages kann es mich treffen, dachte ich. Vielleicht sehe ich dann auch so aus. Wenn es ihm passiert ist, gibt es keinen Grund, warum es mir nicht ebenfalls passieren sollte. Ich glaubte nicht, es müßte notwendigerweise geschehen, doch ich erkannte, daß es geschehen könnte. Die Möglichkeit, getötet zu werden, hatte ich nie zuvor erwogen, höchstens im abstrakten Sinn. Als junger, gesunder Amerikaner, aufgewachsen und ausgebildet in Friedenszeiten oder in einer Ära, die man in unserem Jahrhundert »Friedenszeit« nennt, war ich unfähig gewesen, mich selbst in krankem oder altem, geschweige denn totem Zustand zu sehen. Oh, ich hatte den Tod zur Kenntnis genommen, aber als Ereignis gesehen, das in so ferner Zukunft stattfinden würde, daß es mir niemals wie eine reale Möglichkeit vorgekommen war. Jetzt bestand diese Möglichkeit, sie lag sogar in meiner unmittelbaren Nähe. Falls es geschah, würde ich nicht wissen oder auch nur vermuten, zu welchem Zeitpunkt. Die Wahrscheinlichkeit, in einem Hauptquartier getötet zu werden, war relativ gering. Aber Sullivan, in einer ganz anderen Lage, hatte sein nahes Ende wohl kaum vorausgeahnt, als er zu jenem Fluß gegangen war, ein Bündel klirrender Feldflaschen in der Hand. Dann hatte der Heckenschütze das Fadenkreuz seines Zielfernrohrs auf ihn gerichtet und alles, was Sullivan je gewesen war oder jemals hätte werden können, alle seine Gedanken, Erinnerungen und Träume in einem einzigen Augenblick ausgelöscht.

Nun verstand ich die reservierte Haltung Lemmons und der anderen. Das hing keineswegs damit zusammen, daß ich dem Bataillon nicht mehr angehörte. Sie wahrten vielmehr die Distanz von Männern, die in der Gegenwart des Todes leben. Bei jenem Kampf hatten sie ihren ersten Mann eingebüßt und mit ihm den jugendlichen Glauben an ihre eigene Unsterblichkeit. Die Wirklichkeit hatte sie eingeholt, uns alle. Wie Bradley es am selben Abend ausdrückte: »Ich glaube, der großartige kleine Krieg ist vorbei.«

Vielleicht meinen manche kampferprobte Veteranen, ich würde um diesen einzigen Gefallenen zuviel Aufhebens machen. Später sollte ich zahlreiche Kämpfe miterleben, und ich weiß, daß die Konfrontation mit schweren oder konstanten Verlusten die Bedeutung eines einzelnen Toten verringert. Aber als wir Sullivan verloren, erlitten wir nur leichte Verluste; wir befanden uns in der »Expeditionsphase« des Kriegs, die ungefähr vom März bis zum September 1965 dauerte. Wenn in diesem Zeitraum auch nur ein einziger Mann starb, so galt das als ungewöhnliches Ereignis. Außerdem waren wir vielleicht in emotionaler Hinsicht nicht so auf den Tod und Verletzungen vorbereitet wie jene, die später kamen. Die Männer, die damals in Vietnam kämpften, hatten sich dem Heer in Friedenszeiten angeschlossen, bevor die Zahl der Opfer täglich bekanntgegeben worden war. Eine kleine Statistik erklärt, was ich damit sagen will: Zwischen März und August beliefen sich die Gesamtverluste der Eins–Drei auf hundertzehn Tote und Verwundete oder zehn Prozent. Während einer Schlacht im April 1966 verlor eine einzelne Kompanie desselben Bataillons in nur einer Stunde hundertacht Mann. Und was mir am wichtigsten erscheint – im frühen Stadium standen sich die Männer der Eins–Drei sehr nahe. Sie hatten mehrere gemeinsame Jahre verbracht und angenommen, sie würden bis zum Ende ihrer Dienstzeit beisammenbleiben. Feldwebel Sullivans Tod zerstörte diesen Glauben, das Gefühl der Einigkeit und Stabilität, das den Alltag im Bataillon durchdrungen hatte. Die Eins–Drei war ein Corps im alten Sinne des Wortes, eine Körperschaft, und der Tod Sullivans wirkte wie die Amputation eines kleinen Teils. Das Corps würde ohne ihn weiterleben und auch funktionieren, wußte aber, daß es etwas Unersetzliches verloren hatte. Im späteren Kriegsverlauf verflüchtigten sich solche Gefühle in den Infanteriebataillonen. Männer wurden in gleichbleibender Anzahl getötet, mit Wunden evakuiert oder nach Hause beordert und von anderen ersetzt, die ihrerseits getötet, evakuiert oder zurückbeordert wurden. Da stellte ein Verlust nur eine Lücke dar, die man füllen mußte.

10

»Noch nie sah er ein solches Totenheer.«
Beschwingt die Worte sein Gehirn durchdrangen,
Als Leichen im Regen tanzten und sprangen.
Nein, nein; er zählte sie nicht mehr…

Siegfried Sassoon, »The Effect«

Wie es Kazmarack prophezeit hatte, verlief meine erste Nacht im Stabshauptquartier ziemlich lautstark. Bis zum Morgengrauen feuerten die großen Geschütze gegenüber der Straße H-and-I-Delegationen ab. H-and-I bedeutete »Harrassement and Interdiction« (Kleinkrieg und Abschreckung), ein spezielles Artilleriefeuer, das sich auf Straßenkreuzungen und Berggipfel richtete, auf alle Punkte, wo sich der Feind schätzungsweise aufhielt. Damit wollte man die Nerven der Vietcongs strapazieren und aus dem Gleichgewicht bringen. Ich weiß nicht, ob die Artillerie diesen Zweck erfüllte. Jedenfalls waren *meine* Nerven am Morgen äußerst mitgenommen. Ein dutzendmal hatten mich die brüllenden Haubitzen aus dem Schlaf gerissen.

Völlig am Boden zerstört, widmete ich den nächsten Tag meiner neuen Tätigkeit als zweiter Adjutant. Schwartz und ich durchpflügten einen Papierwust, der mir wie eine Wagenladung vorkam. Dokumente mußten inventarisiert und geprüft, Nachrichten, Direktiven und Regimentsordern zu den Akten gelegt werden. Beim Anblick dieses Behördenkrams kam mir der Verdacht, daß das Leben eines Stabsoffiziers noch schlimmer sein mußte, als ich es befürchtet hatte.

Später führte mich Schwartz in meine Sonderaufgaben ein, die »Zusatzpflichten« genannt und den jüngeren Stabsoffizieren auferlegt wurden, weil sich sonst niemand damit befassen wollte. Deshalb bezeichnete man uns als SLJOs – shitty little jobs officers (kleine Scheißjoboffiziere). Schwartz zählte meine Funktionen auf. Ich war nicht nur zweiter Adjutant, sondern auch Meldeoffizier für Verluste, außerdem für die geheimen und streng vertraulichen Dokumente, rechtliche Angelegenheiten und die Messe verantwortlich.

Auf dem Papier sah das wie Schwerarbeit aus. Schwartz erklärte aber, es würde pro Tag nicht mehr als drei oder vier Stunden beanspruchen. Warum war ich dann überhaupt hier? Könnte sich nicht einer der Büroschreiber darum kümmern. Nein, weil den Regulationen zufolge ein Offizier diese Aufgaben erfüllen mußte. Okay, warum konnte Kapitän Anderson das alles nicht erledigen? Er war doch ein Offizier. Ja, das war er, aber für dergleichen stand der zweite Adjutant zur Verfügung, damit sich der Kapitän nicht damit abgeben mußte.

Ein paar Tage später brach Schwartz zum 2. Bataillon auf, und ich trat an seine Stelle. Was die drei bis vier Arbeitsstunden am Tag betraf, sollte er recht behalten. Manchmal hatte ich noch weniger zu tun. Meine reichlich bemessene Freizeit verbrachte ich mit der Suche nach einer Beschäftigung oder der Lektüre billiger, vom Roten Kreuz gespendeter Taschenbücher (›Fighting Red Devils‹ – die wahre Geschichte der tapferen, ruhmreichen britischen Fallschirmspringer im Zweiten Weltkrieg), oder ich saß einfach nur an meinem Schreibtisch, verschwitzt und maßlos gelangweilt.

Nachts hielten die Junioroffiziere abwechselnd Wache im Operationszelt. Je jünger man war, desto später hatte man Dienst. Normalerweise wurde ich zwischen Mitternacht und zwei Uhr eingeteilt oder von zwei bis vier. Auch das konnte nicht als Arbeit bezeichnet werden. Wir mußten nur die Funkgeräte überwachen, bei besonderen Vorfällen den Operationsoffizier, Major Conlin, verständigen und Lageberichte ins Logbuch eintragen. Die Lageberichte trafen etwa einmal stündlich ein – körperlose Stimmen knisterten in den Funkgeräten oder EE-8-Feldtelefonen und sprachen im Captain-Midnight-Codekauderwelsch, das beim Militär als Sprache gilt. »Gruppe Drei, hier Burke Drei. Burke Alpha Sechs meldet Alpha Zwei Skorpion in Position bei Gitterkoordinaten Alpha Tango Hotel Hotel Echo Yankee Yankee Lima. Alle Einheiten melden Alpha Sierra Sierra Romeo Sierra.« Alles okay, Situation unverändert.

Während die Kämpfe zunahmen, machten mir die Verlustlisten die meiste Arbeit. Das war ein Job, der mir eine Menge Alpträume einbrachte, wenn er auch die vorteilhafte Wirkung ausübte, mir alle dummen, abstrakten, romantischen Ideen auszutreiben, die ich bezüglich des Krieges immer noch hegte. Ich brauchte nichts weiter zu tun, als über die Verluste Meldung zu machen, die feindlichen ebenso wie unsere eigenen; über Verluste, die auf Feindkontakte zurückzuführen waren, und solche, die andere Ursachen hatten – jene Unfälle, die unweigerlich geschehen, wenn eine große Anzahl junger Männer mit tödlichen Waffen gerüstet ist oder eine komplizierte Maschinerie bedient. Manchmal fielen Artilleriegeschosse auf unsere eigenen Truppen, mehrere Leute wurden von Panzern überrollt, Hubschrauber stießen zusammen, Soldaten schossen versehentlich auf Kameraden.

Die Aufgabe war nicht so einfach, wie es schien. Beim Militär gibt es für alle Angelegenheiten komplexe Prozeduren, und die Registratur der Toten und Verwundeten bildet keine Ausnahme. Die Berichte wurden in fotokopierte Formulare eingetragen, eins für Gefallene, eins für Verwundete, ein drittes für Verluste, die wir nicht durch Kampfhandlungen erlitten hatten. Jedes Formular enthielt Rubriken für den Namen des Opfers, das Alter, den Rang, die Dienstnummer, die Bezeichnung seiner Einheit, das Datum, die Beschreibung der Wunden und die Schilderung der Umstände, unter denen er verletzt worden war. Im Todesfall mußten ähnliche Einzelheiten angegeben werden, und die Worte »in einer Patrouille bei Danang im Kampf gefallen« hätten auch auf den Gräbern einiger tausend Mann stehen können.

Die Berichte über die Gefallenen waren lang und kompliziert. In dieser Hinsicht wurden viele Informationen verlangt – die Konfession, Namen und Adressen der nächsten Verwandten und der Nutznießer ihrer Soldatenlebensversicherung sowie eine Klärung der Frage, ob man das Geld auf einmal oder in Raten auszahlen sollte. Alle Berichte mußten in jener klinischen, euphemistischen Sprache abgefaßt werden, der das Militär gegenüber einem schlichten Englisch den Vorzug gibt. Wenn ein Soldat zum Beispiel durch den Bauch geschossen worden war, durfte ich nicht schreiben »Bauchdurchschuß« oder »Magendurchschuß«; nein, es mußte lauten: »Schußwunde, ganz hindurch, Abdomen.« Granatsplitterwunden hießen »multiple Fragmentverletzungen«, und wenn jemand Körperteile verlor, umschrieb man das mit einer meiner Lieblingsphrasen: »Traumatische Amputation.« Ich mußte sie sehr oft verwenden, als der Vietcong hochexplosive Waffen und Sprengfallen einzusetzen begann. Besonders häufig benutzten unsere Feinde ferngezündete Minen, die von einem Hinterhalt aus elektrisch bedient wurden und unserer Claymore ähnelten, geladen mit vielen hundert Stahlkugeln und einem Sprengstoff namens C-4. Wenn ich mich recht entsinne, betrug das Gasexpansionstempo von C-4 26 000 Fuß pro Sekunde. Diese schreckliche Kraft und die zahlreichen Stahlkugeln, die sie in Bewegung setzte, ließ sich die Explosion einer ferngezündeten Mine mit dem Simultanfeuer von siebzig zwölfkalibrigen Schrotflinten, mit Rehposten geladen, vergleichen. Natürlich lag die Vermutung nahe, daß jeder, der von einer solchen Waffe getroffen wurde, eine »traumatische Amputation« erlitt und einen Arm, ein Bein oder den Kopf verlor, und bei vielen geschah das auch. Ich überlegte, ob die Redewendung stimmte. Wenn man seine Glieder einbüßte, war das ganz sicher »traumatisch«, aber ich fand, daß der Ausdruck »Amputation« eher auf einen chirurgischen Eingriff hinwies. Da der menschliche Körper, wie ich beobachten konnte, bei einer Explosion nicht säuberlich entzweibricht, sondern in unregelmäßige oder unkenntliche Teile zerfällt, wäre die Bezeichnung »traumatische Fragmentation« richtiger gewesen und hätte dem beim Militär so beliebten euphemistischen Stil genauso entsprochen.

Die zerstückelnde Wirkung der Hochexplosivstoffe führte gelegentlich zu semantischen Schwierigkeiten bei Berichten über die Verletzungen von Männern, die extreme Verstümmelungen erlitten hatten. Das kam selten vor, aber manche Soldaten wurden so furchtbar zugerichtet, daß man es kaum in Worte fassen konnte. In jenem Jahr trat Oberstleutnant Meyers, einer der Regimentskommandeure des Bataillons, auf eine 155-mm-Sprengfalle. Man fand nicht genug von ihm, um eine Einkaufstüte zu füllen. Der Oberstleutnant hatte sich so ziemlich in seine Bestandteile aufgelöst, aber der offizielle Bericht lautete in etwa: »Traumatische Amputation, beide Füße; traumatische Amputation, beide Beine und Arme; multiple Verletzungen im Abdomen; Fragmentwunden, ganz hindurch, in Kopf und Brust.« Und dann folgte der Zusatz: »Im Kampf gefallen.«

Die Bataillonsadjutanten gaben die Berichte über die Verluste ihrer Einheiten telefonisch durch, und ich leitete sie an das Divisionsmeldezentrum für Verluste weiter. Danach legte ich die Kopien der Berichte in den entsprechenden Aktenordnern ab. Einer trug die Aufschrift VERLUSTE – KAMPFHANDLUNG, der andere VERLUSTE – KEINE KAMPFHANDLUNG. Ich glaube, man registrierte die beiden Kategorien nur deshalb getrennt, weil alle von feindlichem Feuer Getöteten oder Verwundeten automatisch mit Purpurherzen belohnt wurden, die anderen, von Freundeskugeln Getroffenen hingegen nicht. Das war der einzige richtige Unterschied. Ein Mann, im »freundschaftlichen« Feuer getötet (ein weiterer irreführender Begriff, denn ein Feuergefecht ist niemals freundschaftlich, wenn man erwischt wird) war genauso tot wie einer, den der Feind niedergestreckt hatte. Sogar im Kampf erlitten manche Soldaten Unfälle. Wenn man auf eine Mine steigt oder über den Stolperdraht einer Sprengfalle stürzt, ist das tatsächlich ein Mißgeschick, so ähnlich, als würde man eine verkehrsreiche Straße überqueren und vor ein Auto laufen.

Wenn die Berichte ad acta gelegt waren, brachte ich Oberst Wheelers Tabelle auf den neuesten Stand. In Azetat gehüllt, in senkrechte und waagrechte Spalten unterteilt, hing sie hinter dem Schreibtisch des Stellvertretenden Kommandeurs in dem mit Holzpfosten verstärkten Zelt, das ihm ebenso wie dem Oberst als Hauptquartier diente. Die vertikalen Spalten enthielten, von links nach rechts, die Angaben über die Gefallenen, die Verwundeten, die ihren Wunden Erlegenen, die nicht durch Kampfhandlungen entstandenen Verluste, dann die VC-Gefallenen, die VC-Verwundeten und die VC-Kriegsgefangenen. Am Anfang der horizontalen Spalten standen die Nummern der jeweiligen Einheiten, die dem Regiment angehörten oder angeschlossen waren: ⅓ für 1. Bataillon, 3. Marineinfanterie, ⅔ für 2. Bataillon, und so weiter. In die ersten vier senkrechten Spalten wurde die jeweilige Anzahl der Verluste eingetragen, die eine bestimmte Einheit erlitten hatte, in die letzten drei die Verluste des Feindes. Nach jeder Aktion ging ich ins Quartier des Obersten, wischte die alten Ziffern weg und schrieb mit Fettstift die neuen hin. Der Oberst, in den meisten Belangen eher lässig, bestand auf einer allzeit genauen Tabelle. Immer wieder erschienen unangemeldete ranghohe Besucher aus Danang und Saigon, um zu sehen, wie sich das Regiment verhielt. Und in Vietnam galten nicht die Meilen, die eine Einheit vorgerückt war, oder ihre errungenen Siege als Maßstäbe für ihre Leistungen, sondern die Anzahl der getöteten feindlichen Soldaten (die Leichenzählung) und das Verhältnis zwischen dieser Menge und der Zahl der eigenen Gefallenen (die Tötungsproportion). Die Tabelle ermöglichte dem Oberst, die Bataillone und Kompanien unter seinem Kommando stets im Auge zu behalten und vor den Würdenträgern, die ihn aufsuchten, flink und munter die eindrucksvollen Ziffern herunterzurasseln. Meine unbesungene Aufgabe in diesem statistischen Krieg bestand in der

Arithmetik. Falls ich als Zugführer ein Agent des Todes gewesen war – als Stabsoffizier war ich sein Buchhalter.

Manchmal mußte ich die Leichenzählungen überprüfen. Hin und wieder erlagen die Feldkommandanten der Versuchung, ein wenig zu übertreiben, was die Zahl der von ihrer Einheit getöteten Vietcongs betraf. Also wurden die Leichen, wann immer es möglich war, ins Hauptquartier gebracht, und ich zählte sie, um sicherzugehen, daß da genauso viele lagen, wie man es im entsprechenden Bericht angegeben hatte. Diese Pflicht erfüllte ich besonders gern, weil die Verwesung bereits eingesetzt hatte, wenn die Toten das Hauptquartier erreicht hatten und weil sie vom Klima noch begünstigt wurde. Am angenehmsten war die Aufgabe, unsere eigenen Leichen zu identifizieren. Normalerweise übernahmen das die Bataillonsadjutanten, aber wann immer Verwirrung bezüglich der Namen herrschte oder wenn das Regiment inkorrekte Beschreibungen der Wunden erhalten hatte, mußte ich die Probleme lösen. Die Toten wurden in einem Überzelt neben dem Divisionslazarett auf Segeltuchbahren gelegt und mit Ponchos oder Leichensäcken aus Gummi zugedeckt. An die Stiefel waren gelbe Verlustschildchen gebunden – oder an die Hemden, falls man ihnen die Beine weggeschossen hatte. Am einfachsten ließ sich ein Toter identifizieren, wenn man sein Gesicht mit dem Foto in einem der Dienstbücher verglich. Manche besaßen keine Gesichter mehr, und da behalfen wir uns mit zahnärztlichen Angaben, denn die Zähne geben fast ebenso verläßliche erkennungsdienstliche Aufschlüsse wie Fingerabdrücke. Letztere benutzten wir nur, wenn das Opfer enthauptet oder sein Gebiß zertrümmert worden war.

Interessanterweise konnte man an den Toten frappante Ähnlichkeiten feststellen. Schwarze, Weiße, Gelbe – alle sahen gleich aus. Mit ihrer fahlen, talgartigen Haut wirkten sie wie Wachsfiguren; die Pupillen schimmerten in verwaschenem Grau, die Münder waren weit aufgerissen, als hätte sie der Tod inmitten eines Schreis ereilt.

Und sie rochen alle gleich. Der Gestank des Todes ist einzigartig, vielleicht der widerwärtigste auf Erden, und wenn man ihn einmal wahrgenommen hat, glaubt man nie wieder, daß der Mensch die Krone der Schöpfung ist. Die Leichen, die ich als Soldat und Kriegskorrespondent riechen mußte, stanken grauenvoll – im Gegensatz zum Wild, zu all den Fischen und Vögeln, die ich als Jäger und Angler entschuppte, häutete und ausnahm. Weil der Geruch des Todes so intensiv ist, kann man sich niemals so daran gewöhnen wie an seinen Anblick. Und der Geruch bleibt stets der gleiche. Die Intensität mag sich ändern, denn sie hängt vom Stadium der Verwesung ab, doch wenn zwei Menschen während desselben Zeitraums und unter denselben Bedingungen tot waren, werden sie nicht unterschiedlich riechen. Das stellte ich zum erstenmal 1965 in Vietnam fest, wo ich merkte, daß mir vom Gestank eines toten Amerikaners genauso übel wurde wie vom Gestank eines toten Vietnamesen. Seit damals machte ich diese Beobachtung immer wieder, in anderen Kriegen, an anderen Orten, auf den Golanhöhen, in der Wüste Sinai, auf Zypern und im Libanon und – um den Kreis zu schließen und nach Vietnam zurückzukehren, in den Straßen von Xuan Loc, einer im Verlauf der nordvietnamesischen Offensive von 1975 hart umkämpften Stadt. All diese Toten – Amerikaner, Nordvietnamesen und Südvietnamesen, Araber und Israeli, Türken und Griechen, Moslems und Christen, Männer, Frauen und Kinder, Offiziere und gemeine Soldaten – verströmten den gleichen furchtbaren Gestank.

Am 21. Juni 1965 trat ich meinen Dienst als Meldeoffizier für Verluste an. Am frühen Morgen focht eine Patrouille vom 2. Bataillon beim Iron Bridge Ridge ein Scharmützel mit dem VC aus. Gegen neun summte mein Feldtelefon. Der Adjutant des 2. Bataillons meldete vier Verluste bei einer Kampfhandlung, einen Toten, drei Verwundete. Ich legte das entsprechende Formular auf meinen Schreibtisch und sagte: »Okay, reden Sie weiter.« Er begann die Namen und Dienstnummern zu nennen, die Wunden zu beschreiben. Mit dem Gefallenen fing er an. Störgeräusche knatterten in der Leitung, und er mußte die Namen buchstabieren. »Atheron. Alpha Tango Hotel Echo Romeo Tango Oscar November. Vorname John, mit H wie Hotel... Schußwunde im Oberkörper... Im Kampf gefallen, bei Patrouillengang in der Nähe von Danang...« Seine Stimme hatte den mechanischen routinierten Klang eines Rundfunksprechers, der die Börsenkurse vorliest.

Hastig notierte ich die Angaben. Es war unerträglich heiß im Zelt. Schweiß tropfte von meiner Nasenspitze auf das Formular und verwischte den Druck. Wie ein Fliegenfänger klebte das Papier an meiner Hand, die den Stift hielt. Ich verschmierte einen Teil des Berichts und bat den Adjutanten, die Information zu wiederholen. Er hatte es zur Hälfte geschafft, als sich der Telefonist einmischte. »Gruppe Eins Alpha...« Das war mein neuer Codename. »Hier Gruppe Telefon – Unterbrechung – Unterbrechung – Unterbrechung...« Das bedeutete, daß er mich aus der Leitung werfen würde, um sie freizubekommen.

»Gruppe Telefon, hier Eins Alpha, im Dienst«, erwiderte ich, womit ich meinte, daß mein Gespräch noch nicht beendet war.

»Eins Alpha, hier Gruppe Telefon. Kann Sie nicht verstehen, Unterbrechung.« Es klickte.

»Du blöder Hurensohn!« schrie ich in die tote Leitung. Schwitzend drückte ich auf die Gabel des EE-8. Nach zehn oder fünfzehn Minuten meldete sich der Telefonist wieder und verband mich mit dem 2. Bataillon. Der Adjutant nahm den Anruf entgegen und fuhr da fort, wo er vorhin aufgehört hatte.

»...Multiple Fragmentwunden, beide Schienbeine. Verwundete evakuiert...«

Als ich die Berichte an die Divisionszentrale für Verluste weitergeleitet hatte, ging ich in die Operationsabteilung, um herauszufinden, wie es dem Feind bei diesem Kampf ergangen war. Webb Harrisson, einer der zweiten Operationsoffiziere, blätterte in einem kleinen Stapel von Nachrichten. »Da haben wir's. Vier Charlies, alle gefallen.«

Ich eilte ins Zelt des Obersten und korrigierte mit meinem Fettstift die Tabelle. Der Stellvertretende Kommandant, Oberstleutnant Brooks, las die Zahlen. Er war ein glatzköpfiger, untersetzter Mann, dem die Soldaten den Spitznamen Elmer Fudd gegeben hatten, weil er dieser Comic-Figur glich. »Nun, bringen Sie diese alte Tabelle mal wieder auf den neuesten Stand, Leutnant?«

»Ja, Sir«, antwortete ich und dachte: Was denn sonst, zum Teufel?

»Wann haben Sie diese Zahlen bekommen?«

»Heute morgen, Sir.«

»Sehr gut. Oberst Wheeler hält heute nachmittag eine Einsatzbesprechung in General Thompsons Anwesenheit ab, und da wird er die allerneueste Verluststatistik brauchen.«

»Ja, Sir. Wer ist General Thompson?«

»Er kommt vom MACV.« (Militärisches Assistenzkommando Vietnam, Westmorelands Hauptquartier.)

Etwas später traf ein Jeep mit den toten Vietcongs und zwei Zivilistinnen ein, die während des Gefechts verletzt und dann auf den Rücksitz verfrachtet worden waren. Die eine, alt und gebrechlich, hatte nur ein paar geringfügige Kratzer an den Armen. Die andere, Anfang oder Mitte Dreißig, lag auf dem Bauch. Granatsplitter steckten in ihren Hinterbacken. Die Leichen wurden in einem Anhänger transportiert.

Der Fahrer parkte hinter dem Adjutantenzelt und machte den Anhänger los. Der kippte nach vorn, klirrend landete die Anhängedeichsel am Boden, die Toten rollten übereinander. Ein halb abgetrennter Arm, mit einem Knochenteil, der weiß aus dem Fleisch ragte, schwang an der Seitenwand des Vehikels hoch und dann wieder nach unten. Sanitätssoldaten rannten herbei und trugen die junge Frau auf einer Bahre ins Regimentslazarett. Die Alte schlurfte hinterher und spuckte schwarzroten Betelnußspeichel in den Staub.

Ich versuchte mich zu vergewissern, ob es sich tatsächlich um vier Leichen handelte. Offensichtlich. Genau ließ sich das nicht feststellen. Im Anhänger hin und her geworfen, hatten sie sich ineinander verschlungen, und ich konnte sie kaum unterscheiden. Zumindest drei bildeten ein Gewirr aus Gliedmaßen. Beim vierten fehlten die Unterarme, die Beine waren völlig weggeschossen oder -gesprengt. Die übrigen hatten in anderen Körperregionen Verstümmelungen erlitten. Aus einer Kopfwunde quollen Gehirnmasse und weiße Knorpelteile auf den Boden des Anhängers. Ein zweiter, in die Leibesmitte getroffen, war von innen nach außen gekehrt worden, und die schleimige, blaue und braungrüne Masse seiner Eingeweide drang hervor. Am unteren Ende des Wagens glänzte eine tiefe, dunkelrote Blutlache. Ich wandte meine Augen von diesem Anblick ab und forderte den Fahrer auf, die VCs aus dem Anhänger zu heben.

»Tut mir leid, Sir«, entgegnete er und startete den Jeep. »Man hat mir nur befohlen, die Leichen hier abzuliefern. Jetzt muß ich zur Fahrbereitschaft zurück.«

»Schon gut, verschwinden Sie.«

Der Soldat fuhr davon. Ich ging ins Zelt und befahl Kazmarack, die Leichen zu dem Friedhof zu bringen, wo die feindlichen Gefallenen begraben wurden. Kazmarack nannte ihn Leichengrube, und diese Bezeichnung traf eher zu als die meine.

»Lassen Sie die Toten hier, Mr. Caputo«, sagte Kapitän Anderson.

»Sir, in wenigen Stunden werden sie ziemlich übel riechen.«

»Der Oberst will, daß sie hierbleiben.«

»Warum, zum Teufel?«

»Er möchte sie den Schreiberlingen vom Hauptquartier vorführen. In dieser Gegend gibt's kaum Aktionen, und er ist offenbar bestrebt, die Leute an den Anblick von Blut zu gewöhnen.«

»Sie scherzen, Kapitän.«

»Keineswegs.«

»Also, ich halte nicht viel von dieser Idee. Um Himmels willen, wir sollten die armen Bastarde begraben.«

»Leutnant, ich glaube, was Sie denken, spielt keine große Rolle. Der Alte will, daß sich die Leute an den Anblick von Blut gewöhnen, und das werden sie auch tun.«

»Nun, da gibt's Blut in rauhen Mengen, aber ich bin mir nicht sicher, ob sie sich dran gewöhnen werden. Anderes Zeug ist auch da, in verschwenderischer Fülle – Eingeweide und Gehirnklumpen.«

»Ich werde Ihnen Bescheid geben, wenn die Leichen weggeschafft werden sollen.«

»Ja, Sir.«

Und so blieben die Toten in der Sonne liegen. Wie es der Oberst befohlen hatte, mußten die Soldaten des Hauptquartiers an dem Anhänger vorbeimarschieren und die gefallenen Vietcongs betrachten. Sie defilierten dahin wie Museumsbesucher. Die Sonne schien sengend herab, die Leichen begannen in der Hitze zu stinken. Der Geruch, zunächst nur schwach, weil die VCs erst vor kurzer Zeit gestorben waren, weckte Assoziationen mit ausströmendem Herdgas. Die Männer traten zum Anhänger, einer nach dem anderen, schauten hinein, versuchten verzweifelt Witze zu machen, als sie sahen, was darin lag, oder sie sagten gar nichts, dann kehrten sie zu ihren Schreibtischen und Schreibmaschinen zurück. Am wolkenlosen Himmel brannte die Sonne noch heißer, der Gestank verstärkte sich. Mit einem Windstoß wehte er ins Adjutantenzelt, der Herdgasgeruch, vermischt mit einem anderen, der mich an den Chemieunterricht in der Schule erinnerte, an Experimente mit Schwefelwasserstoff. Nun, mehr waren diese Gestalten hier auch nicht – nur eine Masse aus Chemikalien und verwesender Materie. Ich blickte hinaus und stellte zufrieden fest, daß sich die Show dem Ende näherte; die Soldaten am Ende der langen Warteschlange zogen am Anhänger vorbei. Wegen des Geruchs wahrten sie einen gewissen Abstand. Noch war er nicht unerträglich; bevor es ganz schlimm wurde, mußten noch einige Stunden verstreichen. Doch die Intensität genügte bereits, um die Männer am Ende der Reihe – im Gegensatz zu den ersten – vom Trödeln abzuhalten, und brachte sie um die Chance, die Toten ausgiebig zu beäugen und sich an den Anblick des Blutes zu gewöhnen.

Die Prozession war vorbei. Kazmarack und ein anderer

Soldat, der Gefreite Stasek, machten den Anhänger an einem Jeep fest und fuhren nach Danang. Anderson ging zu der Stabsversammlung, die er einberufen hatte, um General Thompsons Besuch vorzubereiten. Zehn Minuten später stapfte er ins Zelt zurück. Schweiß strömte über sein rotes Gesicht mit dem dicken Doppelkinn. »Mr. Caputo, wir müssen die Leichen zurückholen.« Ungläubig starrte ich ihn an, und der fuhr fort: »Der Alte will die Leichen dahaben, damit er sie dem Alten bei der Einsatzbesprechung zeigen kann.«

»Stasek und Kazmarack sind schon weggefahren, Sir. Wahrscheinlich befinden sie sich mittlerweile in Danang.«

»Ich weiß, daß sie weg sind. Treiben Sie irgend jemand auf, der einen Jeep steuern kann. Er soll die beiden einholen und veranlassen, die Toten sofort hierher zurückzubringen.«

»Sir, ich glaube einfach nicht, was wir da machen.«

»Setzen Sie sich endlich in Bewegung!« Er wandte sich ab und eilte mit schnellen, ruckartigen kleinen Schritten davon.

Ich schaffte es, einen Fahrer zu finden, der die Strecke kannte, erklärte ihm, was zu tun war, und ging ins Zelt zurück, wo ich mir – im Geist des Wahnsinns befangen, an dem ich teilnahm – einen neuen Titel zulegte. Den schrieb ich auf ein Stück Pappe, das ich zusammengefaltet auf meinen Schreibtisch stellte. Lt. P.J. CAPUTO, stand darauf. OFFIZIER, FÜR DIE TOTEN VERANTWORTLICH.

Der General kam um die Mitte des Nachmittags in einem Hubschrauber an – wie soll sich ein General denn sonst fortbewegen? Ich warf einen Blick auf ihn, als er nebenan ins Hauptquartier ging, flankiert vom Oberst und Oberstleutnant Brooks, gefolgt von ein paar Adjutanten mit nervösen Mienen. Er war etwa so groß wie Wheeler und genauso gebaut, aber damit endete die Ähnlichkeit. Der Oberst trug den tristen Kampfanzug eines Feldkommandanten, Thompson eine Uniform, wie sie einem Generalleutnant der US-Armee zustand. Drei weiße Sterne blitzten an der grünen Kappe. Je drei weitere schmückten die gestärkten Kragenecken. An der

Brust haftete eine blauweiße Kampfinfanteristenplakette. Diverse Abzeichen verliehen den Schultern und Ärmeln Farbe, ein Namensschild über der linken Brusttasche verriet seine Identität: THOMPSON.

Die Einsatzbesprechung begann. Ungefähr eine Viertelstunde später kehrten Stasek und Kazmarack zurück, sichtlich gereizt.

»Sir, was zum Teufel geht hier vor?« fragte Stasek. »Wir hatten diese VCs gerade begraben, und da...«

Ich erzählte ihnen, was vorging, und erkundigte mich nach dem Verbleib der Leichen.

»Die liegen draußen, Sir.« Stasek begann leicht hysterisch zu lachen, wie ein Mann, der in Wirklichkeit schreien will. »Jesus, wir mußten sie wieder aus der Erde ziehen, und dabei plumpsten einem VC die Gedärme aus dem Bauch. Ich zerrte an einem anderen, da löste sich sein Bein ab. Die fallen alle auseinander...«

»Schon gut, das genügt. Das alles tut mir sehr leid. Halten Sie sich beide in Bereitschaft. Nach der Besprechung müssen Sie die Toten wieder wegbringen.«

»Ja, Sir. Wenn sich der General diese Leichen anschauen will, sollten wir den Anhänger vielleicht mit einem Wasserschlauch abspritzen.«

»Okay, tun Sie das.« Ich verließ mit Stasek und Kazmarack das Zelt. Der Anhänger parkte an derselben Stelle wie zuvor.

Nebenan fand die Besprechung statt. Ich konnte nicht alles verstehen, nur unzusammenhängende Satzteile: »... und planen weitere Operationen im Le-My-Gebiet... Das ist hier, General...« Durch das Fenstergitter sah ich Thompson mit gekreuzten Beinen dasitzen. Er nickte, während der Instruktionsoffizier redete und einen Zeigestab vor der großen Wandkarte im Zelt des Obersten schwenkte. Wheeler stand neben seinem Schreibtisch. An der Trennwand zwischen seinem und Brooks' Büro hing eine Sammlung eroberter Feindeswaffen. »In dieser Gegend wurde heute morgen eine unserer Patrouillen in ein Gefecht mit einer VC-Streitkraft verwickelt, Sir... Die Aktivitäten nehmen zu...«

Zwanzig Yards entfernt, hatten Kazmarack und ein anderer Soldat einen Schlauch mit einem Wassertankwagen verbunden und füllten nun den Anhänger. Der General nahm das eine Bein vom anderen und sagte etwas, das ich nicht hörte. »Ja, Sir«, erwiderte der Instruktionsoffizier. Kazmarack und sein Kamerad machten den Schlauch vom Tank los, hoben die Anhängerdeichsel auf, schoben das Vehikel ein Stück nach hinten, dann nach vorn, wieder zurück und wieder nach vorn, um es durchzuspülen. Gemurmel drang aus dem Zelt des Obersten. »Ich glaube, diese Frage kann ich beantworten, Sir«, sagte irgend jemand.

Und draußen sagte Stasek: »Okay, Kaz, hebt das Ding hinten ein bißchen an.« Kazmarack und sein Helfer gehorchten, beide Hände unter der Anhängerdeichsel, die Armmuskeln unter dem Gewicht angespannt, hielten sie die Karre hoch, während sich Stasek hinhockte, unter den Anhänger griff und den Stöpsel aus dem Boden schraubte. Rasch zog er die Hand zurück, als das Wasser herausrann, ein dickflüssiger roter Strom, gesprenkelt mit weißen Splittern. »Jesus Christus, schaut euch das an!«

Nach der Besprechung verließen General Thompson, Oberst Wheeler und die anderen Offiziere das Zelt. Schneidig salutierte ich, als sie an mir vorbei zu meinen frischgewaschenen Leichen gingen. Ich betrachtete sie als mein Eigentum, denn sie waren tot, und ich trug die Verantwortung für die Toten. Unter dem Anhänger floß ein blutiges Rinnsal hervor und versickerte im Sand. Vorsichtig stiegen die hohen Tiere darüber, um den Glanz ihrer Stiefel nicht zu trüben. Jemand zeigte auf die Gefallenen und erklärte dem General, dies seien die VCs, die man am Morgen getötet habe. Er musterte sie, sagte etwas zum Oberst, dann begab er sich zur Landezone, wo sein Hubschrauber wartete.

Den Rest des Nachmittags verbrachte ich mit unbedeutendem Papierkram. Als ich abends in die Messe ging, unterbrachen der Marinegeistliche Ryerson und der Sanitätsoffizier Milsovic ihre Mahlzeit und sahen mich an. Ich stellte mein Tablett auf den Sperrholztisch und nahm Platz. Der Kaplan, so dünn und trübsinnig wie der Arzt dick und fröhlich, rutschte über die Bank, um mir gegenüber zu sitzen. »Der Doktor erzählte mir, wir hätten heute einen weiteren Soldaten verloren.« Er beugte sich ein wenig vor, und seine Stimme klang anklagend, als wäre ich – der Meldeoffizier der Divisionsmeldezentrale für Verluste – schuld am Tod des Jungen.

»Ja, Sir, das stimmt.«

»Ich hoffe nur, diese Leute sterben für eine gute Sache, Leutnant. Was meinen Sie?«

»Bei allem Respekt, Kaplan, in der Messe sollten wir nicht fachsimpeln. Außerdem will ich nicht über Tote reden. Damit hatte ich heute schon genug zu tun.«

»Ob das nun ein Fachgespräch ist oder nicht – ich hoffe, diese Jungs werden nicht nur deshalb umgebracht, weil irgendein Offizier eine Beförderung anstrebt.«

»Davon weiß ich nichts.«

»Was soll das heißen? Sie wissen nichts davon? Sie haben doch diese Show gesehen, die heute für den General veranstaltet wurde, nicht wahr?«

»Ja, Sir. Aber jetzt möchte ich gern essen. Es wäre besser, Sie würden mit dem Alten darüber sprechen. Was erwarten Sie von mir?«

»Vielleicht könnten Sie mir verraten, was wir hier machen. Sie waren Zugführer. Als wir in Vietnam ankamen, sollten wir den Flugplatz eine Zeitlang verteidigen und dann nach Okinawa zurückkehren. Jetzt nehmen wir an einem Krieg teil, und bisher war niemand imstande, mir zu erklären, was wir eigentlich tun. Ich bin kein Taktiker, aber anscheinend schikken wir immer wieder Leute los, die eine Operation durchführen, ein paar VCs töten oder vom VC getötet werden, dann ziehen wir uns zurück, und der VC rückt nach. Wir sind also wieder da, wo wir angefangen haben. Jedenfalls sieht das für mich so aus. Ich glaube, diese Jungs sterben für nichts und wieder nichts.«

Ich hob die Hände. »Kaplan, was wollen Sie von mir hören? Möglicherweise haben Sie recht, ich weiß es nicht. Ich bin nur Leutnant. Wie auch immer, das ist kein allzu schlimmer Krieg. Seit Ende April haben wir nur vierundachtzig Verluste zu beklagen, und davon sind nur zwölf gefallen. Verdammt, im Zweiten Weltkrieg hat eine Einheit von dieser Größe in fünf Minuten vierundachtzig Mann verloren.«

»Was möchten Sie damit zum Ausdruck bringen? Das ist nicht der Zweite Weltkrieg.«

»Ich meine, daß zwölf Gefallene in zwei Monaten nicht so schlimm sind.«

Ryersons Gesicht lief rot an, sein Tonfall verschärfte sich. »Das sind zwölf verzweifelte Familien. *Zwölf verzweifelte Familien,* Leutnant!« Er zeigte mit einem Finger auf mich. »Zwölf Gefallene – das ist sehr schlimm für die Angehörigen dieser toten Soldaten.« Ich schwieg. Das Essen auf meinem Tablett wurde kalt. Ein paar ranghöhere Offiziere wandten die Köpfe in unsere Richtung, um zu sehen, was den Wutanfall des Kaplans verursacht hatte. »Für den Doktor und mich«, fuhr er beharrlich fort, »gelten die Kriterien der Menschlichkeit – keine Statistik. Und erstere scheint ihr Infanterietypen zu vergessen.«

Ich dachte an Feldwebel Sullivan und erinnerte mich, wie tief sein Tod die »Infanterietypen« in der C-Kompanie getroffen hatte. »Wie schön für Sie und den Doktor«, entgegnete ich. »Sie beide sind wahre Humanisten. Glauben Sie, mir gefällt das, was ich tue? Meinen Sie, ich mache mir einen gewaltigen gottverdammten Spaß daraus, Sie Himmelspilot?«

»Moment mal, Mister...«

»He, Phil«, mischte sich Milsovic ein. »Zügeln Sie Ihr italienisches Temperament. Der Kaplan hat es nicht persönlich gemeint.«

Mein Zorn verflog. Ich entschuldigte mich bei Ryerson und aß weiter.

Danach verließ ich die Messe und kehrte an meinen Schreibtisch zurück. Die Arbeit fiel mir schwer. Es war stickig im Zelt, und ich fühlte mich verwirrt. Die moralische Arroganz des Kaplans hatte mich geärgert, aber sein Sermon weckte Zweifel in meinem Herzen – Zweifel am Krieg. Ein Teil seiner Worte ergab tatsächlich einen gewissen Sinn.

Unsere taktischen Operationen schienen keinen Zweck zu erfüllen und ein klar erkennbares Ziel anzusteuern. Andere Zweifel stiegen in mir auf. Die Ereignisse dieses Tages verhöhnten die gesamte katholische Theologie, die mir Dominikaner- und Jesuitenpriester in der High School und auf dem College vorgepredigt hatten. Der menschliche Körper ist der Tempel des Heiligen Geistes; der Mensch ist nach dem Ebenbild Gottes geschaffen; achte die Toten. Nun, die vier Tempel in jenem Anhänger waren beträchtlich zerstört worden, und ich konnte mir nicht vorstellen, daß jemals ein Heiliger Geist darin gewohnt hatte. Was das Ebenbild der Gottheit betraf – sie glichen viel eher den zermalmten Hunden, die man am Straßenrand liegen sah. Und wir hatten ihnen nicht gerade Achtung erwiesen, obwohl sie tot waren. An die Sache, für die wir kämpfen sollten, glaubte ich immer noch – aber was für Menschen waren wir, was für eine Armee mochte das sein, die ihre hingemetzelten Opfer zur Schau stellte?

Zwölf verzweifelte Familien. Die Worte des Kaplans hallten in meinem Gehirn wider. *Für den Doktor und mich gelten die Kriterien der Menschlichkeit – keine Statistiken.* Ich dachte wieder an Sullivan. Er gehörte zu den Statistiken, ebenso wie die vier feindlichen Soldaten, die an diesem Morgen gefallen waren. Der einzige Unterschied lag darin, daß sie auf der Tabelle des Obersten in verschiedenen Spalten registriert waren. *Zwölf verzweifelte Familien.* Ich dachte an Sullivans junge Witwe in Pennsylvania, und ein kalter Schauer überlief mich. Vielleicht hatte ihr Mann für nichts und wieder nichts sterben müssen – vielleicht für irgend etwas. So oder so – für sie spielte das kaum eine Rolle.

Ich verbrachte noch ein paar Stunden an meinem Schreibtisch, trank ein Bier und ging früh zu Bett. In dieser Nacht war ich für die letzte Wache eingeteilt, und ich wußte, daß ich nach vierundzwanzig Uhr kaum Schlaf finden würde. Die großen Geschütze donnerten bis zum Morgengrauen.

11

Wäre ich grimmig und kahl und litte an Atemnot,
ich lebte mit den Majoren im Stützpunkt, gekleidet in Scharlachrot
Und schickte düstere Helden der Reihe nach in den Tod.

Siegfried Sassoon, »Base Details«

Ich lag auf meinem Feldbett, hörte Gewehrfeuer knattern und Regen auf dem straff gespannten Segeltuch über meinem Kopf trommeln. Eine Stimme rief: »Antreten. Raus aus der Falle, Bereitschaftsstufe eins!« Es war sehr früh am Morgen, ich lag noch im Halbschlaf, das Gewehrfeuer, die Stimme und die Regengeräusche schienen aus weiter Ferne zu kommen. Dann explodierte eine der Acht-Zoll-Haubitzen. Abrupt setzte ich mich auf und wußte, daß ich nicht träumte. Das Handwaffenfeuer knallte laut und ganz in meiner Nähe. Webb Harrisson – es war seine Stimme gewesen – stand an einem Ende des Zelts und hakte die Klappen auf. »He, P.J., endlich sind Sie wach. Ich glaube, wir bekommen heute nacht wieder Besuch.« Er teilte die Klappen und ging hinaus.

Ich riß den Karabiner aus meiner Feldkiste und folgte ihm. Während ich einen Banana-Ladestreifen ins Magazin rammte und eine Patrone in die Kammer hebelte, rannte ich schwerfällig durch den Schlamm zur Vorpostenlinie. Ich konnte Harrisson nicht sehen. Kalt prasselte der Regen auf meinen nackten Rücken. Zur Linken, im Liniensektor des 1. Bataillons, blinkten Mündungsblitze in der Dunkelheit.

Leuchtspurgeschosse aus einem Maschinengewehr rasten in schneller Folge über die Reisfelder jenseits des Stacheldrahts dahin.

Im dicken Schlamm – vor dem Regen pulveriger Staub – rutschte ich aus, stürzte und rollte in ein Schützenloch. Im selben Moment detonierte eine Leuchtrakete. Im Loch stand das eisige Wasser knietief und spülte Schwemmsand in meine Stiefel. Eine zweite Leuchtrakete krachte – und noch eine. Sekundenlang hingen sie am schwarzen Himmel, dann begannen sie an ihren kleinen Fallschirmen herabzuschweben, schwangen hin und her, stießen seltsame quietschende Laute aus, während sie im Wind schaukelten. In den schwankenden orangegelben Lichtkreisen sah ich die Regenschleier, die Umrisse der Zelte, zwei behelmte Soldaten in einem Schützenloch links von meinem und auf der anderen Straßenseite die dicken feuchtglänzenden Läufe der Acht-Zoll-Haubitzen. Unentwegt feuerten sie auf ihre kleinen Ziele, als wäre ihnen das Scharmützel, nur hundert Yards entfernt, völlig gleichgültig.

Ich nahm an, daß es sich um ein weiteres Infiltrationsunternehmen handelte. In der vergangenen Nacht – am 22. Juni – hatten die VCs versucht, die Linien des Hauptquartiers zu unterwandern. Anscheinend wollten sie nun Schwachstellen in der Vorpostenlinie von Eins–Drei aufspüren. Das war nur eine Vermutung. Ich hatte keine Ahnung, was wirklich vorging. Die Leuchtraketen erreichten den Boden, sprühten ein paar Sekunden lang Funken und erloschen. Der Regimentshauptfeldwebel schlitterte an mir vorbei, nur mit grünen Unterhosen bekleidet, eine Thompson-Maschinenpistole in der Hand. Ich rief ihn zu mir. Groß und bullig, sprang er ins Schützenloch, und das Wasser spritzte hoch empor. »Jeeesus Christus, Leutnant, Sie haben mir nicht gesagt, daß das ein gottverdammter Swimmingpool ist«, brüllte er, ohne zu bedenken, daß ihn jemand hören könnte.

»Kümmern Sie sich nicht drum. Was zum Teufel ist eigentlich los?«

»Wie soll ich das wissen? Wahrscheinlich ballern ein paar verängstigte Jungs auf irgendwelche Büsche.«

Ein verlöschendes Leuchtspurgeschoß glitt über unsere Köpfe hinweg und glühte wie der Funken eines Lagerfeuers. Weitere Leuchtraketen stiegen hoch. Wir starrten auf die Landschaft, die sie schwach erhellten, sahen aber nichts, was auch nur entfernt einem Vietcong geähnelt hätte.

»Das dachte ich mir«, bemerkte der Regimentshauptfeldwebel. »Da draußen gibt's nur Büsche – verdammte Büsche. Und ich stecke hier bis zum Arsch im Schlamm. Das ist einfach würdelos!«

Das Feuer war verstummt. Zitternd und klatschnaß warteten wir noch eine Stunde, bis unsere Stellung als gesichert galt.

Was die Soldaten betraf, die auf Büsche geschossen hatten, so irrte der Hauptfeldwebel. Kurz nach der Reveille wurden zwei tote VCs in den Befehlsstand getragen und wie erlegtes Wild an Bambusstangen gebunden. In langen, blutigen Strähnen hing ihr schwarzes Haar hinab. Ihre dunkelblauen Uniformen wiesen darauf hin, daß sie den regulären Hauptstreitkräften angehört hatten. Immer noch mit Händen und Füßen an die Stangen gebunden, wurden die Leichen in einen Laster geworfen und weggebracht. Ich ging ins Zelt des Obersten und erhöhte auf der Tabelle die Zahl der gefallenen VCs um zwei.

Die nächsten sieben Nächte verliefen fast genauso. Der Feind versuchte die Vorpostenlinien des Hauptquartiers und der Bataillonsstellungen zu durchdringen, griff isolierte Außenposten mehrmals aufs Geratewohl mit Granatwerfern an und bemühte sich in den mittlerweile vom 1. Bataillon der 9. Marineinfanterie bemannten Luftwaffenstützpunkt einzusickern. Wegen des ständigen Alarms fanden wir nur wenig Schlaf.

Irgendwann in dieser Woche erzählte mir Harrisson, die am 23. Juni getöteten VCs hätten zu einer fünf bis sechs Mann starken feindlichen Patrouille gehört. Offenbar hatten sie die Linien des 1. Bataillons ausgekundschaftet und dabei den Fehler begangen, sich zu nahe heranzuwagen. Deshalb waren sie von einem Maschinengewehrschützen aus kürzester Distanz erschossen worden. Es sei schön und gut, welch einen klaren Kopf der Mann behalten und wie gut er gezielt habe, meinte Harrisson. Aber die verstärkten VC-Aktivitäten würden anzeigen, daß die Nachrichten über einen bevorstehenden Angriff auf den Flugplatz nicht nur Gerüchte waren. Wie er mir erklärte, massierte der VC seine Streitkräfte in der Provinz Quang Ngai, südlich von Danang, offensichtlich in der Absicht, die Hauptstadt der Provinz einzunehmen. Außerdem operierten zwei nordvietnamesische Armeedivisionen im Süden, eine im Zentralhochland, die andere irgendwo im I. Corps.

»Ich sage Ihnen, Charlie wird bald irgendwas ausprobieren.« Harrisson blickte auf unser weit ausgedehntes Zeltlager, wo sich alles über der Erde befand, ungetarnt, in ordentlichen Reihen, nur durch ein bißchen rostigen Draht vom Vietcong getrennt. Er lachte. »Jesus, Phil, sogar die Franzosen haben sich verschanzt.«

Ein paar Tage später wurden zwei VCs gefangengenommen, während sie im hellen Tageslicht einen Teil der Regimentsstellungen auskundschafteten. Am nächsten Tag sichtete eine Patrouille vom Aufklärungsbataillon eine feindliche 82-mm-Granatwerferbatterie, die sich auf den Flugplatz zubewegte. Die Patrouille, für einen Angriff zu weit vom VC entfernt, forderte ein Artilleriefeuer an, das ihr verweigert wurde, weil eine andere Marineinfanteristenpatrouille im selben Gebiet verlorengegangen war und niemand das Risiko eingehen wollte, die eigenen Leute zu treffen. Der Führer des Spähtrupps gab per Funk die Landkartenkoordinaten der Granatwerferposition durch und äußerte die Vermutung, sie könnten in Stellung gebracht werden, um den Flugplatz zu bombardieren.

Sein Lagebericht wurde pflichtschuldig zur Kenntnis genommen und in einem Aktenschrank vergraben. Am 28. Juni wurde ein ARVN-Bezirkshauptquartier in unserer Nähe bombardiert. Der VC warf Granaten auf einen isolierten Sektor der Eins-Drei-Linien, tötete und verwundete mehrere Soldaten.

Man brauchte kein Clausewitz zu sein, um den Schluß zu ziehen, daß all diese Zwischenfälle etwas zu bedeuten hatten. Der Feind plante tatsächlich eine Attacke auf den Flugplatz, dessen Verteidigung immer noch unsere Hauptaufgabe war. Aber der Regimentsstab ließ sich nicht zu übereilten Aktionen hinreißen. Wir verbrachten diese Woche keineswegs mit fieberhaften Analysen des VC-Aktionssystems, planten weder eine Gegenoffensive, noch versuchten wir unsere existierenden Verteidigungsstellungen zu verbessern oder die Maßnahmen zu ergreifen, die von einem Militärstab in solchen Fällen erwartet werden. Nein, wir Profis mit glasklaren Köpfen taten, was Stabsoffiziere zu tun pflegen – nichts. Nein, das stimmt nicht ganz. In unserer Freizeit spielten wir Volleyball, und da es nie genug Arbeit gab, um auch nur die Hälfte der über zwanzig Stabsoffiziere zu beschäftigen, hatten wir ziemlich oft frei. Außerdem lasen wir sehr viel – in jener Woche beendete ich ›The Adventures of Augie March‹ – oder frönten unseren individuellen Hobbys. Major Burin, der Nachrichtenoffizier, übte Volkstanzkommandos, begleitet von der schrillen Fiedelmusik, die aus seinem tragbaren Magnetophon tönte. Im ganzen Lager konnte man ihn hören, wenn er mit seinem Kansas-Akzent sang: »Allemande links mit der linken Hand ... Die Partnerinnen herumschwingen, Gents, dideldum, und jetzt in der Mitte einen Texasstern bilden.« Der Offizier für Verwaltungsangelegenheiten, Tim Schwartz (nicht der Schwartz, den ich abgelöst hatte), entdeckte eine neue Methode, Gedichte zu verfassen. Er stellte Listen von möglichst esoterischen Wörtern zusammen, die er in seinem Wörterbuch aufstöberte, dann hängte er sie in der Reihenfolge aneinander, in der er sie gefunden hatte. Er war sehr stolz auf seine unverständlichen Verse und fragte mich, ob ich wisse, wo er sie veröffentlichen könne. Ich schlug ihm die *Kenyon Review* vor.

Falls die Stabsabteilungen überhaupt arbeiteten, konzentrierten sie sich auf Alltagsdetails und Routineberichte. Die S-1 legte die üblichen Truppenstärken- und Verlustberichte zu den Akten. Die S-2 – der Nachrichtendienst – lieferte

Angaben über feindliche Schlachtordnungen und schrieb Berichte über die jüngsten VC-Aktionen. Letztere waren von historischem, aber geringem informativem Wert, weil es nicht die wichtigste Funktion der S-2 war, eine Chronik über die von VC bereits vollbrachten Taten zu erstellen, sondern vorauszusehen, was er wahrscheinlich unternehmen würde. Die Operationsabteilung, S-3, fuhr fort, das Logbuch mit Lageberichten zu füllen, Operationen zu planen, in deren Verlauf unsere Bataillone fast unweigerlich in Gebiete geschickt wurden, wo sich der Feind nicht aufhielt, und die Anzahl der täglichen Patrouillengänge unserer Linienkompanien festzuhalten. Die S-4 inventarisierte regelmäßig die Rationen und Munitionen.

Der Divisionsgeneralstab verschickte mehrere Botschaften, um uns auf diffizile Mißstände hinzuweisen:

1. Die Soldaten, die irreguläre Stoffnamensschilder über den linken Brusttaschen ihrer Hemden angenäht hatten, mußten sie entfernen. Von jetzt an sollten die Namen in Blockbuchstaben von der Größe eines halben (½) Zoll aufgestempelt werden.

2. Der Kommandierende General duldete nicht länger, daß die Soldaten in Arbeitsgruppen und Patrouillen ihre nackten Oberkörper zeigten. Im Freien mußte die gesamte Mannschaft Hemden und/oder Unterhemden tragen.

3. Die Auflage der *Marine Corps Gazette* sank. Die Offiziere, die das Blatt noch nicht abonniert hatten, wurden aufgefordert, dies nachzuholen.

Und so machten die Stabsoffiziere weiter und klebten an der Routine, was nur eine andere Form der Untätigkeit darstellte. Die feindliche Bedrohung wurde ignoriert, und am 1. Juli griff der Vietcong den Flugplatz an.

Es geschah gegen zwei Uhr morgens, und ich beendete gerade meine Wache im Operationszelt, als die ersten Granaten einschlugen. Um Überschwemmungen standzuhalten, war das Zelt auf eine Plattform aus Sperrholzplatten und Kastenrahmen gestellt worden. Vom Eingang führten Holzstufen hinab. Auf halber Höhe der Treppe angelangt, sah ich einen grellen Blitz über den Bäumen jenseits des Highway One, dann hörte ich das deutliche *Uff* eines explodierenden Granatwerfers. Die Bäume markierten die Grenze des Luftwaffenstützpunkts, etwa fünfhundert Yards vom Regimentshauptquartier entfernt. Das Rollfeld, von der Granate getroffen, lag noch mindestens tausend Yards weiter weg; also war ich mir keiner unmittelbaren Gefahr bewußt und empfand nur Neugier. Ich stieg die Stufen wieder hinauf, blickte über das Feld hinter dem Hauptquartier zu der dunklen, durchbrochenen Baumreihe und beobachtete weitere Blitze. Wenige Sekunden später krachten die Detonationen der 82-mm-Geschütze, Granaten reihten sich aneinander wie eine Kette aus Knallkörpern, nur viel lauter. Der Himmel über den Wipfeln, eben noch schwarz, glänzte nun in bleichem, flakkerndem Rot. Im Hauptquartier wälzten sich die Soldaten von ihren Feldbetten und griffen nach den Waffen.

»Haben Sie Conlin verständigt?« fragte ich meine Ablösung durch den Zelteingang. »Charlie beschießt den Flugplatz.«

»Klar, Conlin und der Alte sind schon unterwegs.«

Ein rückstoßfreies Gewehr feuerte mit einem Doppelknall – zuerst krachte die Waffe, gleich darauf die Patrone. Ein riesiger Flammenball erhob sich über den Bäumen wie ein nachgemachter Sonnenaufgang, hohl donnerten explodierende Treibstofftanks – das rückstoßfreie Gewehr hatte ein Flugzeug getroffen. Die Feuerkugel blähte sich auf, mit orangefarbenem Rand und in der Mitte so blendend weiß, daß ich die Gesichter der Soldaten, die zu den Schützengräben unserer Vorpostenlinie rannten, deutlich sehen konnte.

Ich kehrte ins Zelt zurück, von dem Gefühl getrieben, ich müßte irgend etwas tun, war mir aber nicht sicher, was. Major Conlin und seine Stellvertreter, Harrisson und Kapitän Johnson, kamen herein, in Flakjacken und Helmen. Bald gesellten sich der Nachrichtenoffizier und seine Nummer zwei, Leutnant Mora, zu ihnen. Dann erschien Oberst Wheeler, mit hängenden Schultern, gelassen, seine Pfeife im Mund. Wir alle drängten uns mit mehreren Funkern und Soldaten von der Meldesammelstelle im Zelt. Eine einzige Granate hätte den halben Regimentsstab vernichten können, und es gab sicher einige Feldoffiziere, die sich das wünschten.

Die Schlacht um den Flugplatz hatte allen Ernstes begonnen. Die VC-Granatwerfer dröhnten unentwegt, die Geschütze der Marineinfanteristen erwiderten das Feuer, weitere Treibstofftanks platzten. Maschinengewehre griffen an. Auf einen neuen Blitz folgte ein Donnerhall – das war keine Granate –, eine unserer Bomben mußte explodiert sein, oder vielleicht jagte der Feind ein Flugzeug in die Luft. Im Operationszelt herrschte Verwirrung. Funkgeräte knisterten, Feldtelefone summten, Stabsoffiziere rannten von einer Telefonreihe zur anderen. Irgend jemand sprach mit Eins–Neun und versuchte herauszufinden, woher der Angriff kam und wie viele VCs sich daran beteiligten. Der Oberst saß da und starrte auf die große Operationslandkarte, als könnte er sie dadurch zwingen, das Geheimnis dieser Vorgänge zu enthüllen.

»Wir treten uns nur auf die Füße«, meinte Kapitän Johnson. »Jeder, der hier nichts verloren hat, setzt seinen Helm auf, zieht die Flakjacke an und geht an der Vorpostenlinie in Stellung.«

Ich wandte mich zum Ausgang. Ein großer Mann mit bulliger Brust und tief zerfurchtem Gesicht trat ein, bei jedem Schritt wankten seine mächtigen Schultern. Beim Anblick der zwei Sterne auf seiner Kappe salutierte ich albernerweise und sagte: »Guten Morgen, Sir.« Generalmajor Lew Walt nahm diese Formalität nicht zur Kenntnis und ging zur Landkarte. Vor kurzem hatte er das Kommando der III MAF übernommen, der Dritten Marineamphibienstreitkraft, die als Hauptquartier aller in Vietnam stationierten Marineeinheiten diente. Er schaute ziemlich wütend drein, und dazu hatte er auch allen Grund. Nun erfolgte genau der Angriff, den die Marineinfanterie hätte verhindern sollen.

Walt flößte mir großen Respekt ein. Ich neigte immer noch zur Heldenverehrung, und er war ganz eindeutig ein Held; drei Tapferkeitsorden für Verdienste im Seekrieg hatte er errungen – einen davon, weil er bei einer Schlacht im Südpazifik unter schwerem japanischem Beschuß ganz allein ein

Artilleriegeschütz einen Hang hinaufgzogen hatte. Außerdem zählte er zu jenen seltenen Offizieren im Generalsrang, die es für ihre Pflicht hielten, ihre Soldaten an der Front zu kommandieren, nicht von einem gemütlichen Befehlsstand aus, so weit von den Aktivitäten entfernt, daß man es fast schon als Desertion betrachten mußte. Sein kühnes Hauptquartier hatte er in einem Wasserlandflugzeug etabliert, einer gepanzerten Mannschaftstransportmaschine, die nun direkt hinter der Haubitzenbatterie des Regimentsbefehlstands parkte. Walt befehligte seine Leute neben dem Kanonenrohr, wo sich die Generäle in alter Zeit postiert hatten, als sie noch Kämpfer gewesen waren, keine Geschäftsmänner wie Westmoreland.

Zudem gewann ich den Eindruck, daß Walt zu den wenigen hochrangigen Offizieren gehörte, die den Vietcong schon in jener optimistischen, lässigen Phase ernst nahmen. Und indem er mit seinem Hauptquartier so weit vorrückte und sich Gefahren aussetzte, die er ohne Ehrverlust hätte meiden können, versuchte er den untergeordneten Kommandanten mitsamt ihren Stäben seinen persönlichen Führungsstil vor Augen zu führen und ein Exempel zu statuieren. Kaum jemand schien seinem Beispiel zu folgen, weder damals noch später. Ich weiß, daß ihn einige Dinge irritierten, als er im Mai das Kommando übernahm. Im Regimentshauptquartier wurden nachts Freiluftkinovorstellungen gegeben; Walt machte dem ein Ende. Zehn bis zwanzig Prozent der Schützenbataillone bekamen häufig Urlaub und streiften betrunken durch Danang; Walt veranlaßte, daß die Stadt für das Militär gesperrt wurde. Die Hauptwiderstandslinie und die Danang-Enklave zeigte sich auf den Karten der Stabsoffiziere als massive Reihe aus Männern und Bajonetten; Walt wollte sich mit eigenen Augen davon überzeugen – was nur wenige Stabsoffiziere jemals taten – und stellte fest, daß die Linie keine Linie, sondern eine mehrfach durchbrochene Kette von Biwaks war, von mickrigem Draht umgeben, der dem entschlossenen Angriff eines feindlichen Zugs niemals standhalten könnte. Sofort ordnete er die Errichtung einer ordentlichen Hauptwiderstandslinie an, mit Stützpunkten, vorgezogenen Außenposten und festgelegten Artilleriemassierungen.

Aber es war ihm nicht gelungen, die Trägheit und Selbstzufriedenheit des Regiments zu besiegen, und nun nahm der feindliche Angriff seinen Lauf, mit zerstörerischer Präzision.

Draußen war es fast taghell im Licht der Leuchtraketen, die über dem Flugplatz hingen, und im Flammenschein der brennenden Flugzeuge. Leuchtfeuergeschosse kratzten scharlachrote Linien über den Himmel. Ein Sternenhaufen schoß nach oben, überflügelte die schwankenden weißen Leuchtraketen und zerbarst in einem Funkenregen. Ein roter Sternenhaufen – das Zeichen, daß der Feind die Vorpostenlinie des Luftwaffenstützpunkts durchdrungen hatte. Die 1.5er hinter dem Befehlsstand hatten den Gegenangriff eröffnet. Ein paar Kugeln zischten über uns hinweg. Ich konnte nicht erkennen, ob sie von Heckenschützen stammten und sich vom Schlachtfeld auf dem Flugplatz hierherverirrt hatten.

In Helm und Flakjacke ging ich zu dem Zelt, wo die Geheimdokumente in einem Safe lagen. Dieser enthielt die Nachrichtencodes und Operationspläne des Regiments, außerdem ein paar kleine kryptographische Geräte, die wir benutzten, um Codes zu entschlüsseln. Für die Sicherheit dieses James-Bond-Zeugs war ich verantwortlich und mußte es, meinem Dauerbefehl zufolge, mit Thermitgranaten verbrennen, wenn das Camp angegriffen und überrannt wurde. Feldwebel Hamilton, Bürovorsteher, stand im Kampfanzug vor dem Zelt, an der Seite eines Obergefreiten, eines Neuankömmlings, der nervös und verwirrt aussah.

»Leutnant, fallen die gelben Horden über uns her?« fragte Feldwebel Hamilton. »Alles ist bereit. Ich habe die Granaten schon rausgeholt, und ich würde nichts lieber tun, als diesen ganzen Quark zu verbrennen.«

»Die gelben Horden haben die Vorpostenlinie vom Flugplatz durchstoßen. Es sieht nicht so aus, als würden sie uns angreifen, aber wenn Sie's tun, verbrennen Sie das Zeug erst, wenn sich die Charlies direkt auf Sie stürzen.«

»Sir, wenn sich die Charlies direkt auf mich stürzen, werfe ich ihnen die Granaten entgegen und die Dokumente hinterher und laß alles zusammen in Flammen aufgehen.« Mehrere Leuchtspurgeschosse sausten über uns dahin, und wir hörten das langsame, heisere Dröhnen eines schweren Maschinengewehrs. Hamilton lachte. »Was sagten Sie, Sir? Die würden nicht angreifen?«

»Das war vermutlich eine von unseren eigenen 55ern. Sie haben gehört, was ich will.«

»Ja, Sir. eine tolle Show, die Mr. Charles da abzieht, aber irgend jemand müßte ihm erklären, daß er zu früh losgelegt hat. Der 4. Juli ist erst in drei Tagen.« Er lachte wieder, und der Scherz wirkte komischer, als er war.

Da ich sonst nichts zu tun hatte, suchte ich meine Stellung an der Vorpostenlinie des Hauptquartiers auf. Jeder Juniorof-fizier trug die Verantwortung für einen Linienabschnitt. Ein Gefreiter und zehn Mann unterstanden mir, mein bisher größtes Kommando.

Während wir in unseren Schützenlöchern warteten, rollte ein Konvoi mit einer Schützenkompanie vorbei und steuerte den Luftwaffenstützpunkt an. Mit einiger Verspätung setzte der Gegenangriff ein. Schnell fuhren die Laster dahin und wirbelten Staubwolken auf. Schimmernd stiegen sie im orangegelben Zwielicht der Flammen empor, die über dem Flugplatz am Himmel leckten. In halsbrecherischem Tempo polterte der Konvoi die Straße hinab, vollgepackt mit schreienden, jubelnden Marineinfanteristen, die ihre Gewehre hochhielten. »Diese gottverdammten Kerle sind alle verrückt«, meinte ein Schreibtischsoldat an meiner Seite. Die 1.5er Batterie beschleunigte das Feuer, vor den Mündungsblitzen zeichneten sich die Silhouetten der Geschütze und ihrer Bedienungen ab. Die letzten Laster rasten vorbei. Jeder zog ein Artilleriegeschütz hinter sich her, und als ich die Haubitzen auf den Lafetten zittern sah, erfaßte mich freudige Erregung. Eine weiße Flammensäule sprühte auf dem Flugplatz aus brennendem Magnesium hoch, während die 1.5er Geschosse in den Reisfeldern südlich vom Stützpunkt explodierten.

Bis zum ersten Tageslicht blieben wir an der Vorpostenlinie. Schwarzer Rauch wallte am Morgenhimmel, aber die Schlacht war vorüber. Später fuhr ich mit Kazmarack am Flugplatz vorbei, auf dem Weg nach Danang, mit Berichten für das I. Corps-Hauptquartier. Ich erwartete, eine einzige Ruine vorzufinden, aber der Stützpunkt war riesig und hatte nur vereinzelt ernsthaften Schaden genommen. Trotzdem war der Angriff nicht ohne Wirkung geblieben. Am Südende des Rollfelds lagen zwei völlig zerstörte Transporter, zwischen verstreuten Flügel- und Maschineriefragmenten. Zwei Jagdbomber sahen aus wie zerbrochene Spielsachen, ein dritter bestand nur noch aus Asche und verbogenem Metall. Ein Laster schleppte ein weiteres beschädigtes Flugzeug zum Rand der Landebahn. Wir hielten an, um uns die Wracks anzuschauen, und entdeckten die Löcher, die einige VC-Pioniere in den Maschendrahtzaun entlang der Vorpostenlinie geschossen oder geschnitten hatten. Sie waren durch den Sektor hereingekommen, den mein Zug im März und April bemannt hatte – im Glauben, wir würden den Krieg in wenigen Monaten gewinnen, triumphierend heimkehren und uns bei Luftschlangenparaden feiern lassen.

12

Die größte Tragödie ist der Krieg, aber so lange es die Menschheit gibt, wird es Kriege geben.

Jomini, Die Kunst des Krieges

Während des restlichen Sommers hielten sich die Kämpfe rings um Danang in Grenzen. Tagsüber schien überhaupt kein Krieg stattzufinden. Still lagen die Reisfelder in der Sonne. In dieser Jahreszeit waren sie schön – hellgrün, gesprenkelt mit dem dunkleren Grün der Palmenhaine, die ihren Schatten auf die Dörfer warfen. Die Bauern in den geschützten Gebieten führten wie eh und je ihr Leben, dessen uralte Rhythmen der Krieg kaum gestört hatte. Frühmorgens brachten kleine Jungen die Wasserbüffel aus den Gehegen zu den Flußsuhlen, die Männer begannen die Felder zu bestellen. Stundenlang rackerten sie sich hinter hölzernen, von Ochsen gezogenen Pflügen ab, um die von der Sonne gebackene Härte aus dem Erdreich zu wühlen. Nachmittags, wenn es so heiß wurde daß sie nicht weiterarbeiten konnten, kehrten sie in das kühle Dunkel ihrer strohgedeckten Hütten zurück. Es glich einem Ritual – sobald die Hitze unerträglich war, schirrten sie ihre Pflüge los und zogen entlang der Bewässerungsgräben zu den Dörfern, gelb hoben sich die Kegelhüte vom Grün der Reisfelder ab. Nachmittags kam meist ein Wind auf, und die langen Schoten des reifenden Reises raschelten genüßlich. Sie boten einen hübschen Anblick, die jadefarbenen Flächen, die sich bis zu den fernen blauen Gebirgsausläufern und

Gipfeln erstreckten. In der Abenddämmerung wurden die Büffel in die Gehege zurückgetrieben. Mit schwankenden Hörnern, die Flanken vom Schlamm der Suhlen bedeckt, folgten sie den staubigen Straßen, neben den kleinen Jungen, die ihnen mit Bambusstöcken auf die Hinterbacken schlugen.

Nachts fing der Krieg an. Die Acht-Zoll- und 155-mm-Geschütze eröffneten ihr konstantes Feuer, erwidert von VC-Heckenschützen und -Granatwerfern. Unsere Patrouillen schlüpften dunkle Pfade entlang, um im Hinterhalt zu lauern oder selbst in einen zu geraten. An den Vorpostenlinien lauschten die Wachtposten und spähten in die Schwärze, die hin und wieder von trüben Leuchtraketen erhellt wurde. Abwechselnd gelangweilt und nervös, warteten sie auf die Infiltranten, die manchmal an unseren Linien herumschnüffelten, Granaten über den Drahtzaun warfen oder eine Stellung mit Karabinerfeuer bestrichen. Sie erschienen zu zweit und zu dritt, und so starben sie auch, genau wie unsere eigenen Leute – zu zweit und zu dritt. Wir fochten keine großen Schlachten aus. Es gab kein massives Blutvergießen, nur Blutrinnsale sickerten langsam und stetig zwischen Hinterhaltschüssen und kleinen Feuergefechten dahin. Wenn die Aktivität gegenüber dem Frühjahr auch zugenommen hatte – Feindkontakte kamen immer noch selten zustande. Fast jede Nacht tönten die gleichen Berichte von Patrouillen und Außenposten aus den Funkgeräten im Operationszelt, und wir hörten sie, wann immer wir Wache hielten. Zwanzig verschiedene Stimmen sagten stets dieselben Worte, wie ein Chor, der einen Refrain sang: »Kein Kontakt. Alles gesichert, Situation unverändert.«

Falls Kontakte stattfanden, führten sie zu heftigen Kämpfen, die aber im großen und ganzen keine Konsequenzen nach sich zogen. Das Regiment besetzte dieselben Stellungen, die es seit April innehatte, und die Einzelheiten der Landschaft ringsum wurden so vertraut, daß wir manchmal den Eindruck gewannen, wir hätten unser ganzes Leben hier verbracht. Männer wurden getötet und verwundet, unsere Patrouillen kämpften an denselben Orten wie in der vergangenen Woche und in der Woche davor. Die Lage änderte sich nicht, nur die Verlusttabelle des Obersten.

Nein, nicht nur diese Zahlen änderten sich. Zu Beginn des Sommers war ich vierundzwanzig, am Ende viel älter als jetzt. Chronologisch betrachtet, hatte sich mein Alter um drei Monate erhöht, in emotionaler Hinsicht um etwa drei Jahrzehnte. Ich war ungefähr Mitte Fünfzig, in jener deprimierenden Phase, wo die Freunde eines Mannes wegzusterben beginnen und ihn jeder Tod an die Nähe des eigenen gemahnt.

Wir verloren nicht allzu viele. Und weil sie als Individuen starben, behalte ich sie als Individuen im Gedächtnis, nicht als Teile einer Statistik. Ich erinnere mich an den Gefreiten Brian Gauthier, der – wie es ein zynischer Krieger ausdrückte, »zwei Marinekreuze (Tapferkeitsorden) eroberte, das blauweiße, das sie einem verdienstvollen Mann an die Brust heften, und das aus weißem Holz, das sie über ihm aufstellen«. Gauthier, ein einundzwanzigjähriger Gruppenführer in der S-Kompanie, wurde am 11. Juli in einem Hinterhalt tödlich verwundet. Den Orden bekam er, weil er seine Männer unter schwerem feindlichem Beschuß weiterführte, bis er – um die Belobigung zu zitieren – »seinen Verletzungen erlag«. Später wurde das Regimentshauptquartier auf seinen Namen getauft. Das war nett von den hohen Tieren, aber dem Grenadier, der im selben Hinterhalt starb, verliehen sie keinen Orden und benannten auch nichts nach ihm. Er erhielt keine Chance, eine Heldentat zu begehen. Denn die Mine, auf die er trat, löste die sympathische Detonation seiner 40-mm-Granaten aus und tötete ihn augenblicklich. »Sympathische Detonation« – so lautete der Begriff, den ich im Verlustbericht gebrauchte, ein weiterer trockener, unzulänglicher militärischer Euphemismus. Er bedeutete, daß die Minenexplosion eine gleichzeitige Zündung der Granaten bewirkt hatte. Ich konnte nichts Sympathisches daran finden.

Ich erinnere mich auch an Frank Reasoner, der ebenfalls den Heldentod starb, und an Bill Parsons, dem das nicht gelang. Am Tag nach Gauthiers Ableben sah ich Reasoner im Operationszelt. Ich hatte gerade die Formulare für sieben

Soldaten ausgefüllt, die an jenem Morgen in einem Granatwerferfeuer getötet oder verwundet worden waren. Reasoner saß da, rauchte seine zerkratzte, verbogene Pfeife und schaute auf die Landkarte. Der kleine, untersetzte Mann war neunundzwanzig – alt für einen Oberleutnant –, ein Ehemann und Vater. Ehemals Unteroffizier, hatte er sich die Ränge hochgedient. Ich mochte ihn und seine ruhige, reife Art. Wir teilten uns ein Bier und sprachen über die Patrouille, die er am Nachmittag hinausführen würde – in die Reisfelder unterhalb des Charlie Ridge, ein flaches, gefährliches Land mit zahlreichen Baum- und Heckenreihen. Er leerte sein Glas und ging. Ein paar Stunden später brachte ihn ein Hubschrauber zurück; ein Maschinengewehr hatte seinen Bauch der Breite nach durchlöchert, und der junge Gefreite, der die Leiche aus der Schußlinie gezogen hatte, sagte: »Er müßte zugedeckt werden, könnte jemand eine Decke holen? Mein Kommandant ist tot.« Reasoners Patrouille war in mehrere feindliche Maschinengewehrnester geraten. Eine der Waffen hatte er allein angegriffen und funktionsunfähig gemacht. Dann hatte er mit seinem Karabiner auf die zweite gefeuert, war losgelaufen, um einen seiner Verwundeten aufzulesen, und getötet worden. Frank Reasoner erhielt nicht nur die Verdienstmedaille, man benannte ein Camp *und* ein Schiff nach ihm und schickte den Orden mitsamt einem Beileidsschreiben an seine Witwe.

Parsons, ein Leutnant in der E-Kompanie, 2. Bataillon, wurde zwei Nächte später von einer unserer eigenen 4,2-Zoll-Granaten getötet. Sie fiel auf seinen Zug, während er mit den Leuten in einem Basiscamp innerhalb der »rückwärtigen« Zone eine Einsatzbesprechung abhielt. Die Soldaten saßen dicht gedrängt beisammen, und da die 4,2 ein ziemlich großes Geschoß ist, mußten wir mehrere Verluste beklagen. Im Hauptquartier fiel es uns schwer, präzise Verlustberichte abzufassen; niemand wußte genau, wer getötet und wer verwundet worden war. Kapitän Anderson meinte, ich müsse wieder einmal ins Divisionslazarett gehen, um die Dinge zu klären. Ich bat ihn, mir das zu ersparen, mit der Begründung, ich hätte schon genug Leichen gesehen und würde diesen Anblick nicht mehr ertragen. Da beschloß er, das selbst zu übernehmen. Als er zurückkam, schaute er etwas seltsam drein. Er sagte nichts und las nur die Notizen vor, die er sich im Lazarett gemacht hatte. Seine Gründlichkeit ließ nichts zu wünschen übrig: Parsons Beine waren an der Hüfte abgeschnitten, zwei weitere Männer getötet, acht andere schwer verwundet. Ich füllte die Formulare aus und legte sie in den Aktenordner für VERLUSTE – KEINE KAMPFHANDLUNGEN. Dann warf Anderson das Notizbuch auf seinen Schreibtisch und bemerkte: »Da drin sieht's aus wie in einem Metzgerladen.«

Und ich entsinne mich auch einer Nacht zwei Wochen später. Eine Gruppe VC-Sappeure durchdrang den Drahtzaun eines Pioniersbataillonscamps in der Nähe des Hauptquartiers. Zahlreiche Leuchtraketen und Granaten explodierten, Kugeln scheuchten den Staub rings um das Zelt der Junioroffiziere hoch. Ich warf mich durch mein Moskitonetz, packte meinen Karabiner, stolperte, schlug mit dem Kopf auf einer Ecke meiner Feldkiste auf und verlor die Besinnung. Eine kleine Weile lag ich bewußtlos da. Als ich zu mir kam, kroch ich in einen Schützengraben, wo der Zweite Nachrichtenoffizier Mora stand, mit nichts weiter bekleidet als mit einem Pistolengürtel. Bart Francis, ein anderer Stabsleutnant, schaute ihn an und meinte: »Also wirklich, Roland, das gehört sich doch nicht.« Noch ein bißchen schwindlig von meinem Sturz, begann ich hysterisch zu lachen. Ein exaltierter Schwartz – im Kampf kamen stets seine preußischen Wesenszüge zum Vorschein – brüllte verwirrte Soldatengruppen an. Respekt, falls er wußte, was da eigentlich vorging... Ich wußte es nicht, obwohl die helle Mondnacht von den Leuchtraketen zusätzlich illuminiert wurde. Entlang unserer Vorpostenlinie war ein Handwaffenfeuer ausgebrochen; offenbar versuchte eine weitere Pioniergruppe die Drahtzäune des Hauptquartiers zu durchbrechen. Der VC schoß auf die Marineinfanteristen, die Marineinfanteristen auf den VC, auf andere Marineinfanteristen oder auf gar nichts. Im bleichen

Licht sahen wir einen Gewehrschützen, etwa zwanzig oder dreißig Yards von unserem Schützengraben entfernt. Tief gebeugt rannte er ins Kreuzfeuer und fiel zu Boden, als wäre er auf einer Eisbahn ausgerutscht. Seine Beine flogen nach oben, wuchtig prallte er auf dem Rücken auf und rührte sich nicht mehr. Als das Feuer erstarb, kletterte ich mit einem anderen Offizier aus dem Graben. Wir riefen nach einem Sanitätssoldaten und rannten zu dem Schützen. Der brauchte keinen Sanitäter mehr. Seine Augen waren weit geöffnet, doch er sah nichts, und eines seiner Beine, am Oberschenkel halb durchtrennt, hatte sich unter ihm verbogen wie bei einem Schlangenmenschen.

Es gibt noch andere Erinnerungen. Erinnerungen an Nick Pappas, einen College-Footballstar, der über eine Mine stolperte; für fast zwei Jahre fesselte sie ihn an den Rollstuhl und beendete seine Footballkarriere für immer... Erinnerungen an den jungen Offizier vom Panzerbataillon, das unserem Regiment angeschlossen war; eine AK-47 verwundete ihn an einer Körperseite und am Bein; langsam starb er in einem Krankenhaus auf den Philippinen am Brand, während die Ärzte das infizierte Bein Stück für Stück amputierten, bis sie an der Hüfte anlangten und nichts mehr wegschneiden konnten... Erinnerungen an die Regennacht, wo ich ins Lazarett ging, um drei Soldaten von meinem alten Zug zu identifizieren – Devlin, Lockhart und Bryce...

In einem Horchpostenbunker vor den Linien der C-Kompanie waren sie in die Luft gesprengt worden. Deutlich entsinne ich mich jener Nacht, viel deutlicher, als es mir lieb ist. Kazmarack und ich fuhren zum Lazarett und parkten den Jeep neben einer Plane, die man vor dem Zelteingang wie eine Markise über drei Tische gespannt hatte. Über jedem hing eine Glühbirne. In der Nähe summte ein Generator, das feuchte Gras glänzte im Lichtschein. Der Obergefreite Gunderson und ein anderer Soldat standen vor der Plane im Regen, die Köpfe zwischen die Schultern gezogen. Gunderson, ein Gruppenführer in der C-Kompanie, erklärte mir, er habe die Leichen gefunden und ins Lazarett gebracht.

Ich zog mein Notizbuch aus der Plastikhülle und duckte mich, um unter die Markise zu treten. Ein Marinearzt mit hautengen Latexhandschuhen kam aus dem Zelt, begleitet von einem Lazarettgehilfen, der ein Klemmbrett mitbrachte. Andere Sanitätssoldaten trugen die Leichen auf Bahren heran und legten sie auf die Tische. Es handelte sich um drei Gefallene, aber ich sah nur fünf Stiefel. Der Arzt sah mich an und fragte, wer ich sei und was ich hier mache. Ich antwortete, ich müsse die Identität der Toten feststellen und einen Bericht über das Ausmaß der Verletzungen schreiben.

»Okay, ich habe so ungefähr das gleiche zu tun«, bemerkte der Arzt. »Ich nehme an, es könnte ein Unfall gewesen sein.«

»Da sind wir uns noch nicht sicher, Sir«, antwortete Gunderson, der mir unter die Plane gefolgt war. »Die Telefonleitung, die in den Bunker führte, war durchgebrannt. Vielleicht wurde sie von einem Blitz getroffen, und der elektrische Strom hat die Granaten gezündet. Sie hatten etwa zehn Granaten da drin. Oder ein VC warf durch die Schießöffnung eine Granate hinein und löste die Explosion aus. In diesem Regen hätte er sich leicht heranschleichen können.«

Der Doktor nickte und zog den Poncho von Devlins Körper. »Nun, kann mir irgend jemand sagen, wer das ist?«

»Ich glaube, es ist Devlin«, erwiderte ich. Meine Kinnmuskeln verkrampften sich, als ich auf die Leiche blickte. »Peter Devlin. Er ist Gefreiter – ich meine, er war es.«

»Ich will ganz genau wissen, ob er's ist.«

»Es ist Devlin«, bestätigte Gunderson. »Ich habe die drei gefunden.«

Damit gab sich der Arzt zufrieden und begann mit der Untersuchung – oder eher mit der Autopsie. Er knetete Devlins Fleisch, drehte die Leiche auf den Bauch, dann wieder auf den Rücken und schob die Finger in die Löcher, die durch Granatsplitter entstanden waren. Zu seinem Lazarettgehilfen gewandt, beschrieb er die Art der Wunden und nannte die medizinischen Fachausdrücke für die verletzten Körperteile. Der Soldat hakte einzelne Punkte auf der Liste ab, die in einem Klemmbrett steckte. Ich versuchte mir das alles zu notieren, aber es fiel mir schwer, den anatomischen Jargon zu verstehen, und noch schwerer, den Doktor zu beobachten, der mit seinen behandschuhten Fingern in den Wundlöchern bohrte. Schließlich fragte ich: »Doc, wie bringen Sie das fertig?«

»Das ist mein Job. Ich bin Arzt. Man gewöhnt sich dran, und wenn man's nicht kann, darf man nicht Arzt werden. Außerdem spürt er's nicht mehr.« Nun richtete er das Wort wieder an den Lazarettgehilfen. »Tiefgreifende Fragmentwunde, Stichwunde, rechte Niere.« Der Sanitätssoldat machte wieder einen Haken.

In diesem Augenblick sah ich, daß das Gurtband von Devlins Unterhose so rot war, als wäre es in rote Farbe getaucht worden. Rot wie Blut. Blutroter Tod. Ich stellte mir vor, wie sein Gesicht ausgesehen hatte, das jetzt nicht mehr existierte, erinnerte mich an seinen Gang, an den Klang seiner Stimme. Aus irgendeinem Grund fiel mir ein, daß er einmal auf seinem Wachtposten eingeschlafen und mit der Degradierung bedroht worden war. Ich hatte um Gnade für ihn gebeten, weil er stets ein guter Soldat gewesen war. Der Kapitän ließ ihn mit einer Verwarnung davonkommen. Devlin verließ Petersons Zelt und kam zu mir. »Sir, ich weiß, ich verhalte mich jetzt unmilitärisch, aber ich möchte Ihnen danken, weil Sie sich für mich eingesetzt haben.« Und ich spielte den steifen, strengen Offizier und entgegnete: »Sie haben recht, Devlin, das ist unmilitärisch, also danken Sie mir nicht.«

Bryce ließ sich leicht identifizieren, da er von der Taille aufwärts fast unverletzt war. Von der Taille abwärts forderte er das professionelle Können des Doktors heraus und meine Fähigkeit, dessen wissenschaftlicher Sachlichkeit nachzueifern. Vor allem das nackte linke Wadenbein störte mich. Alle Fleischfasern und Muskeln waren weggerissen worden, und der zersplitterte Knochen sah aus wie ein gebrochener Elfenbeinstab. Der Arzt sagte so etwas Ähnliches wie »traumatische Amputation, komplizierte Fraktur im linken Fuß, massiver Gewebeverlust an der linken Tibia«, und der Lazarettgehilfe machte weitere Häkchen.

»Wir fanden seinen Stiefel, und da steckte der Fuß noch drin«, berichtete Gunderson. »Aber wir ließen ihn liegen. Wir wußten nicht, was wir damit machen sollten.«

Der Doktor winkte ab, um anzudeuten, das wäre in Ordnung, er würde Bryces rechten Fuß nicht brauchen. Er setzte die Untersuchung fort, und als er Bryces Unterhose mit einer Schere aufschnitt, wandte ich mich ab. Ich redete mir ein, es sei ganz schnell geschehen, zu schnell, als daß Bryce irgend etwas hätte spüren können; doch ich glaubte nicht daran. Auch der Bohrer eines Zahnarztes verursacht einen jähen Schmerz, aber man fühlt ihn. Was hatte Bryce gefühlt? Kann ein unglaubliches Ausmaß an Schmerzen in einem einzigen Augenblick ausbrechen?

Lockhart war bei der Explosion durch eine schwere Gehirnerschütterung getötet worden, was mich ein wenig erleichterte. Weitere Verstümmelungen hätte ich nicht mehr ertragen. Er sah aus, als schliefe er, abgesehen von den wunden, zur Größe von Golfbällen angeschwollenen Augenhöhlen. »Das sind junge Männer«, hatte er vor drei Monaten über die gefallenen VCs gesagt. »Es sind immer die jungen, die sterben.« Lockhart war neunzehn.

Ich steckte mein Notizbuch in die Plastikhülle zurück, stieg in den Jeep und fühlte mich irgendwie merkwürdig, angespannt und schwindlig, wie ein Mann, der an der Dachkante eines Hochhauses entlanggeht. Ein völlig durchnäßter Kazmarack startete, Im selben Moment hielt ein anderer Jeep vor dem Zelt. »He, P.J.!« rief McCloy.

»Murph! Was machst du hier?«

»Ich vergewissere mich nur, ob die Leichen eingetroffen sind«, erwiderte er und kam zu mir herüber.

»Weißt du, ob es ein Unfall war?« Das mußte ich herausfinden, sonst konnte ich die Formulare nicht in die richtigen Aktenordner heften. Nein, erklärte McCloy, er habe keine Ahnung, Feeley würde morgen eine Untersuchung durchführen. »Verdammt, es macht ja auch keinen Unterschied, oder?« fragte ich rhetorisch. »Jesus, das ist die ärgste Schweinerei, die ich je gesehen habe.«

»Oh, so schlimm war es doch gar nicht.«

»Machst du Witze? Hast du Bryce gesehen? Die wurden einfach in die Luft gejagt!«

»Nun übertreib mal nicht. Sie wurden nur aufgerissen.«

»Um Himmels willen! Also gut – ›aufgerissen‹. Und das findest du nicht so schlimm?«

McCloy packte mich bei beiden Schultern. Im Licht der Glühbirnen sah ich ihn lächeln. »Nein, ich finde es nicht so schlimm. Komm schon, reiß dich zusammen!«

In dieser Nacht erhielt ich das Kommando eines neuen Zugs. Die Leute hatten im Regen Aufstellung genommen, drei Glieder. Ich trat ihnen gegenüber und sah Devlin, Lockhart und Bryce in der ersten Reihe. Bruyce stand auf seinem noch vorhandenen Bein, neben ihm der gesichtslose Devlin, dann Lockhart mit den wunden, aufgequollenen Augenhöhlen. Auch Sullivan war da, und Reasoner und all die anderen, alle tot außer mir, dem Offizier, der die Verantwortung für die Toten trug. Als einziger lebte ich noch, unversehrt und unverstümmelt. Und nachdem ich kommandiert hatte: »Augen RECHTS! Gewehr UMHÄNGEN! Vorwärts, MARSCH!«, schauten sie nach rechts, hängten die Gewehre um und setzten sich in Bewegung. Da marschierte er dahin, mein Zug aus verkrüppelten Leichen, die auf Beinstümpfen humpelten, Armstümpfe schwangen und den Rhythmus perfekt einhielten, während ich »Eins, zwei, drei, vier« rief. Stolz auf diese bis zum Ende und darüber hinaus disziplinierten Soldaten erfüllte mich. Sogar nach dem Tod blieben sie im Gleichschritt.

Entsetzt und schweißgebadet erwachte ich. Ich war mir nicht sicher, ob ich geträumt hatte. Die Szene hatte so real gewirkt. Selbst als ich erkannte, daß es nur ein Traum gewesen war, verließ mich das Grauen nicht. Ein Grauen, wie ich es auch nach Sullivans Tod empfunden hatte... In der Ferne feuerte ein Granatwerfer. Ich begann zu zählen: »Tausendeins, tausendzwei, tausenddrei...« Normalerweise dauerte es zwanzig Sekunden, bis eine Granate ihr Ziel erreichte. »Tausendneunzehn, tausendzwanzig, tausendeinundzwanzig, tausendzweiundzwanzig...« Nichts geschah. Das Geschoß explodierte irgendwo. Es war eine unserer eigenen Granaten gewesen. Erleichtert rauchte ich eine Zigarette und schirmte sie mit den Händen ab, damit die glühende Spitze nicht durch die Risse in den Zeltplanen schimmerte. Noch immer von Angst erfaßt, fiel ich in einen unruhigen Schlaf.

Als ich erwachte, hing die Sonne dicht über der Palmenreihe jenseits des Highway One, und die Bauern arbeiteten auf den Feldern nahe den Batterien hinter der Sandstraße. Den Anblick der marschierenden Leichen immer noch wie ein Nachbild vor Augen, schwang ich mich von meinem Feldbett. Ich sah die neue Sonne und beobachtete, wie die Bauern die grünen Reisfelder bei den inzwischen verstummten Geschützen pflügten. Aber nichts, was ich erblickte, konnte die beharrliche Vision von diesem Totenmarsch verwischen. Während ich mich am improvisierten Waschtisch vor dem Zelt rasierte, sah ich die Leichengesichter im Spiegel, der mein eigenes Gesicht reflektierte. Ich sah sie, als ich meine Jacke anzog, die steif und weiß vom getrockneten Schweiß war, als ich in die säuerlich riechenden Pissrinnen urinierte, als ich zur Messe ging, um zu frühstücken, und über den Bewässerungsgraben sprang, wo der nach dem nächtlichen Regen ausgedorrte Schlamm zu zerbröckeln begann. All diese vertrauten Dinge – die stinkende Latrine, das Gefühl der salzverhärteten Jacke auf meinem Rücken, der ausgetretene Fußweg, der über den Graben zur Messe führte – erzählten mir, daß ich in die Welt der konkreten Wirklichkeit zurückgekehrt war, wo sich keine Toten erheben. Warum blieb das Bild von Bryce, Devlin, Lockhart und den anderen trotzdem so klar, warum erschien mir der Traum immer noch so real, und warum fürchtete ich mich immer noch, obwohl ich nicht bedroht wurde?

In der Messe setzte ich mich Mora und Harrisson gegenüber. Die Dotter der Spiegeleier auf meinem Tablett gleichen zwei hellen Augen in einem schleimigen weißen Gesicht. Ich zermanschte sie mit meiner Gabel und versuchte, sie zu essen. Mora und Harrisson sprachen über eine Regimentsoperation.

In einigen Tagen sollte sie mit Beteiligung der ARVN stattfinden, unter dem aggressiven Codenamen Operation Blast Out (Operation Sprengladung). Ich aß und hörte zu und empfand eine geistige Halbierung, als hätte ich das starke Marihuana geraucht, das die Bardamen in Vietnam Buddhagras nennen. Meine eine Hälfte lauschte in der Messe den beiden Offizieren, die über militärische Praktiken redeten, über Vormarschachsen und Landezonen, und die andere stand auf dem geträumten Exerzierfeld, wo beinlose, armlose, augenlose Männer nach meinem Befehl marschierten. *Eins, zwei, drei, vier, nach links, falls ihr noch eine linke Seite habt.* Dann verschwanden sie. Plötzlich. Ich sah sie, und dann sah ich sie nicht mehr. An ihrer Stelle sah ich Mora und Harrisson als künftige Leichen. Ich sah mir gegenüber ihre lebendigen Gesichter und davor wie einen durchsichtigen Film ihre Züge im Tod. Der Anblick glich einem doppelt belichteten Foto. Ich sah, wie sich ihre lebenden Lippen im Gespräch bewegten und wie sich ihre toten Lippen zum Leichengrinsen verzerrten. Ich sah die lebenden Augen und die toten, die mich immer noch anstarrten. Hätte ich nicht befürchtet, den Verstand zu verlieren, wäre mir das alles wie ein interessantes Experiment erschienen, ein Trip, den keine Droge heraufbeschwören konnte. Im Schlaf und im Traum sah ich lebende Tote, im Wachen tote Lebende.

Ich verlor nicht den Verstand, nicht im klinischen Sinn, aber andere wurden verrückt. Der Krieg begann seinen psychologischen Tribut zu fordern. Die meisten unserer Verluste waren immer noch auf Malaria, Schuß- und Granatsplitterwunden zurückzuführen, aber im Spätsommer tauchten allmählich die Begriffe »akute Angstreaktion« und »akute depressive Reaktion« in den Berichten auf, die jeden Morgen aus dem Divisionlazarett kamen. An mir selbst und anderen Männern bemerkte ich die Neigung, in düsterer Stimmung zu versinken und dann vor Wut und Bitterkeit zu explodieren, teilweise aus Trauer um tote Freunde. Ich dachte oft an meine Freunde – zu oft. Auch das zählte zu den Problemen dieses Krieges – die langen Pausen zwischen den Kampfhandlungen ließen uns zuviel Zeit zum Denken. Ich grübelte über Sullivan, Reasoner und die anderen nach, spürte eine Leere in mir, ein Gefühl der Sinnlosigkeit. Anscheinend waren sie für nichts gestorben – zumindest für nichts Greifbares. Genausogut hätten sie bei Autounfällen ums Leben kommen können. Mein Gewissen plagte mich, wenn ich an sie dachte, an meine relative Sicherheit beim Stab. Vor allem quälte es mich, daß ich es war, der diese Todesfälle in Nummern auf einer Tabelle umgewandelt hatte. Ich entwickelte tiefen Haß gegen diese Tabelle, allein schon gegen ihren Anblick. Sie symbolisierte alles, was ich am Stab verabscheute, die besessene Vorliebe für Statistiken, die Gleichgültigkeit gegenüber der Tragödie des Sterbens. Und weil ich dem Stab angehörte, verachtete ich mich selbst. Es spielte keine Rolle, daß ich nur meine Befehle ausführte und mehrere Versuche unternommen hatte, wieder zu einer Kompanie an der Front versetzt zu werden. Wann immer ich zu der Tabelle ging und die Zahlen änderte, verabscheute ich mich. Vielleicht war das eine extreme Form der *cafard*. Eines ihrer Symptome ist Haß gegen alles und jeden ringsum; nun haßte ich mich genauso wie meine Umwelt. Ich versank in morbiden Depressionen und überlegte, ob ich mich in einer gesellschaftlich akzeptablen Weise umbringen sollte – indem ich mich zum Beispiel auf eine feindliche Handgranate warf. Manchmal verspürte ich auch den Drang, jemand anderen zu töten. Wenn ich mich in einer solchen Stimmung befand, genügte die geringfügigste Irritation, um meinen Zorn zu wecken. Einmal befragte ich einen Leutnant bezüglich einer Information, die ins Adjutantenbüro gelangt war. Es war fast unerträglich heiß im Zelt, und der Mann hatte auch nicht die allerbeste Laune. »Was stört Sie denn schon wieder?« fuhr er mich an. Ich sprang auf, zerknüllte den Zettel mit der Nachricht, schleuderte sie in sein Gesicht und schrie: »*Sie* stören mich, Sie Scheißkerl!« Der Wutausbruch linderte meine innere Anspannung ein wenig, und ich beruhigte mich ebenso schnell, wie ich aufgebraust war.

Mehrere Leute verloren die Nerven. Ein Soldat packte sein Gewehr und ging in den Busch, nachdem er seinen Kameraden erklärt hatte, er könne es nicht länger ertragen, auf einen Angriff zu warten, und würde den VC nun auf eigene Faust angreifen. Ein Sanitätssoldat von der Marine schoß sich selber in den Fuß, damit er nicht mehr patrouillieren mußte. Der Befehlshaber einer Kompanie drehte unter schwerem Granatenbeschuß durch. In wilder Panik rannte er davon, ließ seine Männer im Stich, und sein Erster Offizier mußte das Kommando übernehmen.

Während eines Kampfes konnten sich solche Wahnsinnsanfälle mörderisch auswirken. Weil ich mich mit den rechtlichen Angelegenheiten des Stabs befassen mußte, überprüfte ich die Protokolle der Untersuchungen und Kriegsgerichtsverhandlungen, die im Regiment durchgeführt wurden. Dadurch erfuhr ich vom Fall zweier Soldaten im 2. Bataillon. Über vier Monate waren sie ohne Ablösung im Dschungel gewesen. Nacht für Nacht hatten sie höchstens drei bis vier Stunden Schlaf gefunden, Kameraden sterben sehen und Feinde getötet. Wenn sie ein halbes Dutzend Operationen und Kampfpatrouillen überlebt hatten, konnten sie sich auf nichts anderes als eine Fortsetzung dieser Greuel freuen.

In der trockenen Jahreszeit sind in Vietnam sogar die Nächte heiß, selten kühler als dreißig Grad; und es war heiß in jener Nacht, als Olson von Harris mit dem Hinweis geweckt wurde, er müsse nun Wache stehen.

»Zum Teufel mit dir«, sagte Olson, »ich will nicht.«

»Steh auf, Olson. Du bist meine Ablösung. Ich brauche meinen Schlaf.«

»Hau ab, Harris, ich möchte selber schlafen.«

»Ich hasse dich, Olson, und ich werde dich noch umbringen, du Arschloch.«

Olson stand auf und richtete sein Gewehr auf Harris. »Du hast doch gar nicht den Mut, um mich zu töten.«

»Du Widerling, siehst du meine Automatic? Die Mündung zeigt auf deinen Schädel. Ich brauche nur den Finger zu krümmen, und schon springt dir das Gehirn aus dem Kopf.«

Ein paar Soldaten, die später vor dem Kriegsgericht als Zeugen aussagten, beobachteten die Konfrontation. Vielleicht dachten sie, es würde nichts passieren.

»Wie gesagt, Harris, dazu fehlt dir der Mut.« Und das waren Olsons letzte Worte. Aus kürzester Distanz jagte ihm Harris sechs Kugeln in die Stirn.

Die Operation Blast Out begann und endete Anfang August. Dreitausend Marineinfanteristen und ARVN-Soldaten schafften es, unterstützt von Panzern, Artillerie, Jagdbombern und den Sechs-Zoll-Geschützen eines US-Marinekreuzers, in drei Tagen zwei Dutzend Vietcongs zu töten. Und selbst diese zwei Dutzend wurden nur mühsam zur Strecke gebracht. Sie verkrochen sich in einem Labyrinth aus Höhlen und Bunkern nahe dem Song-Yen-Fluß. In Szenen, die an die Säuberungsaktionen gegen die Japaner erinnerten, zogen die Marineinfanteristen und ARVN-Leute von Höhle zu Höhle, von Bunker zu Bunker, und räucherten den Feind mit Granaten aus.

Eine kleine Anzahl feindlicher Soldaten und hundertzwanzig VCS wurden gefangengenommen und zum Verhör ins Hauptquartier gebracht. Der Begriff VCS, Viet Cong Suspects (verdächtige Vietcongs), galt für fast alle unbewaffneten Vietnamesen, die unsere Leute in den vom Feind kontrollierten Gebieten antrafen. Neunzig Prozent davon entpuppten sich als unschuldige Zivilisten. Die Verdächtigen und die Vietcong-Gefangenen wurden in Hubschraubern zum Stab geflogen. In ihren kunterbunten Uniformen wirkten die VCs klein und schäbig, verglichen mit unseren Wachen, die sie von der Landezone zu einem staubigen Feld am Straßenrand scheuchten. Die Marineinfanteristen befahlen ihnen, sich hinzusetzen, was sie mit der schnellen Bereitwilligkeit von Männern taten, die genau wissen, daß ihr Leben in den Händen anderer liegt und daß diese gegebenenfalls ohne Zögern schießen würden. Mit verbundenen Augen, die Hände am Rücken gefesselt, sahen die VCs ziemlich verängstigt aus. Unsere Leute erschienen mir müde und nervös. Wie immer war es extrem heiß; das Thermometer vor dem Operationszelt registrierte dreiundvierzig Grad, kein Lüftchen regte sich. Die viel größere Gruppe der Verdächtigen mußte in der Landezone warten, während zunächst die VCs verhört wurden.

Ein feindlicher Soldat nach dem anderen wurde in ein Zelt geführt und von einem amerikanischen Stabsfeldwebel sowie zwei ARVN-Dolmetschern von einer Nachrichteneinheit befragt. Vor dem Eingang begann ein etwa achtzehnjähriger Vietcong zu weinen, als sein älterer Kamerad im Zelt verschwand. Vermutlich dachte er, wir würden den Mann erschießen. Der Junge rief ihn beim Namen, worauf sich ein Wachtposten hinabbeugte und ihm die Lippen zusammenkniff. »Sei still, halt deinen gottverdammen Mund!« befahl er und wandte sich ab. Doch der Junge schluchzte weiter und rief immer wieder nach seinem Freund. »Ich habe gesagt, du sollst deinen verdammten Mund halten!« Die Stimme des Marineinfanteristen klang spröde, und ich spürte, daß in dieser Backofenhitze bald etwas geschehen würde, wenn sich der Gefangene nicht beruhigte. Ich veranlaßte einen Dolmetscher, ihm zu erklären, er habe nichts zu befürchten, die VCs würden nur verhört. Das war nur die halbe Wahrheit – sie wurden verhört und danach der südvietnamesischen Armee übergeben, die sie wahrscheinlich erschießen würde. Die ARVN tötete die meisten Gefangenen, die wir ihr überantworteten.

Im Zelt zeigte sich der VC, um den der Junge weinte, äußerst widerspenstig. Er weigerte sich, den Vernehmungsbeamten, den amerikanischen Feldwebel, anzuschauen, und die Fragen zu beantworten. Außer »Toi khoung hieu (Ich verstehe nicht)« und »Toi khoung biet (Ich weiß nicht)« sagte er gar nichts. Er trug Shorts, ein Tarnhemd und Sandalen, und ich schätzte ihn auf etwa dreißig. Mit hochgezogenen Beinen saß er da und starrte auf den Boden. »Wie heißen Sie?« – »Toi khoung biet.« – »Wie alt sind Sie?« – »Toi khoung hieu.« – »Wie – alt – sind – Sie?« – »Toi khoung biet.« – »Zu welcher Einheit gehören Sie?« – »Toi khoung hieu.«

Entnervt und völlig verschwitzt, beugte sich der Amerikaner vor und brüllte auf englisch. »Schauen Sie mich an, Sie Hurensohn! Ich habe gesagt, Sie sollen mich anschauen, wenn ich mit Ihnen rede! Ich will Ihre Augen sehen, wenn ich mit Ihnen rede!«

Der Gefangene – klein und muskulös und mit dem Gesicht eines Veteranen – blickte nicht auf.

Der Feldwebel packte das Gesicht des Mannes, preßte den Daumen in die eine Wange und den Zeigefinger in die andere und drückte sie zusammen. Unsanft drehte er den Kopf des Gefangenen hin und her. »Sie sind wirklich ein harter Brokken, was? Jetzt sehen Sie mich an, wenn ich mit Ihnen spreche! Anh hieu? Verstehen Sie mich jetzt?«

»Toi khoung hieu«, stieß der VC zwischen zusammengebissenen Zähnen hervor.

Der Amerikaner wandte sich an einen der Dolmetscher. »Sagen Sie ihm, er soll mich anschauen, wenn ich mit ihm rede.«

Der Dolmetscher übersetzte die Forderung, und der Feldwebel ließ das Gesicht des Gefangenen los. Dessen Kopf sank dorthin, wo er zuvor gewesen war, nämlich auf die Brust, die Augen starrten zwischen den Beinen zu Boden.

»Sagen Sie ihm, er soll mich anschauen, verdammt noch mal!«

Der ARVN-Soldat griff nach den Haaren des Mannes und riß den Kopf so weit nach hinten, daß ich sehen konnte, wie sich die Halsmuskeln dehnten. Zweimal schlug ihn der Dolmetscher, nicht mit der ganzen Hand, sondern mit den Rückseiten zweier Finger, wobei die Nägel über das Gesicht fuhren. Es war eine flinke, lässige Bewegung, als wollte er eine Fliege verscheuchen, aber ich hörte ein kratzendes Geräusch, als seine Fingernägel die Haut des Gefangenen ritzten.

»Fragen Sie ihn, ob er's jetzt begreift«, verlangte der Amerikaner. »Er hat mich anzuschauen, wenn ich mit ihm spreche, und meine Fragen zu beantworten.«

In schnellem Vietnamesisch redete der ARVN auf den Gefangenen ein und zerrte dessen Kopf so weit nach hinten, daß die Augen senkrecht zum Zeltdach hinaufblickten. Der

VC sagte etwas, wurde losgelassen, und sein Kopf fiel nach vorn; aber jetzt schaute er den Feldwebel an.

»Ich glaube, jetzt versteht er es, trung-si«, meldete der ARVN-Soldat.

Draußen wurden die Verdächtigen die Straße hinabgeführt, zu dem Feld, wo die letzten VCs in der Hitze hockten und auf ihr Verhör warteten. Mit verbundenen Augen tappten sie im Gänsemarsch dahin, jeder hielt sich an den Schultern des Vordermanns fest. Verdächtige! Während ich sie betrachtete, fragte ich mich, was sie getan hatten, um Verdacht zu erregen; alle waren zerlumpt und unterernährt, die meisten weit über vierzig. Ich stand vor dem Zelt und schaute zu, wie sie durch die Staubwolken gingen, die ihre Sandalen oder nackten Füße aufwirbelten. Bis sie verhört waren, mußte ich warten und dann die Vietcongs unter ihnen zählen, falls sich überhaupt welche fanden. Diese Zahl würde ich dann zu jener dazurechnen, die auf der Tabelle in der Spalte für die Kriegsgefangenen stand. Sie folgten der Straße mit dem leisen, rhythmischen Schlurfen, das ich auch an den Bauernmädchen beobachtet hatte, wenn die Tragestangen auf ihren Schultern lagen. Unsere Wachtposten flankierten die Kolonne und brüllten Befehle, die kein einziger Vietnamese verstand. Es war um die Mittagszeit, und in den Reisfeldern jenseits des Camps sah ich andere, glücklichere Bauern, die entlang der Bewässerungsgräben zu ihren schattigen Dörfern wanderten. Ein alter Mann, der letzte in der langen Reihe auf der Straße, hatte Mühe, mit den anderen Schritt zu halten. Er blieb zurück, tastete nach den Schultern seines Vordermanns, fand sie, wurde wieder abgeschüttelt, griff erneut nach vorn.

Lai-dai, lai-dai. Maulen (Hierher, schnell)«, sagte einer der Marineinfanteristen. Der Alte riß seine Augenbinde nach unten, fand seine Orientierung wieder, holte die Kolonne ein, zog die Binde hoch und legte die Hände auf die Schultern seines Vordermanns. Keuchend schnappte er nach Luft, als ihn der Wachtposten mit der flachen Seite seines Gewehrkolbens auf den Rücken schlug. »Lassen Sie die Augenbinde da, wo sie ist«, sagte der Soldat und verknotete sie noch fester. »Nicht wegnehmen. Verstanden?«

Im April hatte der vietnamesische Offizier, den Peterson daran gehindert hatte, eine Dorfbewohnerin zu schlagen, ärgerlich prophezeit, wir würden schon noch lernen, wie man sich in diesem Land verhielt. Inzwischen war eine Menge geschehen, und wir lernten unentwegt dazu. Einige unserer Freunde waren getötet, andere verletzt worden. Wir hatten überlebt, aber man muß nicht getötet oder verwundet werden, um zu den Opfern zu gehören. Das Leben, das Augenlicht und die Gliedmaßen sind nicht die einzigen Güter, die man verlieren kann.

Die Kolonne wurde angehalten, die Verdächtigen mußten sich im Feld auf den Bauch legen. Die Wachtposten banden ihnen die Hände. Da lagen sie, schlaff und passiv wie schlafende Kinder, während die Soldaten ihnen Fesseln anlegten oder sie hin und her drehten, um in den Kleidern nach Papieren zu suchen. Diese wurden in kleine Stapel geordnet und dann von einem der ARVN-Dolmetscher überprüft, wobei er jedem Verdächtigen ein paar Fragen stellte. Die Leute, bei denen alles in Ordnung war, wurden offiziell zu Zivilisten erklärt und freigelassen, die anderen ins Zelt geführt, um sich vom Feldwebel und seinen in der Überredungskunst ungemein bewanderten Assistenten verhören zu lassen. Der ARVN-Soldat bemerkte, daß einer der Verdächtigen die Fesseln gelockert hatte, und wies einen Wachtposten darauf hin, der sofort zu dem hingestreckten Mann ging und ihn in die Rippen trat. Er rammte ihm ein Knie in den Rücken und sagte: »Okay, mal sehen, ob Sie sich jetzt immer noch losmachen können.« Dabei band er die Füße des Gefangenen an dessen Hände.

In der Nähe suchte ein uralter Mann – er mußte über achtzig gewesen sein – mit sorgenvoller Miene in einem der Stapel nach seinen Dokumenten. Eine eindeutige Identifizierung konnte den Unterschied zwischen der Freiheit und einem Kriegsgefangenenlager bedeuten, sogar zwischen Leben und Tod. Die Wachtposten hatten es durch ein Versehen vesäumt, ihn zu fesseln; oder vielleicht dachten sie, er wäre zu alt und gebrechlch, um davonzulaufen. Die Augen hatten sie ihm mit hauchdünnem indischem Baumwollstoff verbunden, den er nicht abnehmen mußte, während er in den Papieren blätterte. Mit runzligen, nervös flatternden Händen hielt er jedes einzelne Dokument dicht vor seine Augen. Schließlich fand er seinen Ausweis und steckte ihn überglücklich in die Hemdtasche. Die durchsichtige Augenbinde war vermutlich der beste Glücksfall dieses Tages für ihn, vielleicht der schönste in seinem ganzen bisherigen Leben. Fortuna blieb ihm treu. Er hatte seine Papiere gefunden, ohne die Wut oder den Verdacht der Wachtposten zu erregen. Nun würde der ARVN-Soldat zu ihm kommen, ein paar Fragen stellen und den harmlosen Greis in sein Dorf zurückschicken. Vorerst blieb dem alten Mann das Schicksal erspart, die Zahl der Kriegsopfer zu erhöhen.

Teil drei

Im Grauen des Totenreichs

Soldaten sind Bürger des grauen Totenreichs
Und bekommen keine Dividenden vom Morgen der Zeit
Siegfried Sassoon, »Dreamers«

13

Wie Opfer kommen sie in ihrem Putz;
Wir wollen sie der glutgeaugten Jungfrau
Des dampfgen Krieges heiß und blutend bringen . . .
Shakespeare, König Heinrich der Vierte, Erster Teil

Mitte September begannen die Monsune. Zunächst regnete es nur nachts und morgens, und der Wind, der vom Meer und aus den Bergen im Norden Danangs herüberwehte, peitschte gewaltige Wassermassen. Im Morgengrauen verwandelte er sich in eine leichte, stetige Brise, der Regen in ein Nieseln. Draußen an der Front erwachten die Soldaten in überfluteten Schützenlöchern, in einer Landschaft, die wie ein Fotonegativ aussah, nur grau, weiß und schwarz. Die Gipfel der Annamitischen Kordillere verbargen sich hinter Wolken, über den Reisfeldern und Tälern lag ein Nebel namens *crachin*. Und zwischen den Wolken und Nebelschleiern zeigten sich die Hänge, dunkel wie Asche.

Im Lauf des Vormittags klarte es auf, der Nebel stieg empor, und wir sahen wieder die Umrisse der Berge. Die Reisfelder dampften in drückender Windstille, unter einer gleißenden Sonne. So blieb es bis zum Spätnachmittag, dann ballten sich neue Wolken über dem Gebirge, ein Wind kam auf und ließ die Blechdosen klirren, die entlang der Vorpostenlinie an Drähten hingen. Hin und wieder grollte ein schwacher Donner, ein dumpfes Dröhnen, vom Geräusch der Artillerieexplosionen nicht zu unterscheiden. Abends fing es wieder zu regnen an.

In diesem Monat rückte das Regimentshauptquartier zu einer schlammigen Ebene beim Dai-La-Paß vor. In der Nähe wurde eine 155er Batterie in Stellung gebracht, so daß uns weiterhin Kanonenserenaden begleiteten. Jetzt hatten wir mehr Geschütze, mehr Panzer und Zeltlager, immer mehr Stacheldraht verbreitete Stahldornen im Spätsommerreis. Und wir erlitten drei- bis viermal so viele Verluste wie früher. Der großartige kleine Krieg, der längst aufgehört hatte, großartig zu sein, wuchs zu einem großen Krieg heran.

Vor dem neuen Standort des Hauptquartiers erhoben sich zwei Berge, verbunden durch den Dai-La-Paß. Auf dem Paß ragte der alte französische Wachturm auf, oberhalb der feuchten Hänge, wo die Schützenkompanien eine neue Hauptwiderstandslinie anlegten.

Fast jeden Tag kämpften sich Lasterkonvois, beladen mit Draht, Sandsäcken und Munition, die Straße herauf, die über den Paß zur Hauptwiderstandslinie führte. Hektische Aktivität war ausgebrochen. Man erwartete eine Monsunoffensive des Vietcong, ein alljährliches Ritual in Vietnam, und die neue Linie sollte den Feind daran hindern, den Flugplatz zu überrennen. Und so hob das Regiment fast den ganzen Monat lang Gräben aus, füllte Sandsäcke und errichtete Drahtzäune. Im Hauptquartier begannen wir einen großen Kommandobunker zu bauen, nachdem wir erfahren hatten, der VC würde sich schwere Granatwerfer und Langstreckenraketen beschaffen. Während ein Ingenieursteam am Bunker arbeitete, wurden die Junioroffiziere zu weniger eindrucksvollen »Ausgrabungsstätten« abkommandiert und schwangen an der Seite der Mannschaft Spitzhacken und Schützengrabenwerkzeuge. Oberst Nickerson, der neue Regimentskommandant, hatte das angeordnet, weniger, um eine demokratische Gesinnung zu fördern, sondern vor allem, um die Arbeiten möglichst schnell beendet zu sehen. Aber die Atmosphäre der Hektik war nur an der Front zu spüren, bei den Infanteriebataillonen. Im rückwärtigen Stab blieb alles beim alten; träge Gelassenheit herrschte vor.

Es war mühsam, im Regen Gräben auszuheben, im

Schlamm, der wenige Zoll unter der Oberfläche in Lehm überging. Doch wir empfanden die Plackerei als willkommene Abwechslung vom öden Papierkram. Eines Tages – wir strengten uns gerade mächtig an – befahl uns der Oberst, alles liegen- und stehenzulassen und ein wichtigeres Projekt in Angriff zu nehmen: seine Hufeisenarena. Leutnant Nargi, Major Burins zweiter Adjutant, war vor zwei Wochen zum »Projektleiter« ernannt worden. Nun kam der Oberst auf uns zu, den großen Kopf vorgeschoben, die Schultern gebeugt, und fragte, warum wir noch nicht an seiner Arena gearbeitet hätten. Nargis Achselzucken deutete an, wir befänden uns im Kriegszustand.

»Ich habe Sie ausdrücklich aufgefordert, die nötigen Maßnahmen zu ergreifen, Nargi, und Sie haben überhaupt nichts getan, verdammt noch mal!« schimpfte Nickerson. »Ich will, daß diese Arena gebaut wird, und zwar jetzt.«

»Jetzt, Sir?« fragte Nargi und schaute aus dem Schützenloch, das er zur Hälfte ausgehoben hatte.

»Jetzt, Leutnant. Ich sagte – jetzt! Sie und ein paar von diesen Leuten werden sofort daran arbeiten. Morgen möchte ich Hufeisen werfen. Ist das klar?«

»Ja, Sir.«

Der Oberst wandte sich ab und stapfte davon, mit breitem Rücken, dickem Nacken und einem zu kleinen Helm auf dem Kopf. Als er in sicherer Entfernung war, warf Nargi seine Werkzeuge aus der Grube. »Gott helfe mir!« tobte er, den Tränen nahe. »Ich zähle die Tage, bis ich diese blöde Einheit endlich verlassen kann! Diese kleinkarierte Bullenscheiße halte ich nicht mehr aus! Zwischen diesem Hurensohn und Burin werde ich noch verrückt! So wahr ich hier stehe, ich werde noch einen der beiden erschlagen und im Kittchen landen!«

Nachdem er seiner Wut Luft gemacht hatte, ging Nargi an die Arbeit. Am nächsten Abend begann der Oberst das ersehnte Spiel und warf vergnügt seine Hufeisen. Wo er sie gefunden hatte, weiß ich nicht, denn es gab keine Pferde in Vietnam.

Gegen Ende August, als Oberst Wheeler krankheitshalber in die Staaten zurückgeschickt worden war, hatte Nickerson das Regimentskommando übernommen. Im Gegensatz zum hochnäsigen, aristokratischen Wheeler war er ein lärmender, vulgärer Lebemann, der sich gern unter die Junioroffiziere und die Mannschaft mischte, und jähen, heftigen Stimmungsumschwüngen unterworfen. Wenn seine guten Seiten ans Tageslicht kamen, erwies er sich als weichherziger, freundlicher Mann und energiegeladener Kämpfer, der an der Front sein Bestes gab. Und in seinen schlechten Momenten schien er eine perverse Freude daran zu finden, sich unvernünftig zu benehmen und die geringfügigen mit wichtigen Dingen zu verwechseln. Von Anfang an ließ er wissen, er wäre nach Vietnam, gekommen, um Krieg zu führen, und riß alle höheren Verwaltungsoffiziere aus ihrer faulen Selbstzufriedenheit, indem er auf Ganztagsarbeit bestand. »Wir werden diesen Krieg nicht gewinnen, wenn wir in diesen verdammten Enklaven auf unseren Ärschen sitzen!« donnerte er an seinem ersten Tag beim Regiment. »Ich verlagere die ganze Chose in den Süden von diesem verdammten Fluß.« Er meinte, er würde mit dem Regiment zur Vietcong-Hochburg südlich von Danang vorrücken, und mußte daran erinnert werden, daß dort bereits unsere Schwester, die 9. Marineinfanterie, operierte. Dieses Versehen konnte ihm verziehen werden. Er war eben erst gekommen.

Trotz Nickersons erklärter Absicht, die Stabsbonzen für ihr Geld schwitzen zu lassen, fielen sie bald in ihre alten Gewohnheiten zurück. Und Nickerson begann seine eigenen Marotten zu zeigen.

Eines Abends kam er gegen acht in die Messe und sah mehrere Offiziere Bier trinken. »Was zum Teufel geht hier vor?« fragte er.

»Nichts, Sir«, antwortete ein Kapitän.

»Nichts? Was soll das heißen? Sie trinken! Ich habe gesagt, nach halb acht darf in der Messe nicht mehr getrunken werden. Und jetzt ist es acht.«

»Sir«, erinnerte der Kapitän den Oberst, »Sie haben angeordnet, nach halb acht dürfe kein Schnaps konsumiert werden. Bier können wir bis halb zehn trinken. Den Schnaps haben wir um halb acht weggeschlossen. Wir tinken Bier, Sir.«

»Das habe ich nie gesagt.«

»Doch, Sir, mit Verlaub. Sie sagten, wir könnten bis halb zehn Bier trinken.«

»Das habe ich nie gesagt!« schrie der Oberst. »Niemals! Verschwinden Sie von hier, setzen Sie Ihre Ärsche in Bewegung, und gehen Sie an die Arbeit! Wir sind hier in einer Kriegszone, und deshalb haben Sie alle genug zu tun. Und weil Sie so ein großartiger Klugscheißer sind, Kapitän – in dieser Messe wird nach achtzehn Uhr dreißig weder Bier noch Schnaps oder sonstwas ausgeschenkt.«

Kriegszone hin, Kriegszone her, dem Footballtoto des Hauptquartiers galt Nickersons besondere Leidenschaft. Die Saison von 1965 hatte begonnen. Der Oberst wollte ein Footballtoto haben, und er bekam es. Tim Schwartz mußte sich darum kümmern, und in seiner Abwesenheit übernahm ich diese Aufgabe.

In einer regnerischen Nacht verbrachte ich mit meinem Sonderwachkommando, bestehend aus zehn Mann, einige Stunden an der Vorpostenlinie und zitterte vor Kälte. Wir hatten den Befehl erhalten, im Schützengraben Stellung zu beziehen, weil ein Wachtposten im Hauptquartier von einer Granate (seiner eigenen) getötet worden war. (Er hatte Infiltratoren an unserem Stacheldraht gesehen oder zu sehen geglaubt und eine Granate auf sie zu werfen versucht, aber seine Hand war von der Abreißkappe abgerutscht. Das Geschoß explodierte und riß ihn entzwei.) Als wir abtreten konnten, watete ich zum Adjutantenzelt zurück, machte Meldung über den Verlust des Wachtpostens und ging ins Zelt des Obersten, um die Tabelle zu korrigieren. Ein wütender Nikkerson erwartete mich. In dieser Woche trug ich die Verantwortung für das Toto. Warum hatte ich es versäumt, die Resultate bekanntzugeben? Ich erklärte, dazu habe mir die Zeit gefehlt.

Der Oberst schlug mit der Faust auf den Tisch. »Sie werden das am Morgen sofort erledigen, Mr. Caputo! Ich will so schnell wie möglich erfahren, wer diese Woche im Toto gewonnen hat!«

»Ja, Sir«, sagte ich fügsam, zu durchnäßt und zu müde, um zu rebellieren.

Mein altes Bataillon, Eins–Drei, brach zum Camp Pendleton auf, wo es reorganisiert werden sollte. Im November würde es nach Vietnam zurückkehren, aber mit keinem der Männer, die im März gelandet waren. Die ursprünglichen Mitglieder wurden entlassen oder zu anderen Einheiten versetzt. Ich bedauerte es, sie alle gehen zu sehen, aber den Leuten tat es kein bißchen leid, daß sie die Reisfelder nicht wiedersehen würden. Sie hatten einige Freunde verloren und die meisten ihrer alten Überzeugungen bezüglich der Berechtigung des Krieges. Sicher, wären sie gefragt worden: »Glaubt ihr richtig gehandelt zu haben?«, so hätten sie das bejaht. Aber wenn man ihnen die Verlustliste zeigte und wissen wollte, warum so viele ihrer Freunde gestorben wären, hätten sie bestimmt nicht mit einer abstrakten Rede über die Erhaltung der Demokratie und die Abwehr des Kommunismus geantwortet. Sie hätten schlicht und einfach erklärt: »Jack wurde von einem Heckenschützen getötet, Bill von einem Granatwerfer, und Jim stieg auf eine Mine.«

Eines Abends, kurz vor der Abreise des Bataillons, faßte Kapitän Peterson die allgemeinen Gefühle zusammen. »Phil«, sagte er bei einem Bier in der Messe des Hauptquartiers: »Phil, wir wurden beschossen und verfehlt und beschissen und getroffen, und jetzt kommen wir endlich raus aus diesem Loch.«

Eins–Drei wurde vom 1. Bataillon abgelöst, der 1. Marineinfanterie, die von ihrem Stammregiment an der amerikanischen Westküste abkommandiert und unserer Operationskontrolle unterstellt worden war. Nach einer zweiundzwanzigtägigen Reise von San Diego nach Danang verließen die

Neuankömmlinge das Truppentransportschiff, von rastlosem Tatendrang erfüllt. Verglichen mit den Soldaten von Eins–Drei, sahen sie großartig aus, rotbackig und kerngesund, nachdem sie viel an der frischen Luft exerziert, jede Nacht acht Stunden geschlafen und pro Tag drei warme Mahlzeiten bekommen hatten. Die Gewehre strahlten so blitzblank wie ihre Gesichter, die Uniformen waren gestärkt und gebügelt und sie selbst in Hochstimmung. Keine Dysenterie verkrampfte ihre Eingeweide, keine Angst zog ihnen das Herz zusammen, und in ihren Erinnerungen spukten keine Geister toter Kameraden. Jetzt, wo sie Vietnam erreicht hatten, war der Krieg so gut wie gewonnen. Die Soldaten des 1. Regiments von der 1. Marinedivision würden das alles erledigen, jener Division, die in Intschön Nordkoreaner geschlagen, in Chosen chinesisches Blut vergossen und die Japaner von Guadalcanal verjagt hatte. Nun zogen die Erben jener siegreichen Tradition in einen neuen Krieg, keinen besonderen, aber »es gab gerade keinen anderen«, und sie würden ihn gewinnen, die ersten der ersten, die besten der besten.

Die Monate der Platzpatronen-Rangeleien lagen hinter ihnen; jetzt ging es zur Sache. Während der langen Fahrt über den Pazifik hatten sie vom Erfolg der 7. Marineinfanterie bei der Schlacht von Chu Lai gehört, dem ersten amerikanischen Engagement in Vietnam, das man als Schlacht bezeichnen konnte. Mitte August hatte die 7. die Vietcong-Elite, das 1. Regiment der Hauptstreitkräfte, in drei Tagen vernichtend geschlagen. Und die Leute von der 1. Marineinfanterie bezweifelten nicht, daß sie so etwas genausogut konnten, wenn nicht noch besser. Dieses Selbstvertrauen entsprang nicht nur ihrer Unwissenheit, sondern auch ihrer Vielzahl. Sie gehörten einem »feisten« Bataillon an, also einer Einheit, die ihre vorgesehene Stärke erreichte oder überstieg. Mit elfhundert Mann ging Eins–Eins an Land.

Es war ein großes, attraktives Bataillon, und als ich die Leute sah, fühlte ich mich wie ein alter Mann beim Anblick von Menschen, die ihn an seine Jugend erinnern. Vor sechs Monaten waren wir auch so gewesen. Die unschuldige Begeisterung der neuen Mannschaften entzückte und bedrückte mich gleichermaßen, weil ich einerseits wünschte, auch wir könnten wieder so sein, und weil es mich andererseits traurig stimmte, daß sie nicht wußten, was ihnen bevorstand. Ich als Statistiker des Regiments wußte es.

Und ich wußte auch, wie viele ihrer Namen ich in meine fotokopierten Formulare eintragen würde, denn diese Soldaten mußten einen anderen Krieg führen als wir zwischen März und August. Das war nicht länger ein Guerillakrieg. Unsere Patrouillen stießen immer noch auf Guerillas, aber wir kämpften immer öfter gegen reguläre Hauptstreitkräfte und in manchen Fällen gegen Einheiten der nordvietnamesischen Armee. Ob der Feind die Offensive der Regensaison schon begonnen hatte, war mir nicht bekannt. Ich wußte nur, daß unsere Bataillone Stellungen hielten, die Regimenter hätten besetzen müssen, daß die Witterungsverhältnisse unsere Flugzeuge und Hubschrauber häufig zu Boden zwangen, wie schwierig es war, Nachschubkonvois, Panzer und große Geschütze über die schlammigen Straßen zu transportieren, daß der Feind härter denn je kämpfte und daß wir immer mehr Männer verloren. Der Expeditionskrieg verwandelte sich in einen Zermürbungskrieg, einen langwierigen Kampf im Regen und Morast.

Das stolze, zuversichtliche 1. Bataillon von der 1. Marineinfanterie nahm vom September bis zum März, wo die Monsunkampagne zu Ende ging, am Krieg teil. Danach wurde es nach Hue versetzt und von Hue in die entmilitarisierte Zone, um noch härtere Kämpfe gegen die Nordvietnamesen auszufechten. Mittlerweile war es kein »feistes« Bataillon mehr, sondern ein eher kleines, und die Siegesgewißheit hatte sich proportional zur Verlustzahl verringert. Während des sechsmonatigen Feldzugs mußte das Bataillon vierhundertfünfundsiebzig Gefallene und Verwundete beklagen. Die Hälfte der Verletzten wurde wieder zusammengeflickt und an die Front zurückgeschickt, wo mehrere Leute neue Wunden davontrugen. Knapp zweihundert galten als permanente Verluste – Tote, Invalide und Leute, die für lange Zeit im Krankenhaus bleiben mußten. Pro Woche fielen acht Mann aus, und diese Zermürbungsrate kam beinahe an jene heran, die viele britische Bataillone 1915 und Anfang 1916 an der Westfront erlitten hatten (zehn pro Woche).

Es war ein anderer Krieg geworden. Die Verlustrate stieg in ausreichendem Maße, um Tod und Verstümmelung den Anschein alltäglicher Ereignisse zu verleihen. In den ersten beiden Monaten, von Mitte September bis Mitte November, mußte das Bataillon zweihundertneunundvierzig Verluste hinnehmen. Die Zermürbung des Feindes fiel auf uns zurück, außerdem zermürbten wir uns gegenseitig. Der Huey-Bomber, der herbeiflog, um einer Kompanie Feuerschutz zu geben, die in einen Hinterhalt geraten war, unterstützte den Vietcong, indem er die eigenen Soldaten bestrich. Ein Hubschrauber stürzte bei einem Truppentransport im Monsunsturm ab. Ein Mannschaftstransportpanzer wich vor einem Granatensperrfeuer zurück und zermalmte einen eigenen Soldaten, der auf der Straße lag. Im Durchschnitt meldete ich pro Woche fünfundsiebzig bis achtzig Verluste. Dies wurde zu einem Teil meiner täglichen Routine, so monoton wie der unablässige Regen; und bald bedeuteten mir die Namen genausowenig, als stünden sie in einem Telefonbuch.

Abgesehen von einem. Am 18. September saß ich an meinem Schreibtisch im Adjutantenzelt. Es war ein heißer Nachmittag, und mein Schweiß tropfte auf den üblichen Papierkram. Das EE-8 summte, und ich nahm den Hörer ab. Leutnant Jones war am anderen Ende der Leitung, der Adjutant des 1. Bataillons. Als solcher meldete er sich nicht, sondern benutzte einen Geheimcode: »Gruppe Eins? Hier ist Grenze Eins. Ist dort Ihr Eins Alpha?«

»Hier ist Eins Alpha.«

»Eins Alpha, Stellung Charley Zwei hatte zwei Stürme eins und drei Stürme zwei. Können Sie das notieren?« Das bedeutete auf englisch, daß der 2. Zug der C-Kompanie zwei Tote und zwei Verwundete meldete.

»Warten Sie, Grenze Eins.« Ich stand auf und holte ein paar Verlustformulare aus der zum Aktenschrank umfunktionierten Munitionsbox, dann setzte ich mich wieder und sagte: »Okay, ich höre.«

»Ich gebe zuerst Sturm eins durch.«

»Roger. Machen Sie weiter.«

Der erste Gefallene war ein Sanitätssoldat mit Kopfschuß, »ganz hindurch.« »Okay, das war der erste«, fuhr Jones fort. »Der Zuname des zweiten lautet Levy. Lima-Echo ...«

»Heißt er mit Vornamen Walter?«

»Lima-Echo-Victor-Yankee. Levy.«

»Grenze Eins, heißt er mit Vornamen Walter?« fragte ich, während ich »Levy« in die Zeile mit der Bezeichnung NAME kritzelte. Meine Hand zitterte, meine Stimme klang seltsam.

»Moment mal, Alpha Eins ... Ja, stimmt. Erster Vorname Walter, zweiter Neville. November-Echo-Victor ...«

»Ich kann's selber buchstabieren.«

»Okay. Rang: Oberleutnant. Dienstnummer ...« Jones wurde von Störgeräuschen unterbrochen. »Organisation – das haben Sie. Art der Verletzung: Multiple Fragmentwunden ...«

»Oh, verdammt!« stieß ich hervor und vergaß das Verbot, bei der Feldkommunikation zu fluchen. Während ich Jones' Angaben aufschrieb, sah ich Levys hübsches, gebräuntes Gesicht vor mir, das träge, lässige Grinsen. Allen, die ihn kannten, fiel dieses Lächeln auf – warmherzig, gewinnend, lauter gleichmäßige weiße Zähne; aber es wirkte auch auf vage Weise rätselhaft, als würde er sich über einen geheimen Scherz amüsieren. »Verdammt, verdammt, verdammt!«

»Kannten Sie ihn?« fragte Jones.

»Wir waren zusammen in Quantico und gut befreundet. Ich wußte gar nicht, daß er bei Ihrer Einheit war.«

»Hm ... Nun, bringen wir's hinter uns. Alter: dreiundzwanzig. Umstände: auf Patrouille bei Danang.«

»Stellung Eins, verzichten wir auf diese Roger-Wilco-Scheiße, und erzählen Sie mir einfach, wie's passiert ist.«

Er sagte mir alles, was er wußte. Eine Patrouille von der 9. Marineinfanterie war in einen Hinterhalt gelaufen und hatte per Funk Verstärkung angefordert. Levys Zug wurde losgeschickt und geriet seinerseits in einen Hinterhalt, ehe er die Leute von der 9. erreichen konnte. Ein Minenschrapnell streckte Levy zu Boden, ein Gewehr einen anderen Mann. Der Sanitätssoldat behandelte dessen Schußwunde und wurde von einem Heckenschützen erschossen. Levy merkte nicht, daß der Sanitäter tot war, rappelte sich auf und eilte zu ihm, halb aufrecht, halb auf allen vieren. Während er ihn aus der Schußlinie zu ziehen versuchte, wurde auch er von einer tödlichen Heckenschützenkugel getroffen.

»Sind Sie sicher, daß er es ist?« fragte ich.

»Natürlich sind wir sicher.«

»Gut. Machen Sie weiter.«

Und Jones fuhr fort – Levys Glaubensbekenntnis, die Nutznießer seiner Militärlebensversicherung, die Adresse der nächsten Verwandten. Das mußten seine Eltern in New York City sein. Was würde geschehen, wenn es an ihrer Tür läutete und ein uniformierter Mann vor ihnen stand? Würden sie instinktiv wissen, warum er kam? Was würde er sagen? Wie brachte man Eltern bei, daß all die Jahre, wo sie ihren Sohn großgezogen und ihm eine gute Schulbildung ermöglicht hatten, umsonst gewesen waren? Vergeudet. So nannte es der Soldatenslang in diesem Krieg, wenn jemand fiel. Soundso war »vergeudet« worden. Ein passendes Wort.

Wir beendeten die Meldung. Ich legte sie zu den Akten, dann wandelte ich Levy, den Sanitätssoldaten und die anderen Opfer in Zahlen um. Die Zufallsarithmetik des Kriegs... Sieben Monate hatte ich in Vietnam verbracht und keinen einzigen Kratzer abbekommen. Levy hatte nur zwei Wochen überstanden. Als ich das Zelt des Obersten verließ, sah ich die aufgedunsenen schiefergrauen Wolken, die sich über den Bergen zusammenballten. Vor meinem geistigen Auge lächelte Levy. Er stand an einer Wand neben einer Musicbox, die Hände in den Hosentaschen. Wo war das gewesen? In Georgetown, in Mac's Pipe and Drum, einer Bar, die wir während des Wochenendurlaubs oft aufgesucht hatten, um zu trinken, Mädchen anzustarren und so zu tun, als wären wir immer noch Zivilisten. An jenem Abend gingen wir zu fünft oder zu sechst hin und freundeten uns mit ein paar Mädchen an, Regierungssekretärinnen – alle Mädchen in Washington schienen Regierungssekretärinnen zu sein. Auf der kleinen Tanzfläche beim Fenster wiegten wir uns mit ihnen im Rhythmus. Es mußte Spätherbst gewesen sein, denn in meiner Erinnerung ist das Fenster beschlagen. Levy tanzte nicht. Groß und schlank lehnte er an der Wand und lächelte, während wir mit den Mädchen zum Tisch zurückkehrten. Dort standen halbleere Bierkrüge und leere, an denen noch Schaum hing. Wir setzten uns, die Gläser wurden nachgefüllt, und wir lachten alle – vermutlich über irgend etwas, was Jack Bissell sagte. War Bissell an jenem Abend dabei? Sicher, denn wir schütteten uns vor Lachen aus, und er machte immer die ulkigsten Witze. Levy, immer noch neben der Musicbox, zog seine Pfeife hervor, zündete sie an und beugte sich herab, um mir etwas zu sagen.

Ich sah immer noch, wie sich seine Lippen bewegt hatten, aber ich hörte seine Stimme nicht, ich erinnerte mich nicht an seine Worte. Das war in Georgetown gewesen, vor langer Zeit. Und es fiel mir immer schwerer, mich irgendwelcher Dinge zu entsinnen, die vor Vietnam geschehen waren.

Ich hatte Levy stets gemocht und manchmal beneidet. Er war ruhig und besonnen, im Gegensatz zu meinem aufbrausenden Temperament, meiner Impulsivität. Ich hatte ein Konfessionscollege besucht, er die Columbia University. Seine Familie lebte im Wohlstand, meine hatte sich erst vor kurzem aus der Arbeiterklasse hochgekämpft. Er genoß alle erdenklichen Vorteile, ging aber zum Militär, obwohl er mühelos etwas anderes hätte machen können. Wahrscheinlich steckte ein stark ausgeprägtes Pflichtgefühl dahinter. Ich selbst hatte mich hauptsächlich aus privaten Gründen dem Marinecorps angeschlossen, aber Levy schien keinen persönlichen Ehrgeiz zu kennen. Er war ein Patriot von der besten Sorte, von jener, die mit amerikanischen Flaggen am Revers herumlaufen. Und er meldete sich freiwillig zum Dienst, weil er es richtig fand. In stiller Gelassenheit verwirklichte er seinen Entschluß, als wäre es ganz natürlich. In diesem Alter, das viele Menschen zur Eigensucht verführt, besaß er noch eine andere seltene Eigenschaft – unwandelbare Treue zu Maßstäben. In Quantico erlebten wir gemeinsam ein Mißgeschick. Levy konnte genauso schlecht Karten lesen wie ich. Bei einem schwierigen Ortungsproblem folgten wir beide verschiedenen Kompaß-Azimuten und landeten, hoffnungslos verirrt, im selben Sumpf. Der strotzte von Dornenbüschen und tiefen Schlammlöchern, ein unheimlicher Ort, wo sich Wassermokassinschlangen um die Zweige verkümmerter Bäume rankten. Eine Stunde lang war ich schon hindurchgewatet, und meine Panik wuchs, während ich von einem Dickicht ins andere stolperte. Bald würde das Tageslicht erlöschen. Als ich wieder einmal mit meinem Bajonett auf das Gestrüpp einhackte, hörte ich wenige Yards vor mir jemanden fluchend um sich schlagen.

Levys Gesicht erschien im Unterholz, Dornen hingen an seinem Helm. Erleichtert atmete ich bei dieser Begegnung auf. Aber obwohl Levy im Ruf stand, über ein unerschütterliches Gemüt zu verfügen, geriet er in Verlegenheit, weil er bei einem Wutausbruch ertappt worden war. Wir beschlossen, beisammenzubleiben, bis wir uns aus diesem Sumpf gerettet hatten. An dessen Rand floß ein Bach vorbei, dahinter erhob sich eine Bergkette, mit Kiefern bewaldet. Wir breiteten unsere Landkarten aus und versuchten festzustellen, wo wir uns befanden. Das gelang uns nicht. Ich durchwatete den Bach, um am anderen Ufer nach einer Kompaßmarkierung Ausschau zu halten, die vielleicht an einem Kiefernstamm befestigt war. Als ich keine fand, erklärte ich, daß ich die Berge überqueren wolle, um zu einer Straße zu gelangen. Damit würde ich das Problem zwar nicht lösen, aber es erschien mir erstrebenswerter als eine Nacht in diesen dunklen Wäldern.

Aber Levy wollte noch nicht aufgeben. Er sagte, er würde zu seiner letzten Kompaßmarkierung zurückkehren und versuchen, herauszufinden, wo er einen Fehler begangen hatte. Ich bemühte mich, ihm das auszureden; um seinen Plan zu verwirklichen, müsse er seine Spur im Sumpf zurückverfolgen, was schon bei Tageslicht schlimm genug und bei Nacht noch viel gefährlicher sei. Doch er ließ sich nicht von seiner Absicht abbringen, wollte unbedingt alles richtig machen oder zumindest sein Bestes tun. Also gut, dann solle er eben zurückgehen, sagte ich. Er war mutiger als ich und wagte sich tatsächlich wieder in den Sumpf. Ich stieg die Berge hinauf, und nachdem ich mich erneut verirrt hatte, fand ich eine Straße. Mein Problem blieb ungelöst.

Levy schaffte es auch nicht. Die Dunkelheit zwang ihn, mit Hilfe einer ungefähren Kursberechnung einen Weg aus dem Sumpf zu suchen. In der nächsten Woche ging er wieder mit mir und anderen Versagern in den Wald, um die Route noch einmal abzugehen. Ich bewunderte seine Entschlossenheit, die an ihn gestellten Forderungen zu erfüllen. Das war typisch für ihn.

Und ich glaube, es muß dieses bedingungslose Festhalten an seinen Maßstäben gewesen sein, das ihn letztlich das Leben kostete. An beiden Beinen schwer verwundet, hätte er sich durch den Versuch, den Sanitätssoldaten zu retten, nicht gefährden müssen. Ohne Ehrverlust hätte er in Deckung bleiben können. Doch man hatte uns eingetrichtert, ein Marineinfanterist dürfe niemals einen verletzten Kameraden im Stich lassen, der dem feindlichen Feuer ausgesetzt sei. Nie blieben unsere Verwundeten auf dem Schlachtfeld liegen. Wir holten sie aus der Gefahrenzone und brachten sie in Sicherheit, selbst wenn wir dabei unser eigenes Leben riskierten. Das gehörte zu den Maßstäben, denen wir entsprechen mußten. Ich wäre unfähig gewesen, so wie Levy zu handeln, das wußte ich. Auf seinen blutenden Beinen hatte er sich zu dem Sanitätssoldaten geschleppt, um ihn zu retten, ohne zu ahnen, daß der Mann bereits verloren gewesen war. Und wahrscheinlich hatte er es so getan wie alles andere in seinem Dasein – als wäre es selbstverständlich und weil er es für richtig hielt.

Ich entsann mich noch immer nicht, was er an jenem Abend in Georgetown zu mir gesagt hatte. Es konnte nicht wichtig gewesen sein. Trotzdem wollte ich mich daran erinnern.

Auch jetzt möchte ich mich an deine Worte in jener Bar

erinnern, Walter Neville Levy, dessen Geist mich nach wie vor verfolgt. Nein, es kann nicht wichtig gewesen sein, aber das spielt keine Rolle. Nur eins zählt – daß du damals gelebt und gesprochen hast. Wenn ich wüßte, was du sagtest, könnte ich dich auf dieser Seite meines Buches zum Sprechen bringen und dich vielleicht in den Augen anderer so lebendig erscheinen lassen, wie ich dich noch immer vor mir sehe.

So vieles ging mit dir verloren, soviel Talent und Intelligenz und Anstand. Du starbst als erster von unserem 1964er Lehrgang. Andere folgten dir in den Tod, doch du warst der erste und noch mehr – die Verkörperung des Besten von allem, was in uns steckte, ein Teil von uns. Und ein Teil von uns starb mit dir, jener Teil, der noch jung, der angesichts des Todes noch nicht zynisch verbittert und alt geworden war. Dein Mut gab uns ein Beispiel. Und was immer an diesem Krieg gut oder schlecht gewesen sein mag – nichts kann die Richtigkeit deiner Handlungsweise abwerten. Was du tatest, geschah aus Liebe. Du starbst für den Mann, den du zu retten versuchtest, und *pro patria*. Er war nicht schön und erhaben, dein Tod, aber du glaubtest sicher, du würdest ihn *pro patria* erleiden. Stets warst du Amerika treu. Dein Vaterland ist es nicht. Während ich dies schrieb, elf Jahre nach deinem Opfer, wünscht das Land, für das du starbst, den Krieg zu vergessen, in dem du starbst. Allein schon dessen Name ist ein Fluch. Es gibt keine Denkmäler für seine Helden, keine Statuen auf Kleinstadtplätzen und in Stadtparks, keine Plaketten, keine Lorbeerkränze, keine Gedenkfeiern. Denn Plaketten, Kränze und Gedenkfeiern würden das Land an alles erinnern und es ihm erschweren, in der Amnäsie zu versinken, die es ersehnt. Es will vergessen, und es hat vergessen. Aber einige von uns erinnern sich aufgrund der kleinen Dinge, die dich liebenswert machten, deiner Gesten, deiner Worte, deines Aussehens. Wir liebten dich für das, was du warst, für das, was du darstelltest.

Oberst Nickerson sagte, er könne nachts nicht gut schlafen. Es war Ende September, und die Schuld an seiner Schlaflosigkeit trugen die Verluste einer Kompanie von Eins–Eins während einer einwöchigen Operation. Von etwa hundertsiebzig Mann hatte sie fast vierzig verloren, hauptsächlich durch Sprengfallen und Minen, im Hinterhalt explodiert. Dies wäre ein erträglicher Tribut gewesen, hätte die Kompanie Erfolge erzielt. Aber der Vietcong war immer noch da.

Ich schrieb gerade mit meinem Fettstift statistische Zahlen in die Tabelle, als Nickerson mit mir über dieses Problem sprach. »Wir verlieren zu viele Jungs, Leutnant. Ich kann die halbe Nacht nicht schlafen, wenn ich an all diese Kinder denke.«

Normalerweise machte ein Oberst einem Leutnant keine solchen Geständnisse, und ich wußte nicht recht, was ich erwidern sollte. Vielleicht hatte er zu überlegen begonnen, ob wir in Vietnam sinnlos Menschenleben vergeudeten, und wollte nun von jemandem hören, daß dies nicht zuträfe. Und womöglich erwartete er von mir die Antwort: ›Seien Sie ganz beruhigt, Oberst. Die Männer sind für einen guten Zweck gestorben.‹ Nun, da mußte er sich an jemand anderen wenden. Ich schlug mich selber mit viel zu vielen Zweifeln herum.

Zwei Tage später, als eine Fünfunddreißig-Mann-Patrouille von der A-Kompanie in einen Hinterhalt rannte, verwandelte sich der melancholische Oberst in einen ganz anderen Mann. Es war ein typischer Hinterhalt – der VC legte eine Mine vom Typ Claymore, bestrich die Patrouille mit Automatics und verschwand dann in der Landschaft. Die Aktion dauerte nicht länger als dreißig Sekunden, aber fünfzehn von den fünfunddreißig Soldaten wurden getötet oder verwundet. Während ich wieder einmal die Zahlen in der Tabelle korrigierte, bemerkte ich zum neuen Stellvertretenden Kommandeur, Oberstleutnant Mackle, wenn Eins–Eins weiterhin solche Verluste hinnehmen müsse, würde das Bataillon in etwa vier Monaten nicht mehr existieren. In diesem Augenblick kam Nickerson herein, mit Schlamm bespritzt, eine kalte Zigarre im Mund. »Was meinen Sie damit, Leutnant?« fragte er, und ich hörte es seiner Stimme an, daß der hartgesottene, draufgängerische Kommandant den mitfühlenden Offizier verdrängt hatte.

»Die Zermürbungsrate von Eins–Eins, Sir«, erklärte ich. »Wenn sie sich weiterhin in dieser Höhe bewegt, wird das Bataillon im Februar eine Verlustquote von hundert Prozent erreichen.«

»Nun, ich war gerade im Lazarett und habe die Jungs von dieser Patrouille gesehen, Leutnant. Die sind immer noch voller Kampfgeist.«

»An ihrem Mut zweifle ich keineswegs, Sir. Ich meine nur, daß sie zu viele Verluste erleiden.«

»Zum Teufel, da ist dieser Martinez. Wissen Sie, was der will?«

»Nein. Sir.«

»Er möchte sofort wieder da raus zu den gottverdammten VCs. Hier, das hab' ich aus ihm rausgepickt.« Der Oberst hielt mir einen Granatsplitter unter die Nase, wie ein Betreuer, der einen halbbetäubten Boxer mit Riechsalz fit machen will. »Zum Teufel, fünfzehn Opfer, das ist doch gar nichts«, fügte er hinzu, ging zur Wandkarte und zeichnete mit einem wulstigen Finger die Route der Patrouille nach. »In diesem Regiment gibt's dreitausend Mann.«

»Da haben Sie recht, Sir, aber wenn ein Zug fünfzehn Leute verliert, so ist das eine ganze Menge.«

»So? Als ich auf Guadalcanal landete, wurden innerhalb einer Stunde neunzig Prozent meines Zugs weggeblasen. Nur fünf oder sechs von ihm blieben übrig. Trotzdem kämpften wir weiter.«

»Davon bin ich überzeugt, Sir. Ich wollte nur sagen ...«

»Wir kämpften weiter, verdammt!« brüllte der Oberst und beglückte mich dann mit einer ausführlichen Schilderung der Schlacht von Guadalcanal, wie sie der damalige Leutnant Nickerson erlebt hatte. Als er innehielt, um Luft zu schöpfen, warf ich ein, ich müsse nun wieder an die Arbeit gehen. »Gut, dann verschwinden Sie! Machen Sie, daß Sie wegkommen, verdammt noch mal!«

14

In einer solchen Lage wird ... die Zeit nicht gemessen; es gibt keine schönen Künste; keine Literatur; keine Gesellschaft; und was am schlimmsten ist, ständige Angst und die Gefahr eines gewaltsamen Todes; und das Menschenleben ist einsam, armselig, häßlich, grausam und kurz.

Hobbes, Leviathan

Gegen Ende Oktober griff ein feindliches Bataillon einen unserer Hubschrauberstützpunkte an, dezimierte die Kompanie, die ihn bewachte, um fünfzig Mann und zerstörte oder beschädigte über vierzig Flugzeuge. Zwei Nächte später überrannte ein anderes VC-Bataillon einen von achtzig Marineinfanteristen aus der S-Kompanie bemannten Außenposten, tötete zweiundzwanzig Soldaten und verwundete fünfzig weitere. Heckenschützen und Sprengfallen forderten täglich neue Opfer, die Sanitäts- und Evakuierungshelikopter flogen ständig hin und her, unter tiefhängenden Regenwolken.

Die Gemütslage des Regiments begann sich dem Wetter anzupassen. Wir waren zwar weit entfernt von der Verzweiflung, die amerikanische Soldaten in den letzten Kriegsjahren befiel, aber zwischen der fröhlichen Zuversicht, die uns vor acht Monaten erfüllt hatte, und der Gegenwart lag eine weite Gefühlsreise. Sardonischer Spott, Fatalismus und Melancholie bestimmten die Atmosphäre. Dies hörte ich aus unseren morbiden Scherzen heraus. »He, Bill, du gehst doch heute auf Patrouille. Wenn dir die Beine weggeschossen werden – kann ich dann deine Stiefel haben?«

Auch in unseren Liedern klang diese Stimmung mit. Manche waren Abwandlungen rührseliger Country-and-Western-Musik, wie ›Detroit City‹, dessen Refrain die Hoffnungen aller Gewehrschützen ausdrückte:

»Ich will nach Haus, ich will nach Haus,
Oh, ich will nach Haus.«

Andere Songs strotzten vor Galgenhumor. Einer davon, ›Vom Krieg die Schnauze voll‹, war ein Marschlied, das ein Offizier aus der A-Kompanie verfaßt hatte.

»Oh, sie lehrten mich das Töten.
Um mich dann hier festzulöten.
Nein, das find' ich nicht mehr toll.
Vom Regen des Monsuns beirrt,
Wird mein Gehirn noch ganz verwirrt.
Ich hab' vom Krieg die Schnauze voll.

Warum muß die Sonne lodern,
Läßt im Dschungel mich vermodern?
Nein, ich find' das nicht mehr toll.
Müde muß vor Angst ich beben,
Und dabei will ich nur leben.
Ich hab' vom Krieg die Schnauze voll.

Ja, marschiert nur nach Hanoi
Und vergeßt mich kleinen Boy.
Nein, ich find' das nicht mehr toll.
Schmollend lieg' ich hier im Graus,
Und meine Därme hängen raus.
Ich hab' vom Krieg die Schnauze voll.«

Es gab noch eine andere Seite des Krieges, die nicht in Liedern besungen wurde, über die wir keine Witze machten. Die Kämpfe waren nicht nur intensiver, sondern auch brutaler geworden. Allmählich wurden die Greueltaten sowohl uns als auch dem Vietcong zur Gewohnheit. Ein Funker des 1. Bataillons wurde von einer feindlichen Patrouille gefangengenommen, gefesselt, mit Knüppeln geschlagen und dann hingerichtet. Drei Tage später fanden unsere Leute seine schwimmende Leiche im Song-Tuy-Fluß, an Händen und Füßen immer noch gefesselt, eine Schußwunde im Hinterkopf.

Vier Soldaten aus einem anderen Regiment gerieten ebenfalls in Gefangenschaft, und danach entdeckte man sie in einem Massengrab, gefesselt, die Schädel von Henkerkugeln gesprengt. Angeführt von einem Klassenkameraden in Quantico, einem schwarzen Offizier namens Adam Simpson, lief eine achtundzwanzigköpfige Patrouille in einen Hinterhalt und wurde von zweihundert VCs bis auf zwei Mann getötet, die schwer verwundet überlebten. Noch mehr Leute hätten gerettet werden können, wären die Verletzten vom Vietcong nicht systematisch massakriert worden. Als sie ihre Deckung verließen, gingen sie an den gestürzten Amerikanern vorbei und jagten Kugeln in alle Körper, die noch Lebenszeichen von sich gaben, auch in meinen einstigen Klassenkameraden. Die beiden Überlebenden kamen davon, weil sie unter die Leichen anderer krochen und sich tot stellten.

Wir zahlten es dem Feind heim, manchmal mit Zinseszinsen. Es war allgemein bekannt, daß mehrere VCs die Gefangenenlager nie erreichten und, wie es in den diesbezüglichen Meldungen hieß, »bei Fluchtversuchen erschossen wurden«. Manche Linienkompanien machten sich gar nicht erst die Mühe, gegnerische Soldaten gefangenzunehmen. Sie töteten einfach jeden VC, den sie sahen, und eine große Anzahl »verdächtiger« Vietnamesen. Letztere gehörten normalerweise zur Kategorie der toten Feinde, nach dem ungeschriebenen Gesetz: »Wenn er tot und vietnamesischer Abstammung ist, muß er ein Vietcong sein.«

Da draußen vermoderte und rostete alles sehr schnell – Leichen, Stiefelleder, Segeltuch, Metall und moralische Grundsätze. Von der Sonne versengt, vom Wind und Monsunregen gepeitscht, beim Kampf in fremdartigen Sümpfen und Dschungeln, konnten wir nicht verhindern, daß die

Menschlichkeit von uns abblätterte wie die schützende Patina von den Läufen unserer Gewehre.

Wir kämpften im grausamsten aller Konflikte, in einem Krieg zwischen Menschen. Das war kein geordneter Feldzug so wie damals in Europa, sondern eine Schlacht ums Überleben, ausgetragen in einer Wildnis ohne Regeln, ohne Rechtsgrundlagen; ein Krieg, in dem jeder Soldat für das Leben der Kameraden und sein eigenes kämpfte (ohne sich drum zu kümmern, wen oder wie viele er in diesem persönlichen Zwist tötete oder auf welche Weise) und nur Verachtung für jene empfand, die dem wilden Gemetzel die kleinlichen Unterscheidungen der zivilisierten Kriegführung aufzuprägen versuchten – den Code der Schlachtfeldethik, einen im Grunde unmenschlichen Krieg zu humanisieren trachtete. Den »Kampfregeln« zufolge war es moralisch richtig, einen unbewaffneten laufenden Vietnamesen zu erschießen, aber falsch, einen umzubringen, der ging oder stand; einen Kriegsgefangenen durfte man nicht aus kurzer Distanz niederknallen, aber sehr wohl einen feindlichen Soldaten, den man als Heckenschütze in der Ferne erspähte und der sich ebenso wenig wehren konnte wie der Gefangene; es war falsch, wenn Infanteristen ein Dorf mit Phosphorgranaten zerstörten, aber in Ordnung, wenn ein Jagdbomber Napalm darauf warf. Die Ethik schien von Distanzen und Technologien bestimmt zu werden. Wenn man aus weiter Entfernung mit komplizierten Waffen Menschen tötete, konnte man niemals unrecht handeln. Und dann gab es noch diese anregende, von General Greene erlassene Order: Tötet VCs. Im patriotischen Enthusiasmus der Kennedy-Jahre hatten wir gefragt: »Was können wir für unser Vaterland tun?« Und unser Land antwortete: »Tötet VCs.« Dies war die beste Strategie, die unsere besten militärischen Köpfe ersonnen hatten – ein organisiertes Gemetzel. Aber ob organisiert oder nicht, das Gemetzel blieb ein Gemetzel. Wie konnte man da von Regeln und moralischen Prinzipien sprechen – während eines Krieges, in dem dergleichen nicht existierte?

Mitte November wurde ich auf eigenen Wunsch zu einer Linienkompanie im 1. Bataillon versetzt. Meine Überzeugungen bezüglich des Krieges waren fast völlig verflogen und meine Illusionen zerstört. Trotzdem hatte ich mich freiwillig zum Kampf an der Front gemeldet. Dafür gab es verschiedene Gründe, vor allem meine Langeweile. Ich hatte nichts anderes zu tun, als Kriegsopfer zu zählen, fühlte mich nutzlos und ein bißchen schuldig, weil ich in relativer Sicherheit lebte, während die Kameraden ihr Leben aufs Spiel setzten.

Daß die Front immer noch eine gewisse Faszination auf mich ausübte, kann ich nicht leugnen. Der Magnetismus der Kämpfe stand auf einem anderen Blatt als die Frage nach Recht und Unrecht dieses Krieges. Unter Beschuß schien man intensiver zu leben. Die Sinne wurden geschärft, der Verstand arbeitete klarer und schneller. Vielleicht lag es an der interessanten Spannung zwischen Gegensätzen, an einer Anziehungskraft, der von Abscheu die Waage gehalten wurde, einer Hoffnung, die mit der Angst rang. Man stand auf einem schmalen emotionalen Grat und empfand Schwindelgefühle, die weder von Alkohol noch von Drogen hervorgerufen werden konnten.

Ein weiteres Motiv war meine Furcht, in Wahnsinn zu verfallen. Meine Halluzinationen an jenem Tag in der Messe, die Visionen von Mora und Harrisson als Leichen hatten sich zu konstanten bösen Tagträumen entwickelt. Fast jeden betrachtete ich so, wie er nach dem Tod aussehen würde, auch mich selbst, wenn ich mich morgens vor dem Spiegel rasierte. Manchmal erblickte ich nicht nur meine eigene Leiche, sondern auch die Kameraden, die sie anstarrten. Ich beobachtete, wie das Leben anderer ohne mich weiterging.

Das Gefühl, nicht mehr zu existieren, überkam mich Nacht für Nacht, kurz bevor ich einschlief. Hin und wieder lachte ich über mich selber, konnte mich nicht mehr ernst nehmen, während ich mich sterben sah. Wir alle waren die Opfer eines gewaltigen Scherzes, den sich Gott oder die Natur mit uns erlaubte. Dies mochte der Grund sein, warum alle Leichen grinsten. Im letzten Moment erkannten sie den Scherz. Wenn ich auch ab und zu darüber lachte, meistens erschien es mir ein bißchen komisch, und ich bezweifelte nicht, daß ich in einer psychiatrischen Klinik landen würde, wenn ich die Toten noch ein paar Monate länger identifizieren mußte. Beim Stab fand ich zuviel Zeit, um über die Gefallenen nachzudenken; dieser Gefahr konnte ich an der Front ausweichen. Darin liegt das Geheimnis des emotionalen Überlebens in einem Krieg – man darf nicht nachdenken.

Schließlich spielte auch der Haß eine Rolle, so tief in meinem Innern vergraben, daß ich mir sein Vorhandensein damals noch nicht eingestehen konnte. Jetzt kann ich es, obwohl es immer noch schmerzlich ist. Ich brannte vor Haß gegen den Vietcong, vor einem Gefühl, das in den meisten von uns wohnt, dichter unter der Oberfläche, als wir es wahrhaben wollen – Rachsucht. Ich haßte die Feinde nicht wegen ihrer Politik, sondern weil sie Simpson ermordet, das Leben aus Walter Levy herausgeschossen und den Jungen exekutiert hatten, dessen Leiche im Fluß gefunden worden war. Der Wunsch, Vergeltung zu üben, war einer der Gründe, die mich bewogen, meine Versetzung in eine Linienkompanie zu beantragen.

Jim Cooney, mein alter Zimmergenosse auf Okinawa, wurde vom 3. Bataillon abkommandiert, um mich beim Stab abzulösen. Mit dem Gefühl, eine gewisse Leistung vollbracht zu haben, übergab ich ihm Verlustakten, die um ein Vielfaches dicker geworden waren, seit ich sie im Juni übernommen hatte.

Ehe ich von Kazmarack zum Eins–Eins-Hauptquartier hinausgefahren wurde, trat Feldwebel Hamilton an den Jeep, um sich von mir zu verabschieden. Ich würde ihn vermissen, denn sein Humor hatte mir geholfen, während der vergangenen fünf Monate wenigstens den Anschein eines halbwegs klaren Verstandes zu bewahren. Hamilton, der ständig an Magen-Darm-Katarrh litt und im Laufschritt die Toilette des Obersten aufzusuchen pflegte... Einmal hatte er einem Offizier, von dem er deshalb zur Schnecke gemacht worden war, unmißverständlich erklärt: »Um Himmels willen, Sir, ich werde von Ho Chi Minhs Rache geplagt. Was erwarten Sie von mir? Soll ich die ganze Ladung in die Hose machen, nur weil meine Kacke nicht mit dem Adler eines Obersten verziert ist? Die Scheiße und der Tod haben keinen Respekt vor militärischen Rängen, Sir.«

Das Bataillonshauptquartier – mehrere Zelte und Bunker, halb im Schlamm versunken – lag in der Nähe des französischen Forts. Dort durchlief ich die Stationen des traditionellen Kreuzzugs: Im Adjutantenzelt wurden meine Order bestätigt und gegengezeichnet, im Bataillonslazarett mußte ich meine Gesundheitszeugnisse abgeben, ins Adjutantenzelt zurückgekehrt, ließ ich die Versetzung in mein Dienstbuch eintragen und schließlich ging ich zu einer Besprechung mit dem Kommandanten, einem großen, dünnen Oberstleutnant namens Hatch. Er teilte mir mit, ich solle einen Zug in der C-Kompanie übernehmen, Walt Levys frühere Einheit. Der Kapitän hieß Neal, und McCloy, der seinen Dienst verlängert hatte, fungierte als Erster Offizier, also stellvertretender Kommandeur der Kompanie. Nach der Unterhaltung mit dem Oberstleutnant wartete ich im Adjutantenzelt auf den Fahrer der Charley-Kompanie, der mich abholen würde. Es regnete in Strömen, schon seit zwei Wochen, Tag und Nacht.

Der Fahrer, der Gefreite Washington, bremste einen schlammbespritzten Jeep. Wie alle Kompanie-Fahrer war er eifrig, fröhlich und hilfsbereit. Eifrige, fröhliche, hilfsbereite Fahrer durften Fahrer bleiben, während faule, mürrische, ungefällige mit Gewehren gerüstet und an die Front geschickt wurden. Wir folgten der Straße über den Dai-La-Paß, und der Regen prasselte in unsere Gesichter, weil das Vehikel keine Windschutzscheibe hatte.

Die Straße, in einen Schlammfluß verwandelt, führte durch Dörfer, die nach Büffelmist und nuoc-maum stanken, und an überfluteten Reisfeldern vorbei, an Bananenstauden, deren breite Blätter sich unter dem heftigen Regenguß herabneigten. Washington schaltete einen Gang zurück und steuerte den Jeep einen sanft ansteigenden Hang hinauf. Die Räder drehten sich einige Sekunden lang durch, als wir den Grat überquerten, und ich sah ungefähr eine halbe Meile weiter vorn eine T-förmige Kreuzung. Eine dunkle Baumgruppe überschattete ein Dorf, dahinter lagen Reisfelder und Gebirgsausläufer, die sich zu schwarzen Bergen emporzogen. Die Nebel, die durch den Baldachin des Dschungels hochstiegen, verliehen den Hängen ein bedrohliches, mysteriöses Aussehen. Wir fuhren hinab, und die Straße wurde zu einem rotbraunen, zwei Fuß tiefen Pudding. Mehrere Bauern standen an einem Dorfbrunnen und wuschen ihre Füße und Beine. In der Ferne feuerte ein Maschinengewehr rhythmische Salven ab.

Kurz vor der T-Kreuzung bog Washington in eine Seitenstraße, und wir passierten ein Zementgebäude voller Kugel- und Granatsplitterlöchern. Eine Batterie von 81-mm-Granatwerfern, auf einem Feld in der Nähe des Hauses in Stellung gebracht, bestrich einen fernen Berg. Die Geschosse erzeugten graue Wölkchen auf dem Grat, der ebenfalls grau war, grau wie Schlacke im Regen. Die Seitenstraße folgte dem Rand einer überwucherten Schlucht und führte zu einigen niederen müde wirkenden Hügeln. Direkt vor uns lag das Basiscamp der C-Kompanie. In zufälliger Anordnung standen die Zelte neben einer 105er Batterie, deren Richtaufsätze, gestreift wie Zuckerstangen, sich vor dem Hintergrund der Zelte und Geschütze, des Schlamms und der regendunklen Hänge seltsam festlich ausnahmen. Eine Gruppe Marineinfanteristen stapfte den Weg hinauf, der vom Camp zur Front führte. Langsam gingen sie im Gänsemarsch dahin, mit gesenkten Köpfen. Lange Ponchos mit Kapuzen bauschten sich im Wind, und die Soldaten glichen gebeugten Mönchen im Büßergewand.

Kapitän Neal saß im Hauptquartierszelt hinter seinem Schreibtisch. Der sehnig gebaute Mann mit den ausdruckslosen Augen und den straffen, dünnen Lippen erinnerte an einen jener gestrengen Lehrer, die man in Sketches über Schulen in New England sieht.

Ich überreichte ihm meine Ordern. Er blickte von seinen Papieren auf, und alles, was ich von seinen Augen erkennen konnte, war die Farbe – hellblau.

»Ich habe Sie schon erwartet, Leutnant Caputa«, begrüßte er mich.

»Caputo, Sir.«

»Willkommen an Bord.« Er versuchte zu lächeln, was ihm mißlang. »Ich übergebe Ihnen den zweiten Zug, Mr. Caputo. Seit Mr. Levys Tod haben die Leute keinen Offizier.«

»Ich war zusammen mit Mr. Levy in Quantico, Sir.«

»Der dritte und der Waffenzug haben auch keine Offiziere.« Er stand auf, entfaltete eine Landkarte und machte mich mit der Situation vertraut. Das Bataillon, im Grund die ganze Division, befand sich derzeit in der Defensive. Unsere Aufgabe bestand darin, einen weiteren VC-Angriff auf den Flugplatz zu verhindern, indem wir an der Hauptwiderstandslinie die Stellung hielten. Offensivoperationen wurden nicht durchgeführt, abgesehen von Gruppen- und Zugpatrouillen, und auch die durften sich nicht weiter als zweitausend Yards von der Hauptwiderstandslinie entfernen.

Die Front der Kompanie erstreckte sich von der T-Kreuzung nach Süden, entlang der Staße am Song-Tuy-Loan-Fluß, und war fast eine Meile lang, also dreimal so lang wie eine Linie, die eine Kompanie in voller Kampfstärke in ausreichendem Maße verteidigen konnte. Und diese Kompanie war erheblich geschwächt. Die Lücken wurden mit Artilleriesperrfeuern ausgefüllt.

Die Kompanie folgte einer starren Routine: zwei Züge, ohne die patrouillierenden Gruppen im Hinterhalt, bemannten bei Nacht die Hauptwiderstandslinie. Ein dritter Zug verteidigte den Charlie Hill, einen Kampfaußenposten etwa siebenhundert Yards weiter vorn. Vormittags wurde entlang der Linie eine fünfundzwanzigprozentige Wache aufrechterhalten, während die restlichen Männer ins eine halbe Meile entfernte Basiscamp zurückkehrten, eine warme Mahlzeit aßen, ihre Gewehre reinigten und sich ausruhten. Nur mittags lösten sie die Morgenwache ab, arbeiteten an ihren Stellungen oder gingen auf Tagespatrouille. Abends begann die Routine wieder von vorn.

Fast alle Verluste waren auf Minen und Sprengfallen

zurückzuführen. Hin und wieder wurden die Amerikaner von Heckenschützen beschossen und in seltenen Fällen von Granatwerfern. Auf Schützengrabenfüße, eine typische Infanteristenkrankheit, sollte ich in meinem Zug ganz besonders achten. Die Männer waren ständig durchnäßt, müde und oft hungrig, weil sie sich fast ausschließlich von kalten C-Rationen ernährten. *Aber ich durfte ihnen nicht zuviel Ruhe gönnen,* sonst würden sie anfangen, an die Heimat zu denken, und das war das Schlimmste, woran ein Infanterist denken konnte. Hatte ich alles verstanden? Ja. Wollte ich irgendwelche Fragen stellen? Nein.

»Gut. Heute nacht gehen Sie an die Linie, also bringen Sie jetzt Ihr Zeug in Ihr Zelt, Mr. Caputa.«

»Caputo, Sir, wie in *Toto*.«

»Wie auch immer. Halten Sie sich am Abend bereit.«

»Ja, Sir«, antwortete ich und dachte, daß ich noch nie einen so humorlosen Mann kennengelernt hatte.

Die Abendandacht fing gegen sieben Uhr an, als die Haubitzen und Granatwerfer ihre routinemäßigen Störungssalven abzufeuern begannen. Ich watete mit meinem neuen Zug zur Linie. Über unseren Köpfen zerrissen die Geschosse die Luft, und der Regen, von einem heftigen Monsunwind getrieben, trommelte in unsere Gesichter. Mit den gleichmäßigen, schweren Schritten, die zu den Merkmalen einer Veteraneninfanterie gehörten, bewegte sich der Zug den Weg hinauf. Und die Leute waren tatsächlich Veteranen. Bei ihrem Anblick konnte ich kaum glauben, daß sie nicht mehr als neunzehn oder zwanzig Jahre zählten.

Sie hatten keine Kindergesichter mehr, und in ihren Augen lag der kalte, dumpfe Ausdruck von Männern, deren Existenz von skrupelloser Zweckmäßigkeit bestimmt wird. Tag für Tag kämpften sie, um einigermaßen trocken zu bleiben, um ihre Haut vor der Dschungelfäule zu schützen und weiterzuleben. In der triefnassen Welt, in der sie hausten, konnte allein das Gehen – normalerweise so unbewußt ausgeübt wie das Atmen – den Tod bringen. Ein Fehltritt, und man wurde in Stücke gerissen oder blieb bis ans Ende seiner Tage ein

Krüppel. Ein Fehltritt – oder sekundenlange Unachtsamkeit, wenn man den Blick wandern ließ, und den dünnen, quer über den Pfad gespannten Stolperdraht übersah...

Wir erreichten die Straße, die unsere Front markierte. Ich kroch in den Befehlsstand des Zugs, ein von Sandsäcken umgebenes und mit einem leckenden Poncho abgedecktes Schützenloch. Jones, der Funker, Brewer, der Meldegänger des Zugs, und ein Sanitätssoldat folgten mir. Der Befehlsstand befand sich auf einem grasbewachsenen kleinen Hügel, direkt hinter der Straße. Am Boden des Lochs lag ein kalter Teich. Wir schöpften das Wasser mit unseren Helmen hinaus, breiteten einen Poncho über den Schlamm und setzten uns, um vor Einbruch der Dunkelheit eine letzte Zigarette zu rauchen.

Jones nahm das schwere, antiquierte PRC-10-Funkgerät von seinem Rücken und legte es an eine Wand des Schützenlochs. »Charley Sechs, hier ist Charley Zwei, Funkkontrolle«, sagte er ins Mikrophon. »Wie hören Sie mich, Sechs?«

»Zwei, hier ist Sechs. Höre Sie laut und deutlich. Sechs Aktuell sagt, ich soll Ihrem Aktuell mitteilen, die Alpha-Kompanie würde von Granaten beschossen.«

»Roger, Sechs. Falls kein weiterer Funkverkehr vorliegt – Zwei Ende.«

»Sechs Ende.«

»Haben Sie das gehört, Sir?« fragte Jones.

Ich nickte. Im starken Wind rasten die Regenschleier waagrecht über die Reisfelder hinweg und bestrichen die Ponchoplane wie Rehposten. Angespannt lauschte ich auf das Granatfeuer, hörte aber nichts über dem Sturm, dem prasselnden Tropfen und dem spröden Rascheln der umstehenden Bambuspflanzen. Die letzten Leute meines Zugs näherten sich durch die graue Abenddämmerung ihren Stellungen. Mit bleischweren Beinen gingen sie die Linie entlang, die keine Linie war, sondern eine lockere Kette isolierter Posten, an Stellen gegraben, wo es festes Erdreich gab. Zu zweit verschwanden sie in den Schützenlöchern. Davor wanden sich die Spulen des Akkordeondrahts im Wind.

Ich hatte die erste Funkwache übernommen. Jones und die

anderen legten sich hin, um zu schlafen, rollten sich in Fötuslage zusammen. Während ich hinausblickte, versuchte ich mich mit der Landschaft vertraut zu machen. Der Linienabschnitt des zweiten Zugs folgte der Straße, umrundete ein Dorf, das von Volksstreitkräften – der Dorfmiliz – bewacht wurde, und endete am Fluß. Im ganzen verteidigten wir eine Strecke von etwa siebenhundert Yards, im Notfall ein Sektor für eine ganze Kompanie, und zwischen den Stellungen klafften gefährlich große Lücken. Eine der Positionen – wegen der nahen Schule mit den Zementmauern »Schulhaus« genannt – war von der nächsten, meinem kleinen Hügel am Fluß, durch ein etwa zweihundert Yards breites, überschwemmtes Reisfeld getrennt. Die beiden Stellungen glichen Inseln in einem Archipel. Vor der Front lagen weitere Reisfelder, ein Bach mit dichtbewachsenen Ufern floß vorbei, und dahinter zogen sich die graugrünen Gebirgsausläufer empor. Dort erhob sich der Charlie Hill, ein schlammiger, rötlicher kleiner Hügel, der aus seiner Umgebung hervorstach wie eine entzündete Beule. Im immer schwächeren Tageslicht sah ich die olivgrünen Flecken der Ponchos, die winzigen Gestalten unserer Männer. Vor dem Außenposten gab es nichts als Hügel, und hinter ihnen ragten die Berge in die Wolken hinein. Verglichen mit dem Charlie Hill war unsere Front das Zentrum der Zivilisation und erschien mir wie das ausgefranste Ende der Welt.

Bald erlosch das letzte Tageslicht. Außer dem Wind und den knisternden Zweigen konnte ich noch immer nichts hören, und ich sah nurmehr verschiedene Schwarzschattierungen. Das Dorf lag wie ein pechfarbener Teich in dunkelgrauen Reisfeldern. Jenseits des tintigen Dschungelstreifens am Bach wirkte die Kordillere so schwarz, daß sie mir wie ein riesiges Loch im Himmel vorkam. Selbst nachdem sich meine Augen an die Nacht gewöhnt hatten, nahm ich nicht einmal die kleinsten Farbunterschiede wahr. Ich starrte in stockdunkles Nichts und gewann den Eindruck, das Gegenteil der Sonne zu betrachten, die Quelle und den Mittelpunkt aller Finsternis auf der Welt.

Der Wind blies in einem fort, gnadenlos und betäubend.

Völlig durchnäßt, begann ich zu zittern. Es fiel mir schwer, das Mikrophon des Funkgeräts festzuhalten, und ich stammelte, wenn ich den stündlichen Lagebericht durchgab. Ich konnte mich nicht erinnern, jemals so gefroren zu haben. Eine Leuchtrakete schnellte hoch und zeigte mir die Silhouetten der Palmen, die sich im Sturm hin und her warfen, die Regenstreifen, die aus dahinjagenden Wolken hingen. Eine heftige Bö schnitt ins Schützenloch, zerrte am Poncho und riß eine Seite aus der Verankerung. Gummiglatt und triefend klatschte er mir ins Gesicht. »Verdammt!« fluchte Brewer, als der Regen in das schutzlose Loch goß. Ein Wasserfall strömte den Hang herab, sickerte durch die Ritzen zwischen den Sandsäcken und spülte uns beinahe aus dem Befehlsstand. Der Poncho flatterte immer noch wie ein loses Segel. »Dieses gottverdammte Vietnam!«

»Jones, Brewer, machen Sie das Ding fest«, befahl ich und begann wieder mit meinem Helm Wasser hinauszuschütten. Regen rann in meinen Kragen und aus den Jackenärmeln, als wären sie Abflußrohre.

»Ja, Sir«, sagte Jones und kletterte mit Brewer hinaus. Sie bekamen den Poncho zu fassen, pflockten ihn fest und schlugen mit den dicken Enden ihrer Bajonette auf die Metallstifte. Der Sanitätssoldat und ich schöpften Regenmassen aus dem Loch, und die Arbeit erwärmte uns ein wenig. Als wir uns wieder setzten, stand das Wasser immer noch zolltief am Boden. Jetzt hatte Jones Wache, und ich übergab ihm das Funkgerät. Auf der Seite liegend, die Knie angezogen, versuchte ich zu schlafen, aber die Pfützen und der eisige Wind gönnten mir keine Ruhe.

Gegen Mitternacht spuckte Maschinengewehrfeuer in eine unserer Stellungen beim Dorf. Der Gruppenführer rief mich per Feldtelefon an und berichtete, zwanzig Kugeln hätten seine rechte Flanke getroffen, aber kein Opfer gefordert. Eine weitere Salve krachte.

»Es geht wieder los, Zwei Aktuell«, sagte die Stimme am Telefon. »Ich glaube, er steht zwischen den Bäumen am Bach.«

»Roger. Geben Sie ihm ein paar M-79. Ich komme sofort hinunter.«

Zur Sicherheit nahm ich einen Gewehrschützen mit. Wir eilten die Straße hinab und durch das Dorf. Zwei M-79-Granaten explodierten am Ufer des Bachs. Knöcheltief versanken wir im Straßenschlamm. Wir sahen nichts außer einer Lampe, die in einer der Hütten brannte. Für den Fall, daß wir schnell in Deckung gehen mußten, rannten wir dicht am Straßengraben entlang. Schließlich erreichten wir die Stellung, die angegriffen worden war. Mehrere Kugellöcher klafften im Poncho. Es regnete jetzt noch stärker, obwohl mir das unmöglich erschien. Ich kauerte mich im Schützenloch neben die Soldaten und versuchte in der schwarzen, etwa hundert Yards entfernten Baumreihe jenseits der Reisfelder, die sich in einen Miniatursee verwandelt hatten, etwas zu erkennen. Wellen, vom Wind getrieben plätscherten vor uns im Bewässerungsgraben. Dann flammte ein weißgelbes Licht in der Finsternis auf.

»Jetzt sehe ich dich, du Schwanzlutscher«, sagte ein Schütze und jagte ein Schnellfeuer auf den Mündungsblitz des Heckenschützen. Drei oder vier blendend helle Granaten zündeten zwischen den Bäumen. »Das müßte ihm zu denken geben, wenn's ihm nicht die Scheiße weggeblasen hat.«

Wir warteten etwa eine halbe Stunde. Da nichts mehr geschah, kehrten mein Wachtposten und ich zum Befehlsstand zurück. Endlich hatte sich der Wind gelegt, und in der stillen Luft summten Moskitos. Zwei Granaten fielen hinter uns herab, an der Stelle, wo die Straße anstieg und sich um eine Flußbiegung wand. Sie explodierten nahe der D-Kompanie-Linie und versprühten schöne rote Funken. In der entgegengesetzten Richtung bekämpfte das Bataillon Eins–Drei, soeben mit unerfahrenen Leuten nach Vietnam zurückgekehrt, Ausgeburten seiner Phantasie.

Wir kamen an der Hütte vorbei, wo die Lampe brannte. »He, GI«, flüsterte jemand. »GI, du kommen.« Ein Bauer in mittleren Jahren stand auf der Schwelle und bedeutete uns, einzutreten. Der Schütze brachte auf alle Fälle sein Gewehr in

Anschlag, und wir gingen hinein. Der Raum stank nach Knoblauch, Holzrauch und fauliger Fischsauce, schien aber trocken zu sein, und wir waren dankbar, weil wir uns für ein paar Augenblicke vom Regen erholen konnten. Ich zündete mir eine Zigarette an, auch dafür dankbar. Tief sog ich das Nikotin in die Lungen und spürte, wie sich meine Nerven beruhigten.

Der Bauer hatte inzwischen Fotos aus einem Öltuch gewikkelt. Sie zeigten vietnamesische Huren und amerikanische Soldaten, die in verschiedenen Stellungen Liebe machten. Bei jedem Bild, das uns der Mann zeigte, kicherte er und zischte: »Gut, was? Nummer eins, was? Wollen kaufen? Du kaufen. Nummer eins.«

»Jesus Christus, nein, du alter Perversling«, erwiderte ich. »Khoung, nicht kaufen.«

»Nicht kaufen?« fragte er so überrascht wie alle Händler, deren Angebote abgelehnt werden.

»Khoung. Chao Ong.«

»Chao Ong, dai-uy (Gute Nacht, Kapitän).«

»No dai-uy. Trung-uy (Kein Kapitän. Leutnant).«

»Ah. Ah. Trung-uy. Hokay. Chao trung-uy.«

»Wie hat Ihnen diese Scheiße gefallen?« fragte der Schütze, als wir die Hütte verlassen hatten. »Wir kämpfen für diese Leute, lassen uns klatschnaß regnen und in die Ärsche schießen, und der Kerl versucht unanständige Fotos zu verscherbeln.«

»Das Leben ist voller Ungerechtigkeiten.«

»Das kann man wohl sagen, wenn man ein einfacher Soldat ist.«

In unruhigem Schlaf verbrachten wir die restliche Nacht und erwachten in einer regnerischen Morgendämmerung. Benommen trottete der Zug zum Basiscamp und ließ eine Gruppe zurück, die unsere Linie verteidigen sollte. Die Reisfelder standen unter Wasser, und wir sahen die Wellenbewegungen, die von Schlangen verursacht wurden, während sie dicht unter der Oberfläche dahinglitten. Ein Schützenteam saß auf einer Insel fest, die aus der Überschwemmung ragte, und mußte sich von den Dorfbewohnern Sampans leihen, um zur Straße zu gelangen. Wie Strafgefangene bei der Zwangsarbeit marschierten die Soldaten lustlos zum Lager, ohne die Hoffnung, der neue Tag würde die Situation ändern, geschweige denn bessern. Ich zitterte, um mich zu wärmen, und fühlte mich so müde wie nie zuvor. Nach einer einzigen Nacht an der Front war ich schon erschöpft, und ich fragte mich, was in den Mitgliedern meines Zugs vorgehen mochte, die hier schon seit Monaten kämpften. Das fand ich bald heraus. Sie empfanden nichts, abgesehen von gelegentlicher Angst.

So ging es bis zum Ende des Monats weiter. Wenig Aktion, endloses Elend. Ich übernahm für eine Woche das Kommando des ersten Zugs, weil dessen Offizier abwesend war. In dieser Woche fiel nur ein einziger Mann aus, ein Gruppenführer, der mit einem Tausendfüßlerbiß im Lazarett landete. Die richtigen Kämpfe hatten sich ins Ia-Drang-Tal im Zentralhochland verlagert, wo die 7. Kavallerie, am Little Bighorn zu Ruhm gelangt, die Nordvietnamesen in der bisher größten Schlacht dieses Krieges bekämpfte. Rings um Danang herrschte Stille. In allen Nächten wiederholten die Stimmen der Funker fast stündlich: »Alles unter Kontrolle, Situation unverändert.«

Ich führte drei oder vier Patrouillen in den Dschungel, aber wir kamen nicht mit dem Feind in Kontakt, abgesehen von den üblichen Heckenschützen. Alles unter Kontrolle. Situation unverändert. Die Kompanie verlor zwei Maschinengewehrschützen durch eine Mine. Alles unter Kontrolle. Situation unverändert. Wir marschierten zur Linie und wieder zurück, patrouillierten auf Sprengfallenwegen, hoben Schützenlöcher aus, und wenn sie im Regen zusammenfielen, gruben wir neue. Es regnete ununterbrochen. Wir schliefen – falls überhaupt – im Schlamm, durchzitterten nervöse Nachtwachen und machten stündlich Meldung – alles unter Kontrolle. Situation unverändert. Ein Wachtposten aus der B-Kompanie wurde eines Morgens von Infiltratoren getötet. Und es regnete immer noch. Der Vietcong bewarf uns mit ein paar Granaten, aber sie erreichten uns nicht, explodierten weit entfernt von unserem Drahtzaun, in den Reisfeldern. Grauer Rauch blühte auf, Wasser und Schlamm sprudelte hoch. Charley Sechs fand sechs feindliche 60-mm-Granaten, zweihundert Meter vor seiner Stellung. Keine Verluste. Alles unter Kontrolle. Situation unverändert.

Am Monatsende führte der Vietcong einen kleinen Angriff auf das Dorf durch. In dieser Nacht regnete es nur leicht. Die Tropfen quollen aus dem geschwollenen Himmel wie Eiter aus einer infizierten Wunde. Mit Feldwebel Coffell, dem zweiten Gruppenführer, der von einem anderen Bataillon zum Eins–Eins versetzt worden war, hielt ich Wache in einem schlammigen Schützengraben. Um nicht einzuschlafen, unterhielten wir uns über die Heimat, Frauen und unsere Ängste. Dichter Nebel hing im Dschungel entlang dem Bach. Die Bäume sahen aus, als würden sie aus einer dicken Schneeschicht ragen. Flüsternd erzählte Coffell von der Angst, die ihm Bouncing Betties einflößten – Minen, die aus dem Boden sprangen und in Taillenhöhe explodierten. Am Morgen sollte er eine Patrouille in den Busch führen, und er hoffte, sie würden nicht über Bouncing Betties stolpern. Sein letzter Kompaniekommandeur war von einer getroffen worden.

»Sie riß ihm ein Bein am Oberschenkel ab. Die Arterie wurde duchschnitten, und das Blut spritzte hervor wie aus einem Schlauch. Wir konnten es nicht stoppen, wir wußten nicht, was wir tun sollten, also packten wir einfach Schlamm aus einem Reisfeld darauf. Immer wieder klatschten wir Schlamm auf den Beinstumpf, aber das nützte nichts. Nein, Sir, gegen diese Bouncing Betties kann man nichts machen. Verdammt, ich hasse diese Dinger.«

Hinter uns im Dorf knatterte ein Automatic-Gewehr. Ein Milizmann feuerte eine Salve aus seinem Karabiner ab.

»Die gottverdammte Volksstreitkraft schießt wieder auf Schatten«, bemerkte Coffell.

»Schatten tragen keine Automatic-Waffen. Das klingt wie eine AK.«

Dann knisterte es, als wäre ein Haufen trockener Zweige in Brand gesteckt worden. Handgranaten explodierten. Leuchtspurgeschosse glühten rot über unseren Köpfen. Ein paar Kugeln schlugen in die Sandsäcke einer Position in unserer Nähe, verfehlten haarscharf einen Maschinengewehrschützen. Tief geduckt griff ich nach dem Feldtelefon und rief Dodge an, den Feldwebel des Zugs. Er saß mit einer Gruppe in der »Schulhaus«-Position, auf der anderen Seite des Dorfes. Ich fragte, ob er sehen könne, woher das Feuer komme.

»Nein, Sir. Wir sind hier unten festgenagelt und können nicht einmal die Köpfe heben. Automatic-Waffen beschießen die Schule. Der Feind muß sich in der Nähe des Dorfes befinden, aber ich kann's nicht genau feststellen.«

»Dann steckt Charlie hinter uns. Ist jemand getroffen worden?«

»Nein, Sir, aber ein alter Jeep hat was zwischen die Scheinwerfer bekommen, und ein paar Kugeln sind in die Mauer neben mir geknallt. Der Verputz ist nur so auf mich runtergerieselt...«

Die Leitung war tot, als zwei weitere Granaten zündeten.

»Dodge, hören Sie mich?« fragte ich und drückte mehrmals auf die Empfangstaste. Keine Antwort. Die Granaten hatten die Verbindung unterbrochen. Da unten saß also eine meiner Gruppen fest, und ich hatte keinen Kontakt mit ihr.

Ich wälzte mich über die Brustwehr des Schützenlochs und kroch zur Straßenböschung hinauf, um nach feindlichen Mündungsblitzen Ausschau zu halten, konnte aber nichts sehen. Der Vietcong war ins Dorf eingedrungen und schoß in alle Richtungen. Ein rotes Licht erschien über der Straße, bewegte sich schnell auf mich zu, und ein Leuchtspurgeschoß sauste an meinem Ohr vorbei, nahe genug, so daß ich die Stoßwellen in der Luft spürte. Ich rollte wieder die Böschung hinab, und jenes beklemmende Gefühl erfaßte mich, das man stets empfindet, wenn man von hinten angegriffen wird.

»Coffell, sie sind hinter uns. Die Leute sollen sich zur

Straße umdrehen und alles niederschießen, was sich dort bewegt.«

»Ja, Sir.«

Als ich auf dem Bauch zum Funkgerät rutschte, hörte ich mein Herz gegen die feuchte Erde trommeln. »Charley Sechs, hier ist Charley Zwei Aktuell«, sagte ich und versuchte Neal zu erreichen. »Verstehen Sie mich?« Störgeräusche antworteten mir. »Sechs, hier ist Zwei. Erbitte Beleuchtung von Konzentration eins. Verstehen Sie mich, Sechs?« Wieder zischten Störgeräusche im Empfänger. Neben mir lag ein Schütze und zielte mit seiner M-14 auf die Straße. Er wandte den Kopf zu mir. Ich erkannte ihn nicht. Im Dunkel sah ich nur die hohlen, glanzlosen Augen, die unter dem Helm hervorstarrten. »Sechs, hier ist Zwei. Falls Sie mich hören – im Dorf hinter mir sind Victor Charlies. Eine Gruppe wird von Automatic-Feuer festgenagelt, die Telefonleitung wurde von Granaten zerstört. Bitte um Beleuchtung von Konzentration eins.« Spöttisch knisterten die Störgeräusche, und ich schlug mit der Faust auf das Funkgerät. Man konnte sich stets darauf verlassen, daß diese Überbleibsel aus dem Zweiten Weltkrieg, die PRC-10, in Krisensituationen zusammenbrachen.

Nachdem ich es fast fünfzehn Minuten lang versucht hatte, bekam ich endlich Verbindung mit dem Hauptquartier. Neal erklärte, er wisse nichts von einem Feuergefecht.

»Es kracht direkt hinter mir. Oder es hat gekracht. Jetzt ist es anscheinend bald vorbei.«

»Ich höre nichts«, erwiderte er.

»Weil es fast vorüber ist, Sechs. Davor haben sie's wirklich ernst gemeint. Könnten Sie die Konzentration eins beleuchten? Vielleicht sehen wir den VC, wenn er sich zurückzieht.«

»Ich habe vorhin auch nichts gehört, Charley Zwei.«

»Im Dorf, Sechs! Die Victor Charlies sind hinter mir im Dorf und kämpfen mit der Miliz. Meine erste Gruppe sitzt fest.«

Ich wußte, warum der Kapitän nichts gehört hatte. Er saß im Basiscamp der Kompanie, eine halbe Meile hinter der Linie. Und er verbrachte fast jede Nacht im Kommandobunker. »Ich fühlte mich wirklich miserabel, als ich in meinem Zelt schlief, während ihr Jungs da draußen wart«, hatte er mir nach einer besonders gräßlichen Nacht erklärt, und ich hatte geantwortet: »Ja, Sir, wir fühlten uns auch ziemlich miserabel.«

»Irgendwelche Verluste, Charley Zwei?« fragte er nun.

»Nein.«

»Glauben Sie, daß Sie die Situation meistern werden?«

»Roger. Eine Beleuchtung wäre mir eine große Hilfe.«

»Halten Sie mich auf dem laufenden. Sechs Aktuell Ende.«

»Zwei Ende.«

Ich mußte also auf die Beleuchtung verzichten.

Während meines Gesprächs mit Neal war das Scharmützel beendet worden. Wir nahmen Verbindung mit dem Milizkommandanten auf, der uns erklärte, »Jetzt hokay. VC di-di.«

Ich rief Neal noch einmal an. »Die Victor Charlies sind verschwunden. Sechs. Keine Verluste. Wir haben das Gebiet abgesucht, mit negativem Ergebnis.«

»Roger. Wie sieht Ihre Lage jetzt aus?«

»Alles unter Kontrolle«, erwiderte ich. »Situation unverändert.«

Am nächsten Morgen saß ich in der Kompaniemesse und legte meine halberfrorenen Hände um eine Kaffeetasse. Nach dem Feuergefecht hatte ich nicht mehr geschlafen. Keiner von uns hatte geschlafen. Weil sich einer Meldung zufolge ein feindliches Bataillon in unsere Richtung bewegte, waren wir in volle Alarmbereitschaft versetzt worden. Wir hatten gewartet und gewartet und gegen unsere Müdigkeit angekämpft. Hin und wieder forderte uns ein Heckenschütze heraus, es regnete unablässig, aber ansonsten geschah nichts. Im Morgengrauen waren wir ins Basiscamp zurückgekehrt, bis auf die Leute, die an der Linie bleiben oder patrouillieren mußten.

Es regnete immer noch, während ich dem Kapitän in der Messe gegenübersaß. Draußen zog eine Reihe von Soldaten an den Tauchsiedern vorbei, jeder hielt sein Eßgeschirr ins kochende Wasser. Ich wollte schlafen, vier oder fünf Stunden im Trockenen und ungestört, aber ich mußte eine Telefonleitung zu einer neuen Stellung legen. Diese Aufgabe würde den Großteil des Tages beanspruchen. Außerdem würde ich die Ordnung im Liniensektor meines Zugs inspizieren. Neal hatte bei der Schule ein paar leere C-Rationsdosen gefunden und sich darüber geärgert. Er liebte ein ordentliches Schlachtfeld. Also würde ich dafür sorgen müssen, daß meine Leute die Blechdosen vergruben. Das darf ich nicht vergessen, dachte ich. Es ist wichtig für den Ausgang dieses Krieges, daß wir unseren Abfall immer wegräumen. Eine innere Stimme sagte mir, meine Verbitterung sei übertrieben. Ich tat mir selber leid. Niemand hatte mich gezwungen, zum Marinecorps zu gehen oder mich freiwillig an die Front zu melden. Ich hatte darum gebeten. Das stimmte, aber diese Erkenntnis konnte mein unmittelbares Problem nicht lösen. Ich war todmüde und wollte schlafen.

Neal sagte, er hätte sich meine Dienstdokumente angesehen und festgestellt, daß ich schon seit neun Monaten ohne längeren Urlaub in Vietnam wäre. Am nächsten Morgen würde ein Platz in einer Maschine nach Saigon frei sein. Ob ich Lust hätte, für drei Tage hinzufliegen? Ja, antwortete ich ohne Zögern. O ja, ja, ja.

Die grünbraun getarnte C-130 landete am frühen Abend auf dem Tan-Son-Nhut-Flughafen. Wir fuhren in einem Bus nach Saigon, dessen Fenster mit Drahtgittern geschützt waren, um Terroristengranaten abzuwehren. Er hielt vor dem Meyercourt, einem für die Urlauber der US-Streitkräfte reservierten Hotel. Stacheldraht krönte die hohen Mauern, die das Haus umgaben, und ein Militärpolizist, mit einer Schrotflinte bewaffnet, stand neben dem Eingang in einem mit Sandsäcken gesicherten Wachhäuschen. Ich trat auf den Balkon meines Zimmers im siebenten Stock und beobachtete ein Flugzeug, das über dem Sumpfgebiet im Süden der Stadt Leuchtbomben abwarf. Granatfeuer flackerte am Horizont, rhythmisch dröhnten die Geschütze. Nicht einmal in Saigon konnte man dem Krieg entrinnen. Aber das Zimmer war sauber und billig.

Es gab eine Duschkabine und ein Bett, ein richtiges Bett mit einer Matratze und frischen Laken. In vollen Zügen genoß ich eine heiße Dusche, legte mich hin und schlief fünfzehn Stunden lang.

Am nächsten Morgen fand ich eine Möglichkeit, vor dem Krieg zu fliehen. In einem ruhigen Stadtviertel, von hohen Bäumen überschattet, wanderte ich eine ganze Weile dahin, ohne Soldaten, Huren oder Bars zu sehen, nur stille Straßen und weißgetünchte Villen mit roten Ziegeldächern. In einer Seitengasse fand ich ein Café und ging hinein, um zu frühstücken. Angenehme Kühle erfüllte das Lokal, am frühen Morgen roch es noch frisch und sauber, und die einzigen Gäste außer mir waren zwei hübsche Vietnamesinnen in orangegelben ao-dais. Der Kellner überreichte mir eine Speisekarte. Eine *Speisekarte*. Ich konnte mir aussuchen, was ich essen wollte. Darauf hatte ich monatelang verzichten müssen. Ich bestellte Fruchtsaft, Café au lait, heiße Croissants mit Marmelade und Butter. Nach dem Essen lehnte ich mich in meinem Sessel zurück und las Gedichte von Dylan Thomas. Das Buch, ein Geschenk meiner Schwester, führte mich weit weg von Vietnam in die friedlichen Berge von Wales, zur Felsenküste, wo Reiher umherflogen. ›Farnhügel‹ und ›Gedicht im Oktober‹ gefielen mir, aber ›Und der Tod soll keine Macht besitzen‹ konnte ich nicht würdigen. Ich wußte nicht viel über Dylan Thomas' Leben, aber ich nahm an, daß er niemals in einem Krieg gekämpft hatte. Ein Mann, der den Krieg kannte, würde niemals an der Macht des Todes zweifeln.

Als ich das Café verließ, kam eine einarmige alte Bettlerin auf mich zu und gab mir einen Zettel. »Ich bin fünfzig Jahre alt und habe meinen Arm bei einem Artilleriebombardement verloren«, las ich. »Mein Mann starb 1962 im Kampf gegen den Vietcong. Bitte geben Sie mir 20 Piaster.« Ich gab ihr hundert; sie verbeugte sich und sagte: »Cam Ong.« Erklär ihr doch, daß der Tod keine Macht hat, Dylan!

An meinem zweiten Tag in Saigon traf ich auf einem der lärmerfüllten Marktplätze einen indischen Seidenhändler, der mich fragte, wie mir Saigon gefiele. Sehr gut, erwiderte ich, es sei eine schöne Stadt, eine großartige Stadt, im Gegensatz zu all der Häßlichkeit draußen auf dem Land. »Ja, Sie haben recht«, stimmte er mir traurig zu. »Irgend etwas ist nicht in Ordnung mit diesem Staat. Ich glaube, es liegt am Krieg.«

Mein Dinner nahm ich auf der Terrasse des Continental Palace Hotel ein. Die Kellner des französischen Hauses zeigten eine Höflichkeit, die nicht kriecherisch wirkte, eine Würde, der jede Arroganz fehlte. Ich hatte an einem der mit Leinentüchern gedeckten Tische Platz genommen, neben einem Torbogen, der zur Straße hinausging. Einige französische Plantagenbesitzer – alte Kolonisten, die in Indochina geblieben waren – saßen mir gegenüber. Sonnengebräunt, in Baumwollhemden und Khakishorts, tranken sie gekühlten Weißwein, aßen und gestikulierten, als befänden sie sich auf den Champs-Elysées oder am linken Seine-Ufer. Sie amüsierten sich. Und mir wurde bewußt, daß ich schon lange keine Leute mehr gesehen hatte, die sich amüsierten.

Ein Kellner fragte nach meiner Bestellung.

»Chateaubriand avec pommes frites, s'il vous plaît.«

Der bejahrte Vietnamese, der sich wie ein Dorfältester gab, zuckte kaum merklich zusammen, als er meinen Akzent hörte. »Pardonnez-moi, Monsieur. Le chateaubriand est pour deux.«

»Ich weiß – trotzdem möchte ich's haben«, entgegnete ich, indem ich zu meiner englischen Muttersprache zurückkehrte.

»Bien. Vin rouge?«

»Oui, rouge. Eine Flasche.«

»Aber Sie sind allein.«

»Ich werde die ganze Flasche trinken. Keine Bange.«

Er kritzelte die Bestellung auf seinen Notizblock und ging davon.

Während ich auf den Wein wartete, beobachtete ich die Franzosen, die sich angeregt unterhielten und über irgendwelche Scherze lachten. Allmählich wurde mir ein wenig schwindlig. Das mußte mit der lässigen Art dieser Männer zusammenhängen, mit ihrem Gelächter und dem Klirren ihres

Bestecks. Der Wein verstärkte dieses Gefühl. Und ich erkannte, was es in Wirklichkeit war, nachdem ich das Chateaubriand verspeist und die Rotweinflasche zur Hälfte geleert hatte – Normalität. Ich hatte zwei Nächte lang tief geschlafen, mehrmals geduscht und soeben ein ausgezeichnetes Dinner genossen, und ich fühlte mich normal – das heißt, ich empfand keine Angst. Zum erstenmal seit langer Zeit fürchtete ich mich nicht. Ich war aus jenem beengten Totenreich an der Front entlassen worden, aus dem Land der leidenden Bauern, müden Soldaten, aus Schlamm, Regen und Grauen. Jetzt kam ich mir wieder lebendig vor, und ich liebte das Leben. Die Franzosen überlebten nicht nur, sie lebten. Und für eine gewisse Zeit gehörte ich zu ihrer Welt. Vorübergehend hatte ich die Staatsbürgerschaft zurückgewonnen, die mich als Mitglied der menschlichen Rasse auswies.

Ich trank noch mehr Wein, und es gefiel mir, wie die mit Dunst beschlagene Flasche auf dem weißen Leinentischtuch aussah. Ich überlegte, wie es wohl wäre, einfach zu desertieren. Ein wundervoller, aufregender Gedanke. Ich würde in Saigon bleiben und mich meines Lebens freuen. Natürlich wußte ich, daß mir das unmöglich gelingen würde, allein schon wegen meines Aussehens. Ich war ein Weißer, mehrere Zoll größer und um etwa siebzig Pfund schwerer als der kräftigste Vietnamese. Und die Militärpolizei würde mich bald aufgreifen. Außerdem hielt mich die Verpflichtung meinem Zug gegenüber zurück. Ich würde meine Freunde verlassen, wenn ich desertierte. Und das ist das eigentliche Vergehen eines Deserteurs – er läßt seine Freunde im Stich! Dies mochte der Grund dafür sein, warum wir trotz aller Qualen so hart kämpften. Wir hatten keine andere Wahl. Die Desertion erschien uns undenkbar. Jeder von uns focht für sich selbst und für die Männer an seiner Seite. Der einzige Weg, der aus Vietnam herausführte, abgesehen von Tod oder Wunden, war der Kampf. Wir kämpften, um zu leben. Doch es freute mich, mit dem Gedanken an die Fahnenflucht zu spielen, mir vorzumachen, das läge im Bereich des Möglichen.

Während die C-130 stoppte, standen wir auf dem Rollfeld, zwanzig oder dreißig Mann. Unsere dreitägige Freiheit war vorüber. Ein alter Geschützfeldwebel unterhielt uns mit Witzen. Davon kannte er mehr als ein Berufskomiker, und er erzählte einen nach dem anderen. Er hatte auf Iwo Jima gekämpft und in Korea. Vor sieben Monaten war er nach Vietnam gekommen, ein Veteran, der mit seinem braunen, zerfurchten Gesicht auch so aussah. Seine Scherze, die er wie ein Schnellfeuergewehr abschoß, brachten uns immer wieder zum Lachen und lenkten uns von dem Ort ab, wo wir bald landen würden. Vielleicht versuchte er selber, nicht daran zu denken. Doch die heiteren Geschichten und das Gelächter verstummten, als sich die Luke der C-130 öffnete und die Leichen, in grüne Gummisäcke gepackt, herausgebracht wurden. An den Umrissen der Stiefel, die sich unter den Hüllen abzeichneten, erkannten wir, was darin steckte. Warum boten die Stiefel eines toten Kameraden immer wieder einen so schmerzlichen Anblick?

Die Stimmung schwang um. Niemand sprach. Schweigend beobachteten wir, wie die Besatzung der Maschine die Leichen über die Rampe herab und zu einer Ambulanz trug, die in der Nähe parkte. Und ich empfand sie wieder, die alte, vertraute, kalte, fesselnde Angst. Der humorvolle Geschützfeldwebel, dreijähriger Veteran, schüttelte den Kopf. »Zur Hölle mit diesem Krieg.«

15

. . . Wir sind nur Krieger für den Werkeltag,
All unsre Festlichkeit und Zier beschmutzt
Mit nassen Märschen im mühselgen Feld.

Shakespeare, König Heinrich der Fünfte

Aufrecht wie Seiltänzer gingen wir auf der schmalen Bambusbrücke dahin, die den Bach überspannte. Der Monsun hatte ihn in einen Fluß verwandelt, schnell rauschte das tiefe, braune Wasser unter uns vorbei. Der dritte Zug saß auf dem nahen Charley Hill in seinen Schützenlöchern und verhöhnte unseren Balanceakt. »Paßt bloß auf, daß ihr nicht reinfallt und euch die Füße naß macht, ihr Süßen!«

»Haltet die Klappe!« rief einer meiner Soldaten zurück. »Ihr habt wirklich nur Scheiße im Hirn.«

Es regnete. Im Gänsemarsch überquerte der Zug das Reisfeld am anderen Ufer, rutschte im Schlamm des Bewässerungsgrabens aus und stieg den Hang des Charley Hill hinauf. Auf dem Gipfel warteten die Leute, bis Jones und ich ein Funkgerät aufgetrieben hatten, das gerade nicht gebraucht wurde. Sie setzten sich, um auszuruhen und eine letzte Zigarette zu rauchen, ehe der Patrouillengang anfing. In dumpfem Grün, durchbrochen von helleren Palmeninseln, erstreckten sich die Gebirgsausläufer vom Außenposten bis zu den Bergen, doch die sahen wir nicht; sie verbargen sich hinter einer massiven bleigrauen Wolkenwand. Der dritte Zug besetzte den Charley Hill schon lange, ein bißchen zu lange. Zerlumpt und schmutzig, starrten sie uns mit erschöpften Augen an und machten weitere müde Scherze. »Hütet euch vor den garstigen Sprengfallen da draußen«, warnte uns einer der Männer. »Wir wollen doch nicht, daß du abkratzt, Allen.«

»Keiner von uns wird abkratzen«, entgegnete der Gefreite Allen, ein Schützenführer in meinem Zug.

»Und wenn doch – bekomme ich dann deine Stiefel? Wir haben ungefähr die gleiche Größe.«

»Ich werd' dir meine Stiefel in die Eier treten, du Scheißkerl. Haltet den Mund und bleibt ganz still hier sitzen, bis wir euch mit einem ganzen verdammten Regiment überrennen.«

»Mit einem *ganzen verdammten Regiment*? Allen, du bist ein gaaaanz mieser Mutterficker.«

»Weißt du's denn nicht, du Arschloch? Es war *deine* Mutter.«

»Dann bin ich dein Sohn, und wenn du draufgehst, werde ich ein Waisenkind. Also mußt du mir deine Stiefel vererben, Daddy.«

»Ich hab's doch schon gesagt – die kriegst du bestenfalls in den Eiern zu spüren.«

Ich ging in den Unterstand, um mir ein Funkgerät zu holen. Drinnen war es fast so schlammig wie draußen. Wasser sikkerte durch die Lehmwände des Bunkers und tropfte von den morschen Segeltuchgardinen, die vor der Tür hingen. Ich checkte das Funkgerät.

»Es funktioniert, ob Sie's glauben oder nicht«, versicherte McKenna, der Führer des dritten Zugs. Er war erst vor kurzem zur C-Kompanie gekommen, ein dunkelhaariger Ire aus der Bronx, der viel Unsinn redete, Black Mac genannt wurde und den Krieg für einen Straßenkampf zwischen Gangsterbanden hielt – dies allerdings im großen Stil.

Das Funkgerät funktionierte tatsächlich. Das war ungewöhnlich. Little Jones – aus irgendeinem Grund sind alle Funker klein – hievte das PRC-10 auf seinen Rücken. Ich zündete mir eine Zigarette an, denn es widerstrebte mir, den Unterstand zu verlassen und den ganzen Tag im Regen zu verbringen. Unablässig trommelte er auf das mit Sandsäcken gesicherte Bunkerdach. Ich verabscheute den Regen, die langen Marschstunden, das Warten auf die Explosion einer Sprengfalle, die irgend jemanden in Stücke reißen würde. Erst zwei Wochen waren seit meinem Aufenthalt in Saigon verstrichen, aber ich war schon wieder genauso erschöpft wie vor dem Urlaub. Nein, noch erschöpfter. Es kam mir so vor, als hätte ich mich überhaupt nicht ausgeruht, als könnte mich keine noch so lange Erholung von meiner ungeheuren Müdigkeit befreien. Das galt auch für die anderen. Die Kompanie hatte in dem Monat, seit ich hinzugestoßen war, fast zweihundert Patrouillengänge unternommen. Und dann all die Nächte an der Linie...

Die Leute befanden sich in einem konstanten Zustand der Übermüdung. Wie in einem dunklen Schacht quälten sie sich täglich von einer Stufe ihrer Erschöpfung bis zur anderen, und die Gruppenführer flehten immer wieder um Ruhepausen. »Die Leute sind völlig fertig, Leutnant. Sie sind so müde, daß sie bei den Patrouillen halb einschlafen, und sie brauchen endlich ein bißchen Ruhe.« Aber es gab keine Ruhe. Die Leute wurden nicht mehr wechselweise zu den Nachhuttruppen versetzt so wie in früheren Kriegen, weil hier keine Nachhut existierte.

Jones schnallte die Schulterriemen des Funkgeräts fest und verließ den Bunker.

»Haben Ihre Jungs Kapitän Neals Gewehrinspektion gut überstanden?« fragte McKenna.

»Ja. Eine Gewehrinspektion! Anscheinend glaubt der Hurensohn, wir hätten Garnisondienst.«

»Sie hätten die beschissene Show miterleben sollen, die er hier abzog. Er kam raus, und sofort mußten alle in Zugformation antreten. Das war wirklich Klasse. Eine einzige verdammte Granate hätte uns allen den Garaus machen können. Dann fand er ein Gewehr mit einer staubigen Kammer, und deshalb verfluchte er den Schützen und den ganzen Zug. Als er ein Magazin mit einem Rostfleck aufspürte, nahm er es aus dem Gewehr und warf es in den Schlamm. Einfach so. Der Zug war drauf und dran, ihn umzubringen. Nachdem er gegangen war, schickte Feldwebel Horne die Leute wieder an die Arbeit, und die hätten beinahe gemeutert. Ein Junge forderte Horne auf, ihn am Arsch zu lecken, und Horne schlug ihn natürlich nieder. Ich meine, einem riesigen Hurensohn wie Horne kann man nicht sagen, er soll einen am Arsch lecken. Der Bursche holte sein Gewehr und erklärte unserem Feldwebel, er würde ihn erschießen. Wahrscheinlich wollte er in Wirklichkeit Neal töten, aber Horne wäre ein geeigneter Ersatz gewesen. ›Mach's doch‹, sagte Horne, ›damit handelst du dir den Strick oder eine lebenslängliche Gefängnisstrafe ein.‹ Und dann packte er das Schießeisen, bevor der Kleine feuern konnte. Und der brach zusammen. ›Ich schaff's nicht mehr‹, jammerte er in einem fort. ›Ich schaff's nicht mehr. Ich halte diese engstirnigen Schikanen nicht mehr aus.‹ Wissen Sie, ich glaube, der Kapitän ist verrückt. Irgendwann wird ihm jemand eine Kugel in den Hinterkopf jagen.«

»Wer immer das auch tun wird – ich hoffe, man belohnt ihn mit der Verdienstmedaille. Jesus, Mac, der Krieg ist auch ohne diesen gottverdammten Tyrannen schlimm genug.«

»Wir sind beim Corps, P.J., im Unterleib unserer Streitkräfte. Semper fidus! Immer nur mit den Kameraden bumsen!«

»Zum Teufel mit dem Corps! Nun, dann werde ich jetzt aufbrechen und diesen kleinen Sparziergang hinter mich bringen.« Ich drückte meine Zigarette aus und kehrte zu meinen Leuten zurück, die mich erwarteten und geduldig ihr Elend ertrugen.

»Aufstellung nehmen«, sagte Bittner, der neue Zugfeldwebel. Dodge, der an einer alten Beinverletzung litt, war ins Bataillonshauptquartier versetzt worden. »Vorwärts, marsch!«

Wie ein Mann erhoben sich die Soldaten, wie Gläubige in einer Kirche, und setzten sich in Bewegung.

»Erster Schützentrupp fünfundzwanzig Meter voraus. Rauchlampe ausmachen. Weder reden noch rauchen, sobald wir den Hügel verlassen haben. Abstand halten. Zehn Schritt zwischen zwei Mann. Kolonne staffeln.«

Im Grunde waren die Befehle überflüssig. Sie gehörten nur

zu einem Ritual. Der Zug wußte, was zu tun war, nachdem er es oft genug getan hatte.

Wir rutschten über die Kante eines Abgrunds. So kam es uns jedes Mal vor, wenn wir den Außenposten verließen und in das vom Feind kontrollierte Gebiet eindrangen – wir rutschten über die Kante eines Abgrunds.

Zuerst folgten wir den Spuren einer alten Straße, dann stolperten wir in eine feuchte Schlucht hinab, quälten uns einen Hang hinauf, erreichten die nächste Schlucht. Ein halbvergessener Kinderreim ging mir durch den Kopf:

»Der große alte Herzog von York,
Der hatte zentausend Mann.
Er marschierte mit ihnen den Berg hinab
Und dann gleich wieder hinan.«

Eine Stunde lang schlängelten wir uns durch die Gebirgsausläufer und wehrten die nassen Liebkosungen des hohen Elefantengrases ab. Die Soldaten kletterten einen niederen Grat voll scharfkantiger Felsen hinauf und stiegen dann zu den Reisfeldern am Fluß hinunter, die sie mit dem Geschick erfahrener Veteranen überquerten. Die Schützengruppe an der Spitze marschierte voraus, während ihr der Rest der Patrouille und ein Maschinengewehr-Schützentrupp Feuerschutz gab. Als sie die Bäume am anderen Ende erreichte, folgte ihr der Haupttruppenkörper, ebenfalls von den Maschinengewehrschützen gedeckt, die als letzte hinübergingen. Unser taktisches Manöver entlockte dem Bauern, der auf einem der Felder arbeitete, nicht einmal einen flüchtigen Blick. In einem schlittenartigen Pflug fuhr er durch den Schlamm und schlug mit einer langen Bambusstange auf die dampfenden Flanken seines Wasserbüffels. Wir wateten dahin und verfluchten den knöcheltiefen Brei, der uns behinderte – schwarz wie Teer und auch fast so dickflüssig. Es hörte nicht zu regnen auf.

Nach einem dreistündigen Marsch erreichte der Zug den Flußweg, denselben, auf dem ich vor drei Monaten mit Eins-

–Drei patrouilliert war. Jetzt hatte er einen neuen Namen – Pfad der Purpurherzen. Die Wassermassen des Tuy Loan rasten zwischen zerbröckelnden Lehmufern dahin, wirbelten an tiefen Stellen und überspülten versunkene Büsche, die vor dem Monsun auf trockenem Boden gestanden hatten. Pangee-Fallen und Spinnennetzlöcher tauchten entlang des Weges auf. Keine Menschenseele ließ sich in den Dörfern und auf den Feldern blicken, wo die Bombenkrater wie riesige Pockennarben klafften. Abgesehen von sporadischen Vogelrufen und dem zischenden Regen zwischen den Bäumen war nichts zu hören. An der Spitze setzte der Gefreite Crowe vorsichtig einen Fuß vor den anderen, als würde er ein Minenfeld überqueren. Und genau das war der Weg – ein langes, schmales Minenfeld. Das bezeugte ein verkohlter Baumstumpf; an dieser Stelle war vor zwei Tagen eine Sprengfalle explodiert und hatte zwei Soldaten aus einem anderen Zug schwer verletzt. Der Pfad der Purpurherzen, der Verwundetenabzeichen, machte seinem Namen alle Ehre. Crowes Kopf bewegte sich von einer Seite zur anderen, eidechsengleich flackerten seine Augen umher und fahndeten nach dem dünnen schimmernden Faden eines Stolperdrahts, nach einer elektrischen Zündschnur, die sich ins Unterholz wand. Hinter ihm hielten die Gefreiten Lonehill und Allen zwischen den Bäumen nach Heckenschützen Ausschau. Ich folgte ihnen, hinter mir trotteten Jones und die restliche Patrouille. Mit verkrampften Muskeln und hellwachen Sinnen gingen wir dahin, auf müden, von der ständigen Feuchtigkeit wunden Füßen.

Vor uns lag eine Lichtung und an ihrem anderen Ende das Dorf, das wir durchsuchen sollten. Crowe, Allen und Lonehill erreichten das freie Feld und beschleunigten ihre Schritte. Nun waren Jones und ich an der Reihe. Die Kugel klang wie ein Peitschenknall und streifte die Zweige über unseren Köpfen. Wir glitten die Uferböschung hinab. Jones bog die Funkantenne nach unten, um sie vor dem Heckenschützen zu verstecken.

»Allen!« rief ich. »Ein Heckenschütze, rechte Flanke.

Wahrscheinlich in der Baumreihe. Können Sie ihn mit der M-79 treffen?«

»Ich glaube schon, Leutnant.« Allen hatte sich mit den beiden anderen Soldaten hinter einem kleinen Grasbuckel auf dem freien Feld verschanzt.

Der Granatwerfer krachte einmal, zweimal, dreimal, der Heckenschütze feuerte wieder. In singendem Tiefflug sauste die Kugel zwischen den Halmen hindurch, schlug in den Weg und schleuderte Schlammklumpen hoch. Das erste 40-mm-Geschoß explodierte, und ich schrie: »Schnell über die Lichtung!« Lonehill bestrich die Bäume mit seinem Automatic-Gewehr. Der Heckenschütze geriet in Panik, als wir sein Feuer erwiderten, und gab blindlings fünf oder sechs Schüsse ab. Während die letzten beiden Granaten zündeten, rannte der Zug mit klirrenden Helmen und Waffen über das Feld.

Unbeschadet erreichten wir das andere Ende der Lichtung und näherten uns dem Dorfrand, wo Crowe ein Bambusgatter nach Sprengfallen absuchte. Er fand nichts. Während Coffells Gruppe das Dorf abriegelte, wurde es von der Gruppe des Obergefreiten Aiker durchforstet. Dabei kam das Übliche zum Vorschein – ein kleines Proviantlager, mehrere Tunnels, einige Ladestreifen (Munition für Handwaffen), so alt, daß sie vermutlich schon seit dem Krieg zwischen Frankreich und Indochina hier herumlagen.

Nur vier Leute hielten sich im Dorf auf, zwei alte Frauen, ein Mädchen und ein kleiner Junge.

»Chao-Ba«, sagte ich zu einer der Frauen.

Lächelnd entblößte sie rote Zähne. »Chao-anh.«

»Manh gioi khoung?«

»Toi manh (Es geht mir gut).«

»Ba gap Viet Cong khoung (Frau, haben Sie den Vietcong gesehen)?«

Sie griff unter ihre Bluse, enthüllte für einen Augenblick zwei vertrocknete Hängebrüste und reichte mir ihren Ausweis, die reguläre, mit Plastik überzogene Kennkarte, die von der Regierung ausgegeben wurde – oder vom VC, der solche Dokumente des öfteren fälschte.

»Frau, das sagt mir nichts. Ich frage Sie – haben Sie den Vietcong gesehen?«

»Khoung (Nein).«

Ich wies auf die Lichtung, und weil ich das vietnamesische Wort für Heckenschütze nicht kannte, erklärte ich auf englisch: »VC. VC. Vor zehn Minuten. Peng. Peng.«

»Toi khoung hieu (Ich verstehe nicht).«

Geduldig ahmte ich die Bewegungen eines Mannes nach, der ein Gewehr abfeuert, dann zeigte ich auf meine Brust. »VC. Peng. Peng. Auf mich. Toi. Vor zehn Minuten.«

»Ah, toi hieu.«

»Wo sind die Vietcongs?«

»Toi khoung biet (Ich weiß nicht).«

Dergleichen hatte ich schon ein dutzendmal in einem Dutzend Dörfern erlebt, und die Sturheit dieses Bauernvolks begann mich zu ärgern. »Frau, Sie wissen es.« Ich zeigte ihr einen 30er-Ladestreifen. »Sie wissen es. VC hier. Wie viele?«

»Ich weiß nicht.«

»Mot? Hai? Lam? (Einer? Zwei? Fünf?).«

»Ich weiß nichts über den Vietcong.«

In diesem Moment hatte ich meine erste brutale Vision – ein Zeichen, daß ich unter dem Druck und den Frustrationen dieses Krieges allmählich durchdrehte. In meiner Phantasie war die rote Flüssigkeit im Mund der Frau nicht Betelnußsaft, sondern Blut, und ich drosch meinen Handrücken auf ihre Lippen, und Blut quoll zwischen ihren Zähnen hervor, während sie mir alles erzählte, was ich wissen wollte. Ich hatte die Wahrheit aus ihr herausgeprügelt, mit einem einzigen Schlag die Litanei von »Nein« und »Ich weiß nicht« beendet... Niemand war da, der mich daran gehindert hätte, es tatsächlich zu tun, niemand und nichts, außer jenem inneren System moralischer Maßstäbe namens Gewissen. Das funktionierte immer noch, und deshalb rührte ich die Vietnamesin nicht an. Ich wiederholte nur: »Wo sind die Vietcongs?«

»Ich weiß nicht.«

Mein rechter Arm spannte sich an. »Alte Hexe, sagen Sie mir endlich, wo sie sind!« stieß ich auf englisch hervor.

»Ich verstehe nicht.«

»Ba gap Viet Cong khoung?«

»Nein. Ich weiß nichts über den Vietcong. In den Bergen sind viele VCs.«

»Ich weiß, buku VC in den Bergen. Wie viele sind hier?«

»Hier sind keine VCs.«

»VC hier.« Ich hielt den Ladestreifen hoch.

»Kein VC hier.«

»Nein, sicher nicht, alte Hexe. Und wenn wir das Dorf verlassen, werden wir vermutlich wieder von einem Heckenschützen beschossen.«

»Ich verstehe nicht.«

»Weil ich Englisch spreche. Sie verstehen wohl überhaupt nichts, verdammt noch mal!«

»Toi khoung hieu.«

»Cam anh ba. Di-di (Danke, Frau, gehen Sie jetzt).«

Sie nickte und verschwand mit den anderen in einer Hütte.

Ich setzte mich neben Coffell und zog eine Rationsdose aus der ausgebeulten Hosentasche meiner Uniform. Er fragte, ob ich etwas erfahren hätte. Nein, natürlich nicht. »Sagen Sie den Leuten, wir machen Essenspause. In fünfzehn Minuten geht's los.«

»Ja, Sir.« Wie ein Greis mit arthritischen Gelenken stand er auf. Coffell war vierundzwanzig. »Wissen Sie, wenn ich mir diesen langen Rückmarsch vorstelle – der gefällt mir ganz und gar nicht.«

»Nun, wir könnten hierbleiben.«

»Das gefällt mir noch weniger.«

Der Zug verspeiste im Regen kalte C-Rationen und trat dann den Rückweg zu den eigenen Linien an. Wir gingen querfeldein, um unsere Spuren auf dem Flußweg nicht zurückverfolgen zu müssen, und kämpften uns durch Elefantengras, dessen dichte, spitze Halme an die Borsten von Stachelschweinen erinnerten. Das Wetter hatte sich seltsam verändert. Mehrere Phasen intensiver windstiller Hitze wurden von kurzen Regenböen unterbrochen, die aus dem Nichts zu stürmen schienen. Während des ganzen Rückmarsches wurden wir abwechselnd durchnäßt, von Kälteschauern geplagt und von der Sonne versengt. In der Abenddämmerung erreichten wir die Front oder das, was in diesem Krieg als Front bezeichnet wurde. Feldwebel Pryors Gruppe hatte tagsüber den Sektor des Zugs bewacht. Nun schwärzten sich die Soldaten die Gesichter mit Holzkohle und Schuhwichse, bevor sie den Busch aufsuchten, um dem Feind in einem Hinterhalt aufzulauern. Coffells und Aikers Gruppen trotteten zu ihren Stellungen. Eine weitere feuchte Nacht lag vor ihnen, eine lange Wartezeit voller Nervosität.

Warten – das war alles, was wir in der nächsten Woche taten. Nacht für Nacht wurden wir von Heckenschützen angegriffen und klitschnaß geregnet. Der neue Befehlsstand des Zugs, ein verlassener ebenerdiger Schuppen, dessen Steinmauern in irgendeiner längst vergessenen Schlacht gelöchert worden waren, bekam noch ein paar Narben mehr. Mittlerweile wurde die C-Kompanie aufgefordert, sich in Bereitschaft zu halten, da sie demnächst möglicherweise zum Schauplatz einer Operation namens Harvest Moon (Erntemond) geflogen werden sollte. Im Verhältnis zu jenem Kriegsstadium war es eine große Operation. Nacht für Nacht dröhnte flakkernde Artillerie. Wir warteten, betäubt von unablässigem Regen und Wind. Das Warten auf den Kampf erschien uns jedesmal viel schlimmer als der Kampf selbst.

Die Aktion fand bei Hoi-An statt, einer kleinen Stadt südlich von Danang. Eines Nachmittags hörten wir, die in diese Schlacht verwickelte feindliche Einheit sei das 1. Regiment.

»Jesus Christus, das haben wir doch in Chu Lai vernichtend geschlagen!« rief Coursey, der Führer des ersten Zugs. Er hatte in der Schlacht von Chu Lai gekämpft, bevor er zur Eins–Eins versetzt worden war.

»Offenbar habt ihr vergessen, die Rekrutierungsstelle zu vernichten«, meinte ich.

»Hoffentlich müssen wir da nicht mitmachen. Ich will nicht dabeisein. Ein solcher Kampf reicht mir.«

»Ich würde sehr gern hinfliegen«, bemerkte Kapitän Neal.

»Ihr Jungs solltet etwas mehr Abenteuerlust zeigen.« Er schrieb den Namen seiner Heimatstadt auf einen Briefbogen. Das tat er oft. Immer wieder kritzelte er den Namen dieser Stadt in Tennessee auf Zettel, C-Rationskisten und Landkartenhüllen aus Acetat; wo immer er etwas fand, auf dem man schreiben konnte, hinterließ er den Namen seiner Heimatstadt.

Hudson, Artillerieoffizier der C-Kompanie, wälzte sich auf seinem Feldbett herum und setzte sich auf. »Okay, fliegen Sie nur hin, wenn Sie das für ein Abenteuer halten, Kapitän. Für mich ist dieser verdammte Krieg ganz was anderes.«

»Ich will nicht dabeisein«, wiederholte Coursey, dessen Gesicht nach langen Monaten im Freien völlig zerknittert war. »In Chu Lai konnte ich alle Abenteuer erleben, die ich mir jemals gewünscht hatte. Und keine dieser gottverdammten Operationen führt zu irgendwelchen Entscheidungen. In Chu Lai haben wir das Regiment vernichtend geschlagen. Jetzt kämpft es wieder, wahrscheinlich werden wir es erneut vernichtend schlagen, um es in ein paar Monaten noch einmal zu bekämpfen. Bullenscheiße.«

»Trotzdem würde ich gern hingehen.«

»Das möchte ich auch. Ich bin reif für den Cong. Meine Jungs und ich sind ganz wild drauf, mit Charlie zu rangeln.« McKenna führte uns eine Dschungelhängematte vor, die er bei einem Tauschhandel mit dem Sonderkommando in Danang ergattert hatte. Er trug seinen Helm und die Flakjacke, und die zusammengerollte Hängematte hing an seinem Patronengurt. »Wir blasen ihnen die Ärsche weg, versteht ihr? Das alte verfluchte Schlitzauge wird sterben!« Geduckt, den Karabiner schräg nach links vor dem Körper, schlich er im Mittelgang zwischen den Feldbetten auf und ab, wie ein Jäger auf der Pirsch. »Alles klar? Mit meiner brandneuen, super getarnten, gottverdammten Sonderkommandonylonhängematte bin ich für alles reif!«

»Das einzige, wofür Sie reif sind, ist die Irrenanstalt!« erwiderte Hudson.

»O Mann, *Mann*! Ich bin ganz cool und zum Kampf für das

Gute gerüstet. Mit dieser Dschungelhängematte und einem Zug voller wilder Bösewichter. Ich bin der größte Dschungelkämpfer von der Welt! Schau mich doch an! Der größte Dschungelkämpfer von der Welt!« McKenna kroch umher und grinste wie ein Verrückter.

»Sie sind das größte Arschloch von der Welt, Mac«, meinte Hudson.

McKenna wirbelte herum und bestrich den Artillerieoffizier mit imaginären Kugeln. »Ratata! Ratata! Jetzt sind Sie erledigt, Sie texanischer Scheißer und Kanonenschwenker! Erledigt vom größten Dschungelkämpfer der Welt. Ich bin ein Killer, Mann, ein verdammter Killer! Habt ihr's endlich begriffen? Ich bin ein Killer, und in meinem Zug laufen die schlimmsten Teufel von Nam rum. Wir sind ganz schlechte, abgrundtief böse Killer!« Er wandte sich zu Neal, der den Namen der Stadt in Tennessee an die Ränder des Briefpapiers schrieb. Den Rest des Bogens hatte er bereits ausgefüllt. »Sehen Sie mich an, Kapitän!« Grinsend kroch der Ire auf ihn zu. »Ich bin der größte Dschungelkämpfer von der Welt. Schicken Sie uns da runter, mich und meine Mordbuben! Mit meiner Sonderkommandohängematte bin ich unbesiegbar.«

Ohne von seiner Kritzelei aufzublicken, sagte Neal: »Nehmen Sie das alberne Ding runter, Mr. McKenna.«

»Aber Kapitän, das ist meine Dschungelkämpferhängematte, wasserfest, mit Moskitonetz und allem Drum und Dran...«

»Ich habe gesagt, Sie sollen sie verschwinden lassen.«

»Ja, Sir.«

»Und wenn Sie das getan haben, gehen Sie in den Nachrichtenbunker und checken die Verbindung zum Charley Hill.«

Geknickt sagte der größte Dschungelkämpfer der Welt: »Ja, Sir.«

In der dritten Dezemberwoche ging die Operation Harvest Moon zu Ende. Hubschraubercrews, keineswegs gewillt, ein Erntedankfest zu feiern, brachten die Garben zum Divisionslazarett. Wie uns ein Sanitätssoldat erzählte, waren so viele Leute verwundet worden, daß das Lazarett nur die Notfälle aufnehmen konnte. »Anfangs verstauten sie die Toten in Kühlwagen«, berichtete er. »Darin finden sie jetzt keinen Platz mehr, und so packen sie die Leichen in Munitionskisten und stapeln jeweils vier in einem Gruppenzelt aufeinander.« Weil sich die Verlustliste des Feindes in der Größe eines Bataillons bewegte, meinten alle unsere Generäle einstimmig, die Operation sei ein großer Erfolg gewesen.

Am 23. Dezember bekam mein Zug ein Weihnachtsgeschenk. Wir wurden Kapitän Millers D-Kompanie angeschlossen, die das Gebiet bei Hoi-Vuc in einer dreitägigen Operation vom Vietcong säubern sollte. Das Dorf, schon mehrmals durchstöbert, befand sich immer noch in der Hand des Feindes. Unser Angriffsplan war ebenso gefährlich wie einfach. Mein Zug würde den VC ablenken, um den Vorstoß der D-Kompanie in Richtung Hoi-Vuc zu decken, den Weg am nördlichen Flußufer hinabmarschieren und möglichst viel Aufmerksamkeit erregen. Inzwischen sollte die D-Kompanie von Süden her vorrücken und dem VC in den Rücken fallen. Für meinen Zug bestand vor allem deshalb Gefahr, weil er fünf Meilen auf dem langen Minenfeld namens Pfad der Purpurherzen zurücklegen mußte. Vermutlich würden wir auf mindestens eine große Mine steigen oder in einen Hinterhalt laufen. Und da der Zug fast auf die Hälfte seiner ursprünglichen Kampfstärke reduziert worden war, konnten wir uns nicht einmal geringfügige Verluste leisten.

Trotzdem trabten wir an jenem Morgen in fröhlicher Stimmung vom Charley Hill herunter. Endlich war das Wetter umgeschlagen, und wir hießen die Sonne willkommen, deren Hitze wir in der trockenen Jahreszeit verwünscht hatten. Außerdem freuten wir uns über die vorübergehende Befreiung von Kapitän Neal. Und was uns am allerbesten gefiel – endlich konnten wir die lange Wartezeit beenden und wieder etwas tun.

Der Zug überquerte das Reisfeld südlich vom Außenposten, schlich am Bewässerungsgraben entlang und sah aus wie ein wilder Dschungelstamm, der einen rituellen Tanz vollführt. Direkt vor uns lag der Fluß, gewunden, gelbbraun, von Palmen und Bambushainen gesäumt. Wir bogen in den Uferweg und vergrößerten den Abstand zwischen den einzelnen Männern instinktiv auf zehn Schritte. »In Marschlinie gehen. Dicht aufschließen. Laden und sichern.« Die Gruppenführer gaben den Befehl weiter. »Dicht aufschließen und laden.« Es klickte metallisch, als die Gewehrbolzen zuschnappten. Langsam gingen die Soldaten durch das stumme grüne Zwielicht des Dschungels, manche humpelten wegen der Furunkel an ihren Sohlen. Wir durchwateten den schmalen Strom, um die Grenze des Indianerlands zu markieren. Allen, Lonehill und Crowe joggten voraus. Crowes Kopf glitt hin und her, und seine Bewegungen wirkten so mechanisch wie die Schwünge einer Radarantenne.

Ich schnallte die Schulterriemen meines Packens fester, der schwer beladen war mit Leuchtkugeln, Rauchgranaten, trokkenen Socken, einem Poncho und Proviant für drei Tage. An den Seiten des Tornisters hatte ich ein Schützengrabenwerkzeug und eine Machete festgeschnallt. In meinen Taschen steckten eine Landkarte, ein Kompaß, Handgranaten, weitere Leuchtkugeln, Halizone-Tabletten, Pillen gegen Malaria und ein Ersatzmagazin für meinen Karabiner. Eine Pistole, zwei Ladestreifen, ein Messer, ein Erster-Hilfe-Kasten und zwei volle Feldflaschen hingen an meinem Gürtel. Der Stahlhelm und die Flakjacke fügten meinem Gesamtgewicht noch zwanzig Pfund hinzu. Wahrscheinlich wog meine ganze Ausrüstung über vierzig Pfund, aber ich spürte eine wundervolle, schwebende Leichtigkeit in meinen Gliedern. Es ging mir so gut wie schon seit Monaten nicht mehr. Im Basiscamp hatte sogar Neal, der mit seinen Komplimenten ziemlich zu knausern pflegte, meine draufgängerische Begeisterung gelobt, bevor ich mit dem Zug aufgebrochen war. Eine plötzliche, mysteriöse Genesung vom Virus der Angst hatte diesen Stimmungswechsel verursacht. Warum, wußte ich nicht. Nur eins wußte ich – daß mir nicht mehr vor dem Sterben graute. Ich fühlte mich keineswegs unbesiegbar, eher gleichgültig, hatte aufgehört, den Tod zu fürchten, weil er mich nicht mehr interessierte. Sollte es mich erwischen, würde mein Tod kein edles Opfer sein. In dieser Hinsicht machte ich mir keine Illusionen mehr. Ich würde einfach sterben, auf ziemlich unangenehme Weise. Zu einem schönen Tod gehören die Entscheidungsfreiheit, ein Ritual und Stil. Im Krieg stirbt man keines schönen Todes.

Für mich spielte das Sterben keine Rolle mehr. Es war mir egal, auf welche Weise mich der Tod ereilen würde, solange er mich schnell und schmerzlos ins Jenseits beförderte. Ich würde so beiläufig sterben wie ein Käfer unter einer Stiefelsohle, und vielleicht lag es an der Erkenntnis meiner insektengleichen Winzigkeit, daß mich das alles nicht mehr kümmerte. Wir waren alle Käfer, die in dieser Wildnis ums Überleben rangen. Den Kameraden, die diesen Kampf verloren hatten, war es nicht gelungen, durch ihren Tod irgend etwas zu ändern. Levy, Simpson, Sullivan und die anderen Toten machten keinen Unterschied. Während dieses Krieges kamen jede Woche ein paar tausend Menschen um, und die Summe aller Todesfälle bedeutete überhaupt nichts. Der Krieg ging auch ohne diese Leute weiter und würde ohne mich genauso weitergehen. Mein Tod würde nichts bewirken. Als ich langsam dem Flußweg folgte, konnte ich mich nicht entsinnen, je zuvor ein so sublimes, befreiendes Gefühl empfunden zu haben wie diese Indifferenz gegenüber meinem eigenen Tod.

Der Zug marschierte den ganzen Vormittag und bis in den Nachmittag hinein. Sanft, fast unmerklich stieg der Pfad an. Der Song Tuy Loan war schmaler geworden, seine rauschende Strömung trug Zweige und Geröll mit sich. Auf einer gewissen Strecke fast so gerade wie ein Kanal, wand sich der Fluß plötzlich um eine scharfe, von Strudeln erfüllte Kurve und verschwand vor uns im Gestrüpp. Nur mehr eine Viertelmeile von unserem Ziel Hoi-Vuc entfernt, bogen wir in einen Pfad, der uns durch dichten Dschungel führte, und stießen an der Stelle, wo der Song Tuy Loan das Dorf hufeisenförmig umrundet, wieder auf den Hauptweg. Es dauerte lange, bis wir uns einen Weg durch den Busch gebahnt hatten. Crowe und ich schwangen die Macheten und wechselten uns ab. Blutegel fielen von tropfenden Zweigen und fraßen sich auf unseren Nacken fest. Wir durchwateten einen Bach, den das Unterholz eingedämmt und in eine Reihe stagnierender Pfützen verwandelt hatte. Am anderen Ufer wuchs der Busch nicht mehr so dicht, und wir wanderten mühelos durch einen schattigen Bambuswald. Sonnenstrahlen fielen zwischen reglosen, zierlichen Blättern herab.

Allens Schützentrupp marschierte weit vor der Kolonne. Vermutlich standen mir die drei besten Späher weit und breit zur Verfügung. Die Monate im Dschungel hatten aus eher gewöhnlichen jungen Männern tüchtige Menschenjäger gemacht: Allen, ein hagerer Bursche aus dem Mittelwesten, dessen Lächeln den Humor eines Totenschädels ausstrahlte; Crowe, klein und untersetzt, sehr erfahren im Umgang mit seiner abgesägten zwölfkalibrigen Schrotflinte; und Lonehill, ein Vollblutkomantsche aus Oklahoma, ein Meisterschütze, fast einsneunzig groß, mit einem Blick, der einen zwang, die Worte vorsichtig zu wählen, wann immer man mit ihm sprach. Lautlos tappten sie den schlammigen Weg hinab. Wir hörten nur das Rascheln der dünnen, tödlichen Kraits im Gebüsch, das Dröhnen eines fernen Granatfeuers und das nörgelnde Rauschen des Flusses.

Plötzlich fiel der Schütze vor mir auf ein Knie und hob die rechte Hand, um die Kolonne zu stoppen. Er zeigte auf seinen Kragen (Zugführer hierher), dann legte er die Handfläche der Rechten auf die Fingerspitzen der Linken und formte ein T (Feind vor uns). Ich gab die Signale an den Soldaten hinter mir weiter und lief geduckt den Weg hinauf. In der Stille schienen meine mit Wasser gefüllten Stiefel gewaltigen Lärm zu machen. Als ich aus dem dunklen Wald auf eine kleine Lichtung trat, blinzelte ich im grellen Sonnenlicht. Allens Schützentrupp kauerte auf der anderen Seite in einem Dikkicht am Flußufer, Crowes und Lonehilles Waffen zielten auf irgend etwas am gegenüberliegenden Wasserrand, wo sich Dorfhütten als braune Flecken zwischen Baumstämmen und Heckenreihen zeigten. Allen saß zu mir gewandt da, das

Gesicht mit Tarnfarbe beschmiert, von Schweißspuren durchzogen. Im Kinnband seines gefleckten Helms steckten grüne Zweige. Er gab mir zu verstehen, daß ich mich zu Boden werfen sollte, und winkte mich zu sich. Auf Ellbogen und Bauch wand ich mich voran, den Karabiner in den Armbeugen. Ich sah den Fluß im Licht der Spätnachmittagssonne glänzen, die Hecken gegenüber am Ufer, die grauen Mauern und das Ziegeldach eines zerstörten Tempels und in dessen Nähe eine Gestalt in Khaki-Uniform.

Allen bedeutete mir, anzuhalten, und kroch mir entgegen. Wir trafen uns in der Mitte der Lichtung. Crowe und Lonehill blieben im Gestrüpp, gebückt, starr wie Statuen – Crowe mit angelegter Schrotflinte, Lonehill mit seiner Automatic M-14, an deren Lauf entlang er sein Ziel anvisierte.

»Leutnant, neben dieser Pagode stehen drei reguläre Soldaten«, wisperte Allen hastig, »keine fünfzig Yards entfernt, mit umgehängten Gewehren. Hinter der Flußbiegung sind vielleicht noch zehn oder fünfzehn. Sie scheinen zu baden. Wir hörten sie reden und herumplätschern. Wenn Sie den Zug hier heraufholen, könnten wir sie alle erledigen, mit Mann und Maus, Sir.«

»Okay. Feuert nicht, bevor sie euch entdecken. Ich versuche den Zug in Stellung zu bringen, aber das wird eine Weile dauern, weil wir uns möglichst leise bewegen müssen. Vergessen Sie nicht – erst schießen, wenn der Feind Sie gesehen hat.«

»Ja, Sir.« Er kroch zurück.

Immer noch auf dem Bauch, machte ich ganz langsam kehrt und fürchtete, der Vietcong würde meine Herzschläge vernehmen.

16

Die müden weißen Soldaten, in Khaki gehüllt,
Durchstreiften den Dschungel, kampierten in Ställen
Und starben in Sümpfen, bestattet in schlammigen Wellen.
Rudyard Kipling, Balladen aus dem Biwak

Als ich durch das verkümmerte Gras kroch, glaubte ich so viel Lärm zu machen, als würde ich durch einen Haufen vertrockneter Blätter stolpern.

O Gott, paß auf, daß sie mich weder sehen noch hören, betete ich stumm, bitte, bring alles zu einem guten Ende... Schuldgefühle erfaßten mich, weil ich den Allmächtigen anflehte, mir beim Töten zu helfen. Trotzdem betete ich: Steh mir bei, damit ich sie kriege, alle, ich will alle erwischen. Der Rand der Lichtung war nur knapp zehn Yards entfernt, aber es sah so aus, als würde ich ihn nie erreichen. Er wich vor mir zurück wie eine Fata Morgana. Heftig hämmerte mein Herz gegen die Rippen, und das klang wie Paukenschläge in einem Tunnel. Der Vietcong mußte es einfach hören, ebenso wie meine Atemzüge.

Der Gewehrschuß krachte ohrenbetäubend, verglichen mit der tödlichen Stille, die ihm vorausgegangen war. Ein paar Yards vor meinem Gesicht wirbelte die Kugel Staub auf. Wie ein Krebs wirbelte ich auf dem Bauch herum. Crowe und Allen – das Geschoß war zwischen ihnen hindurch gesaust – fielen zu Boden, drehten sich um die eigene Achse und feuerten, während Lonehill, auf einem Knie, eine lange, ekstatische Salve in die Heckenreihen am anderen Flußufer sandte.

Ein VC warf die Arme hoch und schien sich um mehrere Zoll vom Boden zu erheben, ehe er mit voller Wucht auf den Rücken stürzte. Wie der Stab einer Tambourmajorette wirbelte sein Gewehr durch die Luft. Es war, als hätte ihn ein unsichtbarer Riese hochgezogen und dann auf die Erde zurückgeschleudert. Ich sah den Körper des VCs nicht; einer seiner Kameraden mußte ihn ins Unterholz gezogen haben, ehe ich aufgestanden war.

Der dritte Vietcong hatte sich hinter dem Tempel verschanzt. Ich sah ihn nicht, aber mein Instinkt sagte mir, daß er dort lauerte. Lonehill feuerte immer noch in die Heckenreihen, immer wieder detonierte Crowes zwölfkalibrige Schrotflinte, obwohl sich die Ladungen aus dieser Entfernung zu weit zerstreuten, um tödlich zu wirken. Ich wollte zu ihnen laufen, doch dann wurde mir bewußt, daß ich den Rest des Zuges holen mußte. Und so wirbelte ich herum und stürmte in die Richtung des Waldes. Als mehrere Kugeln das Erdreich neben mir durchpflügten, sank ich zu Boden. Taumelnd kam ich auf die Beine und ließ mich erneut fallen, denn der VC hinter dem Tempel feuerte ein zweites Mal mit einer BAR oder einem Maschinengewehr – das konnte ich nicht feststellen. Ich lag in einer seichten Senke und drückte mich wie ein Liebhaber an die Erde. Auch der Vietcong an der Flußbiegung hatte zu schießen begonnen, so daß wir vier auf der Halbinsel, durch die hufeisenförmige Kurve gebildet, in einem Kreuzfeuer gefangen waren. Ich versuchte den Rand der Lichtung zu erreichen, aber sobald ich den Kopf hob, um aufzuspringen, sprühte mir Staub in die Augen. Unter schwerem Beschuß fühlt man sich, als würde man ersticken; die Luft wird so tödlich wie Giftgas, sogar ihre Moleküle scheinen aus Blei zu bestehen, das mit zweitausend Stundenmeilen dahinrast. Über meinem Kopf zischten und pfiffen die Kugeln, und ich rief – nein, ich brüllte: »Allen! Ich sitze hier fest! Geben Sie's ihnen, verdammt! An Ihrer rechten Front, hinter der Kurve. GEBEN SIE'S IHNEN!«

Die drei Soldaten brachten es fertig, den Anschein einer kleinen Armee zu erwecken, da Crowes Schrotflinte gellend donnerte. Dann ertönte der dumpfe Krach der 40 mm, als ein Sperrfeuer aus Allens Granatwerfer explodierte.

Ein unheimliches Gefühl innerer Ruhe erfaßte mich. Mein Verstand arbeitete so schnell und klar, daß mir das bemerkenswert vorgekommen wäre, hätte ich Zeit gefunden, darüber nachzudenken. Ich wußte, was ich tun würde. Der Zug konnte über den tiefen, reißenden Fluß hinweg keinen Sturmangriff durchführen, aber den Vietcong mit einem vernichtenden Gewehrfeuer schlagen. Selbst wenn nicht alle Feinde fielen – der Beschuß würde einige treffen und die restlichen aus dem Dorf treiben. Aber zunächst mußte ich ein Maschinengewehr in Stellung bringen, um das Feuer im Zaum zu halten, das hinter der Flußbiegung hervorballerte. Die feindliche Automatic-Waffe hinter den Zementmauern des Tempels konnte ich mit einem Raketenwerfer unschädlich machen. Erst danach konnte der Zug gefahrlos in Stellung gehen. Wenn ich das feindliche Feuer vorher nicht entschärfte, würden sich meine Leute auf der kleinen Lichtung zusammenrotten und von zahlreichen Kugeln getroffen werden. Und ich mußte schnell handeln, ehe sich die VCs von ihrer Überraschung erholten und genauer zu zielen begannen. Innerhalb weniger Sekunden schoß mir der ganze Angriffsplan durch den Kopf. Gleichzeitig spannte ich die Muskeln an, um hochzuspringen. Getrennt von meinen Gedanken oder Willenskräften, konzentrierte sich mein Körper darauf, zur Baumreihe zu laufen. Und diese intensive Ballung physischer Energie war aus der Angst geboren. Ich konnte nicht mehr länger als ein paar Sekunden in der Senke bleiben. Dann würde mich der Vietcong als Schießscheibe benutzen, ein stationäres Ziel in exponierter Position. Ich mußte mich bewegen, der Gefahr ins Auge blicken und sie bannen. Nun verstand ich, warum ein in die Enge getriebenes Tier so bedrohlich ist; es hat Angst, und alle seine Instinkte verfolgen einen einzigen Zweck – die Quelle der Angst zu zerstören.

Ohne einen Befehl meines Bewußtseins abzuwarten, warf ich mich in den Wald und stürmte den Weg hinab, schrie nach einem Maschinengewehr und einer 3,5-Zoll-Raketentruppe.

Die Soldaten kamen angerannt, stolperten unter den schweren Waffen und sprinteten über die Lichtung zu der Stelle, wo Allen, Lonehill und Crowe immer noch feuerten. Der Rückstoß des Raketenwerfers verursachte einen ohrenbetäubenden Knall, einen Augenblick, bevor sich das Geschoß, das Panzer durchdringen konnte, in den Tempel bohrte. Beton- und Ziegelfragmente flogen in Spiralenwindungen aus der Rauchwolke nach oben. Das Maschinengewehr bestrich die Hecken, die Gehäuse der langen, schlanken 7,62-mm-Geschosse klirrten, als sie in blitzschneller Folge aus der Mündung der Waffe rasten. In freudiger Erregung zielte ich in das Loch, das der Raketenwerfer in die Tempelmauer gerissen hatte, und schoß das Magazin meines Karabiners leer. Eine zweite 3,5er Rakete explodierte, und das feindliche Feuer verstummte vorübergehend.

»Erste und dritte Gruppe an die Front!« brüllte ich, während ich zum Dschungel zurückrannte. »Die zweite gibt uns Rükkendeckung!«

Angeführt von Feldwebel Wehr, dem Richtungsmann des Zugs, kamen die Soldaten im Laufschritt aus dem Busch hervor. Die unsichtbaren Dinger, die in der Luft knisterten, schienen den eben erst in Vietnam gelandeten Wehr ein wenig zu verwirren.

»An die Front, habe ich gesagt! Hierher! Erste Gruppe links, dritte rechts! In Stellung gehen, Schnellfeuer auf das Dorf!«

Unter dem VC-Feuer tief gebeugt, bildeten die Marineinfanteristen hastig eine Scharmützellinie und dehnten ihre Front bis um die Flußbiegung herum aus. Dann stürmte die Reihe über die Lichtung, die Männer feuerten kurze, spasmodische Salven aus der Hüfte ab, und die ganze Linie ging zu Boden, als sie das Ufer erreichte. Nun eröffneten sie ein rückhaltloses Schnellfeuer. Ich hörte keine einzelnen Schüsse, nur einen kontinuierlichen gellenden Lärm. Die fünfzig Yards entfernten Hekken bebten wie unter heftigen Windstößen, eine Hütte, von einer 3.5er Rakete getroffen, flog auseinander. Bambus- und Strohfragmente wurden hochgeschleudert und fielen wieder herab, wobei das Stroh in Flammen aufging.

Auf allen vieren kroch ich die Linie entlang und schrie mich heiser, um den Angriff des Zugs zu kontrollieren. In wilder Hektik schossen die Soldaten eine Salve nach der anderen auf das Dorf, einige stießen unverständliche Kampfschreie aus, andere brüllten Verwünschungen. Allen rannte zu mir. Ein irres Flackern lag in seinen blauen Augen. Er berichtete, er habe einige VCs aus der Deckung kommen sehen und einer sei in unserem Maschinengewehrfeuer gefallen. Zwischen uns grub sich eine Kugel in die Erde, wir warfen uns der Länge nach hin, rollten umher, und ich lachte hysterisch. Allens Wahn schien sich zu steigern, während er unentwegt 40 mm ins Dorf jagte. Bald darauf meldete sich Miller per Funk und bestätigte, daß wir den VC aus Hoi-Vuc verjagt hatten; ein Heckenschütze in seiner Kompanie hatte die Flucht einer feindlichen Gruppe beobachtet und zwei Mann getötet.

Wir wurden immer noch beschossen, aber in unregelmäßigen Intervallen, plan- und ziellos. Ich teilte meinen Leuten mit, der Vietcong sei geflohen und die D-Kompanie habe zwei weitere Feinde erschossen. Meine Soldaten gerieten in Hochstimmung. Einige rutschten die Uferböschung hinab und begannen vom Wasserrand aus zu feuern. Ich spürte, daß sie alle den Fluß durchqueren wollten. Der ganze Zug wirkte wie ein einziges Wesen, ein Raubtier, das zum Sprung ansetzte, um alles Leben zu vernichten, das sich ihm in den Weg stellte. Ich fühlte das, und deshalb beauftragte ich die Schützengruppe des Gefreiten Labiak, flußabwärts nach einer Furt zu suchen. Wenn wir ans andere Ufer gelangten, konnten wir den Job beenden. Und ich wollte hinüber, wollte das Dorf dem Erdboden gleichmachen und die restlichen VCs im Nahkampf töten, ihre Eingeweide mit Bajonetten herausreißen.

Ein schwaches Heckenschützenfeuer brachten wir mit M-69er Granaten zum Schweigen. Labiak kehrte zurück, bis zur Brust klatschnaß. Der Fluß könne nicht durchwatet werden, erklärte er. Der Grund falle steil ab, die Strömung habe ihn beinahe von den Füßen gerissen. Nun, es würde also keine Verfolgung geben, kein Finale, keinen Bajonettangriff als Höhepunkt. Trotzdem verspürte ich immer noch trunkene

Freude, nicht nur, weil die Gefahr so schnell beseitigt worden war, sondern auch, weil sich der Zug unter schwerem Beschuß und meinem Kommando hervorragend verhalten hatte. So etwas war mir nie zuvor widerfahren. Beim Anblick der Linie, die ihre Geschütze über die Lichtung rollte und mit makelloser Perfektion angriff, beinahe wie auf dem Exerzierfeld, durchlief mich ein wohliger Schauer, fast wie ein Orgasmus. Vielleicht ist das der Grund, warum so viele Offiziere bei der Infanterie Karriere machen, warum sie kleinliche Reglementierungen ertragen, Unannehmlichkeiten, Degradierungen und in Friedenszeiten den langweiligen Dienst in trostlosen Garnisonen; und das alles nur, um einen einzigen Augenblick zu erleben, wo man eine Soldatengruppe befehligt, die in extremem Kampfstreß genau das tut, was man will, wie ein verlängerter Arm des Kommandanten.

Ich fand nicht herunter von dem High, zu dem mich die Aktion emporgeschwungen hatte. Das Feuergefecht war vorüber, abgesehen von ein paar halbherzigen Schußwechseln, aber ich wollte es nicht beenden. Und als uns ein Heckenschütze aus der Baumreihe hinter dem Dorf beschoß, reagierte ich leicht verrückt. Ich befahl dem Zug, die Waffen auf die Bäume zu richten, dann ging ich auf der Lichtung hin und her, um den Heckenschützen herauszufordern. »Wenn er das Feuer eröffnet, jagt jeder Mann sofort fünf Kugeln hinüber!« rief ich und fühlte mich unverletzlich wie ein Indianer, der sein Geisterhemd trägt.

Nichts geschah.

Ich blieb stehen, wandte mich zu der Baumreihe und winkte mit beiden Armen. »Komm doch, Charlie, schieß auf mich, du Hurensohn!« schrie ich aus Leibeskräften. »Zur Hölle mit Ho Chi Minh und dem Kommunismus! Schieß doch, Charlie!«

Einige Soldaten begannen zu lachen. Und als ich einen murmeln hörte: »Dieser dicke kleine Saftsack ist übergeschnappt«, stimmte ich in das Gelächter ein. Ich war tatsächlich verrückt, schwebte hoch über den Wolken in einem Delirium nackter Gewalt.

»Los, schieß auf mich, Charlie!« brüllte ich wieder und feuerte mit einem Karabiner eine Salve zwischen die Bäume. »Versuch's doch, du Hurensohn! Mal sehen, ob du mich triffst! Zum Teufel mit Onkel Ho! Sollen wir dir Hanoi zu Weihnachten schenken?«

Ich war John Wayne in ›Sands of Iwo Jima‹, ich war Aldo Ray in ›Battle Cry‹. Nein, ich war ein junger, etwas unreifer Offizier, der auf einer Überdosis Adrenalin in den Himmel flog, nur weil er einen Nahkampf gewonnen hatte.

Der Heckenschütze lehnte mein Angebot ab, und ich beruhigte mich allmählich. Ein Funkspruch von Kapitän Miller holte mich in die reale Welt zurück. Der Zug habe gute Arbeit geleistet, meinte er, das Ablenkungsmanöver sei großartig gelungen. Er befahl uns, über Nacht in Stellung zu bleiben. Das gefiel mir nicht besonders. Der Feind kannte unseren Standort und würde uns vermutlich mit Granatwerfern angreifen. Andererseits war genau das unsere Order – wir sollten die Aufmerksamkeit des Feindes auf uns ziehen, damit Millers Kompanie freie Bahn hatte.

Der Zug bildete eine Vorpostenlinie und begann Schützenlöcher zu graben. Da wir mit einem Granatfeuer rechneten, hoben wir in dem gummiartigen, widerstandsfähigen Erdreich möglichst tiefe Löcher aus. Als Jones und ich die Arbeit beendet hatten, steckten wir die Schützengrabenwerkzeuge in die Brustwehr und rutschten ins Loch hinab, um eine Zigarette zu rauchen. Noch nie hatte mir eine Zigarette so gut geschmeckt. Ich befand mich immer noch in Hochstimmung. Während ich qualmte, reinigte ich meinen Karabiner, fuhr mit dem Putzlappen liebevoll über den lackierten Schaft, den Lauf, den langen geschwungenen Banana-Ladestreifen, genoß es, den Bolzenmechanismus zu fühlen und zu hören, als ich ihn mehrmals betätigte. Mit dieser Waffe hatte ich niemanden getötet, aber ein paar Menschen waren auf meine Veranlassung hin umgekommen, und ein Teil von mir hatte auch das genossen – den ersten Vietcong sterben zu sehen.

Die Erholungspause, die uns der Monsun gegönnt hatte, ging in dieser Nacht zu Ende. Bald verwandelten sich unsere Schützenlöcher in winzige Swimmingpools. Immer wieder knatterte Heckenschützenfeuer über unseren Köpfen. Obwohl die VCs kaum eine Chance hatten, uns zu treffen, machten uns die Schüsse nervös. Alle fünfzehn bis zwanzig Minuten ratterte es – *peng, peng, peng* –, und nichts war zu sehen außer wirbelnder Schwärze und weißen Nebelschwaden über dem Fluß. Vor dem Morgengrauen hörte es zu regnen auf.

Weder von Regengüssen noch vom Wind zurückgehalten, erhoben sich Moskitoschwärme von der feuchten Erde, um sich an uns gütlich zu tun. Auch die Blutegel schwelgten in einem Festmahl.

Während ich in sechs Zoll tiefem Wasser im Halbschlaf lag, hörte ich ein schrilles Jaulen, den Ruf – *»Angriff!«* – und dann einen Knall, als hätte ein Blitz in einen Baum eingeschlagen. Die Erde bebte.

»Jesus Christus, was war das?« fragte Jones, der neben mir Funkwache hielt.

»Was auch immer – eine 60er oder 82er war's jedenfalls nicht. Nehmen Sie Verbindung mit der D-Kompanie auf. Vielleicht war's unser eigenes Zeug.«

Jones griff über seine Schulter nach hinten, hakte das Mikrophon des PRC-10 los und intonierte: »Delta Sechs, hier ist Charley Zwei, Ende... Delta Sechs, Delta Sechs, hier ist Charley Zwei, Charley Zwei, Ende... Delta Sechs, hier ist Charley Zwei, hören Sie mich? Ende... Grenze Charley Zwei ruft Grenze Delta Sechs, hören Sie mich, Sechs? Ende...«

Wieder klang ein schrilles Pfeifen auf und wurde immer lauter. Wieder erzitterte der Boden, als die Granate in die Uferböschung schlug, nur knapp fünfzig Yards von uns entfernt. Zischend versank ein Schauer aus Erdreich, Zweigen und heißen Granatsplittern im Fluß.

»Delta Sechs, hier ist Charley Zwei.« Jones lag neben mir, einen Arm über dem Nacken. »Verstehen Sie mich, Delta Sechs? Ende.« Er wandte sich zu mir, und ich drehte mich auf die Seite, spürte, wie eiskaltes Wasser an meinem Hemd herab und zwischen die Beine floß. »Sir, ich kan die D-Kompanie nicht erreichen. Die Batterien müssen naß geworden sein.«

»Diese verdammten Funkgeräte! Dieser gottverdammte Scheiß, den sie uns da geschickt haben! Versuchen Sie's noch mal. Wenn das unser eigenes Feuer ist, können wir sie dazu bringen, es einzustellen.«

»Und wenn es nicht unser eigenes Zeug ist?«

»Dann werden uns vielleicht die Ärsche weggeblasen. Nun machen Sie schon!«

»Delta Sechs, Delta Sechs, Stellung Charley Zwei ruft Stellung Delta Sechs, Ende.«

Eine schwache Stimme, von Störgeräuschen unterbrochen, knisterte im Empfänger. »... Zwei ... Position ... Ende.«

»Delta Sechs, Sie sind kaum zu verstehen. Sagen Sie das noch mal.«

»Hier ist Delta Sechs ... Ihre Position ... Ende.«

Ich packte das Mikrophon und nannte unsere Kartenkoordinaten, in der Hoffnung, die Stimme, mit der ich sprach, würde keinem der VCs gehören, die manchmal unseren Funkverkehr abhörten. »Hören Sie. Delta Sechs, knapp fünfzig Meter vor unserer Stellung explodieren Granaten am Fluß. Das könnten Victor Charlie 120er oder Raketen sein. Frage: Oder feuert unsere Artillerie? Wenn ja, sagen Sie ihr, sie soll aufhören.«

»... habe nicht verstanden ... Sagen Sie das alles noch mal ...«

»Wiederholen, Delta Sechs.« Wieder raste eine Granate heran. »Delta Sechs, wiederholen ...«

»... nach dem Einschlag, Charley Zwei. Ende.«

»Wiederhole – Granaten ...« Ein viertes Geschoß krachte in die Uferböschung, und ich dachte an die Schützengruppe des Gefreiten Smith, die in der Nähe des Flusses auf Horchposten war. »Delta Sechs, die letzte Explosion konnten Sie vermutlich hören. Vielleicht beschießt uns Charlie mit 21-mm-Granatwerfern. Frage: Feuert unsere Artillerie in der Nähe dieser Position? Ende.«

»Verstehe Sie nur undeutlich. Zwei. Wiederholen Sie alles nach ›Granatwerfern‹.«

»Ah, verdammt noch mal...« Ich begann die Mitteilung zu wiederholen, dann drehte ich mich um, vergrub den Kopf unter den Armen und hielt ihn gerade so hoch, daß mir kein Wasser in den Mund rann. Jetzt war es nur mehr eine akademische Frage, ob die Granaten von unseren eigenen Leuten oder vom Feind abgeschossen wurden. Denn nun begann mit schrillem Geheul ein schwerer Beschuß, und wieder schrie irgend jemand: »Angriff!« Es schien eine Ewigkeit zu dauern, bis die Geschosse niedergingen. Endlos lange hörten wir den irrwitzigen Chor am Himmel, wappneten unsere Körper gegen den unmittelbar bevorstehenden Schock. Unsere Herzen krampften sich zusammen, alle Gedanken erloschen.

Und dann brach das wilde Gewitter über uns herein. Die Granaten explodierten etwa fünfundzwanzig Yards vor der Vorpostenlinie, eine nach der anderen, und erzeugten einen Höllenlärm, der fast fünf Minuten anhielt, Splitter sausten über uns hinweg, mit einem Geräusch, das an berstende, straffgespannte Drähte erinnerte. Jones und ich drückten uns wie zwei verängstigte Kinder aneinander und preßten uns an den Boden des Schützenlochs. Ich versuchte mit der zitternden Erde zu verschmelzen und wünschte, wir hätten tiefer hinabgegraben als nur drei Fuß. O Gott, erlöse meine Ohren von diesem Inferno, laß es aufhören, bitte, *laß es aufhören*! Eine Granate landete dicht vor uns. Ich konnte nicht genau feststellen, wo. Aber sie schien kurz vor der kleinen Vorpostenlinie des Zuges zu explodieren, und ich dachte, wir würden aus der Grube fliegen, hinauf in die tödliche Luft, die von Granatsplittern durchschnitten wurde. Der Erdboden schlug gegen meine Brust, warf mich um einen guten Zoll hoch, und ein Teil von mir glitt noch weiter nach oben. Ich schwebte zu den Baumwipfeln empor, und dort blieb ich im Nichts hängen und empfand eine unbeschreibliche, große innere Ruhe. Ich sah die blitzenden Granaten, aber sie erschreckten mich nicht mehr, weil ich ein Geist war. Und ich beobachtete mich selbst, wie ich mit dem Gesicht nach unten im Schützenloch lag, die Arme über den Nacken gelegt. Ich fühlte keine Angst, nur Gelassenheit und überlegene Verachtung angesichts der winzigen Kreatur, die sich unter mir in der dunklen Grube krümmte. Werde ich sterben? fragte ich mich. Wenn ja, ist das gar nicht so schlimm, sogar sehr angenehm. Der Tod beendet alles Leid. Reich ist die Freude, süß das Glück nach den Schmerzen. Der Tod ist reine Freude, das stärkste Narkotium der Welt.

Dann wurde das Bombardement eingestellt. Widerwillig verließ mein Geist den Frieden seiner erhöhten Ebene und kehrte in meinen Körper zurück. Ich war wieder ganz, ein ganzer Mensch. Das hatten die Jesuiten im College stets betont. Der Sinn der jesuitischen Erziehung besteht darin, einen ganzen Menschen zu schaffen. Und jetzt lag ich wieder als ganzer Mensch im Schützenloch.

Ich kroch bis an die Vorpostenlinie heran und rief nach Smiths Schützengruppe.

»Ja, Sir«, antwortete Smith im Flüsterton.

»Alles in Ordnung mit euch?«

»Wir frieren, sind völlig durchnäßt und hungrig, fühlen uns elend und haben eine Scheißangst, aber ansonsten sind wir okay, Sir.«

»Keine Verluste?«

»Nein, Sir. Wegen meiner schwarzen Hautfarbe konnten mich die Granaten nicht sehen.«

Lachend dachte ich: Die sind okay, wie man sich's gar nicht besser wünschen kann. Nach einem gefährlichen Feuergefecht und einem schweren Bombardement können sie immer noch Witze machen.

Der Zug überlebte den Granatenbeschuß. Nach einer kurzen Phase tiefer Stille begannen die Heckenschützen wieder zu feuern. *Peng, peng, peng.* In der feuchten Morgendämmerung erhitzten wir C-Rationsdosenkaffee und zitterten uns warm, während Jones am Funkgerät arbeitete. Ich saß auf der Brustwehr des Schützenlochs und nippte an meinem Kaffee. Feldwebel Pryor kam herüber und ließ sich neben mir nieder. Eine schweißvergilbte Zigarette hing von seinen Lippen. Er sah so aus wie die anderen, die tiefliegenden Augen von den Schatten der Müdigkeit umrandet, Gesicht und Hände knollig, von Insektenbissen verformt. »Sir, ich muß schon sagen – gestern und heute, das waren der längste Tag und die längste Nacht in meinem Leben. Besonders die Nacht.«

»Wie lange müssen Sie noch hierbleiben?« fragte ich wie ein Sträfling, der sich mit einem Zellengenossen unterhält.

»Sieben oder acht Monate. Noch sieben bis acht Monate in dieser Scheiße. Ich bin so verdammt müde. Funktioniert das Funkgerät schon, Sir?«

»Nein, wir haben noch immer keine Verbindung zu den anderen.«

»Scheiße.«

»Stünde dieser Apparat nicht da unten, wir könnten genauso auf der dunklen Seite des Monds sein.«

Pryor lachte freudlos. »Könnten?« Er zerkrümelte seine Zigarette, verstreute Papierfetzen und Tabak wie ein alter Mann Vogelfutter im Park. »Könnten? Was glauben Sie denn, wo wir sind, Leutnant?«

Nachdem er es eine halbe Stunde lang vergeblich versucht hatte, erreichte Jones die D-Kompanie. Miller befahl dem Zug, nach Norden zu marschieren, zum Hill 92 in den Gebirgsausläufern, und dort einen Patrouillenstützpunkt zu errichten.

Es dauerte sechs oder sieben Stunden, bis wir an unserem Ziel anlangten. Die Kolonne schlängelte sich durch ein Labyrinth aus kleinen Tälern und Schluchten, durch den knietiefen Schlamm der Sümpfe, über schmale Dschungelpfade. Wir marschierten durch unablässigen Regen, wurden unentwegt von Heckenschützen angegriffen. Auf halber Strecke wurde der Zug von einer Vietcong-Barrikade aus Baumstämmen und Gestrüpp aufgehalten, in einer Schlucht wo die Hänge zu beiden Seiten steil emporstiegen, mit so dichtem Busch bewachsen, daß uns nicht einmal Bulldozer einen Weg gebahnt hätten. Da wir die Barrikade nicht umrunden konnten, mußten wir sie mit Granaten sprengen. Ich ging mit Crowe darauf zu und sah einen dünnen Faden in der Masse aus Gestrüpp und Blättern glänzen. Nur wenige Zoll davon waren zu erkennen, straff gespannt. Der Faden bewegte sich nicht im Wind, der durch die Schlucht wehte. »Crowe, passen Sie auf!« warnte ich. »Das ist eine Sprengfalle. Ich habe einen Teil des Stolperdrahts entdeckt.«

»Ja, Sir.«

Rasch rechnete ich im Kopf nach. Die Handgranaten würden vier bis fünf Sekunden, nachdem wir die Abreißkappen entfernt hatten, explodieren. Dreißig bis vierzig Fuß hinter uns, an der Stelle, wo sich der Pfad um einen Hügel zu winden begann, lag ein Tunnel. Wir mußten also die Kappe abreißen, den Abdichtungsring nach unten drücken, und die Granaten dort plazieren, wo sie die größtmögliche Wirkung erzielen würden, genau aufpassen, damit wir keinerlei Druck auf den Stolperdraht ausübten, sofort loslaufen und im Tunnel Dekkung suchen. Ich weihte Crowe in meinen Plan ein und fragte, ob er glaube, daß wir's schaffen könnten. »Wir haben maximal fünf Sekunden Zeit.«

»Ich denke, das dürfte reichen, Sir. Wenn nicht, wird man uns in Briefumschlägen nach Hause schicken.«

Wir holten je eine Splittergranate hervor. Eiförmig, mit glatter Oberfläche und etwa so groß wie Birnen, sahen sie nicht so aus, als könnten sie einen Menschen entzweireißen.

»Crowe, wir machen eins nach dem anderen. Wenn ich sage, abreißen, lösen wir die Kappen runter, halten den Abdichtungsring nach unten, dann deponieren wir die Granaten. Sie stecken Ihre unter den Baumstamm links, ich lege meine auf den rechten. Sonst dürfen wir nichts anrühren. Seien Sie bloß vorsichtig! Danach laufen Sie als erster los, damit wir nicht zusammenprallen. Alles klar?«

»Ja, Sir.«

Ich wischte einen glitschigen Schweißfilm von meiner Handfläche und zog die Kappe ein wenig hoch, damit ich sie blitzschnell abreißen konnte. (Nein, man reißt die Kappen nicht mit den Zähnen ab, wie es in manchen Filmen geschieht. Wenn man das täte, würde sich nicht die Kappe lösen, sondern das Gebiß.)

»Abreißen!«

Wir zogen die Kappen ab, drückten die Abdichtungsringe mit den Handflächen hinab und legten die Granaten in die Barrikade. Ich versuchte, nicht auf den dünnen schimmernden Draht zu schauen. Crowe rannte los, und ich folgte ihm. Wir warfen uns in den Eingang des Tunnels, legten die Hände über die Köpfe, und ich zählte: »Tausendeins, tausendzwei, tausenddrei...« Stille. »...tausendvier, tausendfünf, tausendsechs... Scheiße! Das sind Blindgänger! Nichts funktioniert in diesem Krieg, weder Funkgeräte noch Granaten, nichts! Verdammt!«

»Wir müssen es noch einmal versuchen, Sir.« Das war eher eine Frage als eine Feststellung.

»Ja.«

Als wir den Weg wieder hinaufgingen, fühlten sich meine Beine halb gelähmt an, so wie in Alpträumen von Verfolgern und hilfloser Flucht. Es gab keine Garantie dafür, daß die Granaten nicht plötzlich vor unseren Gesichtern explodieren würden. Vielleicht hatten sie defekte Brennzünder, die mit Verspätung losgingen. Meine Füße wurden immer schwerer, und ich verspürte die schlimmste aller Ängste – die Angst vor der Angst. Jetzt näherte ich mich dem Punkt der völligen Lähmung, und das entsetzte mich mehr als alles andere. *He, habt ihr von Leutnant Caputo gehört? Der ist auf diesem Patrouillengang versteinert. Der Trottel ist einfach erstarrt, wegen einer kleinen Sprengfalle. Diese Scheißoffiziere!* Ich redete mir gut zu, um die letzten paar Meter bis zur Barrikade zu schaffen, so wie ein Vater ein Kleinkind zu den ersten Schritten animiert. Erst der rechte Fuß, dann der linke. Jetzt wieder der rechte. So ist's gut. Jetzt sind wir gleich da, Kleiner.

»Abreißen, Crowe.«

Wir schoben zwei weitere Granaten in die Barrikade. Alle zusammen sahen wie ein Nest mit olivgrünen Eiern aus.

»Okay, laufen Sie los!«

Wir stürmten den Pfad hinab und stürzten kopfüber in den Tunnel. Mit ohrenbetäubendem Krach flogen die Granaten und die Sprengfalle in die Luft. Holzsplitter rieselten auf uns herab. Crowe lächelte triumphierend.

Am frühen Nachmittag erreichte der Zug den Hill 92. Mittlerweile sahen die Leute völlig erschöpft aus, die Schultern schmerzten vom Gewicht der Gewehre, Packen und Flakjacken. Vierundzwanzig Stunden lang hatten die Männer, abgesehen von kurzen Verschnaufpausen, ständig unter Beschuß gestanden. Nun waren sie benommen vor Müdigkeit. Sie spannten Ponchos auf, um sich vor dem trommelnden Regen zu schützen und sanken darunter zu Boden. Manche machten sich nicht einmal die Mühe, einen Unterschlupf zu bauen. Alles war ihnen egal, sogar die eigene Person. Ich ging umher und untersuchte ihre Füße. Einige litten an bedenklichen Schützengrabenfüßen, Pusteln und Blasen übersäten die verschrumpelte Haut. Es verblüffte mich, daß sie trotzdem immer noch gehen konnten. Wir aßen zu Mittag, die gleichen Rationen wie der Vietcong – gekochter Reis, zu Kugeln geformt, mit Rosinen gefüllt. Die Reiskugeln ließen sich leichter transportieren als die C-Rationsdosen und linderten den Durchfall, der uns alle plagte. Während ich auf dem öden Hügel meinen Reis verspeiste, überlegte ich, daß wir uns den Feinden mehr und mehr anpaßten. Wir aßen das gleiche wie sie, wir konnten uns genauso lautlos durch den Dschungel bewegen, ertrugen ähnliche Qualen. Im Grunde hatten wir mit dem Vietcong mehr gemein als mit dem Heer der Schreiberlinge und Offiziere im rückwärtigen Stab.

Ich zog gerade trockene Sachen an, als sich Kapitän Neal per Funk meldete. Anläßlich des Weihnachtsfestes hatte eine Feuerpause begonnen. Die Operation war abgesichert worden. Nun sollte ich mit meinem Zug so schnell wie möglich zu den amerikanischen Linien zurückkehren. Ich fragte, warum wir nicht mit Hubschraubern abgeholt würden. Das käme nicht in Frage, erwiderte Neal. Ich informierte meine Leute, worauf sie in Jubel ausbrachen. »He! Wir dürfen uns endlich mal ausruhen! Frohe Weihnachten, verdammt noch mal!«

»Nein, nein, ich will hier draußen bleiben«, sagte der Gefreite Baum. »Ich liebe diesen Schlamm und den Regen und die ganze Scheiße.«

Und so schulterten wir unser Gepäck und trotteten zum Pfad der Purpurherzen hinab. Bei dem Dörfchen Dieu Phoung, ein paar hundert Yards westlich vom Charley Hill, gabelte sich der Weg. Die rechte Abzweigung folgte dem Fluß, die linke führte über die Gebirgsausläufer zum Außenposten. Wir wählten die letztere, weil diese Route kürzer und wahrscheinlich nicht so dicht vermint und mit Heckenschützen besetzt war.

Außerhalb des Dorfes lag ein überschwemmtes Reisfeld mit steiler Böschung am anderen Ende, über die sich ein Stacheldrahtzaun zog, auf der einen Seite an einem abgestorbenen Baum festgemacht. Der Weg verlief durch ein Zaunloch. Die erste Gruppe, unter Feldwebel Pryors Kommando, Jones und ich überquerten das Reisfeld. Das kalte Wasser reichte uns an manchen Stellen bis zur Brust. Und der Regen warf kreisförmige Wellen darauf, die mich an ein stilles Forellengewässer am Abend erinnerten. So sieht der Ontonogan River aus – da, wo er einen weiten Bogen um einen kleinen bewaldeten Hügel beschreibt, flußaufwärts hinter den felsigen Engstellen am Burned Dam. In dieser Kurve ist der Fluß tief und glatt, und die großen Forellen malen Ringe in die kupferfarbene Fläche. Früher hatte ich mit Bill, meinem Anglerfreund, oft an diesem Ufer gesessen, um im Sonnenuntergang Forellen zu fangen. Wir hatten nicht allzu viele erbeutet, aber heitere Stunden verbracht, die Schnüre ausgeworfen und besprochen, was wir nach dem Schulabgang tun würden, was uns in der großen weiten Welt da draußen erwarten mochte, die uns so vielversprechend erschienen war. Wir waren jung und dachten, alles wäre möglich. Diese Erinnerungen gaben mir einen schmerzhaften Stich ins Herz. Ich empfand zwar kein Heimweh, aber das Gefühl einer Trennung, einer Distanzierung von dem hoffnungsvollen Jungen, der ich einmal gewesen war, und die Sehnsucht, wieder so zu werden.

Pyrors Gruppe kletterte die Böschung hinauf, die Männer

rutschten auf dem schlammigen Weg aus und fielen gegeneinander, bis sie einen dichtgefügten Knäuel bildeten. Der restliche Zug watete hinter uns durch das Reisfeld und hielt die Gewehre hoch in die Luft. Eine Schlange zeichnete S-Kurven in das schwarze Wasser und wand sich zwischen zwei Soldaten hindurch. Auf trockenem Boden angelangt, hielten Pryors Leute wieder den geforderten Abstand und stiegen zu dem Grat hinauf, der sich hinter der Böschung erhob. In der Ferne ragte die Kordillere empor, hoch und unbezwinglich. Die letzten beiden Gruppen begannen die Böschung zu erklimmen, und die Kolonne zog sich immer enger zusammen, als einzelne ausglitten und gegen die Hintermänner fielen.

Ich stand neben dem abgestorbenen Baum und zog ein paar Soldaten den Weg hinauf. »Nicht drängeln! Weitersagen!« befahl ich. Zu meiner Linken flüsterte ein Bach in einer Schlucht voller Gestrüpp. »Nicht drängeln«, wiederholte ein Infanterist. »Weitersagen!« Auf der anderen Seite des Reisfeldes passierte die Nachhut der Kolonne eine Hütte am Dorfrand, aus der Rauch quoll. Schreiend lief eine Frau ins Freie.

»Bitter!« rief ich dem Zugfeldwebel zu, der die Nachhut befehligte. »Was zum Teufel ist da los?«

»Ich kann Sie nicht hören, Sir.«

»Die Hütte! Verdammt noch mal, wer hat die Hütte angezündet?«

»Jemand hat gesagt, Sie hätten uns befohlen, die Hütte niederzubrennen.«

»Was?«

»Sie sagten, wir sollen die Hütte niederbrennen, Sir.«

»Jesus Christus, ich sagte – nicht *drängeln*! Von Brennen war keine Rede. Löschen Sie das Feuer!«

»Ja, Sir.«

Ich stand neben dem kahlen Baum und beobachtete, wie die Soldaten mit ihren Helmen Wasser auf die Flammen schütteten. Glücklicherweise war die Hütte vom Regen feucht gewesen und hatte nur langsam Feuer gefangen. Als ich mich zur nächsten Gruppe wandte, die über die Böschung heraufkletterte, sah ich Allen stolpern. »Nun, wie geht's?« fragte ich und streckte einen Arm aus.

Er hielt sich daran fest und hievte sich über die Kante nach oben. »Großartig, Leutnant«, antwortete er und ging an meiner Seite weiter. Vor mir sah ich Pryors Gruppe zum Grat hinaufsteigen und dahinter verschwinden. »Aber diese Feuerpause kommt zur rechten Zeit«, fuhr Allen fort. »Ich kann wirklich eine kleine Ruhepause vertragen. Das ist jetzt meine erste . . .«

»Irgend etwas krachte, ich spürte einen heißen, heftigen Windstoß, und irgend etwas schlug gegen mein Kreuz. Ich stürzte in den Schlamm, das Gesicht nach unten, meine Ohren dröhnten. Während ich auf dem Bauch lag, hörte ich ein Automatic-Gewehr rattern, und irgend jemand schrie: »Sanitätssoldat! Sanitätssoldat!« Wegen meiner dröhnenden Ohren schienen die Schüsse und die Stimme aus weiter Ferne zu kommen. »Sanitätssoldat! Sanitätssoldat!« Und jemand anderer rief: »Angriff!« Ich richtete mich auf Hände und Knie auf und fragte mich, welcher Narr denn hier von einem Angriff sprach. Das war keine Granate gewesen, sondern eine Mine, eine große Mine. Wer zum Teufel hat »Angriff« gebrüllt? Du selber, nicht wahr, du Idiot? Das war doch deine Stimme. Warum hast du das gesagt? Der Zaun. Der Stacheldraht war das letzte, was du vor deinem Sturz sahst. Du schlugst gegen den Zaun, so wie du damals als Sechsjähriger bei einem Waldspaziergang mit deinem Freund Stanley gestolpert und auf die Nase gefallen warst. Stanley, neun Jahre alt, jagte dir mit seinen Geschichten über die Bären in den Wäldern eine Heidenangst ein. Wenn du in der Ferne ein Dröhnen hörtest, dachtest du, das wäre ein Bär. Du ranntest zum Highway, versuchtest über den Stacheldraht am Straßenrand zu klettern. Dabei verfing sich deine Hose an einem Metalldorn, und da hingst du dran und schriest: »Stanley, ein Bär, ein Bär!« Und Stan schlenderte lachend heran, weil der Lärm, den du gehört hattest, von einer Planiermaschine stammte, die den Highway heraufkam. Kein Bär, sondern eine Maschine.

Und diesen Krach hatte keine Granate verursacht, sondern eine Mine.

Langsam stand ich auf und versuchte klar zu denken. Ich war etwas wackelig auf den Beinen, aber unverletzt, abgesehen von einem Splitter, der eins meiner Hosenbeine durchstochen hatte. Ich zog ihn heraus. Er fühlte sich immer noch heiß an, aber er hatte mir nicht einmal die Haut versengt. Allen lag neben mir auf allen vieren und murmelte: »Was ist passiert? Ich glaub's einfach nicht. Mein Gott, oh, mein Gottt...«

Dreißig bis vierzig Fuß hinter uns klaffte ein Krater in verkohlter Erde, darüber schwebte eine Rauchdecke, und der Stamm des abgestorbenen Baums war geschwärzt und gespalten. Feldwebel Wehr lag in der Nähe des Kraters. Er erhob sich, stürzte aber sofort wieder, als ein Bein unter ihm nachgab, und stand ein zweites Mal auf. Das Bein knickte erneut um. Da hockte er sich auf das unversehrte, streckte das verwundete nach vorn und drehte sich wie ein tanzender Kosak. Dann fiel er auf den Rücken und schwenkte über seine Brust einen Arm hin und her. »Bum, bum!« rief er. »Meine erste Patrouille – und schon hat's mich erwischt.«

Allen stand auf, mit glasigen Augen und einem benommenen Grinsen und stolperte auf mich zu. »Was ist passiert, Sir?« Er fiel gegen mich, rutschte an meiner Brust hinunter, und seine Hände krallten sich in mein Hemd. Ehe ich ihn festhalten konnte, sank er wieder auf alle viere, dann fiel er auf den Bauch. »Mein Gott, was ist geschehen? Ich glaub's einfach nicht. Mein Kopf tut weh.« Da sah ich das Blut, das aus einer Wunde in seinem Hinterkopf und Nacken quoll. »Lieber Gott, mein Kopf tut so weh, so verdammt weh. Ich kann's nicht glauben.«

Immer noch leicht betäubt, hatte ich nur eine vage Vorstellung von den Ereignissen. Eine Mine, ja. Mit Fernzündung. Pryors gesamte Gruppe hatte die Stelle passiert, ohne eine Detonation auszulösen. Also konnte es weder eine Sprengfalle noch eine Druckmine gewesen sein. Sonst hätte es schon die erste Gruppe erwischt. Und dann das Gewehrfeuer... Ja, eine elektrische Mine in einem Hinterhalt ferngezündet. Ein Routinefall für die Typen im rückwärtigen Stab, die stets das »Gesamtbild« betrachteten – eine persönliche Katastrophe für den, der so etwas erlebte.

Ich kniete neben Allen nieder, griff hinter mich nach meiner Erste-Hilfe-Box und erstarrte sekundenlang, als ich über das große, ausgefranste Loch im Rückenteil meiner Flakjacke tastete. Dann zog ich mehrere Granatsplitter heraus – zylinderförmig, etwa so groß wie Rehposten. Eine Claymore, vermutlich hausgemacht, nach dem schwarzen Rauch zu schließen. Sie hatten Schwarzpulver benutzt, der Gestank von faulen Eiern hing immer noch in der Luft. Ohne die Flakjacke hätte mein Rücken schweren Schaden genommen... *Mein Rücken!* O Gott – wäre ich zehn Sekunden länger an dieser Stelle geblieben, müßten sie jetzt meine Fragmente von den Bäumen pflücken. Zufall. Reiner Zufall. Allen, direkt an meiner Seite, war am Kopf verwundet, ich hatte die Explosion heil überstanden. Zufall. Der einzig wahre Gott der modernen Kriegsführung ist der blinde Zufall.

Ich nahm eine Kompresse aus der Box und versuchte Allens Blutung zu stoppen. »O Gott, es tut weh«, stöhnte er. »Mein Kopf tut so weh.«

»Ich weiß, Bill, es tut weh, und es ist gut, daß Sie's spüren«, erwiderte ich und dachte an den scharfen Stich des winzigen Splitters in meinem Schenkel, wo nur eine winzige Geschwulst entstanden war, wie ein Bienenstich. O ja, ich wette, daß Ihre Wunde schmerzt, Gefreiter Bill Allen.

Mein Verstand funktionierte wieder, das Dröhnen in meinen Ohren war zu einem schwachen Summen herabgesunken. Ich befahl Pryor und Aiker, mit ihren Gruppen eine Vorpostenlinie rings um das Reisfeld zu bilden. Sanitätssoldaten trugen die Verwundeten aus dem Feld und zu der flachen Strecke zwischen der Böschung und dem Hang, der sich zum Grat hinaufzog. Die Ebene war ziemlich klein, mußte aber als Landezone genügen.

Mit der Hilfe eines Schützen zog ich Feldwebel Wehr hoch. Jeder von uns ergriff einen Arm des großen Mannes. »Bum, bum«, sagte er und humpelte zwischen uns dahin, die Arme um unsere Schultern geschlungen. »Meine erste Patrouille, Leutnant, und bum – gleich getroffen. Verdammt!« Ein Sanitätssoldat schnitt mit einem Messer Wehrs Hosenbeine auf und begann die Wunde zu verbinden. Der Feldwebel verlor eine ganze Menge Blut.

Zwei Marineinfanteristen schleppten Sanchez aus dem Reisfeld heraus. Sein Gesicht war mit so vielen Splittern übersät, daß ich ihn kaum wiedererkannte. Nur die Augen waren unverändert. Die Fragmente hatten sie irgendwie verfehlt. Er war bewußtlos, und die halbgeschlossenen Lider entblößten zwei weiße Schlitze in himbeerroter Masse. Sanchez sah aus, als hätten ihn die Krallen einer unsichtbaren Bestie zerkratzt. Die Soldaten wedelten mit den Händen vor seiner Nase herum.

»Er verliert immer wieder die Besinnung, Sir«, berichtete einer der Schützen. »Wenn er nicht so schnell wie möglich ins Lazarett gebracht wird, ist's wahrscheinlich aus mit ihm.«

»Okay, okay.«

»Und Rodella, Sir. Ich glaube, er hat eine schreckliche Wunde in der Brust.«

Ich schlitterte die Böschung hinunter und watete zu Doc Kaiser, dem Sanitätssoldaten, der den Obergefreiten zu retten versuchte. Gaze und Kompressen bedeckten Rodellas Brust und den Bauch, Blut tränkte den Verband über dem Loch, das ein Splitter in die Lunge gerissen hatte. Bei jedem Atemzug quollen rosa Blutbläschen hervor. Mit pfeifenden Geräuschen rang er nach Luft. Ich versuchte mit ihm zu reden, aber er konnte nichts sagen, weil seine Luftröhre vermutlich mit Blut gefüllt war. Rodella, zuvor bereits zweimal verletzt, lief nun Gefahr, an seinem eigenen Blut zu ertrinken. Es waren seine Augen, die mich am stärksten bewegten, die gekränkten, glanzlosen Augen eines Kindes, das grausam geschlagen worden ist und nicht weiß, warum. Diese Augen, sein Schweigen, das schäumende Blut und das gurgelnde, pfeifende Geräusch in der Brust erweckten in mir so tiefe Trauer und so heftigen Zorn, daß ich das eine Gefühl nicht vom anderen zu unterscheiden vermochte.

Ich half dem Sanitätssoldaten, Rodella zur Landezone zu tragen. Seine Kameraden umstanden ihn, aber er war allein. Wir sahen den Ausdruck des Abschieds in seinen Augen. Er war allein in der Welt der Schwerverletzten, isoliert von einem Schmerz, den niemand mit ihm teilen konnte, vom Grauen des Dunkels, das ihn zu umschlingen drohte.

Dann holten wir den letzten Verwundeten, den Obergefreiten Greeley, einen Maschinengewehrschützen, dessen linker Arm nur noch an ein paar Muskelsträngen hing, der Rest war ein scharlachroter Brei. Er war bei Bewußtsein und wütend. »Verdammt«, sagte er immer wieder. »Verdammt! Verdammt! Zum Teufel mit der Feuerpause! Das ist keine gottverdammte Feuerpause! Aber mich können sie nicht umbringen! Von so einer verflixten Mine laß ich mich nicht kleinkriegen!« Während ich ihn zur Landezone trug, verspürte ich meinen eigenen Zorn, sehr kalten, sehr tiefen Zorn, der sich gegen keine bestimmte Adresse wandte. Es war einfach nur eine eisige, anhaltende Wut, ein Haß auf alles, was existierte, abgesehen von diesen Männern. Ja, abgesehen von meinen Soldaten, denn jeder einzelne war mehr wert als die Gesamtheit aller, die ihn in den Krieg geschickt hatte.

Ich forderte per Funk Rettungshubschrauber an. Die üblichen Komplikationen folgten. Wie viele Verwundete? Neun; vier konnten gehen, fünf mußten zum Lazarett geflogen werden. *Neun?* Neun Verluste? Obwohl nur eine einzige Mine explodiert war? Was für eine Mine war das? Eine elektrisch gezündete, mit Schwarzpulver, wahrscheinlich eine selbstgebastelte Claymore. Aber was ist passiert? Verdammt, das erzähle ich Ihnen später. Schicken Sie mir Hubschrauber. Mindestens einer – vielleicht auch zwei werden sterben, wenn ihr sie nicht so schnell wie möglich hier rausholt! Wie groß war die Mine? Vier oder fünf Pfund Sprengstoff, eine Menge Splitter. Sie lag auf einer Böschung, oberhalb des Reisfeldes, das der Zug gerade überquerte. Die meisten Splitter flogen über die Köpfe der Leute hinweg, sonst hätte ich jetzt mehrere Gefallene. Okay? Und jetzt schicken Sie mir endlich diese Vögel. »Bum, bum«, sagte Feldwebel Wehr. »Meine erste Patrouille, bum, bum, ein Treffer.« Charley Zwei, ich brauche die ersten Buchstaben der Zunamen und die Dienstnummern der Verwundeten, die abtransportiert werden müssen. Jetzt? Ja, jetzt. Rodella und Sanchez hatten die Besinnung verloren. Die Sanitätssoldaten und einige Marineinfanteristen fuchtelten ihnen vor den Gesichtern herum. Flehend schaute Doc Kaiser mich an.

»Beruhigen Sie sich, Doc«, sagte ich. »Die Vögel werden kommen, aber zuerst müssen die Arschlöcher im Puzzle-Palast ihren Papierkram erledigen. Feldwebel Bittner, holen Sie die Hundemarken der Schwerverletzten, schnell!«

»Ja, Sir.« Bittner zählte zu den Verwundeten, die noch gehen konnten. Ein grüner Kampfverband war um seine Stirn gewickelt. Einer der gehfähigen Verwundeten. Wir alle waren gehfähige Verwundete.

Bittner brachte mir die Erkennungsmarken. Ich riß die grünen Klebebänder ab, die das Klirren der Plaketten verhinderten, und gab Kapitän Neal die gewünschten Informationen. Dann streikte das Funkgerät. Jones wechselte die Batterien und begann mit dem langwierigen Testcount: »Zehn-neun-acht-sieben...« Dann hörte ich wieder Neals Stimme. Hatte ich Schwerverletzte in meinem Zug? Ja, um Himmels willen, was glauben Sie, warum ich um Sanitätshubschrauber ansuche?

»Charley Zwei, offenbar haben Sie Ihre Leute nicht richtig überwacht«, meinte Neal. »Nachdem neun Mann von einer einzigen Mine getroffen wurden, müssen sie alle furchtbar nah beisammen gewesen sein.«

»Charley Sechs«, erwiderte ich, und meine Stimme bebte vor Wut, »Sie schicken mir jetzt diese Vögel, und wenn einer dieser Jungs wegen dieser ganzen kleinkarierten Bullenscheiße stirbt, mache ich Ihnen die Hölle heiß. Ich will diese Vögel!«

Eine lange Pause entstand. Dann hörte ich endlich die Mitteilung: »Vögel unterwegs.«

Die Helikopter schwangen sich aus dem düsteren Himmel herab und landeten in den grünen Schwaden der Rauchgranate, die ich geworfen hatte, um die LZ zu markieren. Die

Besatzungskommandanten schoben Bahren aus den Luken. Wir legten die Verwundeten darauf und hoben sie in die Hueys. Unentwegt prasselte der Regen auf uns herab. Die Maschinen flogen davon, und als wir zuschauten, wie die Schwerverletzten diesen verfluchten Dschungel verließen, beneideten wir sie fast ein wenig.

Kurz bevor der Zug weitermarschierte, fand jemand eine elektrische Zündschnur im Gras, in der Nähe des Dorfes, das dem VC ebenso gut als Standort für den Hinterhalt hätte dienen können wie jeder andere: Er brauchte nur auf den Sprengzünder zu drücken und sich dann unter die Zivilisten im Dorf zu mischen – falls sich dort überhaupt noch Zivilisten aufhielten. Oder der Feind hatte sich in einem der Tunnel unter den Hütten versteckt. Okay, dachte ich, wie du mir, so ich dir. Für uns gibt's keine Feuerpause, für euch auch nicht. Ich befahl beiden Raketenwerfertrupps, Phosphorgeschosse ins Dorf zu feuern, und sie schickten insgesamt vier hinüber. Die Raketen explodierten orangerot und lösten sich in schneeweiße Wolken auf.

Phosphoreszierende Fragmente flogen in hohen Bögen über die Bäume hinweg. Etwa das halbe Dorf ging in Flammen auf. Ich hörte Geschrei, sah mehrere Gestalten durch die weißen Schleier laufen. Dabei empfand ich weder Rachsucht noch Bedauern oder Reue, nicht einmal Zorn. Ich lauschte den Stimmen, beobachtete die Leute, die aus ihren brennenden Hütten flohen, und fühlte überhaupt nichts.

17

... denn, so wahr ich ein Soldat ...
So laß ich nicht das halbzerstörte Harfleur,
Bis es in seiner Asche liegt begraben.
Der Gnade Pforten will ich alle schließen,
Der eingefleischte Krieger, rauhen Herzens,
Soll schwärmen, sein Gewissen höllenweit,
In Freiheit blutger Hand ...

Shakespeare, König Heinrich der Fünfte

Es war fünf Tage nach dem Patrouillengang. Sanchez, Greely und Rodella lagen im Lazarett. Die beiden letzteren warteten auf ihren Flug in die Staaten, Sanchez würde demnächst Wehrs und Allens Beispiel folgen und wieder Dienst tun. Der Feldwebel humpelte noch immer. Mit einem Klaps auf den Rücken und der fröhlichen Aufforderung »So, und jetzt gehen Sie wieder da raus und zeigen's denen, Tiger«, war er aus dem Krankenstand entlassen worden. Nervös wartete das Bataillon auf den Flug zum Schauplatz einer Operation gegen ein nordvietnamesisches Regiment.

In der Sammelstelle des C-Kompanie-Basiscamps saßen die Männer auf ihren Packen oder standen in rastlosen kleinen Gruppen herum. In der Nähe feuerte eine 105er Batterie ein Geschoß, das mit immer leiserem Zischen davonflog und an einem fernen Berghang explodierte. Ansonsten war es ruhig. Stimmen murmelten im Schwarz der mondlosen Nacht. Zigaretten glühten, verstohlen hinter vorgehaltenen Händen inhaliert. Ich lehnte mit McCloy an einem Jeep. Wir sahen keine einzelnen Soldaten, nur eine dunkle Menschenmasse und die runden Silhouetten der Helme. Auf der Straße hinter uns wartete ein Konvoi. Dicht an dicht, ließen die wuchtigen Laster nur ihre Umrisse erkennen und glichen einem Güterzug. Hin und wieder stieg in einiger Entfernung eine Leuchtrakete hoch, und wir erblickten vereinzelte Gesichter, hohlwangig und müde vom Warten, die aufgeblähten Packen mit den Deckenrollen, die olivgrünen Fahrerhäuser der Lastwagen, die himmelwärts gerichteten Läufe der Haubitzen, ein Gewehr, das an einem Tornister lehnte und dessen polierter Schaft schimmerte, bis die Leuchtrakete erlosch und alles in neue Finsternis tauchte.

Diese Nacht vom 5. Januar war die dritte, in der wir auf den Beginn der Operation Long Lance (Lange Lanze) warteten. Das Bataillon sollte einen nächtlichen Hubschrauberangriff durchführen, etwa fünfundzwanzig Meilen südwestlich von Danang – im Vu-Gia-Tal, nach dem Fluß benannt, der hindurchfloß. Ein Regiment der Nordvietnamesischen Armee, unterstützt von einem lokalen Vietcong-Bataillon, benutzte das Tal angeblich als Stützpunkt für Operationen gegen Danang. Bei einer Besprechung hatten die Offiziere der C-Kompanie erfahren, diese Attacke würde der zweite nächtliche Hubschrauberangriff in der Militärgeschichte sein. Vielleicht sollte uns das inspirieren, aber der Grund, warum der Angriff bei Nacht erfolgen mußte, war alles andere als inspirativ: einer Meldung zufolge besaß das nordvietnamesische Regiment eine Batterie von 37-mm-Flugabwehrkanonen, die gleichen, die sie im Norden gegen unsere Jagdbomber einsetzten. Bei Tageslicht wären die Hubschrauber diesen Geschützen hilflos ausgeliefert. Wie es einer meiner Schützen ausdrückte: »Mit diesen 37ern können sie uns wie Enten vom Himmel runterschießen.«

Die Operation Long Lance war gründlich vorbereitet worden, da ein Nachtangriff ein besonders kompliziertes Manöver ist. Außerdem würden wir ein Gebiet aufsuchen, wo zuvor weder amerikanische noch südvietnamesische Einheiten gewesen waren, und der Nachrichtendienst konnte uns wie üblich nicht genau sagen, wie viele feindliche Einheiten sich im Tal befanden. Das nordvietnamesische Regiment konnte da sein, vielleicht aber auch nicht. Dies gehörte zu den Aspekten, die in diesem Krieg so an unseren Nerven zerrten – die ständige Ungewißheit. Ob wir nun eine Gruppenpatrouille durchführten oder mit dem ganzen Bataillon an einer Attacke teilnahmen – nie wußten wir, was uns erwartete. Stets quälte uns da Gefühl, jederzeit könnte alles passieren.

Die Offiziere hatten den Neujahrstag mit mehreren Instruktionsbesprechungen gefeiert. Die beiden nächsten Tage verbrachten wir damit, unseren Leuten Anweisungen zu geben und diese wiederholen zu lassen, die Ausrüstung zu inspizieren, mit neuen Anweisungen und Wiederholungen, bis jeder einzelne Soldat genau wußte, was von ihm verlangt wurde. Wie die beiden anderen Kompanien, die den Angriff mit uns durchführen würden, war die C nicht auf voller Gefechtsstärke, ganz im Gegenteil; aber indem wir unsere Büroleute und Köche zu Schützen beförderten, und alle von der Krankenliste strichen, die nicht gerade an Krebs im Endstadium litten, konnten wir etwa hundertvierzig diensttaugliche Soldaten zusammenbringen. Eine respektable Zahl, aber immer noch um siebzig weniger, als es der üblichen Kampfstärke einer Schützenkompanie vom Marinecorps entsprach.

Der Angriff war für die Nacht vom 3. Januar geplant worden. In wachsender innerer Spannung stellten sich die Männer darauf ein. Die letzten Dezembertage waren äußerst strapaziös für die Charley-Kompanie gewesen – eine Folge von Patrouillengängen auf dem Pfad der Purpurherzen, mit weiteren Verlusten durch Minen und Sprengfallen. Wir machten *tatsächlich* Geschichte als die ersten amerikanischen Soldaten, deren Feind hauptsächlich Minen und Sprengfallen einsetzte und alle anderen Waffengattungen vernachlässigte. Diese Art der Kriegführung hat ihre ganz besonderen Schrecknisse. Sie stellt die Welt eines Infanteristen auf den Kopf. Er entwickelt ein spezielles Gefühl für den Boden, geht darauf, kämpft darauf, schläft und ißt darauf; unter Beschuß schützt ihn das Erdreich, er gräbt darin seine Behausung. Aber Minen und

Sprengfallen verwandeln den Boden, diesen vertrauten Verbündeten, in einen bedrohlichen Gegner – ebenso furchterregend wie Maschinengewehre und Granaten. Der Infanterist weiß, daß die Erde unter seinen Füßen jeden Augenblick explodieren und ihn töten könnte – wenn er Glück hat. Wenn nicht, wird er in eine blinde, taube, entkräftete sterbliche Hülle ohne Gliedmaßen verwandelt. Das war Mord. Wir konten die VC-Minen weder bekämpfen noch in Deckung vor ihnen gehen oder voraussehen, wann sie explodieren würden. Während wir den Dschungelwegen folgten und auf Detonationen warteten, fühlten wir uns allmählich eher wie Opfer, nicht mehr wie Soldaten. Deshalb waren wir reif für eine traditionelle Schlacht gegen erkennbare Geschütze, gegen reguläre Soldaten von unserer eigenen Sorte.

Aber am 3. Januar wurde Long Lance verschoben, weil der *crachin* die Landezone überflutet hatte. Am nächsten Tag wurden wir wieder in Lastern zum Flugplatz gebracht, mußten die ganze Nacht neben den Hubschraubern warten und kehrten dann wieder ins Basiscamp zurück, um dort weiterzuwarten. Jetzt, am 5., warteten wir immer noch auf einen Wetterumschwung. Das Warten hatte uns zermürbt. Unsere Vorfreude verflog. Wir hatten nachzudenken begonnen, und es fiel uns immer schwerer, die Phantasie im Zaum zu halten – die einzige Methode, die das Warten auf einen Angriff emotional erträglich macht.

Einige sahen einen Ausweg darin, sich krank zu stellen – allesamt ohne Erfolg. Ein Soldat drehte durch, und es war keineswegs angenehm, das zu beobachten. Der Veteran aus der Schlacht von Chu Lai und zahllosen späteren Patrouillen schrie auf, sank zu Boden, wälzte sich im Schlamm und stieß schluchzend hervor, er könne es nicht mehr aushalten. Die restliche Kompanie stand stocksteif in der Grundstellung da, teilweise ebenfalls dem Zusammenbruch nahe. Feldwebel Horne stapfte zu dem gestürzten Mann, trat ihn in die Rippen und zog ihn auf die Beine. »Sie feiger Hurensohn!« brüllte er. »Sie unwürdiger Abschaum. Sie stehen das durch, verstanden?« Hornes Gesicht mit dem geschwungenen Schnurrbart lief puterrot an. Mit aller Kraft schüttelte er den Soldaten. »Sie sind ein gottverdammter Feigling, aber Sie werden durchhalten, genauso lange wie ich.« Er hatte den Mann am Hemd gepackt und zerrte ihn hin und her wie eine Fetzenpuppe. »HABEN SIE DAS GEHÖRT, SIE MIESER FEIGLING? SIE WERDEN GENAUSO LANGE DURCHHALTEN WIE ICH!«

Und keiner von uns unternahm etwas, um Horne zurückzuhalten, denn wir empfanden dasselbe Grauen. Diese Art von Angst war ansteckend und der Soldat infiziert. Also schütteln Sie alles aus ihm heraus, Feldwebel Horne, schlagen Sie ihn, treten Sie ihn, prügeln Sie den Virus aus ihm raus, bevor sich die Krankheit ausbreiten kann.

Die Therapie funktionierte. Der Soldat erholte sich, seine Angst vor dem Kampf war von der noch größeren vor dem riesigen kräftigen Horne verdrängt worden.

Die Stimme des Artilleriefeldwebels Strong klang auf. »Charley-Kompanie, antreten! Fertigmachen zum Einsteigen in die Laster! Beeilung!«

»Klar, Feldwebel«, sagte irgend jemand. »Erst kann's nicht schnell genug gehen, und dann lungern wir wieder rum und warten.«

»Hört zu schwatzen auf, ihr Weiber, und verfrachtet eure Ärsche in die Laster!«

Die dunkle Soldatenmasse setzte sich in Bewegung, mit knarrenden Segeltuchgurten und rasselnden Gewehrschlingen, und strömte auf den Konvoi zu. Stiefel klatschten im Schlamm, hustend erwachten die Motoren zum Leben, dann schwoll das Geräusch zu einem gleichmäßigen Dröhnen an. McCloy legte einen Arm um mich, ehe ich meinen Packen schulterte. »Ich glaube, jetzt steht uns endlich das ganz große Abenteuer bevor. O.J. ›Noch einmal in die Bresche, teure Freunde!‹«

Ich lachte. Anscheinend konnte McCloys romantische Schwärmerei durch nichts gedämpft werden. Im Kopf des schlanken strohblonden aus Kentucky stammenden Mannes steckte ein Mechanismus, ein stoßfestes Prisma, das die harten

Realitäten des Krieges in farbige Romanszenen verwandelte. Niemals sah er verstümmelte, eiternde Leichen, nur Helden, die tapfer in der Schlacht gefallen waren. Und jetzt, wo wir einen möglicherweise katastrophalen Angriff durchführen würden, betrachtete er sich selbst als Prinz Hal, der wieder einmal in die Bresche sprang.

Der Konvoi begann die Straße hinabzupoltern, die Räder drehten mehrmals durch, als sie im weichen Schlamm Halt suchten. Wir fuhren ohne Lichter, und die Scheinwerfer flammten nur auf, wenn die Fahrer Kollisionen vermeiden wollten. Langsam durchpflügten die Lastwagen den Schlamm, die Gänge wurden allmählich höher geschaltet, und das dumpfe Dröhnen der Motoren steigerte sich zu einem hohen Kreischen, das wieder zu einem Dröhnen herabsank, um später erneut aufzuwimmern. Wir passierten ein Dorf, wo schützende Wäldchen einen schwarzen Baldachin über der Straße bildeten. Die Fahrer knipsten die Scheinwerfer ein und aus, ein und aus. In den flackernden Strahlen sahen wir den Nieselregen, der uns frösteln ließ. Gesichter, Gewehre, feuchtglänzende Blätter am Straßenrand tauchten für flüchtige Augenblicke auf und verschwanden wieder. Wasserbüffel, unsichtbar in tiefen Schatten, brüllten die Vehikel an. Der Konvoi bog in die Straße, die den Hill 327 umrundete und zum Flugplatz führte.

Die höher gelegene Straße war trockener, und die Laster beschleunigten das Tempo. Eine Bombe blitzte am Horizont auf. Ein paar Sekunden später hörten wir das langgezogene, klagende Echo der Explosion. In einer scharfen Kurve wurden die Scheinwerfer eingeschaltet, und ich sah die Männer im Laster, der vor meinem fuhr. Gegen die hölzernen Schutzgeländer gestemmt, saßen sie da. Einige schliefen, ihre schlaffen Körper wurden hin und her geschleudert. Ein Maschinengewehrschütze kauerte auf der Ladefläche hinter seiner M-60, die Waffe ruhte auf ihrem zweibeinigen Gestell, der Ladestreifen schimmerte wie eine Reihe langer, scharfer Zähne. Allen saß neben der hinteren Wagenklappe, sein Gewehr senkrecht zwischen den Knien. Sein Gesicht wirkte entschlossen, aber auch traurig und wütend, das Gesicht eines Veteranen, auf dem Weg zu einem Ort, wo er schon zu oft gewesen war. Dann erloschen die Lichter, und ich sah nur mehr die dünnen Silhouetten von Gewehrläufen. Die Soldatenschar war wieder eine gesichtslose Masse.

Irgendwann am frühen Morgen erreichte die Charley-Kompanie den Flugplatz. Während wir ausstiegen, kamen die D-Kompanie und die Gruppe vom Bataillonshauptquartier an. Die Szene war mysteriös und dramatisch – die polternden Laster, Stimmen, die »Antreten!« befahlen, klirrende Wagenklappen, unzählige Männer, die sich halb unsichtbar formierten. Die Hubschrauber hockten auf dem Rollfeld, und die ausgestreckten Drehflügelblätter glichen den Schwingen dahingleitender Habichte.

Die C-Kompanie trat an, stand ein paar Minuten lang still und durfte sich dann rühren. Wir warteten, mußten wieder stillstehen, dann befahl man uns, Hubschrauberteams zu bilden. Die reguläre Formation der Kompanie teilte sich in Acht-Mann-Teams, mit der Präzision einer Schulkapelle, die zur Halbzeit auf den Footballplatz marschiert. Wir warteten wieder. Schließlich wurden die Teams zu den Laderampen der Hubschrauber geführt, wieder zurück zur Sammelstele und noch einmal zu den Laderampen. Dieselbe Routine hatten wir bereits in den vergangenen zwei Nächten erlebt. Neal befahl der Kompanie, sich hinzulegen und in der Formation auszuruhen. Durchfroren vom Regen, wickelten wir uns in die Ponchos und schliefen oder versuchten es zumindest. Als ich zu den Helikoptern schaute, begann sich meine Phantasie zu regen. Ich sah schwarze Flakwolken am Himmel, sah brennende Hubschrauber abstürzen und Gestalten herausfallen, ins Nichts. Nun ja, die Angst vor einer Operation war unausweichlich, man konnte nichts weiter tun, als sie zu kontrollieren und einen klaren Kopf zu behalten. Und so erinnerte ich mich an die Mission meines Zugs, der das hochgelegene Terrain am Südrand der Landezone verteidigen und die Stellung halten sollte, bis das restliche Bataillon eingetroffen war. Ich zwang mich, an nichts anderes zu denken, meine Nerven beruhigten sich, und ich schlief ein.

Der Tag brach an, das Licht der aufgehenden Sonne sickerte durch die grauen Wolken wie Blut durch eine schmutzige Kampfbandage. Naß und todmüde, warteten wir den ganzen Vormittag. Das Wetter begann sich zu bessern. Es wurde sehr heiß, aber die Sonnenstrahlen wirkten wie Balsam auf Gelenke und Muskeln, die der Monsun versteift hatte. Kurz nach Mittag fällte man eine Entscheidung: Wir würden bei Tag angreifen. Die Hubschraubermotoren kamen auf Hochtouren, pulsierten in gleichmäßigem Surren, und wir gingen mit gemischten Gefühlen an Bord – einerseits erleichtert, andererseits angstvoll.

In einer Viertelstunde legte unsere Helikopterflotte die fünfundzwanzig Meilen zurück. Unter uns lag das Tal, ein Band aus hellgrünen Reisfeldern zwischen zwei dunklen Berghängen. Ich sah den Vu-Gia-Fluß, hellbraun im Sonnenschein, die Dschungelstreifen an den Ufern, Hüttendächer mitten im Busch, eine rote Straße, die an den Dörfern vorbeiführte, einige zerklüftete kahle Hügel bei den Reisfeldern und den schlammigen Grat, den mein Zug besetzen sollte. In engen Spiralen stiegen die Hubschrauber nach unten, die Berge an der Südseite des Tales gerieten ins Blickfeld, dann zogen die Nordhänge am Viereck der offenen Luke vorbei wie Fotos auf einer Leinwand. Die Kraft der Drehungen preßte uns an den Gurtstoff der Klappsitze, dann flog die Flotte wieder gerade dahin. Ich suchte den Himmel nach dunklen Flakwolken ab, konnte aber keine entdecken. Mein Magen krampfte sich zusammen, als die Hubschrauber im Sturzflug nach unten fielen, um den Angriff zu starten. Coffell formte mit beiden Händen einen Trichter vor dem Mund und schrie: »Vorstoßlinie, laden und sichern!« Die Soldaten luden ihre Gewehre, aber wegen des Motorenlärms und der kreischenden Windböen hörten wir die Bolzen nicht klicken. Wieder einmal hatten wir jene Grenze zwischen einer relativ sicheren Welt und der völligen Ungewißheit überquert, wo jeden Augenblick alles Erdenkliche geschehen konnte.

Ich saß neben der Luke, schaute ins Grün hinab, das mir entgegenrauschte, hörte das gedämpfte Knattern eines Handwaffenfeuers und sah eine Rauchwolke, die sich am Rand der Landezone ausbreitete. Auch am gegenüberliegenden Ende quoll Rauch empor. Von oben betrachtet wirkten die Granatexplosionen wie aufblühende graue Blumen. Während die Hubschrauber hinabglitten, krachten und knisterten die Handwaffen. Das Granatfeuer hatte man eingestellt, doch das war nur ein schwacher Trost. Die beiden ersten Granaten hatten vermutlich als Kontrollgeschosse fungiert. Der Vietcong würde warten, bis wir alle von Bord gegangen waren. Das Gewehrfeuer dauerte an und klang wie die alte Rice-Krispies-Werbung – *krach, knack, plop*. Die Hubschrauber flogen nun in gleicher Höhe dahin, etwa hundert Fuß über dem Boden. In einiger Entfernung beobachtete ich, wie zwei oder drei VCs in schwarzen Uniformen zu einer Baumreihe rannten, um in Deckung zu gehen. Die Soldaten schnallten ihre Kinnriemen auf und knieten sich hinter mir in einer Reihe. Die Lippen zusammengepreßt, warteten sie auf den Augenblick, wo sie aus der Luke springen würden.

Ein Hubschrauberangriff auf eine heiße Landezone erzeugt einen viel stärkeren emotionalen Streß als eine konventionelle Bodenattacke. Das liegt an der Enge an Bord, am Lärm, am Tempo, vor allem aber am Gefühl totaler Hilflosigkeit. Beim ersten Mal verspürt man eine gewisse freudige Erregung, danach sieht man in einem solchen Manöver nur noch die unangenehmen Seiten der modernen Kriegführung. Auf dem Boden hat der Infanterist eine gewisse Kontrolle über sein Schicksal, oder er bildet sich das zumindest ein. In einem beschossenen Hubschrauber kann man sich nicht einmal an solche Illusionen klammern. Mit den indifferenten Kräften der Gravitation, Ballistik und Maschinerie konfrontiert, wird er gleichzeitig in mehrere Richtungen gezogen, von extremen, widersprüchlichen Empfindungen. Im beengten Raum plagt ihn Platzangst; das Gefühl, in einer Maschine gefangen und machtlos zu sein, ist unerträglich, muß aber trotzdem ertragen werden. Wenn er sich damit abgefunden hat, erfaßt ihn wilder

Zorn auf die Elemente, die ihn so hilflos machen, doch diesen Zorn muß er bezähmen, bis er von Bord geht und wieder festen Boden unter den Füßen spürt. Danach sehnt er sich, obwohl dieser Sehnsucht das Wissen um die Gefahr gegenübersteht, die ihn da unten erwartet. Trotzdem fasziniert ihn die Gefahr, denn er weiß, er kann sie nur bannen, wenn er ihr ins Auge blickt. Nun beginnt sich seine blinde Wut auf die Quelle der Gefahr – und seiner Angst zu richten, ballt sich in ihm und verwandelt sich durch irgendeine sonderbare Chemie in den wilden Entschluß zu kämpfen, bis die Gefahr nicht mehr existiert. Doch dieser Entschluß – auch Mut genannt – kann nicht von der Angst getrennt werden, die ihn bewirkt hat. Sein Maßstab ist auch der Maßstab der Angst. Es ist in der Tat ein gewaltiges Bedürfnis, sich nicht mehr zu fürchten, sich von der Angst zu befreien, indem man deren Ursache ausschaltet. Dieser emotionale Krieg erzeugt in seiner Intensität fast sexuelle Spannungen und ist zu schmerzlich, um für längere Zeit verkraftet zu werden. Der Soldat denkt nur noch an den Moment, wo er seinem Gefängnis entrinnen wird und seinen aufgestauten Gefühlen Luft machen kann. Alle anderen Erwägungen – Recht oder Unrecht seiner Handlungsweise, die Aussicht auf Sieg oder Niederlage, Sinn oder Sinnlosigkeit der bevorstehenden Schlacht – werden so absurd, daß sie nicht mehr relevant sind. Jetzt zählt nur noch der kritische Augenblick, wo er in die heftige Katharsis hineinspringt, die er sowohl sucht als auch fürchtet.

Der Zug oder dessen Großteil lag hinter dem halbmondförmigen Grat und feuerte auf die Baumreihe, aus der die VCs die Hubschrauber beschossen, während das restliche Bataillon landete. Diese Bäume wuchsen etwa hundert Yards von uns entfernt, jenseit einiger Reisfelder, und dahinter lag, im gleichen Abstand, die Landezone. Wie wir bei unserer Stellung anlangten, weiß ich nicht mehr in allen Einzelheiten. Jedenfalls waren wir aus dem Hubschrauber in schlammiges Wasser gesprungen, das uns bis zur Taille gereicht hatte. Schwerfällig und ungelenk wateten wir hindurch, während Kugeln um unsere Köpfe schwirrten, dann kletterten wir den schlüpfrigen Schlammhang hinauf, von der Taille abwärts klatschnaß und durchfroren, darüber erhitzt und verschwitzt. Ein paar von meinen Männern stolperten, durch die hektische Landung verwirrt, dicht gedrängt einen Damm am Rand eines Bewässerungskanals hinab. Schreiend befahl ich ihnen auszuschwärmen, aber sie hörten mich nicht. Zwei Granaten explodierten vor uns auf dem Reisfeld, zwei weitere dahinter, mit jenem typischen widerwärtigen knirschenden Geräusch. Ich stieg wieder hinab und rannte über den Damm zu den Nachzüglern. »Ausschwärmen, Leute!« brüllte ich. »Verdammt, auseinander mit euch! Kommt schon! Hierher! Schnell!« Ich packte einen konfusen Schützen am Kragen und schob ihn vom Damm ins Reisfeld. »Hier entlang, los! Wir werden angegriffen!« Taumelnd folgten sie mir zum Bergrücken, wie Betrunkene. Auf allen vieren kletterten wir nach oben und rutschten immer wieder im klebrigen, allmählich trocknenden Schlamm aus. Ein Dutzend Granaten krachte gegen den Hang jenseits des Grates, sie wirbelten Staub und singende Stahlsplitter empor. In unserer Stellung angekommen, warfen wir uns der Länge nach hin. Rauch wälzte sich über den Berg zu uns herüber, und die Luft stank nach hochexplosivem Sprengstoff. Hinter uns schlugen mehrere Kugeln ein.

Jones lag neben mir. »Die haben uns eingegabelt, Sir«, sagte er. »Vielleicht werden wir auf dieser verdammten kleinen Titte von einem Hügel sterben.«

Aber wir starben nicht, weil der Feind uns nicht in die Gabel genommen hatte. Statt dessen beschoß er die Landezone. Die Szene dort glich beinahe einem Schlachtengemälde. Die letzten Hubschrauber starteten zum Abflug, stiegen nach oben, die Nasen hinabgewandt, und gingen dann vor dem Hintergrund der dunkelgrünen Berge in Querlage. Marineinfanteristen schwärmten auf den Reisfeldern aus, manche in ausgedehnten Scharmützellinien, andere in enggeschlossenen, gestaffelten Reihen, und zwischen ihnen detonierten die Granaten. Ein feindliches Automatic-Gewehr ratterte auf einer der grasbewachsenen Kuppen im Westen der LZ. Die Kugeln spritzten in die hellgrünen Reisfelder, eine unserer Phosphorgranaten ging neben einer Palmengruppe auf dem Gipfel einer der Kuppen in die Luft und schien orangeweiße Papierschlangen in hohen Bögen über die anmutigen Bäume zu werfen. Eine Schützenlinie kämpfte sich durch ein überschwemmtes Feld, die Waffen über den Köpfen erhoben; die Männer begannen gerade auf einen Damm zu steigen, als sie in einer Granatrauchwolke verschwanden. Einer flog hoch, drehte sich im Fall seitwärts und ein winziger Stab – sein Gewehr – wirbelte in die entgegengesetzte Richtung.

Die schwere Bombe traf die Reisfelder zwischen meinem Zug und der Baumreihe. Hinter uns rannte eine Soldatengruppe herab, in der geduckten Haltung, die man unter Beschuß einzunehmen pflegt. Einige trugen Funkgeräte, und die hohen schwankenden Antennen bildeten deutlich sichtbare Zielpunkte. So laut ich konnte, rief ich ihnen zu, sie müßten sich sofort zerstreuen. Doch sie liefen dicht gedrängt weiter, und einer meiner Männer meinte: »Typisch Bataillonshauptquartier. Diese verdammten Idioten haben keine Ahnung, wie man im Regen trocken bleibt.« Ich brüllte sie wieder an, aber entweder konnten sie mich nicht hören, oder sie ignorierten mich.

Gerade wollte ich ein drittes Mal schreien, als sie alle von Rauch und Wolken aus pulverisiertem Erdreich eingehüllt wurden. *Plop-plop-plop*, knallten die Geschosse, Gestalten fielen oder flogen aus den grauen Schwaden. Schwach hallte der Ruf »Sanitätssoldat! Sanitätssoldat« über das Feld. Die Einheit des Bataillonshauptquartiers war fast ausnahmslos getötet worden. Der Operationskommandant, ein Stabsfeldwebel mit dreijähriger Kriegserfahrung, lag im Schlamm und besaß nur mehr ein Bein. Den Operationsoffizier hatte ein Splitter in den Unterleib getroffen. Der Artillerieoffizier war im Gesicht und am Kopf schwer verwundet. Insgesamt verlor das Hauptquartier acht Offiziere und eine Menge Soldaten. Oberst Hatch kam, wenn auch schwer verletzt, mit dem Leben davon. Und die Granatwerfer krachten unentwegt, die Handwaffen knallten.

Wir vernahmen ein hohles Husten, dann noch eines. Einige Sekunden später explodierten in unserer Nähe zwei 60-mm-Geschosse. »Diesmal hab' ich sie gehört«, sagte ein Obergefreiter.

»Stehen die Geschütze in der Baumreihe?« fragte ich. »Es hat so geklungen.«

»Dort könnten sie genauso gut postiert sein wie anderswo, Leutnant. Ich weiß es nicht.«

Ich war in Schweiß gebadet, und mein Mund fühlte sich an, als steckte er voller Stahlwolle. Das Bataillonshauptquartier war fast ausradiert worden. Die D-Kompanie erlitt Verluste, und die C war festgenagelt. Mein Zug sollte den Grat halten, bis er anderslautende Befehle erhielt, aber ich sah mich gezwungen, etwas zu unternehmen. Und so fragte ich Neal per Funk, ob die 4,2-Zoll-Granatwerferbatterie, die das Bataillon unterstützte, die Baumreihe beschießen könne. Ich war mir nicht sicher, ob sich die feindlichen Granatwerfer dort befanden – der Vietcong blieb wie immer unsichtbar –, doch die 4,2er würden zumindest das VC-Gewehrfeuer im Zaum halten. Neal erwiderte, unsere Granatwerfer seien außerstand zu feuern, und da wir uns weit außerhalb der Schußweite von der Danang-Artillerie befänden, habe er beschlossen, einen Luftangriff anzufordern.

Wenige Minuten später erschienen die Flugzeuge. Drei Skyhawks rasten im Tiefflug über uns hinweg. »Stellung Charley Zwei«, sagte der Einsatzkommandant über Funk, »hier ist Playboy. Markieren Sie Ihre Positionen mit Signaltüchern und das Ziel mit Willy Peter.« Wir hißten die orangegelben, irisierenden Flaggen und feuerten eine Weißphosphorgranate in die Baumreihe. Das erste der plumpen dunkelgrauen Flugzeuge drehte und schnellte auf die weiße Rauchsäule zu, wild beschossen von VC-Maschinengewehrschützen. Zwei Bomben purzelten von den Tragflächen herab. Die erste war ein Blindgänger, die zweite explodierte mit einer Gewalt, die den Boden unter uns erschütterte. Mein Zug jubelte, aber die feindlichen Granaten fielen immer noch auf die Landezone. Der zweite Skyhawk unternahm einen Annäherungsversuch und warf zwei weitere Bomben in die schwarze Rauchsäule, die aus der Einschußsstelle der ersten hochstieg. Eine der 250-Pfünder traf das Dorf hinter der Baumreihe und bewirkte eine ungeheure Eruption aus Rauch, Erdreich, Dachziegeln, Betonsplittern, brennendem Stroh und Zweigen.

»Playboy, Playboy«, sagte ich, »hier ist Stellung Charley Zwei. Das zweite Geschoß ist außerhalb des Ziels explodiert. Bombardieren Sie die Baumreihe.« »Roger«, antwortete der Kommandant, und ich verspürte ein schwindelerregendes Machtgefühl. Ich kontrollierte diese Maschinen.

Der dritte Bomber tauchte auf und rasierte mit kreischendem Motor die Wipfel. Zwei Napalmkanister wirbelten aus der Bombenaufhängevorrichtung des Skyhawks zu den Bäumen hinab, und das Flugzeug stieg rollend hoch, während das orangerote Napalm wie eine gigantische Mohnblume aufblühte.

»Wie schön!« rief ich hingerissen. »Ein präziser Treffer!«

Das Napalm wallte von den Bäumen empor, schmutziger Rauch umrandete die Flammenkugel. Das feindliche Granatfeuer verstummte. In diesem Augenblick stürmten drei VCs aus der Baumreihe. Sie rannten hintereinander einen Damm entlang, um hinter anderen Bäumen in Deckung zu gehen. »Feuer! Knallt sie nieder!« schrie ich meine Maschinengewehrschützen an und schoß auf die zweihundert Yards entfernten, dunkel uniformierten laufenden Gestalten.

Die Schützen eröffneten das Feuer und tasteten sich an die Feinde heran. Die Kugeln bildeten eine Kette von Spritzern im Reisfeld, dann wirbelten sie rings um den ersten feindlichen Soldaten kleine Fontänen auf, und er fiel auf die Knie. Ich stieß einen Kriegsschrei aus und schwang meinen Karabiner zum zweiten Mann, während ihn eine Maschinengewehrsalve traf. Er krümmte sich zusammen, der erste – immer noch auf den Knien – stürzte vom Damm, hinter dem der dritte in Deckung gegangen war.

Was danach geschah, ereignete sich blitzschnell, aber in meiner Erinnerung sehe ich einen schmerzlich langsamen Ablauf, den Todestanz eines einsamen, hilflosen Mannes mit einer gnadenlosen Maschinerie. Wir schießen alle auf den feindlichen Soldaten, stellen aber das Feuer ein, als einer der Skyhawks heranraste, um die Baumreihe zu bestreichen. Die Nase des Flugzeugs zeigt leicht nach unten, es funkelt orangegelb, als sein Minigeschütz feuert, eine Bordkanone, die explosive 20-mm-Kugeln so schnell abfeuert, daß es wie das Kreischen einer Kreissäge klingt. Die Geschosse treffen die Baumreihe und das Reisfeld, im unglaublichen Tempo von hundert Sekundenmeilen, ziehen einen durchscheinenden Rauchschleier hoch und versprühen Wasser. Hinter diesem Vorhang sehen wir den Vietcong, der hinter dem Damm sitzt, die Arme ausgestreckt, in der Pose eines Mannes, der Gott anfleht. Er scheint um Gnade zu bitten, um Rettung vor der brüllenden Masse aus Technologie, die nur hundert Fuß über ihm dahinfliegt. Aber die Maschine feuert ihre Kanone noch einmal ab und reißt ihn in Stücke. Während sie sich entfernt, betrachte ich den Toten durch mein Fernglas. Vom dritten VC sind nur ein paar verstreute Haufen blutroter Fetzen übriggeblieben.

Nach dem Kampf in der Landezone begannen die Kompanien C und D durch das Tal vorzurücken, um die Riegelstellung zu verstärken, die B einige Meilen entfernt errichtet hatte. Unter einer unbarmherzigen Sonne wateten wir durch die Reisfelder. Der Feind leistete keinen Widerstand, doch dieser Zustand dauerte nicht lange an. Kurz nach Mittag erhielt die Charley-Kompanie den Befehl, Ha Na zu durchsuchen, eines der großen Dörfer am Vu-Gia-Fluß. Das erwies sich als höllische Mission, denn der Ort war kreuzweise von dornigen Hecken durchzogen, grausam und unerbittlich wie Stacheldrahtzäune. Wir mußten die Hecken mit Macheten zerhacken oder mit Granaten Löcher hineinschießen. Und wo wir uns weder einen Weg hindurchschneiden noch -sprengen konnten, mußten wir um die Hecken herumlaufen, nur um auf weitere zu stoßen. Dadurch teilte sich die Kompanie in kleine Gruppen verwirrter Männer, die ständig zusammenstießen und einander ebenso verfluchten wie die Dornen, die ihre Haut und die Uniformen aufrissen.

Feldwebel Pryors Gruppe fand ein großes geheimes Vorratslager, wo Reis, Medikamente und Uniformen verwahrt wurden. Es befand sich in einer schlecht getarnten Grube, der Reis in Dosen, die Medikamente in Metallboxen, die Uniformen bündelweise verschnürt. Die Lebensmittel und die Ausrüstung wogen zusammen etwa eine Tonne. Ich fragte Neal per Funk, ob er die Sachen von einem Hubschrauber abtransportieren lassen könne. Nein, erwiderte er, dazu fehle die Zeit. Die Operation hinke bereits hinter dem Zeitplan her. Um so und so viel Uhr müsse die Kompanie ihr erstes Ziel, den Hill 52, erreichen. Deshalb sollten wir uns beeilen.

»Setzen Sie die Leute in Marsch«, sagte ich zu Pryor. »Wir kriegen keine Hubschrauber.«

Er wandte sich zu mir, die Hose in Lumpen gerissen, und sein sonnenverbranntes Gesicht färbte sich vor Zorn noch dunkler. »Sie meinen – das Zeug bleibt hier? Nein, das überlasse ich Charlie nicht. Warum zum Teufel haben die uns überhaupt befohlen das Dorf zu durchsuchen?«

»Okay, zünden Sie das Lager an, und dann brechen Sie mit Ihren Leuten auf. Ich gab ihm zwei Phosphorgranaten, die er in die Grube warf. Sofort begannen die Vorräte zu brennen, ebenso eine benachbarte Hütte, als berstende Phosphorfragmente auf dem Strohdach landeten. Innerhalb weniger Sekunden war sie von Flammen umzingelt, Funken flogen zum Nebenhaus und steckten es ebenfalls in Brand. Vier Frauen rannten heraus. Über ihrem Geschrei hörte ich den Ruf der Pioniertruppe, die der Kompanie angeschlossen war. »Feuer im Loch!« Die Leute hatten am Dorfrand einen Komplex von Betonbunkern gefunden und wollten ihn nun mit TNT-Sprengladungen in die Luft jagen. Entsetzt warfen sich die Frauen zu Boden und hielten sich die Ohren zu, als eine Explosion krachte. Eine zweite Ladung erschütterte die Erde, und sie kreischten wieder, während eine Kaskade aus Sand und pulverisiertem Beton auf ihre Köpfe herabrieselte.

Aus den Zuckerrohrfeldern an der Flanke des Dorfes beschossen uns Heckenschützen, und das Knattern der Schüsse ließ sich kaum vom Knistern der berstenden Bambusstreben in den brennenden Hütten unterscheiden. Inzwischen hatten sechs oder sieben Häuschen Feuer gefangen. Flammen leckten an den Baumwipfeln, Courseys und McKennas Züge rückten vor, meiner setzte die Suche fort. Ein Obergefreiter mit rußgeschwärztem Gesicht kam zu mir und stieß mit seinem Gewehr einen Vietnamesen vor sich her. »Diesen Hurensohn haben wir erwischt, als er davonlaufen wollte. Was sollen wir mit ihm machen?«

Der etwa vierzigjährige Mann trug ein Khakihemd und dunkle Hosen. »Schullehrer. Kein VC«, beteuerte er.

»Darauf möchte ich wetten. Fesseln Sie ihn und bringen Sie ihn zum Kapitän«, befahl ich dem Obergefreiten, und weil mir der Ausdruck in seinen Augen mißfiel, fügte ich hinzu: »Lebend! Sie werden ihn lebend beim Kapitän abliefern.«

»Ja, Sir.« Der Obergefreite riß dem Gefangenen das Hemd vom Leib, zerfetzte es und fesselte mit den Ärmeln die Hände. Der Schullehrer, der sich als Politoffizier des lokalen Vietcong-Bataillons entpuppte, war wie ein Ringer der Fliegengewichtsklasse gebaut.

»Kein VC, Schullehrer«, wiederholte er, ehe er von dem amerikanischen Soldaten abgeführt wurde. Beide husteten und würgten im Rauch.

Grauenvolle Hitze lag über dem Dorf, eine Hochofenhitze, die unsere Lungen versengte. Pryor schob zwei hysterische junge Frauen zu mir. »Leutnant, diese beiden sollten wir festnehmen. Ich hab' ihre Hände befühlt, die sind ganz weich, ohne eine einzige Schwiele. Ich bin mir verdammt sicher, daß das keine Bäuerinnen sind.«

Ehe ich antworten konnte, schrien die Pioniere wieder: »Feuer im Loch!« Wir duckten uns, ein weiterer ohrenbetäubender Krach erfolgte. Schreiend stürzten die Mädchen zu Boden und rollten durch den Staub. Pryor packte sie mit je einer Hand, zog sie hoch und schüttelte sie unsanft. »Hört auf mit dem gottverdammten Geheul!« Zu mir gewandt, fragte er: »Was sollen wir mit ihnen machen, Leutnant?«

»Lassen Sie sie laufen, um Himmels willen.«

»Aber, Sir ...«

»Ich habe gesagt, Sie sollen die Mädchen laufenlassen, Feldwebel!«

Da stieß er die beiden weg. »Ja, *Sir*«, höhnte er. »Ja, *Sir*.«

Ich spürte, daß ich die Kontrolle über den Mann und den restlichen Zug verlor. Die Leute, immer noch erregt nach dem kürzlich überstandenen Kampf, liefen nun – von der Hitze, den Dornenhecken, den Heckenschützen, den jammernden Dorfbewohnern und dem Lärm des sich rasch ausbreitenden Feuers irritiert – Gefahr, den letzten Rest des seelischen Gleichgewichts einzubüßen, der ihnen vorerst geblieben war.

Maschinengewehr- und Gewehrfeuer brach aus. Kugeln schlugen ringsum die Bäume. Wie ich von Neal erfuhr, hatte Courseys Zug eine VC-Gruppe bei deren Versuch beschossen, den Fluß in einem Boot zu überqueren. Feindliche Schützen am anderen Ufer gaben ihren Kameraden im Boot Dekkung und erwiderten das Feuer des Zugs.

Einige Minuten später bestrich ein Jagdbomber die Vietcong-Stellungen auf der gegenüberliegenden Seite des Vu Gia, schoß im Sturzflug herunter, feuerte Raketenwerfer und Bordkanonen ab. Vom Lärm völlig verwirrt, brachen mehrere Wasserbüffel aus ihren Gehegen aus, stampften in wilder Panik durch das Dorf, brüllend, mit roten Augen, die geschwungenen Hörner verfingen sich ineinander. Eines der wütenden Biester spießte einen Soldaten aus Courseys Zug auf und wurde mit einem Automatic-Gewehr niedergestreckt.

Inzwischen brannte halb Ha Na, die Flammen sprangen von Hütte zu Hütte, und das Feuer erzeugte seinen eigenen Wind. Würgend rannte ich durch den Rauch und versuchte den Zug wieder zu organisieren. Die Dornenhecken und der Brand hatten ihn in Gruppen von zwei oder drei Mann zerteilt. »Trommeln Sie ihre Leute zusammen und marschieren Sie zum Hill 52!« rief ich, wann immer ich einen Unteroffizier traf. Halb blind stolperten die Soldaten durch die schwarzen Wolken und versuchten vor dem Feuer zu fliehen. Feldwebel und Obergefreite brüllten: »In Linie antreten! Zu zwei Gliedern! Wo ist Smiths Schützentrupp? Rechts anschließen! Richtungsmann rechts! Wo ist Baum? Baum! Wo zum Teufel stecken Sie?« Und die Kugeln der Heckenschützen zischten unentwegt aus dem Zuckerrohr heran.

Dreihundert Yards von unserer linken Flanke entfernt, stieß die D-Kompanie auf heftigen Widerstand. Wir hörten es trotz der Heckenschützenschüsse und des knisternden Bambusgebälks – ein Geräusch, das an eine gigantische reißende Segeltuchplane erinnerte. Irgendwo vor uns hatten schwere Granatwerfer zu krachen begonnen. Neal verständigte mich per Funk. Millers Kompanie war in einen feindlichen Schlupfwinkel geraten und hatte dreizehn Mann verloren. Nun saßen die Leute fest und beschossen die VC-Stellungen mit 42ern. Die C-Kompanie *mußte* den Hill 52 möglichst schnellstens erreichen. Setzen Sie Ihre Leute in Bewegung! Ja, Sir! Sofort, Sir! ZWEITER ZUG IN LINIE ANTRETEN! VORWÄRTS, MARSCH!«

Nachdem wir uns heiser gebrüllt und unsere Lungen mit Rauch gefüllt hatten, schafften es die Unteroffiziere und ich, ein Gebilde zu formen, das einigermaßen einer Linie glich. Trotzdem herrschte immer noch ein gewaltiges Durcheinander. Ein paar von McKennas Männern hatten sich unter meine gemischt, meine marschierten mit seinen. Der Zug steuerte den Berg an, getrieben vom Feuer, das hinter ihm tobte, vom unablässigen Gebrüll der Unteroffiziere: »In Linie bleiben! Rechts halten! Richtungsmann rechts!« Das Dorf zog sich langgestreckt am Flußufer hin, eine Viertelmeile lang. Alle zehn Yards schienen wir auf Dornenhecken, Pangee-Fallen oder Gruben mit dünnen Bambusgittern zu stoßen. In den Feldern hinter dem Zuckerrohr zerriß wieder dickes Segeltuch. Neal informierte mich erneut per Funk. Die D-Kompanie war zu den Maschinengewehren hinter dem Granatsperrfeuer vorgerückt, aber die 42er hatten keine Wirkung auf die massiv verstärkten VC-Bunker ausgeübt. Bei dem Sturmangriff hatte Miller siebzehn Mann verloren und dann den Rückzug angetreten, um einen Luftangriff anzufordern. Mein Zug bewegte sich nicht schnell genug voran, wir blieben nicht auf gleicher Höhe mit Courseys Leuten.

Ich gab Jones den Empfänger zurück, schrie die Männer an, trat nach ihnen, stieß sie vorwärts. Düsenjäger rasten vorbei, um die feindlichen Maschinengewehrbunker zu bombardieren und zu bestreichen. Die Maschinen kreischten direkt über unseren Köpfen und betäubten unsere Ohren. Die 250-Pfünder ließen die Erde beben, die Bäume und Häuser vor unseren Augen flimmern. Weitere Flugzeuge folgten, bestrichen die feindlichen Positionen mit ihren Bordkanonen, die wie Kreissägen lärmten. Der erste Jagdflieger beschrieb einen Kreis und kehrte zurück, um noch mehr Bomben abzuwerfen. Riesige braune Rauchsäulen sprühten hoch, aber die VC-Maschinengewehre hämmerten immer noch.

»Schneller, Leute!« befahlen die Gruppenführer und versuchten die Kakophonie zu überschreiten. »Richtungsmann rechts! Nicht in der Mitte zusammenstoßen!«

Der Flammenwall des brennenden Dorfes folgte uns. Wir kämpften uns durch neue Dornenhecken, holten einen Vietcong aus einem Betongebäude und nahmen ihn gefangen, dann sprengten wir das Haus. Staub und Betonfragmente regneten auf die Soldaten herab. Durch den schwefeligen Rauch der Explosion sprangen sie in einen querlaufenden Schützengraben. Dort versuchte ich sie wieder zu formieren, aber wir wurden von einem Heckenschützen im Zuckerrohr mit Flankenfeuer bestrichen. *Peng, peng, peng.* Nur um Haaresbreite verfehlten uns die Geschosse. Wir krochen aus dem Graben und griffen das Feld mit Gewehrfeuer an. Ein VC lief zwischen den gelbgrünen Pflanzen hervor. Aus einer Entfernung von fast vierhundert Yards jagte Lonehill eine Kugel in die Füße des Mannes und justierte die Elevation seines Gewehrs, um in aller Gelassenheit ein zweites Mal zu feuern. Hart prallte der feindliche Soldat auf dem Boden auf.

Die Flugzeuge näherten sich, um einen weiteren Bombenangriff durchzuführen. Nach einem ungeheuren Krach verschwammen die Männer vor meinen Augen, als wäre ein durchsichtiger, zitternder Vorhang zwischen uns gefallen. Während des Bombardements bahnten wir uns einen Weg durch Hecken und Rauch zum Hügel, dessen friedlicher hellgrüner Gipfel vor uns aus den Bäumen ragte. Wir waren um ein paar hundert Yards vorgerückt, aber der Berg war anscheinend nicht näher gekommen. Der unaufhörliche Schlachtenlärm zerrte ebenso an unseren Nerven wie das Dornengestrüpp und das direkt hinter uns tosende Feuer.

Dann geschah es. Der Zug explodierte. Es war ein kollektiver Gefühlsausbruch von Männern, die man an die äußerste Grenze ihrer Belastbarkeit getrieben hatte. Ich verlor die Kontrolle über die Leute und auch über mich selbst. Aus dem verzweifelten Bedürfnis heraus, endlich den Hügel zu erreichen, stürmten wir wie wütende Randalierer durch das restliche Dorf, schrien wie die Wilden, steckten Strohhütten in Brand, schleuderten Granaten in Zementhäuser, die wir nicht anzünden konnten. In unserem Wahn warfen wir uns durch Hecken, ohne die Stiche der Dornen zu spüren. Wir fühlten überhaupt nichts mehr, hatten das Stadium überschritten, wo wir noch etwas für uns selber empfunden hatten – von anderen gar nicht zu reden. Vor dem flehenden Geschrei der Dorfbewohner verschlossen wir gnadenlos die Ohren. Ein alter Mann rannte zu mir und hielt mich am Hemd fest. »Tai Sao? Tai Sao?« fragte er. Warum? Warum?

»Gehen Sie mir aus dem Weg, verdammt noch mal!« Ich schüttelte ihn ab, packte ihn meinerseits am Hemd und schleuderte ihn mit aller Kraft zu Boden. Dabei kam es mir so vor, als würde ich mich selbst in einem Film beobachten. Der Mann blieb liegen und jammerte: »Tai Sao? Tai Sao?« Ich stürmte weiter, auf den Fuß des Hügels zu, der jetzt nicht mehr weit entfernt war.

Die meisten meiner Leute hatten keine Ahnung, was sie taten. Ein Soldat lief zu einer Hütte, steckte sie in Brand, rannte weiter, machte kehrt und rettete einen Zivilisten aus den Flammen, dann zündete er das Nachbarhaus an. Wie ein Orkan fegten wir durch das Dorf; als wir den Hill 52 zu erklimmen begannen, war nichts mehr von Ha Na übriggeblieben außer einem langen Streifen aus schwelender Asche, verkohlter Bäume mit abgebrannten Blättern und zertrümmertem Beton. Von allen häßlichen Szenen, die ich in Vietnam beobachtet hatte, war diese eine der häßlichsten – die plötzliche Verwandlung meiner disziplinierten Soldaten in einen Mob verrückter Brandstifter.

Gleich darauf überwand der Zug seinen Wahn. Sobald wir dem Dorf entronnen und in die frische Luft auf dem Gipfel des Hügels gelangt waren, konnten wir wieder klar denken. Wie wir erfuhren, hatte Millers Kompanie nach dem Luftangriff die feindlichen Maschinengewehre überrannt, aber eine Menge Männer verloren. Die C-Kompanie erhielt die Order, über Nacht auf dem Hill 52 zu bleiben. Wir fingen zu graben an. Der immer noch glühende Schutt von Ha Na lag hinter uns. In der entgegengesetzten Richtung stieg Rauch vom Schauplatz des Kampfes auf, den die D-Kompanie ausgefochten hatte, auch von den Bäumen, die in der ersten Stunde der Schlacht von unseren Jägern bombardiert worden waren. Es war still, während wir unsere Schützenlöcher aushoben, seltsam still nach dem fünfstündigen Kampf. Mein Zug glich wieder einem Zug. Die Ruhe der Umgebung paßte zu unserer inneren – eine Ruhe, so tief, wie unser Zorn heiß gewesen war. Dieser seelische Friede beglückte uns, wäre aber nicht entstanden, hätten wir das Dorf nicht zerstört. Anscheinend war die Brandschatzung Ha Nas einer emotionalen Notwendigkeit entsprungen und hatte als Katharsis fungiert, als Befreiung nach Monaten voller Angst, Frust und Nervosität. Indem wir anderen Leid zugefügt hatten, war unser eigenes gelindert worden. Doch das Gefühl der Erleichterung mischte sich mit Gewissensbissen und Scham. Wir waren wieder Menschen, verspürten wieder menschliche Regungen, tiefe Scham angesichts unserer Tat, fragten uns aber auch, ob wir sie wirklich begangen hatten. Unsere Veränderungen, die Transformationen von disziplinierten Soldaten zu hemmungslosen Wilden und wieder zurück zu Soldaten, waren so schnell vor sich gegangen und so tiefgreifend gewesen, daß sie der Erinnerung an den letzten Teil der Schlacht eine traumhafte Atmosphäre verliehen. Trotz der augenscheinlichen Beweise konnten viele von uns nicht glauben, daß wir dieses Vernichtungswerk vollbracht hatten.

Kapitän Neal fiel das nicht schwer. Er war mit Recht wütend auf mich und erklärte, falls das noch einmal passieren sollte, würde ich meines Kommandos im Schnellverfahren enthoben werden. Diese Warnung brauchte ich nicht. Ich fühlte mich elend genug, hatte den Krieg und alles, was er uns antat, und mich selber gründlich satt. Beim Anblick der Asche da unten und der Häuserskelette fühlte ich eine Schuld auf mir lasten, schwerer als alles Gepäck, das ich je im Leben getragen hatte. Nicht nur die sinnlose Feuersbrunst von Ha Na bedrückte mich, sondern auch der dunkle, zerstörerische Drang, der mich in der Schlacht beherrscht hatte, beinahe seit dem Moment, wo die ersten feindlichen Granaten gefallen waren, und offensichtlich aus der Angst geboren war, selbst vernichtet zu werden. Den Tod der aus der Baumreihe fliehenden VCs hatte ich geradezu genossen. Am seltsamsten war mir das Gefühl erschienen, mich selbst auf einer Filmleinwand zu sehen. Ein Teil von mir tat etwas, während der andere aus der Ferne zuschaute, schockiert und doch unfähig, das schreckliche Geschehen zu verhindern.

Ich konnte mein Seelenleben so lange analysieren, wie ich wollte – das änderte nichts an der Tatsache, daß wir die Häuser von etwa zweihundert Menschen ohne die geringste Notwendigkeit niedergebrannt hatten. Alle Analysen dieser Welt würden kein neues Dorf aus der Asche emporsteigen lassen, konnten weder die Frage beantworten, die ich mir immer wieder stellte, noch die Bürde meiner Schuld erleichtern. Die üblichen Argumente halfen nichts. Ja, das Dorf hatte offenbar unter feindlicher Kontrolle gestanden und als geheimes VC-Nachschublager gedient. Ja, die Vernichtung dieses Verstecks war eine legitime Kriegsaktion gewesen, die folgende Ausbreitung des Feuers durch Zufall geschehen, das spätere absichtliche Zerstörungswerk von Männern *in extremis* begangen worden; der Krieg ist ein Extremzustand, und die Männer, die darin kämpfen, tun oft extreme Dinge. Aber keine einzige dieser konventionellen Weisheiten milderte meine Gewissensqualen oder beantwortete die Frage: »Tai Sao?« Warum?

Wir verbrachten eine ruhige Nacht. Bei der D-Kompanie ging es hektischer zu. Da Millers Sanitätssoldaten so viele Verwundete behandeln mußten, fehlte es bald an Morphium. Für den Abtransport der Opfer standen keine Hubschrauber zur Verfügung. Und so lagen die Toten und Verwundeten die ganze Nacht im Freien – die Leichen gedunsen, die Verletzten stöhnend, weil ihre Schmerzen nicht betäubt wurden.

Kurz vor dem Morgengrauen führte der Vietcong einen schwachen Angriff auf die Linien des Bataillons durch und wurde mit Granatfeuer zurückgeschlagen. Später kamen unsere Hubschrauber an, um die Toten und Verwundeten wegzubringen und uns mit Proviant und Munition zu versorgen. Während sie über dem Hill 52 schwebten und die Besatzungskommandanten den Nachschub aus den Luken warfen, entfachten sie den Hagel eines Maschinengewehrfeuers aus den VC-Positionen am anderen Flußufer. Wir antworteten mit ein paar Salven aus unseren Automatic-Waffen, und die zu kurzen Schüsse wirbelten Fontänen im Wasser auf, das am frühen Morgen hellgolden schimmerte.

Der Krieg ging weiter.

18

Wie fröhlich haben wir dort gelacht,
Wo das Leben absurder noch ist als der Tod!
Wir zerhackten Gebeine im Gefühl unserer Macht
Ohne Reue und ohne Gewissensnot.

Wilfred Owen, »Apologia Pro Poemate Meo«

Die sechsköpfige Patrouille folgte im Gänsemarsch dem Weg, der sich durch das verkümmerte Dschungelgestrüpp rings um den Außenposten schlängelte, und ging auf wunden, eiternden Füßen wie mit nackten Sohlen über Glasscherben. Die Patrouille wurde zurückbeordert, und die Soldaten kletterten nacheinander über den rostigen Drahtzaun der Vorpostenlinie. Hinter ihnen erstreckten sich die Gebirgsausläufer, wo sie den ganzen Vormittag verbracht hatten, bis zu den moosgrünen, in der Hitze flimmernden hohen Bergen.

Die Hitze war stickig wie immer zwischen Monsungewittern. Die Luft schien jeden Moment zu explodieren. Von der Sonne benommen, döste der halbe Zug unter den Ponchos. Andere reinigten ihre Gewehre, die in wenigen Stunden zu rosten beginnen würden und dann von neuem gesäubert werden mußten. Ein paar Leute hockten im Kreis um eine Käsedose herum, die mit dem zweimal wöchentlich fälligen Nachschub zum Charley Hill gelangt war, ein besonderer Luxus und eine willkommene Unterbrechung im Einerlei unserer C-Rationen. Außerdem linderte der Käse den Durchfall, an dem wir alle litten. Die Männer aßen ihn mit den Fingern und äußerten grunzend ihre Zufriedenheit.

»He, wir haben Käse«, sagte einer zu Crowes Patrouille. »Guten Käse. Wollt ihr ein bißchen Käse haben?«

Zu müde, um zu essen, schüttelten die Patrouillengänger die Köpfe und hinkten zu ihren Schützenlöchern. Ihre Haut war hell bis auf die gebräunten Gesichter und Hälse, die Hände und V-förmigen Flecken auf der Brust. Ein Schütze trug eine Tätowierung am Bizeps, einen Totenschädel über gekreuzten Gebeinen und der Unterschrift: »USMS (United States Marine Corps) – *lieber tot als entehrt!*« Ich lachte vor mich hin. Nach allem, wie die Dinge seit der Operation Long Lance liefen, würde sich der Soldat wohl kaum vor eine solche Wahl gestellt sehen. Page und Navarro, vor ein paar Tagen getötet, hatten auch keine Wahl gehabt. Die Sprengfalle hatte ihnen keine Zeit gelassen, eine Entscheidung zu treffen, in Deckung zu gehen oder irgend etwas anderes zu unternehmen, als augenblicklich zu sterben. Vier Tage später wäre ihre Dienstzeit in Vietnam beendet gewesen, was die Wahrheit des Spruchs bestätigte: »Man ist erst dann ein ›Kurzarbeiter‹, wenn man daheim ankommt.«

Ich saß auf dem Dach des Kommandobunkers im Außenposten und sonnte meine Beine. Die Sanitätssoldaten sagten, Sonne und Luft würden die nässenden Wunden an Füßen und Unterschenkeln trocknen. Die Krankheit war als tropischer Impetigo, ein pustelartiger Hautausschlag, diagnostiziert worden. Wahrscheinlich hatte ich sie mir bei unserem letzten Patrouillengang zugezogen; drei Tage lang waren wir in einem Monsunregen, der sogar Noah beeindruckt hätte, durch den Schlamm überfluteter Sümpfe gewatet. Die Sanitätssoldaten hatten mir Penicillin injiziert, aber in diesem Klima wirkten nicht einmal Antibiotica. Unentwegt floß Eiter aus den Geschwüren, und wann immer ich die Stiefel auszog, um die Socken zu wechseln, mußte ich den Atem anhalten, um den Gestank meines eigenen faulenden Fleisches nicht zu riechen. Nun, ich hätte mir etwas Schlimmeres einhandeln können als eine Hautkrankheit.

Eine Landkarte in der Hand, kam Crowe zu mir, um Bericht zu erstatten. Er breitete die Karte auf dem mit Sandsäcken gesicherten Bunkerdach aus und zeigte auf ein Dorf namens Giao-Tri (2). »Erinnern Sie sich an die drei VCs, die wir vor drei Wochen dort gefunden haben, Sir?«

Ich bejahte. Er meinte die drei jungen Burschen, die wir nach einer Patrouille zum Verhör hinter unsere Linie gebracht hatten. Da Giao-Tri normalerweise vom Vietcong kontrolliert wurde, war es ungewöhnlich, dort junge Männer anzutreffen. Außerdem hatten die drei Jugendlichen gefälschte Papiere mit unrichtigen Altersangaben bei sich getragen. McCloy, der mittlerweile fließend Vietnamesisch sprach, und ein Milizfeldwebel von der ARVN vernahmen sie, stellten aber nur wenige Fragen. Sie wurden freigelassen, als der Feldwebel bestätigte, sie hätten ihre Papiere gefälscht und sich jünger gemacht, weil sie weiterhin zur Schule und nicht zur Armee gehen wollten. Demnach waren sie nur Drückeberger, keine VCs.

»Sir«, fuhr Crowe fort, »es sieht so aus, als wären zwei davon doch Charlies – die beiden älteren.«

»Wie haben Sie das herausgefunden?«

»Der jüngste hat es mir erzählt. Ich glaube, er heißt Le Dung. Er lief uns im Dorf über den Weg, und ich nahm ihn ins Verhör – Sie wissen ja, ein bißchen Englisch, ein bißchen Vietnamesisch, ein bißchen Zeichensprache. Er erklärte, die beiden anderen seien VC-Pioniere und würden Minen und Sprengfallen legen. Vermutlich sagte er die Wahrheit, denn während wir sprachen, kam einer der beiden anderen vorbei, und da hielt der Junge sofort den Mund und schaute völlig verängstigt drein. Als der andere außer Sichtweite war, fragte ich: ›Er VC?‹ Der Junge nickte und antwortete: ›VC.‹ Der dritte stand bei einer Hütte und baute ein Gatter oder so was Ähnliches. Ich zeigte auf ihn und fragte: ›Dort VC?‹ Da nickte der Kleine wieder und sagte, beide Charlies würden in dieser Hütte wohnen. Ich zog meine Landkarte hervor, da teilte mir der Junge mit, in Binh Thai seien noch fünf Congs, ebenfalls Pioniere, mit Automatic-Gewehren bewaffnet. Er zeichnete die Waffen – hier.«

Crowe gab mir einen Zettel mit der primitiven Zeichnung eines Automatic-Vorderladers, der einer British Bren glich.

»Dann sagte er, in Hoi-Vuc sei ein Zug, fünfzehn VCs. Und die haben angeblich einen Granatwerfer und ein Maschinengewehr.« Ärgerlich schwang ich mich vom Bunkerdach. »Warum zum Teufel haben Sie die beiden nicht gefangengenommen, Crowe?«

»Das weiß ich nicht, Sir. Ich meine – Mr. McCloy ließ sie doch laufen. Er meinte, sie seien okay.«

»Verdammt, das alles wußten wir damals nicht. Crowe, diese Kompanie hat im letzten Monat fündunddreißig Mann verloren. Alle sind Minen und Sprengfallen zum Opfer gefallen. Und Sie finden einen Jungen, der Ihnen zwei Mineure zeigt, und lassen sie laufen.«

»Tut mir leid, Sir. Es war doch nur – nun ja, weil sie damals freigelassen wurden. Ach, zum Teufel, wir werden nie wissen, wer hier ein Guerilla ist und wer nicht.«

»Schon gut. Die Info ist gut. Sie haben's schon richtig gemacht, Crowe. Schieben Sie ab, und ruhen Sie sich aus.«

»Ja, Sir.«

Ich stieg in den Bunker hinab, wo Jones sein Gewehr reinigte. Drinnen war es stickig, die abgestandene Luft roch nach Schweiß, Waffenöl und den Segeltuchranzen an den Lehmwänden, in die wir Nägel geschlagen hatten. Widerstrebend griff ich nach dem Feldtelefon, um das Hauptquartier anzurufen und Crowes Bericht durchzugeben. Ich fürchtete die Lektion, die Kapitän Neal mir erteilen würde. *Warum hat er sie nicht gefangengenommen? Was ist eigentlich mit Ihrem Zug los, Leutnant? Können Ihre Leute nicht denken?*

Nachdem er allein im letzten Monat etwa dreißig Prozent seines Kommandos verloren hatte, war Neal fast unerträglich geworden. Ich nahm an, daß er vom Bataillon unter starken Druck gesetzt wurde. Seit dem Ende der Operation Long Lance hatte die Kompanie nur drei Guerillas getötet, zwei gefangengenommen und selbst sechsmal so viele Verluste erlitten. Die Tötungsquote der C-Kompanie lag unter dem geforderten Standard. Leichen. Leichen. Leichen. Das Bataillon wollte Leichen. Neal wollte Leichen. Immer wieder trichterte er seinen Offizieren ein, wie wichtig die Angriffslust sei, und sprach versteckte Drohungen aus, wenn er den Eindruck gewann, es würde uns an dieser Eigenschaft mangeln.

»Ihre Leute sind nicht aggressiv genug«, erklärte er mir, nachdem es eine meiner Gruppen versäumt hatte, zwei VCs zu verfolgen, die sie eines Nachts beschossen hatten. Ich wandte ein, der Gruppenführer habe richtig gehandelt – mit nur acht Mann, nachts eine Meile von unseren Linien entfernt – und nicht wissen können, ob die beiden Guerillas allein oder die Vorhut eines ganzen Bataillons gewesen seien. Hätte er die beiden verfolgt, wäre die Gruppe womöglich in eine Falle gegangen. »Mr. Caputo, wenn wir Kontakt mit dem Feind haben, halten wir ihn aufrecht und verlieren ihn nicht«, entgegnete Neal. »Sehen Sie zu, daß Sie ihre Leute auf Vordermann bringen.«

Ein paar Tage später teilte er uns Offizieren mit, er würde von nun an eine neue Taktik anwenden. Jeder Soldat in dieser Kompanie, der einen als VC ausgewiesenen Mann tötete, würde eine Extraration Bier und genug Zeit bekommen, um sie zu trinken. Da unsere Männer völlig erschöpft waren, wußten wir, daß die Freizeit eine ebenso große Verlockung darstellte wie das Bier. Und so erklärten wir uns mit der Taktik des Kapitäns einverstanden, ohne über ihre moralischen Aspekte nachzudenken. So tief waren wir gesunken, nachdem wir ein Jahr zuvor noch in erhabenem Idealismus geschwelgt hatten. Für zusätzliches Bier und genug Zeit, um es zu trinken, wollten wir Menschen töten.

McCloy meldete sich am Telefon. Neal war anderswo beschäftigt, also wurde mir eine weitere Gardinenpredigt erspart. Ich gab Crowes Bericht an McCloy weiter, der natürlich fragte: »Warum hat er sie nicht gefangengenommen?« Ich erklärte es ihm, und er sagte, er würde die Information an das Bataillon S-2 weiterleiten. Ja, dachte ich, während ich den Hörer in seine Segeltuchhülle zurücksteckte, das Bataillon würde die Info an das Regiment S-2 weiterleiten, diese an die Division G-2, die würde sie in einem Aktenschrank vergraben, und die VC-Pioniere würden fortfahren, die Charley-Kompanie in die Luft zu jagen.

Eine ungeheure Müdigkeit überkam mich. Ich hatte die Nase voll von den vergeblichen Patrouillen, von den Operationen, die keine Entscheidung herbeiführten, von Minen und Schlamm und Krankheiten. Mein Dienst in Vietnam würde nur noch einen Monat dauern, und ich hoffte inständig, dieses Land auf meinen zwei Beinen zu verlassen, nicht auf einer Bahre oder in einem Sarg. Nur ein Monat. Was war ein Monat? In Vietnam eine Ewigkeit. Page und Navarro hätten nur noch vier Tage überstehen müssen. Ihre Leichen verfolgten mich bis in meine Träume.

Jones lehnte an einer Bunkerwand und reinigte immer noch sein Gewehr. Schweiß glänzte auf seinem Gesicht. Der Putzstock, immer wieder durch die Bohrung gezogen, verursachte ein monotones kratzendes Geräusch. Ich legte mich auf den Poncho, der am Boden ausgebreitet war. Schlaf. Nun mußte ich endlich schlafen. Ich nahm einen der Segeltuchpacken vom Haken, legte ihn wie ein Kissen unter meinen Helm und drehte mich auf die Seite. Meine Hosenbeine hatten an den Pusteln geklebt. Als sie sich nun lösten und Fleischfetzen wegrissen, schnitt ich eine Grimasse. Schlafen – schlafen! Vielleicht *nicht* träumen! Seit einiger Zeit plagten mich wieder sehr böse Träume.

Der Monat nach dem Angriff im Vu-Gia-Tal war schon an sich ein Alptraum gewesen. Nur bruchstückweise erinnere ich mich an diese Zeit; fragmetarische Szenen flackern wie Filmexzerpte über die Leinwand meines Gedächtnisses: In einer Aufnahme marschiert die Kompanie an einer Baumreihe vorbei, die während des Angriffs mit Napalm bombardiert worden ist. Durch mein Fernglas sehe ich Schweine zwischen Gebilden wühlen, die verkohlten Baumstämmen gleichen, aber in Wirklichkeit verkohlte Leichen sind. *Klick*. Die nächste Szene: Ein wahnwitziges Rückzugsgefecht am letzten Tag der Operation. Der Vietcong stürmt am einen Ufer des breiten Flusses dahin und feuert, mein Zug läuft auf der anderen Seite einen Damm entlang und schießt zurück. Kugeln tanzen im Reisfeld zwischen dem Fluß und dem Damm, dann nähern sie sich Jones und mir. Als die Geschosse vor unseren Füßen einschlagen, werfen wir uns in einen großen Haufen Büffelmist, springen auf und lachen wie verrückt. Die Exkremente rinnen von unseren Gesichtern. Die Granatwerfertruppe der Kompanie schleudert 60er auf den Feind, und mein Zug jagt Gewehrkugeln in den dichten Rauchwall. Ein Artilleriebeobachter fliegt in einem Aufklärer über den Kampfschauplatz hinweg, ruft uns per Funk an und berichtet, er würde sieben tote Feinde auf einem Weg nahe dem Flußufer sehen.

Klick. Die nächsten Szenen ereignen sich im Operationsgebiet der Kompanie bei Danang. Mehrere Patrouillen kehrten zur Linie zurück, um zwei oder drei oder ein halbes Dutzend Männer dezimiert. Der Soundtrack wirkt monoton – explodierende Minen, ratterndes Handwaffenfeuer, raschelnde Zweige, wenn die Marineinfanteristen feindliche Heckenschützen verfolgen und fast niemals aufspüren, der Schrei »Sanitätssoldat!«, das Dröhnen des Rettungshubschraubers.

Klick. Mehrere Filmmeter im Zeitraffer – aber statt einer aufblühenden Blume zeigen sie, wie sich unsere Kompanie auflöst, wie die Reihen immer kürzer werden, und in den Gesichtern liegt der Ausdruck von Menschen, die dem Untergang geweiht sind und nur noch warten, bis sie drankommen und von einer Mine in die Luft gejagt werden.

Klick. Eine Aufnahme von meinem Zug auf Nachtpatrouille. Wir waten durch eine Schwärze, so tief, daß jeder den Griff des Schützengrabenwerkzeugs umklammern muß, das der Vordermann am Rücken trägt. Regen peitscht uns, während wir blindlings durch das Dunkel stolpern. Mit einer Hand halte ich mich am Werkzeuggriff fest, in der anderen liegt mein Kompaß. Ich sehe den Soldaten nicht, der eine Armlänge vor mir geht, nur die hell schimmernde Kompaßskala.

Klick. Eine Szene mit dem Gefreiten Arnett, der von einer Mine getroffen worden ist. Er liegt im Regen auf dem Rücken, in die scharlachroten Bänder seines Bluts gewickelt. Mit dem träumerischen, geistesabwesenden Blick eines gemalten

Renaissance-Heiligen schaut er zu mir auf und sagt: »Das ist mein drittes Purpurherz. Jetzt können sie nichts mehr riskieren. Ich werde nach Hause fliegen.«

Auch andere Episoden spiegeln wider, was der Krieg uns angetan hat. Nach einem Feuergefecht folgt ein Obergefreiter der Blutspur eines schwerverwundeten Vietcongs. Schließlich sieht er den Mann zum Eingang eines Tunnels kriechen. Der feindliche Soldat wendet sich zu seinem Verfolger – vielleicht will er sichergehen, vielleicht um Gnade bitten. Der Obergefreite geht zu ihm und schießt ihn lässig in den Kopf.

Klick. Feldwebel Horne steht mit einem nervösen Lächeln vor mir. »Sir, Mr. McKenna ist verrückt geworden.« Ich frage, wie Horne zu dieser Diagnose gekommen sei. »Wir saßen bei Tag in einem Hinterhalt in der Nähe von Hoi-Vuc«, berichtet er. »Eine alte Frau kam vorbei und entdeckte uns. Wir hielten sie fest, damit sie den VC nicht vor uns warnen konnte. Sie kaute eine Betelnuß und spuckte Mr. McKenna zufällig einen Pfriem ins Gesicht. Blitzschnell zog er seine Pistole und schoß sie in die Brust. Dann befahl er einem Sanitätssoldaten, sie zusammenzuflicken, als wüßte er gar nicht, daß er sie getötet hatte.« Ein Cut – das Offizierszelt am selben Abend wird eingeblendet. Im sanften Licht einer Kerosinlampe spreche ich mit McKenna über den Mord. »Phil, die Pistole ging einfach los, ganz von selber«, erklärt er. »Das bedrückt mich, wirklich.« Das müsse auch so sein, erwidere ich. »Nein, das meine ich nicht«, sage McKenna. »Es bedrückt mich, daß mich ihr Tod *nicht* bedrückt.«

Erregt fuhr ich aus meinem unruhigen Schlaf im Bunker auf. In seelischer Hinsicht hatte ich mich nie zuvor schlechter gefühlt. Kaum war ich länger als ein paar Sekunden wach, wurde ich wieder von jenem Gefühl gepackt, das mich nach dem Alptraum von den verstümmelten Soldaten meines alten Zugs gepeinigt hatte – dem Gefühl, Angst zu empfinden, obwohl kein Grund dafür bestand. Und diese unvernünftige Angst rief blitzschnell das Gefühl hervor, das mich so oft während des Kampfes überkam – ich beobachtete mich selbst auf einer Filmleinwand.

Obwohl ich seither zehn Jahre Zeit gefunden habe, um darüber nachzudenken, kann ich noch immer nicht erklären, warum ich damals in einem solchen Zustand erwacht bin. Ich hatte nicht geträumt. Es war einer jener stillen Tage, wo es uns schwerfiel zu glauben, daß wir Krieg führten. Trotzdem kam es mir so vor, als stünde ich unter Beschuß. Vielleicht litt ich an der verspäteten Reaktion auf irgendein vorangegangenes Ereignis. Oder ich war einfach nur der Schlachten müde, nach fast einem Jahr in Vietnam erschöpfter, als es mir bewußt wurde. Der Streß von Monaten mochte sich angesammelt haben, um in diesem Augenblick zu explodieren, ganz plötzlich und ohne ersichtlichen Grund. Woran immer es auch lag, nach außen hin blieb ich normal, wenn auch etwas reizbarer als sonst; doch in meinem Inneren tobten turbulente Empfindungen, zusammenhanglose Gedanken, und das unheimliche Gefühl, in zwei Teile gespalten zu werden, ließ sich nicht abschütteln. Ich glaubte, frische Luft würde mir helfen, und so kletterte ich aus dem düsteren Bunker. Draußen ging es mir noch schlechter. Bei jedem Schritt riß sich meine Hose von den klebrigen Geschwüren los, und der Schmerz irritierte mich zusehends. Die großen Pusteln juckten unerträglich, aber ich durfte nicht daran kratzen, sonst hätte sich die Krankheit noch weiter ausgebreitet. Drückend lag die Nachmittagsschwüle auf mir. Hitze stieg von der Erde und drang vom Himmel herab. Über den Bergen begannen sich graue Wolken zu ballen und kündigten neue Regengüsse an. Regen. Regen. Regen. Wann würde es zu regnen aufhören? Aus den Latrinen erhob sich der Gestank von Fäkalien, von suppigen Auswürfen unserer kranken Eingeweide. Mein Bedürfnis nach physischer Aktivität überwand ein Unbehagen. Und so wanderte ich die Vorpostenlinie entlang, immer rundherum, schwatzte mit den Männern, oder ich setzte mich hin und starrte in die Ferne. Ein paar Yards außerhalb der Vorpostenlinie leuchteten die Mauern eines halbzerstörten Gebäudes grellweiß im Sonnenlicht. Ich mußte blinzeln, als ich darauf blickte, tat es aber trotzdem – für eine sehr lange Weile. Ich weiß nicht, warum, ich erinnere mich nur, daß ich darauf schaute und immer heftiger unter der schwülen Hitze litt, während sich die Wolken aufeinandertürmten und näher rückten. Das Gebäude, früher ein Tempel, war kaum mehr als ein Steinhaufen. Ranken überwucherten die ausgezackten, mit Schußnarben übersäten Wände, deren Weiß in flammendes Rosa überging, als die Sonne in den Wolken versank. Hinter der Ruine sah ich das dichte Dschungelgestrüpp, das die Hänge des Hügels bedeckte. Es roch nach fauligem Holz und welken Blättern, und die niederen Bäume umzingelten den Außenposten wie die ungeordneten Reihen eines Belagerungsheeres. Während ich den Busch und die Reste des Tempels anstarrte, wallte Haß in mir auf – Haß gegen diese grüne, modrige, fremde Welt, in der wir fochten und starben.

Was ich im Lauf der nächsten Stunden dachte und fühlte, verwirrt sich rettungslos in meiner Erinnerung. Nur eins weiß ich – irgendwann am frühen Abend packte mich der unwiderstehliche Drang, etwas zu unternehmen. »Irgend etwas muß geschehen« – so lautete der klarste Gedanke, der mir durch den Kopf ging, und er galt der unerträglichen Zwangslage unserer Kompanie. Mittlerweile konnten wir nur mehr die Hälfte unserer ursprünglichen Gefechtsstärke aufbieten. Wenn wir in den nächsten Monaten so viele Verluste hinnehmen mußten wie im letzten, würde sich die C auf fünfzig oder sechzig Mann reduzieren und kaum größer sein als ein verstärkter Zug. Es war heller Wahnsinn, immer noch den Dschungelpfaden zu folgen und in Fallen zu stolpern, ohne die geringste Chance, Rache zu üben. *Rache*. Das Wort dröhnte in meinem Gehirn. Ich *will unsere Toten rächen*. Und da begannen sich meine chaotischen Gedanken auf die beiden Männer zu richten, die Le Dung, Crowes Informant, als Vietcongs identifiziert hatte. Ich konzentrierte mich ausschließlich auf die zwei, in meiner Phantasie fixierte ich sie wie eine flammengierige Rakete den Auspuff eines feindlichen Düsenjägers. Meine Rachsucht wurde zur Besessenheit. Ich wollte die beiden ausschalten, bevor sie einen weiteren Amerikaner töten konnten – bevor sie mich töten konnten. Ja, ich werde diese Bastarde kriegen, beschloß ich und fühlte mich plötzlich schwindlig.

»Ich werde diese Bastarde kriegen!« rief ich und eilte in den Bunker hinab. Jones sah mich fragend an. »Die VCs, Jones, die hole ich mir«, erklärte ich grinsend. Ich nahm aus meiner Kartenmappe eine Planpause von der Route, der die zweite Gruppe in dieser Nacht folgen sollte und die sie zu einer Wegkreuzung bei Giao Tri führen würde. Wenn die zwei VCs das Dorf verließen, würden sie in einen Hinterhalt geraten. Als ich mir ihren Tod vorstellte, lachte ich beinahe laut auf. Wenn sie im Dorf blieben, würde die Gruppe dort eindringen. Crowe sollte sie zu dem Haus führen, das Le Dung ihm gezeigt hatte, und die VCs festnehmen – »kidnappen«, wie es in unserem Jargon hieß. Ja, genauso mußte es geschehen. Eine Kidnapping-Patrouille. Die Gruppe würde die beiden VCs einfangen und zum Außenposten bringen. Ich wollte die beiden verhören, und wenn es sein mußte, die Hölle aus ihnen herausprügeln, um die Standorte weiterer feindlicher Zellen und Einheiten zu erfahren und später zu töten oder festzunehmen. Alle würde ich kriegen. Und wenn die zwei Guerillas Widerstand leisteten? Dann würde die Patrouille sie töten. VCs töten. So lautete unser Auftrag. Leichen. Neal wollte Leichen. Nun, die sollte er von mir bekommen, und dann würde er meinen Zug endlich loben statt tadeln. Ich besaß zwar nicht die Befugnis, die Gruppe ins Dorf zu schicken. Der Patrouillenorder zufolge sollte sie dem Vietcong nur in einem Hinterhalt auflauern, an der Wegkreuzung. Aber wer war in diesem isolierten Außenposten wirklich kompetent? Ich. Deshalb wollte ich die Dinge selbst in die Hand nehmen. Hier draußen konnte ich verdammt noch mal tun, was mir beliebte. Und ich zögerte nicht. Das Bewußtsein, eine freie Entscheidung zu treffen, machte mich noch schwindliger.

Ich ging hinaus, um die Gruppe zu instruieren. Im Dämmerlicht umringten mich Allen, Crowe, Lonehill und zwei weitere Schützen. Die Gesichter und Hände mit Schuhwichse geschwärzt, auf den Köpfen Tarnhelme, sahen sie so gefährlich aus, wie es ihre Mission erforderte. Ich erklärte ihnen, was sie tun sollten. In meiner geistigen Verwirrung gab ich zwischendurch auch unzusammenhängendes Zeug von mir, lachte immer wieder und riß blutrünstige Witze, die vermutlich den Eindruck erweckten, es würde mich nicht stören, wenn sie beide Vietcongs auf der Stelle exekutierten. Und die ganze Zeit hatte ich das Gefühl, mich selbst in einem Film zu beobachten. Ich hörte mich lachen, und der Klang meines Gelächters gefiel mir nicht. »Okay, ihr wißt also, was ihr zu tun habt«, sagte ich zu Allen, dem Patrouillenführer. »Eine Zeitlang bleibt ihr im Hinterhalt. Wenn niemand kommt, geht ihr ins Dorf und holt sie. *Ihr werdet diese gottverdammten VCs kidnappen und hierherbringen!* Und wenn sie Ärger machen, knallt sie ab.«

»Sir, da wir laut Order nicht ins Dorf eindringen dürfen – was sollen wir sagen, wenn wir sie töten müssen?«

»Erzählt einfach, sie seien in euren Hinterhalt gelaufen, und zerbrecht euch deshalb nicht den Kopf. Die hohen Tiere wollen nur Leichen haben, nichts als Leichen.«

»Ja, Sir«, sagte Allen, und ich sah puren Haß und Zorn in seinen Augen. Als er sein Totenkopfgrinsen aufsetzte, wußte ich, daß er den geringfügigsten Vorwand nutzen würde, um die beiden Männer zu erschießen. Obwohl ich das erkannte, wiederholte ich meine Order nicht, die VCs seien wenn möglich gefangenzunehmen. Der Tod dieser beiden war mein geheimer Wunsch. In meinem Herzen hoffte ich, Allen würde einen Anlaß finden, um sie hinzurichten, und er hatte in der Tiefe meines Herzens gelesen. Er lächelte, ich erwiderte das Lächeln, und in diesem Moment wußten wir beide, was geschehen würde. In einem stillschweigenden Abkommen beschlossen wir, daß Blut vergossen werden sollte. Solche unausgesprochenen Vereinbarungen sind keineswegs mysteriös. Wenn zwei Männer die Mühsal und die Gefahren eines Krieges teilen, lernen sie sich so gut kennen wie Brüder, die jahrelang zusammengelebt haben. Der eine errät die Gedanken des anderen, und Worte werden überflüssig.

Die Patrouille brach auf, schlich aus dem Außenposten und

wurde von der Finsternis verschluckt. Nicht lange danach begannen mich Zweifel zu quälen. Die andere Hälfte meines doppelten Ichs, die ruhige, vernünftige, warnte mich vor einem schrecklichen Ereignis. Der Gedanke, die Patrouille zurückzurufen, ging mir durch den Sinn. Doch dazu konnte ich mich nicht aufraffen, weil meine zweite Hälfte im Bann einer unbezwinglichen Macht stand, die mir sagte, es müsse etwas geschehen.

Und es geschah tatsächlich etwas. Allen teilte mir per Funk mit, der eine VC sei getötet und der andere festgenommen worden. Nun wollte die Gruppe mit dem Gefangenen zurückkehren. Ich stieß einen Jubelschrei aus und setzte mich ans Feldtelefon, um Neal zu informieren. Er sagte, er habe Allens Funkspruch empfangen, und gratulierte uns. »Ihre Männer haben gute Arbeit da draußen geleistet, Leutnant.«

Überglücklich stieg ich aus dem Bunker und rief Coffell zu: »Sie haben beide. Alle beide! Juchee!«

Die Nacht war heiß und still. Im Westen wetterleuchtete es wie Granatfeuer in den Wolken, die den Himmel über den Bergen verdeckten. Über meinem Kopf war es klar, und ich sah starre, arrogante Sterne. Während ich an der Vorpostenlinie auf die Patrouille wartete, hörte ich eine Gewehrsalve und den unverkennbaren Krach von Crowes Schrotflinte. Allen meldete sich wieder per Funk. Der Gefangene habe einen Zweig in Crowes Gesicht geschlagen und zu fliehen versucht. Sie hatten ihn getötet.

»Okay, bringt die Leiche hierher – ich will die Kleider durchsuchen«, befahl ich.

Bald danach erschienen die fünf Männer, atemlos von ihrem schnellen Rückzug und ein bißchen aufgeregter, als es solchen Veteranen zukam. Vor allem Allen war völlig überdreht. Sobald er die Vorpostenlinie überquert hatte, fing er zu lachen an. Vielleicht war es das Gefühl, endlich frei von inneren Spannungen zu sein, das dieses blecherne, freudlose Gelächter auslöste. Als er sich beruhigt hatte, erzählte er mir, was vorgefallen war.

»Wir schlichen uns ins Dorf, wie Sie es befohlen hatten, Sir.

Crowe führte uns zu der Hütte, wo er mit dem Informanten gesprochen hatte. Sie war leer, also liefen wir zum Quartier der VCs. Ich trat mit Crowe und Lonehill ein. Die beiden anderen blieben auf dem Weg, um uns Rückendeckung zu geben. Es war dunkel im Haus, und Crowe knipste seine Taschenlampe an. Die zwei Congs schliefen in ihren Betten. Lonehill ging ins andere Zimmer, und da fing ein Mädchen zu schreien an. ›Bring sie zum Schweigen‹, befahl ich, und Lonehill schlug sie mit dem Gewehrlauf nieder.« Der Gruppenführer begann wieder zu lachen. Crowe, ein paar andere Zuhörer und ich folgten seinem Beispiel. Wie komisch. Der alte Lonehill hatte die Frau mit seinem Gewehr niedergeschlagen. »Da fuhr ein Cong in seinem Bett auf«, setzte Allen seinen Bericht fort. »Das Mädchen schreit wieder los. Crowe rennt zu ihr, ohrfeigt sie und sagt, sie soll ihren verdammten Mund halten. Dann kommt er in den Vorderraum zurück und schießt den Cong, der im Bett sitzt, mit seiner 45er an. Der Kerl wird an der Schulter getroffen, springt auf und läuft davon, gefolgt von Crowe. Der VC stolpert draußen herum und brüllt: ›Troi Oi! Troi Oi!‹« (O Gott). »Und dann erwischt ihn Crowe, und da schreit er nicht mehr. Der andere stürmt zur Tür, aber Lonehill packt ihn. ›Okay, den bringen wir hinter unsere Linie‹, sage ich, und wir machen uns schleunigst aus dem Staub. Wir waren schon am Fuß des Hügels, als das Schlitzauge plötzlich diesen Zweig in Crowes Gesicht knallt. Irgend jemand ruft: ›Der will abhauen, haltet den Mutterficker!‹ Lonehill schnappt ihn, und Crowe feuert seine Schrotflinte ab, und da war der Kerl wirklich und wahrhaftig tot.«

Wir brachen wieder in hysterisches Gelächter aus, wie Wahnsinnige.

»Okay, wo ist die Leiche«, fragte ich.

»Draußen, direkt vor dem Draht, Sir.«

Der Tote lag auf dem Bauch. Die hintere Schädeldecke war weggeschossen, das Gehirn im Licht meiner Taschenlampe eine glänzende graue Masse. Irgend jemand drehte ihn mit der Fußspitze auf den Rücken. »Oh, Verzeihung, Mr.

Charles, hoffentlich habe ich Ihnen nicht weh getan.« Und wir krümmten uns alle vor Lachen.

Ich richtete den Strahl auf das Gesicht der Leiche. Die weitgeöffneten Augen glühten wie in einem ausgestopften, einbalsamierten Kopf. Während Coffell die Lampe hielt, untersuchte ich den VC. Nicht die Verstümmelung störte mich, daran war ich mittlerweile gewöhnt, sondern sein Gesicht. Es war ein blutjunges Gesicht, und während ich in seinen Kleidern wühlte, dachte ich unentwegt: »Er war nur ein Kind, er war nur ein Kind.« Ich verstand nicht, warum mich seine Jugend so bedrückte. Alle VC-Soldaten waren jung, so wie unsere.

Ich riß ihm das blutbefleckte, wie die Brust von Schrotkugeln durchlöcherte Hemd herunter und wühlte nach Papieren. Irgend jemand witzelte: »Vorsicht, Leutnant er wird sich erkälten!« Wieder klang schallendes Gelächter auf, und ich stimmte ein, aber nicht mehr so laut wie zuvor.

In den Taschen des Jungen steckten keine Dokumente, kein Patronengurt umgab seine Taille. Nichts wies ihn als Vietcong aus. Das bereitete mir weitere Sorgen. Ich stand auf, nahm Coffell die Taschenlampe aus der Hand und richtete sie wieder auf das Gesicht des Toten. »Habt ihr bei dem anderen irgendwas gefunden?« fragte ich Allen.

»Nein, Sir.«

»Weder Dokumente noch Waffen?«

»Nichts, Sir.«

»Und in der Hütte? War da irgendein Sprengstoff?«

»Nein, Sir.«

»Keine gefälschten Papiere oder so was Ähnliches?«

»Wir haben überhaupt nichts gefunden, Sir.«

Das Gelächter war verstummt. Ich wandte mich zu Crowe. »Sind Sie ganz *sicher*, daß Le Dung auf diesen Mann hier gezeigt hat?«

»Ja, Sir«, bestätigte Crowe, aber er wich meinem Blick aus.

»Ich will noch einmal hören, warum ihr ihn erschossen habt.«

»Er schlug mir einen Zweig ins Gesicht, wie's Allen gesagt

hat.« Crowe sah mich nicht an. Statt dessen starrte er zu Boden. »Er wollte fliehen, und deshalb mußten wir ihn töten!«

Heftige Schuldgefühle schienen fast greifbar in der Luft zu hängen. Unverwandt schaute ich auf die Leiche. Und dann ergriff mich kaltes Entsetzen, als ich das Gesicht wiedererkannte, und riß mich aus hypnotischer Trance. Es kam mir so vor, als wäre ich plötzlich aus einem Alptraum erwacht. Doch ich geriet in einen neuen Alptraum. »Allen, wie ist es passiert? Der Gefangene wollte fliehen, nicht wahr?«

»Ja, soviel ich weiß, Sir.« Crowe hat ihn erschossen. Er versuchte bereits sich herauszulavieren.

»Okay. Wenn euch irgend jemand Fragen stellt, sagt ihr, beide VCs seien in euren Hinterhalt gelaufen. Und dabei bleibt ihr – alle. Sie sind in euren Hinterhalt geraten, ihr habt einen getötet und den anderen gefangengenommen. Der Gefangene unternahm einen Fluchtversuch, und deshalb mußtet ihr ihn ebenfalls erschießen. Verstanden? Ihr erzählt niemandem, daß ihr ihn aus dem Dorf geholt habt. Ist das klar?«

»Ja, Sir«, antwortete Allen.

»Schiebt ab und sagt den anderen Bescheid. Sie auch, Crowe.«

»Ja, Sir«, murmelte er und ließ wie ein unartiges Kind den Kopf hängen.

Sie gingen davon, und ich blieb noch eine Weile stehen, um die Leiche zu betrachten. Die großen, glühenden, glasigen Augen starrten mich anklagend an, die weit aufgerissenen Lippen des Jungen sprachen von seiner Unschuld und unserer Schuld. Im Dunkel, aus Verwirrung und Angst und Erschöpfung heraus, getrieben von den brutalen Instinkten, die dieser Krieg weckte, hatten die Soldaten einen Fehler begangen, einen schrecklichen Fehler – und den Falschen getötet. An meinen Händen klebte das Blut dieses unschuldigen Jungen ebenso wie an ihren. Ich hatte sie in dieses Dorf geschickt.

O Gott, was haben wir getan, fragte ich stumm, konnte an nichts anderes mehr denken. Allmächtiger, verzeih uns. Was haben wir getan?

Ich knipste die Taschenlampe aus und beauftragte Coffell,

ein paar Leute zusammenzutrommeln und ein Grab auszuheben. Denn ich wußte nicht, was ich sonst mit der Leiche von Crowes Informanten, dem Jungen namens Le Dung, anfangen sollte.

Pünktlich um acht begannen in der Nissenhütte die Schreibmaschinen zu klappern, als die Verwaltungssoldaten von der Gerichtsabteilung einen weiteren Alltag begannen und ihre Routineberichte tippten. Das rote Lämpchen an der elektrischen Kaffeemaschine glühte, und die elektrischen Ventilatoren auf den Schreibtischen wirbelten warme, stickige Luft umher. Nachdem die Bürohengste wie jede Nacht acht Stunden geschlafen und zum Frühstück gebratenen Speck mit Eiern gegessen hatten (wie jeden Morgen, es sei denn, die Messe des Divisionshauptquartiers servierte Pfannkuchen), sahen sie kerngesund und fröhlich aus. Die Arbeit schien sie zwar ein wenig zu langweilen, aber sie wirkten sehr zufrieden im Bewußtsein, daß ihnen der Job im rückwärtigen Stab etwas schenkte, was ihren Zeitgenossen in den Linienkompanien versagt blieb – eine Zukunft. Ich saß mit meinem Verteidiger, Leutnant Rader, in einer Ecke des Raums, beobachtete die Schreiberlinge und wünschte, ich wäre einer von ihnen. Wie angenehm mußte es sein, wieder eine Zukunft zu haben. Draußen wanderten zahlreiche Zeugen umher – Soldaten und vietnamesische Dorfbewohner, letztere sichtlich verwirrt angesichts des Dramas, das demnächst im Gerichtssaal stattfinden würde und in dem sie ihre Rollen spielen mußten. Einer der Verwaltungssoldaten murmelte einen Fluch, als der Ventilator Papiere von seinem Schreibtisch fegte. Die künstliche Bö blies hinter ihm an die Wand und raschelte in den Blättern seines »Kurzarbeiter«-Kalenders. Eine pornographische Zeichnung zierte die oberste Seite, darunter stand das Wort »Juni«, flankiert von den Ziffern »1966«. Alle Daten waren durchgestrichen bis auf das heutige, den 30., den Tag, an dem der Gefreite Crowe vor dem Kriegsgericht erscheinen mußte, in zwei Fällen des vorsätzlichen Mordes angeklagt.

Ich sollte als Zeuge des Anklägers auftreten, was absurd war, da mir am nächsten Morgen derselbe Ankläger wegen der gleichen Vergehen den Prozeß machen würde. Ebenso absurd war die Tatsache, daß man uns überhaupt angeklagt hatte. Man hatte uns gelehrt zu töten und uns befohlen zu töten, und nun stellte man uns vor ein Kriegsgericht, weil wir getötet hatten.

Auf Raders Schreibtisch lag ein gebundener Papierstoß, so dick wie ein kleinstädtisches Telefonbuch. »Bericht des Untersuchungsoffiziers«, lautete der Titel. Das umfangreiche Werk war das Ergebnis der fünfmonatigen Arbeit verschiedener Militäranwälte, und die beiden ersten Abschnitte – DD 457 und DD 458 – enthielten die Anklagen gegen mich: »... daß Leutnant Philip J. Caputo den Bürger der Republik Vietnam Le Dung ... vorsätzlich ermordet hat ...« Die dritte Anklage bezog sich auf meinen panischen Versuch, abzustreiten, daß ich die Morde hatte vertuschen wollen: »Leutnant Caputo legte unter Eid ein falsches Zeugnis ab, indem er erklärte: ›Ich habe ihnen nicht befohlen, bei ihren Behauptungen zu bleiben.‹ Von diesen Behauptungen wußte er schon zum fraglichen Zeitpunkt, daß sie nicht der Wahrheit entsprechen.«

Es gab noch eine Menge anderer Papiere – Aussagen von Zeugen, Protokolle von Verhören, und so weiter. Aber ein Abschnitt auf DD 457 war auffällig leer. Dieser Abschnitt trug die Überschrift: ERKLÄRENDE ODER MILDERNDE UMSTÄNDE. Zu Beginn der Ermittlungen hatte ich mich gefragt, warum der Untersuchungsoffizier keine erklärenden oder mildernden Umstände angab. Später, nachdem ich Zeit zum Nachdenken gefunden hatte, zog ich meine Schlüsse: Der erklärende oder mildernde Umstand war der Krieg. Die Morde waren im Krieg geschehen – in einem Krieg, dessen einziger Zweck darin bestand, Vietcongs zu töten, in dem jene, die diesen Befehl erteilten, einen Vietcong nicht von einem Zivilisten unterscheiden konnten, in dem innerhalb der »Freifeuerzonen« tagtäglich Zivilisten niedergestreckt wurden, von viel schrecklicheren Waffen als Pistolen oder Schrotflinten. Le Dungs und Le Dus Tod konnte nicht vom Wesen und den Methoden dieses Kriegs getrennt werden, er war ein unvermeidliches Produkt. Wie ich inzwischen erkannt hatte, war es Amerika unmöglich gewesen, sich in den Krieg eines Volkes einzumischen, ohne einzelne Angehörige dieses Volkes zu töten. Aber diese Punkte als erklärende oder mildernde Umstände heranzuziehen – das würde eine Menge zweideutiger moralischer Fragen aufwerfen – sogar die Frage nach der moralischen Berechtigung der amerikanischen Intervention in Vietnam. Wie ein Offizier bemerkte: »Das würde eine gewaltige Büchse voller Würmer öffnen.«

Deshalb wurden die fünf Patrouillengänger und ich wie gewöhnliche Verbrecher behandelt, genauso, als hätten wir in Friedenszeiten bei einem Banküberfall zwei Menschen umgebracht. Wurden wir für schuldig befunden, blieb das institutionelle Gewissen des Marinecorps sauber. Sechs Kriminelle, die natürlich keineswegs die Mehrheit der tapfer kämpfenden Söhne von Amerika repräsentierten, würden ihre gerechte Strafe erhalten, und damit wäre der Fall abgeschlossen. Wurden wir für unschuldig erklärt, konnte das Marinecorps behaupten: »Die Gerechtigkeit nahm ihren Lauf. In einem Kriegsgerichtsprozeß, gemäß den Fakten und vorliegenden Beweisen durchgeführt, ergab sich kein Tatbestand, der auf ein Verbrechen hingewiesen hätte.« Auch damit wäre der Fall abgeschlossen. So oder so, das Militär würde gewinnen.

»Ich habe draußen mit Ihrem alten Kapitän gesprochen«, sagte Rader. »Er meinte, Sie seien ziemlich nervös.«

»Wie zum Teufel soll ich mich denn fühlen? Vielleicht breche ich morgen abend schon nach Portsmouth auf, um für immer dort zu bleiben.« Portsmouth, das US-Marinegefängnis, verbindet angeblich die schlimmsten Aspekte eines Marinecorps-Ausbildungslagers und eines mittelalterlichen Verlieses. Trotzdem war eine lebenslängliche Haft noch besser als die Alternative – ein Exekutionskommando. Die Möglichkeit hatte bis vor wenigen Wochen wie ein Damoklesschwert über unseren Köpfen geschwebt. Dann war man zu dem Schluß gelangt, wir seien keine Kapitalverbrecher. Also würde man uns im Falle eines Schuldspruchs nicht erschießen. Immerhin etwas.

»So dürfen Sie nicht denken«, erwiderte Rader. »Ich bin recht zuversichtlich. Wenn Sie verurteilt werden, gehen wir in die Berufung – bis hinauf zum Präsidenten, wenn es sein muß.«

»Wundervoll! Und in der Zwischenzeit trommeln die Gefängniswärter mit ihren Knüppeln auf meinem Kopf herum. O Mann, haben Sie gehört, wie es dort zugeht? Können Sie sich vorstellen, was die mit einem eingelochten Offizier machen werden?«

»Seien Sie nicht so verbittert. Sie müssen heute einen guten Eindruck im Zeugenstand machen. Ich versichere Ihnen, ich bewundere Sie, weil Sie sich bisher unter diesem ganzen Streß so großartig gehalten haben, und Sie dürfen sich jetzt nicht alles verderben. Wirklich, an Ihrer Stelle wäre ich längst zusammengebrochen.«

»Okay, ich werde schon nicht durchdrehen, Jim. Nie wieder tu' ich das. Ich bin einmal zusammengebrochen, und das war das erste und letzte Mal.«

»Zum Teufel, wann ist das passiert?«

»In der Nacht, wo ich die Jungs in das Dorf schickte. Da schnappte ich einfach über. Ich ertrug das alles nicht mehr, war furchtbar frustiert und verängstigt. Wäre ich nicht zusammengebrochen, hätte ich die Jungs niemals losgeschickt.«

»Ach, das meinen Sie ... Darüber haben wir doch schon ein dutzendmal gesprochen. Machen wir kein Drama draus, okay? So sieht die Welt nun mal aus, das haben wir immer wieder durchgekaut. Sie gaben Ihren Leuten den Befehl, diese Vietnamesen gefangenzunehmen und – falls nötig – zu töten, aber nicht, einen Meuchelmord zu begehen. Das werden Sie im Zeugenstand sagen – weil es die Wahrheit ist.«

Über diesen Punkt hatten wir schon mehrmals diskutiert – seit dem Tag, wo man Rader zu meinem Verteidiger bestimmt hatte. Das war im Februar gewesen, nachdem mehrere Bewohner von Giao-Tri eine Klage bei ihrem Bürgermeister vorgebracht hatten. Dieser ging zum Bezirksleiter, einem

Oberst von der vietnamesischen Armee, der die Angelegenheit den amerikanischen Militärbehörden in Danang übergab. Zwei junge Männer aus Giao-Tri, beide Zivilisten, waren von einer Marinecorps-Patrouille umgebracht worden. Die Ermittlungen nahmen ihren Lauf. Inzwischen errichtete das Bataillon neue permanente Stellungen vor der alten Front. Der Vietcong protestierte gegen diesen Vorstoß in sein Terrain mit Landminen, Infiltratoren, Granatwerfern und Heckenschützen. Mein Zug verlor weitere Männer, einschließlich Jones, der von einer Sprengfalle schwer verletzt wurde. Die beiden anderen Züge erlitten zusammen etwa sechzehn Verluste, und die C-Kompanie war so geschwächt, daß Neal die angeschlossenen Granatwerfertrupps zu Schützen umfunktionierte und die 80er unbemannt ließ.

In dieser deprimierenden Atmosphäre konstanter Verluste wurden die fünf Soldaten und ich ins Bataillonshauptquartier beordert und über den »Zwischenfall in Giao-Tri« befragt.

Ein Großteil dieses langwierigen, komplizierten Verhörs ist meinem Gedächtnis entfallen. Um so lebhafter erinnerte ich mich an das lähmende Entsetzen, das mich befiel, als der Untersuchungsoffizier erklärte, ich stünde unter Mordverdacht. *Mord.* Das Wort explodierte wie eine Granate in meinen Ohren. *Mord.* Die beiden seien VCs gewesen, versicherte ich dem temperamentvollen Oberst, einem Anwalt aus der Rechtsabteilung der Division. Zumindest einer ... Nein, entgegnete er. Offenbar hatten sie nicht zum Vietcong gehört, das war vom Polizeichef und vom Bürgermeister bestätigt worden. *Mord.* Ich wußte, daß wir ein Unrecht begangen hatten, doch der Gedanke an Mord war mir nie zuvor gekommen. Verwirrt und angstvoll beantwortete ich die Fragen des Obersten, so gut ich es vermochte. Aber als er wissen wollte: »Haben Sie Ihren Leuten eingeschärft, bei Ihren Aussagen zu bleiben?« stieß ich hervor: »Nein!«

Begleitet von seinem Protokollführer (einem Gefreiten, der meine Äußerungen auf Band aufgenommen hatte), verließ mich der Oberst wenig später, mit all seinen Papieren, Präjudizienbüchern und Geräten, den Paraphernalien der geordneten Welt im Divisionshauptquartier, der Welt der Gesetze, die so leicht zu befolgen sind, wenn man gut ißt, lange genug schläft und nicht der täglichen Bedrohung des Todes ins Auge blicken muß.

Nach dem Verhör war ich am Boden zerstört und glaubte, ich würde mitten entzweibrechen. Nicht nur die Aussicht auf einen Mordprozeß quälte mich, sondern mein Schuldgefühl. Ich lag in einem Zelt des Hauptquartiers und sah wieder die Augen des Jungen vor mir, die Anklage im leblosen Blick. Vielleicht hatten wir gemordet, ohne es zu wissen, so wie McKenna. Vielleicht hatte der Krieg etwas Böses in uns geweckt, eine dunkle, gefährliche Macht, die es uns ermöglichte zu töten, ohne etwas zu empfinden. Nun, in meinem Fall konnte ich auf das Wort »vielleicht« verzichten. An jenem Abend war etwas Böses in mir gewesen. Ich hatte die Gefangennahme der zwei Männer befohlen und notfalls ihre Erschießung, das stimmte. Aber es entsprach ebenso der Wahrheit, daß ich den Tod der beiden gewünscht hatte. Mordlust erfüllte mein Herz. Und durch einen Unterton in meiner Stimme, einer Geste, den Nachdruck auf dem Zusatz, die Patrouille solle die VCs notfalls töten, übermittelte ich ihr meine geheimen Wünsche. In meiner Agressivität hatten sie ein Ventil gesehen, um ihre eigenen brutalen Impulse zu befriedigen.

Während ich nun im Zelt des Hauptquartiers lag, erinnerte ich mich an die Euphorie, die wir danach verspürt hatten, an unser Gelächter, an das plötzliche Erwachen unserer Schuldgefühle. Trotzdem sah ich keinen vorsätzlichen Mord in unserer Tat. Sie war nicht in einem Vakuum verübt worden, sondern ein unmittelbares Resultat des Kriegs und all des Leids, das er uns zugefügt hatte.

An irgendeinem Punkt dieser Selbstanalyse wurde mir bewußt, daß ich den Untersuchungsoffizier belogen hatte. Ich ging ins Adjutantenzelt, rief den Oberst an und erklärte, ich wolle meine Aussage revidieren und mein Recht auf einen Verteidiger in Anspruch nehmen. Bald darauf kehrte er mit Rader, einem hochgewachsenen Rotschopf von Ende Zwanzig, ins Bataillonshauptquartier zurück.

»Sir«, begann ich, »es geht um den Teil meiner Aussage, wo ich sagte, ich hätte die Leute nicht veranlaßt, bei ihren Behauptungen zu bleiben. Nun, das ist unwahr. Ich möchte, daß das geändert wird.«

Schulterzuckend erwiderte er, die Aussage sei unter Eid gemacht worden, und deshalb dürfe man laut Gesetz nichts streichen und auch nichts hinzufügen. Falls ich etwas anderes äußern wollte, schön und gut, aber die ursprünglichen Erklärungen würden im Protokoll bleiben. Der Oberst lächelte, sichtlich zufrieden mit sich selbst und der unerschütterlichen Logik seiner kostbaren Rechtswissenschaft. Nun konnte er noch eine weitere Anklage gegen mich vorbringen.

Ich machte eine neue Aussage, und danach führten Rader und ich das erste unserer vielen lange Gespräche. Er bat mich, genau zu schildern, was in jener Nacht geschehen war.

»Gut«, sagte ich, »aber lesen Sie vorher bitte, was ich geschrieben habe. Damit vertrieb ich mir die Zeit, als ich auf Sie und den Oberst warten mußte.« Ich überreichte ihm einen schwülstigen Bericht über die Zustände an der Front. Der Essay hatte in etwa folgenden Inhalt: In einem Guerillakrieg verwischen sich die Grenzen zwischen dem legitimen und dem illegitimen Töten. Die Praxis der Freifeuerzonen, wo ein Soldat auf alle menschlichen Ziele schießen darf, mögen sie bewaffnet oder unbewaffnet sein, und die Leichenzählungen verwirren die Moralbegriffe der Frontsoldaten zusätzlich. Was mich betrifft, so befand ich mich tatsächlich in großer Erregung, und meine Fähigkeit, die richtigen Entscheidungen zu treffen, war beeinträchtigt, aber ich hatte bereits elf Monate in Vietnam verbracht...

Rader zerknüllte meine literarischen Ergüsse. »Das ist alles irrelevant, Phil.«

»Warum? Mir erscheint es sehr relevant.«

»Vor dem Kriegsgericht können wir damit nichts anfangen.«

»Aber warum nicht? Wir haben diese Jungs nicht in Los Angeles abgeknallt.«

Rader antwortete mit einer Lektion über die Realität des

Lebens. Ich entsinne mich seiner Ausführungen nicht mehr so genau. Jedenfalls war er der erste, der mich darauf hinwies, daß der Krieg nicht als Erklärung für diese Erschießungen verwendet werden dürfe, weil das zu viele peinliche Fragen aufwerfen würde. Man würde uns in der Tat genauso anklagen, als hätten wir die beiden Männer auf den Straßen von Los Angeles getötet. Bei der Behandlung dieses Falls würde man sich strikt an die Fakten halten – wer sagte was zu wem, was wurde getan, wer tat es. Ein Kriminalroman. Und deshalb interessiere er sich nur für die Fakten, betonte Rader, nicht für meine Philosophie. »Haben Sie Ihren Männern befohlen, die beiden Vietnamesen zu ermorden?«

»Nein.«

»Sagten Sie, die Patrouille solle die Männer gefangennehmen oder zuerst schießen und später Fragen stellen?«

»Sie sollten die beiden gefangennehmen und notfalls töten. Aber ich muß den Leuten irgendwie den Eindruck vermittelt haben, es würde mich nicht stören, wenn sie die beiden einfach umbrächten. Jim, ich war nicht ganz richtig im Kopf...«

»Versuchen Sie's nicht mit vorübergehender Unzurechnungsfähigkeit – das ist die juristische Definition für so etwas, und solange sie keine Wände mit Ihrem Schädel einrennen, wird sie nicht auf Ihre Person passen.«

»Ich behaupte nicht, daß ich verrückt war – aber völlig fertig und verängstigt. Zum Teufel, das gebe ich zu, ich fürchtete, eine dieser verdammten Minen könnte mich erwischen, wenn ich nichts unternehmen würde. Sie haben ja keine Ahnung, wie es da draußen zugeht. Nie weiß man, ob man in der nächsten Minute in Stücke gerissen wird oder nicht.«

»Hören Sie, ein Kriegsgericht pflegt sich nicht mit den Gegebenheiten an der Front zu befassen. Damit müssen Sie sich abfinden. Das hier ist kein Roman, also verzichten Sie auf die Dramatik. Hätten sich diese Dorfbewohner nicht beklagt, wäre nichts passiert. Aber sie taten es, und das löste die Untersuchung aus. Jetzt läuft die Maschinerie und wird erst stillstehen, bis sie alle Phasen absolviert hat. Also – war sonst noch jemand dabei, als Sie der Patrouille Ihre Anweisungen gaben?«

»Ja, Feldwebel Coffell und der Zugfeldwebel.«

»Mit anderen Worten, es gibt zwei Zeugen, die bestätigen können, daß Sie den Leuten auftrugen, die Vietnamesen gefangenzunehmen und notfalls zu töten? Stimmt das?«

»Ja, das haben die beiden gehört. Und das sagte ich tatsächlich, aber ich weiß nicht, ob ich es auch so meinte. Ich hatte dieses Gefühl in jener Nacht – diesen Drang zur Gewalttätigkeit...«

»Gefühle sind unzulässiges Beweismaterial. Um Ihre Psyche kümmere ich mich nicht. Es kommt nur darauf an, ob Sie ihren Leuten befohlen haben, einen Mord zu begehen.«

»Verdammt, Jim, wir kommen immer wieder auf den Krieg zurück. Würde dieser Krieg nicht stattfinden, hätte ich die Jungs niemals ins Dorf geschickt, und sie hätten niemals getan, was sie taten. Das ist ein ganz gemeiner Krieg, und ein Teil dieser Gemeinheit färbt mit der Zeit auf die Frontsoldaten ab.«

»Würden Sie dieses Thema bitte fallenlassen? Wenn Sie einen Mord befohlen haben, dann sagen Sie's mir – jetzt. Sie können sich schuldig bekennen, und ich werde versuchen, eine milde Strafe zu erwirken – sagen wir, zehn bis zwanzig Jahre Portsmouth.«

»Eins muß ich Ihnen klarmachen – es wäre schrecklich für mich, wenn ich glimpflich davonkäme und die Jungs dran glauben müßten.«

»Bekennen Sie sich des Mordes schuldig?«

»Nein.«

»Warum nicht?«

»Weil es kein Mord war. Was auch immer – ein Mord war es nicht. Und wenn es doch einer war, dann wurde die Hälfte der in diesem Krieg getöteten Vietnamesen ermordet.«

»Nein. Sie bekennen sich des Mordes im Sinne der Anklage nicht schuldig, weil Sie unschuldig sind. Sie haben keine Meuchelei befohlen.«

»Okay. Ich bin unschuldig.«

»Nun können wir von folgendem Ausgehen: Sie beauftragten eine Patrouille, zwei VC-Verdächtige festzunehmen und nur im Notfall zu töten. Das ist im Krieg eine legale Order. Zwei Unteroffiziere werden Ihre Aussage in diesem Fall bestätigen, nicht wahr?«

»Sie sind der Boß. Was immer Sie sagen, solange Sie mich aus diesem Schlamassel rausholen...«

»Hier gibt's keinen ›Boß‹. Lassen Sie diesen Unsinn... Sind das also Fakten oder nicht?«

»Ja, das sind Fakten.«

Und so lernte ich die breite Kluft kennen, die Fakten von der Wahrheit trennt. Während der nächsten fünf Monate führten Rader und ich ein Dutzend ähnlicher Gespräche, die als »Vorbereitung des Beweismaterials« bezeichnet wurden. Bei jedem Zusammentreffen wuchs meine Hochachtung vor Raders juristischen Fähigkeiten. Er behandelte meinen Fall mit der hartgesottenen Pragmatik eines Bataillonskommandanten, der einen Hügel in Feindeshand anzugreifen plant. Nach einiger Zeit konnte er mir beinahe einreden, in der Mordnacht habe ein geistig glasklarer Leutnant Philip Caputo einen eindeutigen, legitimen Befehl erteilt, der von den Männern unter seinem Kommando ganz offenkundig mißachtet worden sei. Das Beweismaterial, das bei unseren sokratischen Dialogen zustande kam, faszinierte mich. Rader notierte alles auf gelbem Kanzleipapier, und ich beobachtete, daß kein einziges Wort ein Meineid wäre. Ich las klassifizierende Phrasen wie »nach meinem besten Wissen«, »wenn ich mich recht entsinne« oder »sinngemäß ausgedrückt« – aber es stand keine einzige Lüge darin. Trotzdem war es nicht die Wahrheit. Im Gegensatz dazu hatten die Anwälte meiner Leute diesen eingetrichtert, sie seien gute, gottesfürchtige Soldaten, die wie alle guten Soldaten ihre Befehle ausgeführt hätten – die Befehle eines bösartigen Mörders. Auch das war weder Lüge noch Wahrheit. Inzwischen hatte die Anklage Fakten zusammengetragen, um ihre Behauptung zu stützen, fünf kriminelle Soldaten hätten die unrechtmäßige Order ihres kriminellen Zugführers befolgt und kaltblütig zwei Zivilisten ermordet, um sie als VCs hinzustellen und die vom Kapitän für jeden toten Feind versprochene Belohnung einzuheimsen – eine verwerfliche Taktik und keineswegs im Einklang mit den Traditionen des US-Marinecorps. Das stimmte, war aber andererseits gelogen. Nichts von all diesen Beweisen und »Fakten« entsprach der wirklichen Wahrheit. Diese war eine Synthese aller drei Blickwinkel: Der Krieg im allgemeinen und die US-Militärpolitik im besonderen trugen letztlich die Schuld am Tod von Le Du und Le Dung. Das war die reine Wahrheit, eine Wahrheit, die das Kriegsgericht verschleiern mußte.

Trotzdem hoffte ich auf einen Freispruch. Während der Ermittlungen versicherten mir mehrere Offiziere: »Was Ihnen passiert ist, hätte in diesem Krieg jedem passieren können.« In ihren Augen war ich ein Opfer der Umstände, ein guter, zu Unrecht angeklagter Offizier. Während meiner Dienstzeit war ich überdurchschnittlich gut beurteilt worden, und nach außen hin wirkte ich völlig normal. Die anderen Offiziere sahen in mir einen Spiegel ihrer selbst. Ich gehörte zu ihnen.

Und meine Patrouille bestand aus lauter guten Soldaten. Ihre Dienstpapiere wiesen keinen einzigen Makel auf, nicht einmal eine Verwarnung wegen unerlaubter Entfernung von der Truppe. Vier von den fünf waren im Kampf ehrenvoll verwundet worden, zwei – Allen und Crowe – Familienväter. Trotzdem hatte man sie paradoxerweise des Mordes angeklagt. Falls sich die Anklage durchsetzte, würde sich erweisen, daß niemand gegen die unmoralischen Bakterien immun war, die sich während eines Kriegs so stark vermehrten. Wenn normale Männer wie wir solche grausamen Wesenszüge besaßen, dann mußte das Böse logischerweise auch in anderen existieren, und jeder mußte der Tatsache ins Auge blicken, daß auch er ein potentieller Mörder war. Aber das wollte niemand wahrhaben. Niemand wollte mit seinem Dämon konfrontiert werden.

Ein Freispruch würde das Dilemma beseitigen und beweisen, daß kein Verbrechen begangen worden war. Er würde bestätigen, was die anderen glauben wollten, daß wir tugendhafte junge Amerikaner waren, unfähig zu tun, was man uns vorgeworfen hatte. Und wenn wir dessen unfähig waren, mußten es die anderen auch sein, und genau das wollten sie alle glauben.

Es war neun Uhr. Die Zeugen strömten in die benachbarte Hütte, wo der Kriegsgerichtsprozeß stattfinden sollte. In dem Raum, wo ich mit Rader saß, fuhren die Verwaltungssoldaten fort, auf ihre Schreibmaschinen einzuhämmern. Mein Anwalt besprach mit mir noch einmal meine Aussage und schärfte mir ein, wie ich mich im Zeugenstand verhalten solle. Ich müsse mit fester, aber nicht scharfer Stimme sprechen, die sechs Offiziere, meine Richter, ansehen, wenn ich ihre Fragen beantwortete, ernst und zuvorkommend erscheinen.

Irgendwann am späten Nachmittag wurde ich aufgerufen. Crowe saß auf der Anklagebank und sah merkwürdig klein aus. Wie ich gestehen muß, erinnere ich mich an kein einziges Wort meiner Aussage. Ich weiß nur, daß ich sehr lange im Zeugenstand saß, ins direkte und ins Kreuzverhör genommen wurde, das sechsköpfige Gericht weisungsgemäß anschaute und wie ein Papagei die Worte herunterleierte, die ich hundertmal geprobt hatte. Ich muß einen Eindruck gemacht haben wie Hack Armstrong, der typisch amerikanische Junge. In einer Pause hörte ich, wie der Ankläger meinem Verteidiger gratulierte. »Ihr Klient hat sich heute im Zeugenstand sehr gut gehalten, Mr. Rader.« Das freute mich. Anscheinend war ich doch noch zu etwas nütze. Immerhin gab ich einen guten Zeugen ab.

Der Prozeß schleppte sich dahin. Während ich in meinem Zelt auf das Urteil wartete, fühlte ich mich wie in einem Schwebezustand, weder frei noch gefangen. Immer wieder dachte ich an die Folgen, die einen Schuldspruch nach sich ziehen würde – ich müßte den Rest meines Lebens im Gefängnis verbringen. Alles Gute, was ich in meinem Leben getan hatte, wäre bedeutungslos. Ich würde nicht mehr zählen.

Ich betrachtete mich bereits als Kriegsopfer, als moralisches

Opfer, und wie alle Schwerverletzten fühlte ich mich von allem losgelöst, wie ein Mann, der ein Bein oder einen Arm verloren hat, der weiß, daß er nie mehr kämpfen wird und sich deshalb nicht mehr für den Krieg interessiert, der ihn verwundet hat. Er braucht alle seine physischen Energien, um den Schmerz zu überwinden und seine körperlichen Schäden zu reparieren. Genauso setzte ich alle meine emotionalen Ressourcen ein, um mein seelisches Gleichgewicht zu wahren. Während einer fünfmonatigen Tortur war ich nie zusammengebrochen. Das sollte auch jetzt nicht geschehen. Was immer sie mir antun mochten, sie würden mich nicht um den Verstand bringen. Alle meine inneren Reserven rüsteten sich für diesen Gefühlskampf, für das geistige Überleben. Für andere Schlachten besaß ich keine Kräfte. Der Krieg kümmerte mich einfach nicht mehr. Ich hatte einen persönlichen Waffenstillstand mit dem Vietcong geschlossen und nur noch einen einzigen Wunsch – ich wollte eine Chance haben, so zu leben, wie es mir vorschwebte. Nichts entzweite mich mit dem VC. Es war nicht der VC, der mich meiner Freiheit berauben wollte, sondern die US-Regierung, in deren Dienste ich mich gestellt hatte. Nun, damit war ich fertig. Ich wollte nichts mehr wissen von Regierungen und ihren abstrakten Beweggründen, und ich würde nie wieder in den Bann eines politischen Hexenmeisters wie John F. Kennedy geraten. Jetzt kam es mir nur noch auf eines an – ich mußte dieses verrückte Dilemma einigermaßen würdevoll überstehen, durchhalten und hinnehmen, was immer mir beschieden war. Allein das Durchhalten erschien mir wie eine Art Strafe, eine unzureichende natürlich, aber ich empfand das Bedürfnis, in irgendeiner Weise für den Tod zweier Menschen zu büßen, den ich verursacht hatte.

Während ich in meinem Zelt lag, dachte ich an den südvietnamesischen Aufstand, der vor drei Monaten begonnen und erst im Mai geendet hatte. Wie meine eigene Situation führte er mir die Sinnlosigkeit dieses Kriegs deutlich vor Augen. Die Tragikomödie begann, als General Thi, Kommandeur des I. Corps, vom Saigoner Regierungschef, Nguyen Cao Ky, arretiert wurde. Ky verdächtigte ihn eines Komplotts. This ARVN-Divisionen im I. Corps versammelten sich, um ihm beizustehen. In Danang, wo This Hauptquartier lag, fanden Demonstrationen und Tumulte statt. Das veranlaßte Ky zu der Behauptung, Danang sei in den Händen kommunistischer Rebellen, und bewog ihn, seine Divisionen in die Stadt zu schicken, »um sie vom Vietcong zu befreien«. Bald danach kämpften südvietnamesische Soldaten in Straßenschlachten gegen andere südvietnamesische Soldaten, während die beiden edlen Kriegsherren um die Macht rangen.

Und während die Südvietnamesen ihre interne Fehde ausfochten, blieb es uns überlassen, den Vietcong zu bekämpfen. Im April, als der Aufstand in vollem Gange war, erlitt Eins–Drei schwere Verluste bei einer Operation im Vu-Gia-Tal. Wegen der Ermittlungen war ich vom Bataillon ins Regimentshauptquartier versetzt und zum zweiten Adjutanten des Operationsoffiziers ernannt worden. Dadurch konnte ich die inkompetente Arbeit des Stabs beobachten, derzufolge sich die Operation zu einer mittleren Katastrophe entwickelt hatte. Ein Teil des Bataillons wurde sinnlos in eine Falle geschickt, eine Kompanie verlor hundert von ihren hundertachtzig Mann. Auch vietnamesische Zivilisten kamen ums Leben. Aus einem Dutzend bombardierter Dörfer sah ich Rauch aufsteigen, während unsere Artillerie die feindlichen Stellungen in den Bergen bestrich und unsere Jagdflieger durch den Rauch rasten, um weitere Bomben abzuwerfen. Und ich sah auch unsere Opfer im Divisionlazarett. Kapitän Greer, der Nachrichtenoffizier, und ich wurden vom Feld dorthin geschickt, um mit den Überlebenden zu sprechen und herauszufinden, was schiefgelaufen war. Das wußten wir bereits – der Stab hatte versagt. Doch wir spielten trotzdem in der Farce mit. Ich erinnere mich noch sehr gut an die stöhnenden Verletzten, an die schmutzverkrusteten Bandagen, an die Feldbetten, die man eng aneinandergeschoben hatte, um Platz für weitere Verwundete zu schaffen, an den Geruch des Bluts, die verblüfften Gesichter, einen jungen Zugführer, eingewickelt wie eine Mumie, mit Plastikschläuchen in den Nieren.

Ein achtzehnjähriger Soldat, im Granatfeuer erblindet, tastete sich, einen Verband um die Augen, zwischen den Betten hindurch und rief: »Ich finde meine Koje nicht! Kann mir jemand helfen, meine Koje zu finden?«

Inzwischen setzten This und Kys Armeen ihre Kabbelei in Danang fort. Nachdem ich ins Divisionshauptquartier versetzt worden war, führte ich an einem Maimorgen einen Schützenkonvoi in die Stadt. Die Leute gehörten zu einem Sonderkommando, das die amerikanischen Institutionen in der Stadt schützen sollte – nicht vor dem VC, sondern vor den rebellischen südvietnamesischen Truppen. Am Nachmittag kehrte ich ins Hauptquartier zurück. Der Kommandostand der Division lag auf dem Hill 327, der uns während des gigantischen Spektakels einen Tribünenplatz bot. Wenn wir nach Westen schauten, sahen wir die Marineinfanteristen gegen den VC kämpfen und im Osten die südvietnamesische Armee gegen sich selbst. Am frühen Abend flogen Leuchtspurgeschosse über die Stadt hinweg. Und dann beobachtete ich ungläubig einen ARVN-Bomber, der einen ARVN-Lastwagenkonvoi bestrich. Es war unfaßbar – ein Symbol für den Wahnsinn des Krieges. Eine Rakete des Flugzeugs kam weit von ihrem Ziel ab, explodierte in der Nähe einer amerikanischen Einheit und verletzte drei Soldaten. Der Propeller-Skyraider schoß wieder herab und feuerte weitere Raketen und Bomben auf den mit südvietnamesischen Soldaten vollgepackten Konvoi. Da wußte ich, daß wir den Krieg nicht gewinnen konnten – nicht, solange Südvietnam von einer solchen Regierung und einem solchen Heer beherrscht wurde. Es wäre Wahnsinn, den Krieg fortzusetzen – schlimmer noch, ein Verbrechen, ein Massenmord von allergrößtem Ausmaß.

Am 25. Mai wurde der Aufstand beendet. General Walt sandte eine Botschaft an alle Marineinfanterieeinheiten im I. Corps. Er erklärte, die »Rebellion« wäre unterdrückt, und wir dürften uns nun auf eine »Ära der guten Beziehungen mit unseren südvietnamesischen Waffenkameraden freuen«.

Die Botschaft schockierte mich. Sogar Walt, mein alter

Held, war blind für die Wahrheit. Der sinnlose Krieg sollte fortgesetzt werden.

Ein paar Tage später nahm meine Antikriegsgesinnung aktive Formen an. Der Kommandeur des Divisionshauptquartiers befahl mir, an einer Parade zu Ehren eines Würdenträgers teilzunehmen, der uns besuchen würde. Ich weigerte mich, worauf er konstatierte, ich könne mich seinem Befehl nicht widersetzen. Da entgegnete ich, o ja, das könne und wolle ich, dieser ganze Krieg sei verrückt und kriminell, und ich würde keinesfalls an irgendeiner idiotischen Fahnenschwenkerei teilnehmen. Der Kommandant meinte, ich sei nicht in der Position, um solche Erklärungen abzugeben. Doch, das sei ich, man werfe mir bereits das schlimmste aller Verbrechen vor. Eine weitere Anklage mache keinen Unterschied für mich. Er könne doch jemand anderen zu den Klängen der Sousa-Märsche herumstolzieren lassen. Zu meiner großen Überraschung gab er sich geschlagen.

Danach versuchte ich das Verwaltungspersonal des Hauptquartiers zu bekehren. Es sei unmöglich, den Krieg zu gewinnen, sagte ich, und er würde nur für eine Bande korrupter Politiker in Saigon ausgefochten. Jedes in diesen Kämpfen verlorene amerikanische Leben sei reine Vergeudung. Die Vereinigten Staaten müßten sich jetzt aus dem Krieg zurückziehen, ehe weitere Männer starben. Die Bürokraten, die noch nie einen wütend abgefeuerten Schuß gehört hatten, starrten mich fassungslos und unerschütterlich in ihrem Patriotismus an. Man schrieb das Jahr 1966, und meine Worte grenzten an Hochverrat.

»Sir«, entgegnete ein Gefreiter, »wenn wir uns jetzt zurückziehen, wären alle unsere bisherigen Bemühungen vergeblich gewesen.«

»Mit anderen Worten – da wir bereits viele tausend Menschenleben verschwendet haben, sollten wir noch ein paar tausend mehr verschwenden«, sagte ich. »Wenn Sie wirklich an diesen Unsinn von den ›vergeblichen Bemühungen‹ glauben, sollten Sie sich freiwillig zu einer Schützenkompanie melden und sich umbringen lassen, weil Sie's verdient hätten.«

Am frühen Abend kam Rader ins Zelt. »Phil, das Urteil über Crowe wurde schon gesprochen. Nicht schuldig in allen Punkten der Anklage.«

Ich setzte mich auf, zündete mir eine Zigarette an und wußte nicht, was ich denken sollte. »Das freut mich für ihn. Er hat eine Frau und Kinder. Aber wie sieht es jetzt für uns aus?«

»Ich glaube, ganz gut. Versuchen Sie sich bis morgen früh zu entspannen. Um neun sind Sie dran.«

Seltsamerweise schlief ich in dieser Nacht tief und fest. Vielleicht lag das an meinem Fatalismus. Ich hatte mir gesagt, es würde nichts nützen, wenn ich mir Sorgen machte. Was immer geschehen mochte, ich konnte nichts daran ändern. Am nächsten Morgen frühstückte ich üppig und brachte ein paar Scherze über meine »Henkersmahlzeit« zustande. Lange vor meinem Termin ging ich zu der Nissenhütte – und fühlte mich so wie vor einem Kampf – entschlossen und gleichzeitig resigniert. Etwa eine Stunde wartete ich in der Hütte und beobachtete, wie dieselben Verwaltungssoldaten an denselben Tischen die ewig gleichen Berichte tippten. Das rote Lämpchen an der Kaffeemaschine glühte, die Ventilatoren surrten und bewegten die Blätter des Kalenders, der nun das Julibild zeigte. Dieselben Zeugen wie zuvor schlenderten draußen umher. Auch Kapitän Neal war erschienen. Er sah müde und alt aus. Ich verließ die Hütte und bot ihm eine Zigarette an. Während er rauchte, blickte er zu Boden, schüttelte den Kopf und sagte leise: »Wir haben die halbe Kompanie verloren. Hoffentlich weiß der Stab, was das heißt. Die halbe Kompanie...«

Um Viertel vor neun rief mich Rader zu sich. »Es sieht also folgendermaßen aus: Der General will die Anklage gegen Sie alle fallenlassen, weil Crowe freigesprochen wurde. Was Ihren Fall betrifft, so müßten Sie sich im Sinne des dritten Anklagepunktes schuldig bekennen und ein Verwarnungsschreiben des Generals akzeptieren. Was werden Sie tun?«

»Sie meinen, wenn ich mich im Sinne der Anklage drei schuldig bekenne, findet kein Krieggerichtsprozeß statt?«

»Nur wenn Sie einen wünschen.«

»Natürlich nicht. Okay, ich bin schuldig.«

»Wunderbar!« rief Rader entzückt. »Warten Sie hier. Ich gebe dem Gericht Bescheid und komme dann gleich wieder zu Ihnen.«

Nervös ging ich fünfzehn bis zwanzig Minuten auf und ab. Offenbar hatten mich meine Instinkte nicht getrogen – die Bonzen wollten sich diesen Fall ebenso gern von ihren Hälsen schaffen wie ich von meinem. Wilde Gedanken schossen mir durch den Kopf. Irgendwie wollte ich Le Dus und Le Dungs Familien entschädigen. Nach dem Ende des Krieges würde ich nach Giao-Tri zurückkehren und – und was? Ich wußte es nicht.

Grinsend eilte Rader zu mir. »Herzlichen Glückwunsch«, sagte er und schwenkte meine Hand. »Die Anklagen werden fallengelassen, und der General wird Ihnen ein Verwarnungsschreiben in die Tasche stecken, aber das dürfte Ihnen kaum schaden und allerhöchstens Ihre Chancen beeinträchtigen, zum Kapitän befördert zu werden. Sie sind ein freier Mann. Ich habe auch die bissige Order Ihres Adjutanten gehört – in einer Woche, spätestens in zehn Tagen können Sie nach Hause fliegen. Es ist vorbei.«

Wir warteten in der Sonne am Rand des Rollfelds, etwa hundertfünfzig Mann, und beobachteten, wie ein Ersatzkontingent aus dem großen Truppentransportflugzeug stieg. Die Soldaten formierten sich und versuchten die staubigen, sonnenverbrannten, etwas zerlumpten Männer zu ignorieren, die ihnen spöttisch zulachten. Die Neuankömmlinge wirkten sonderbar jung, viel jünger als wir, unbehaglich und verwirrt von diesem versengten Land, in das sie von einer indifferenten Regierung geschickt worden waren. Ich stimmte nicht in das Hohngelächter ein. Diese Kinder taten mir leid, denn ich wußte, daß sie alle in diesem Reich des endlosen Todes altern würden. Einer von zehn würde sterben, zwei würden fürs Leben verstümmelt bleiben, zwei weitere, nicht ganz so schwer verletzt, an die Front zurückkehren müssen, und die restlichen andere, verborgene Wunden davontragen.

Die Ersatzsoldaten marschierten zum Lastwagenkonvoi, der sie zu ihren Einheiten bringen würde, zu ihrem Schicksal. Keiner von den Jungs schaute uns an. Wir schulterten unsere Seesäcke und gingen über die Rampe an Bord des Flugzeugs, von dem wir alle geträumt hatten, vom großen magischen Vogel der Freiheit. Ein vielstimmiger Freudenschrei klang auf, als der Transporter vom Boden abhob und in den friedlichen Himmel emporstieg. Unter uns lagen die Reisfelder und die grünen gefurchten Hänge, wo wir unsere Freunde und unsere Jugend verloren hatten.

Die Maschine ging in die Kurve, steuerte über das Chinesische Meer nach Okinawa und erlöste uns von der Umarmung des Todes. Keiner von uns war ein Held. Wir würden nicht zu jubelnden Menschenmassen, Paraden und dröhnenden Kirchenglocken zurückkehren. Denn wir hatten weiter nichts geleistet, als durchzustehen. Wir hatten überlebt, und das war unser einziger Sieg.

Epilog

Genauso sah es auch früher aus – und der Krieg ist ein blutiger Graus ...
'ast du es schon vergessen? ...
Schau hinab und schwör bei den Opfern des Kriegs – du wirst es niemals vergessen.

Siegfried Sassoon, »Aftermath«

Wir saßen im Continental Palace Hotel auf dem Korridor des zweiten Stocks, fragten uns, ob die Nordvietnamesische Armee inzwischen in Saigon eingedrungen war und hofften das Gegenteil. Die jahrhundertealten Mauern zitterten unter der Wucht der 700-Pfünder, die feindliche Bomber auf den fünf Meilen entfernten Tan-Son-Nhut-Luftwaffenstützpunkt warfen. Alle Polizisten und Soldaten dieser Stadt schienen Gewehre oder Maschinengewehre abzufeuern. Der Lärm war ohrenbetäubend. Im Flur zusammengekauert, konnten wir nicht feststellen, ob sich die Schießerei immer noch gegen die Flugzeuge richtete oder ob bereits eine Straßenschlacht um die Hauptstadt tobte. Da wir die Südvietnamesische Armee in den letzten Monaten einen Kampf nach dem anderen verlieren sehen hatten, bezweifelten wir nicht, daß sie auch diesmal unterliegen würde. Aber wir zweifelten an unserer Zukunft.

Während wir auf das Donnern der Bomben und das Knattern des Handwaffenfeuers lauschten, stellten wir einander Fragen, auf die es keine Antworten gab. Würde man uns rechtzeitig von hier wegbringen? Wenn nicht – wie würden wir als amerikanische Korrespondenten von den kommunistischen Siegern behandelt werden? Würden die Südvietnamesen in den letzten Augenblicken des Chaos, im Gefühl, von Washington verraten worden zu sein, ihre Waffen auf alle Amerikaner richten, die ihnen über den Weg liefen?

Unter diesen Umständen war es sinnlos, Spekulationen anzustellen. Ein praktisch veranlagter Schicksalsgefährte schlug uns vor, die Diskussion über das, was geschehen könnte, aufzugeben und lieber herauszufinden, was wirklich geschah. Nach kurzem Zögern verließen wir den einigermaßen sicheren Hafen des Korridors und gingen in die Halle hinab. Dort drängten sich verängstigte Zivilisten und weinende Kinder, von den Schüssen auf der Straße ins Hotel getrieben. Die hohe Holztür war verbarrikadiert wie das Tor eines mittelalterlichen Schlosses. Vier von uns öffneten sie vorsichtig und traten hinaus.

Das Handwaffenfeuer ratterte immer noch unentwegt, schien sich aber gegen die feindlichen Düsenjäger zu richten, die kreischend über die Stadt hinwegrasten und mit ihren Bomben Kurs auf den Luftwaffenstützpunkt nahmen. Wir sahen keine grünuniformierten Soldaten mit Tropenhelmen – dem unverkennbaren Kopfputz der Feinde. Dafür tummelten sich zahlreiche Polizisten, ARVN-Soldaten und andere Reporter auf den Straßen, ebenso verwirrt wie wir. Zusammen mit einem Kollegen von der Chicago-*Tribune*, Ron Yates, rannte ich zum UPI-Büro, einen Block vom Hotel entfernt.

Auch dort herrschte Verwirrung. Ein Journalist, in Flakjacke und Helm, tippte melodramatisch eine Story. Drängend klickten die Fernschreiber. Yates und ich entschieden, die endgültige Krise stünde zwar vor der Tür, wäre aber noch nicht eingetreten. Die feindlichen Einheiten mußten noch einen Tageskampf von der Stadt entfernt sein. In der Annahme, die amerikanische Botschaft würde am nächsten Tag einen Evakuierungsflug organisieren, kehrten wir ins Hotel zurück, um unsere Sachen zu packen. Währenddessen wurde es dunkel. Der Luftangriff war vorbei. Durch das Fenster meines Zimmers im obersten Stock sah ich Flammen aus einem Benzindepot schlagen. Geckos klammerten sich an die weißgetünchten Wände des Raumes, die nun unter den vom Bombardement ausgelösten Zweitexplosionen bebten, ohne die Eidechsen aus ihrer Reptilienruhe zu bringen.

Ich schleppte mein Gepäck zu Nick Proffitts Zimmer hinab, zwei Etagen tiefer. Proffitt, Korrespondent bei Newsweek, hatte mich in der vergangenen Woche aufgenommen, als die oberen Stockwerke des nahen Metropole Hotels von einer feindlichen Rakete zerstört worden waren. Nachdem ich einen Monat der 1975er Offensive in Vietnam überlebt hatte, wollte ich nicht beim Schlafen in Stücke gerissen werden. Proffitt amüsierte sich über meine Angst. Das machte mir nichts aus. Er konnte mich verspotten, soviel er wollte. Mit dreiunddreißig Jahren, einer Ehefrau und zwei Kindern, die ich ernähren mußte, empfand ich nicht mehr das Bedürfnis, irgend jemandem irgend etwas zu beweisen.

Proffitt und ich blieben die halbe Nacht auf, tranken unser letztes Bier, rauchten sein letztes Dope, erörterten die Vergangenheit und spekulierten über die Zukunft. Wir hofften zwar auf eine rechtzeitige Evakuierung mit Hilfe der Botschaft, hegten aber unsere Zweifel. Bis jetzt hatte sie sich geweigert, ihre Illusionen bezüglich der Fähigkeiten der ARVN aufzugeben, den nordvietnamesischen Vormarsch zu stoppen.

Wie ich war Proffitt ein »alter« Indochina-Hase. In den späten sechziger und frühen siebziger Jahren hatte er in Vietnam als Korrespondent gearbeitet. Zu Beginn der letzten kommunistischen Offensive waren wir beide in Beirut stationiert, als Nahost-Korrespondenten für unsere Publikationen. Als ich in meinem Beiruter Büro die Fernschreibernachricht las, Danang sei gefallen, suchte ich um meine Versetzung nach Saigon an. Die Story weckte längst begrabene Erinnerungen an Soldaten und Bataillone, Feuerkämpfe und Sturmangriffe, an namenlose numerierte Hügel und freudlose Regentage an der Front. Selbst nach zehnjähriger Abwesenheit sah ich jenen Teil von Vietnam, den ich kannte, klar vor mir – die ausgedehnten Reisfelder und den Dschungel westlich von Danang.

In meinem Gehirn schien sich ein Vorhang zu öffnen und enthüllte genaue Schlachtpläne, die gefährlichen, mit Fettstift markierten Punkte, bestimmte unterstrichene Ortsnamen, die mir etwas bedeuteten, weil dort Freunde gestorben waren; Hoi-Vuc, Binh Thai, der Hill 270 und der Charlie Ridge und der Pfad der Purpurherzen. Es fiel mir schwer zu akzeptieren, daß dieses ganze Terrain jetzt in der Hand des Feindes lag.

Den ganzen Tag fühlte ich mich rastlos und ging immer wieder zum Fernschreiber, um die neuesten Informationen zu erhalten. Bald erkannte ich, daß die zehn Jahre nicht genügt hatten, um mich aus dem emotionalen Bann des Krieges zu lösen. Ich *mußte* zurückkehren, was immer ich auch damit riskierte. Ich *mußte* das Ende des Krieges miterleben, obwohl es so aussah, als würde die Seite unterliegen, für die ich als Soldat gekämpft hatte. Ich kann es nicht erklären. Anscheinend betrachtete ich es als persönliche Verpflichtung, am Ende dabeizusein. Und so schickte ich ein Telegramm an die Redaktion in Chicago und erbot mich, meinen Kollegen Yates, den *Tribune*-Korrespondenten im Fernen Osten, bei der Berichterstattung über die feindliche Offensive zu unterstützen. Die Redaktion erklärte sich einverstanden, und am nächsten Morgen saß ich in einem Air-France-Jet.

Am 2. April landete ich in Tam Son Nhut, zehn Jahre und einen Monat, nachdem ich mit der 9. Expeditionsbrigade in Danang angekommen war.

Eine genaue Schilderung vom letzten Monat der nordvietnamesischen Endkampagne würde ein eigenes Buch erfordern. Ich bin mir nicht einmal sicher, ob man das Geschehen als Kampagne bezeichnen kann – eher als eine Reise. Die Nordvietnamesische Armee überrollte das Land ganz einfach und nahm Kurs auf Saigon. Abgesehen von einem kurzen hoffnungslosen Kampf, auf den sich eine einzige Division bei der Provinzhauptstadt Xuan Loc einließ, leistete die ARVN keinen nennenswerten Widerstand. Die Südvietnamesische Armee zerbröckelte, löste sich auf. Schreckliche Szenen ereigneten sich, in panischer Angst schlugen und zertrampelten die Soldaten auf der Flucht vor dem anrückenden Feind schutzlose Zivilisten. Gegen Ende des Monats wurde die Atmosphäre der Zersetzung fast greifbar. Nicht nur eine Armee, ein ganzes Land zerfiel in Stücke, brach vor unseren Augen zusammen. Flüchtlinge und Soldaten mit Marschbefehl drängten sich auf den Straßen. Manche Kolonnen, zwanzig Meilen lang, wanden sich aus den Bergen und Gummiplantagen zum flachen Sumpfland rings um Saigon. Soweit das Auge reichte, zogen sie sich über die Straßen, Prozessionen ohne Anfang und Ende. In Regen und Hitze trotteten sie dahin – bloßfüßige Zivilisten, Soldaten in modernen Stiefeln, einige immer noch mit ihren Waffen und entschlossen, in kleinen Scharen beisammenzubleiben, aber die meisten waffenlos, gebrochene Männer, die nur noch an Flucht dachten, verirrte Kinder, die nach ihren Eltern weinten, Eltern, die ihre Kinder suchten, Verwundete, mit verkrustetem Blut befleckt, in schmutzigen Kampfbandagen. Einige gingen, andere lagen zu Hauf auf den Ladeflächen der Ambulanzen. Laster und Busse, Wasserbüffelherden und Ochsenkarren auf knarrenden Holzrädern begleiteten die endlosen Menschenmassen, die dicht gedrängt alle Barrikaden überwanden und an den Gerippen ausgebrannter Panzer vorbeiströmten, vorbei an verwesenden Leichen und Leichenteilen auf den Feldern am Straßenrand. Und hinter dem Flüchtlingszug krachte Bomben- und Granatfeuer, das gutturale Knurren der Bestie Krieg, die ihre Opfer verschlang.

Aus diesen Szenen sprach so viel menschliches Leid, daß ich nicht darauf reagieren konnte. Es wirkte betäubend, und wie immer es auch ausgehen mochte, ich wollte das Ende sehen. Gleichzeitig weigerte sich ein anderer Teil meines Ichs gegen einen Sieg der Nordvietnamesen. Immer wieder dachte ich an Levy, an Sullivan und all die anderen, und etwas in mir sträubte sich gegen die Sinnlosigkeit ihres Sterbens. Der Krieg war verloren oder fast verloren. Diese Männer hatten umsonst den Tod gefunden, ihr kostbarstes Gut für nichts und wieder nichts hingegeben.

Ich glaube, diese widersprüchlichen Gefühle waren typisch für amerikanische Veteranen, die wie ich den Krieg haßten und sich gleichzeitig zu ihm hingezogen fühlten. Nach meiner Entlassung aus dem Marinecorps Mitte 1967 hatte ich mich, wenn auch nicht besonders leidenschaftlich für eine Antikriegsbewegung eingesetzt, die Vietnam Veterans Against the War. Die intensivste Geste meines Protestes war ein langer, bitterer Brief an Präsident Nixon, den ich ihm 1970 zusammen mit meinen Ordensbändern sandte und in dem ich erklärte, warum ich die amerikanische Indochina-Politik ablehnte. In meiner Naivität glaubte ich, ein persönlicher Appell würde größere Wirkung zeigen als Massenaufmärsche. Etwa einen Monat später brachte mir die Post einen Umschlag mit dem Absender »Weißes Haus«. Er enthielt meine Medaillen und die knappe Mitteilung irgendeines obskuren Funktionärs, die besagte, die US-Regierung sei nicht berechtigt, militärische Auszeichnungen ihrer Soldaten entgegenzunehmen oder zu behalten; deshalb würden mir meine Medaillen zurückgegeben. Das Schreiben schloß mit dem ominösen Satz: »Ihre Ansichten über die US-Politik in Vietnam wurden zur Kenntnis genommen und an die zuständigen Stellen weitergeleitet.« Diese Episode faßt meine Karriere als Antikriegsaktivist bündig zusammen. Meine grandiose Geste des persönlichen Protests war vergeblich gewesen, so vergeblich wie der Krieg selbst. Anscheinend neigte ich zu sinnlosen Engagements.

In den frühen Morgenstunden schliefen Proffitt und ich ein. Ich lag auf dem Boden hinter den Möbeln, mit denen ich das Fenster verbarrikadiert hatte, und erwachte, als die Nordvietnamesen den Luftwaffenstützpunkt Tan Son Nhut und einen Teil der Stadt mit Raketenwerfern und 130-mm-Feldgeschützen anzugreifen begannen. Es war der 29. April. Das Bombardement dauerte sechs Stunden. Gegen halb elf verkündete ein Reporter, im Besitz eines Citizen-Band-Funkgeräts, mit dem er den Funkverkehr der amerikanischen Botschaft abhören konnte: »Das war's. Soeben haben sie's bekanntgegeben. Hundertprozentige Evakuierung. Bye-bye für alle!«

Ein hastiger, würdeloser Abgang folgte. Presseleute, Botschaftsbeamte, vietnamesische Zivilisten und diverse andere »Evakuierte« stolperten über die halbverlassenen Straßen zu den Sammelstellen. Ich passierte einige ARVN-Milizleute und schenkte ihnen ein schwaches Lächeln. »Sie fliegen nach Hause?« fragte einer. »Amerikaner di-di!«

»Ja«, bestätigte ich und fühlte mich wie ein Deserteur. »Amerikaner di-di.«

Unsere buntgemischte Schar wurde zu einer Durchgangszone gegenüber einer Klinik dirigiert. Rauchsäulen stiegen am Stadtrand auf und irgend jemand sagte, die nordvietnamesischen Truppen seien nur zwei Meilen von uns entfernt gesichtet worden. Wir standen herum, schwitzten und lauschten dem regelmäßigen Dröhnen der 130er. Schließlich hielten zwei olivgrüne Busse vor uns, eskortiert von einem Auto mit Blaulicht. Wir stiegen ein, sechzig bis siebzig Leute quetschten sich in jeden Bus, und der kleine Konvoi brach nach Tan Son Nhut auf.

Als wir die Haupteinfahrt des Flughafens passierten, startete eine südvietnamesische Maschine auf dem qualmenden, mit Kratern übersäten Rollfeld. Der alte C-119-Frachter war nur ein paar hundert Meter hoch gestiegen, dann schoß ein Feuerball spiralenförmig hinter ihm empor. Mit ungeheurem Getöse stieß das Flakgeschoß in die C-119 und zerstörte sie. Unsere Nervosität verwandelte sich in Angst, denn wir sollten in Hubschraubern evakuiert werden und würden großartige Zielscheiben abgeben.

Die Busse stoppten vor dem Bürogebäude des Verteidigungsattachés. In der Blütezeit des amerikanischen Kriegsengagements hatte dieser Komplex »Pentagon East« geheißen und Westmoreland als Hauptquartier gedient. Die nahen Tennisplätze fungierten nun als Landezonen für die Hubschrauber. Wir kletterten aus den Bussen und rannten los, angespornt von einer schweren Granate, die etwa fünfundsiebzig Yards entfernt auf das Rollfeld krachte. »Keine

Panik«, rief irgend jemand mit einer Stimme, die ihre normale Lage um einige Oktaven überstieg.

Im Innern des Gebäudes wurden wir in Helikopterteams eingeteilt und mit Kennmarken versehen. Jeder Quadratzoll aller langen Korridore war mit Amerikanern, Vietnamesen, Flüchtlingen und Reportern aus einem Dutzend Ländern gefüllt, sogar mit ein paar alten französischen Pflanzern. Die Bomben, die das Rollfeld trafen, ließen die Wände erzittern. An der Vorpostenlinie des Luftwaffenstützpunkts ratterte Handwaffenfeuer. Also eine heiße Landezone. Ich hoffte, es würde meine letzte sein, und versuchte, nicht an die Flakgeschosse zu denken.

Wir mußten bis zum Spätnachmittag ausharren, dann traf endlich der erste Hubschrauber des Marinecorps ein. Die großen CH-53-Maschinen konnten so viele Passagiere aufnehmen wie kleine Flugzeuge. »Okay, es geht los!« rief ein Feldwebel von der Botschaftswache. »Das Gepäck bleibt hier, dafür haben wir keinen Platz. Beeilung! Beeilung!« Ich ließ den Koffer fallen, den ich den ganzen Tag mit mir herumgeschleppt hatte, rannte zur Tür hinaus und stürmte über den Tennisplatz zu den Hubschraubern. Geduckte Schützen umgaben die Landezonen, die Waffen auf die Bäume und Reisfelder am Rand des Rollfelds gerichtet. Zusammen mit sechzig anderen Leuten, zur Hälfte vietnamesische Zivilisten und ARVN-Offiziere, kletterte ich an Bord einer CH-53.

Rasch stieg der Hubschauber empor. In wenigen Minuten hatten wir eine Höhe von sechstausend Fuß erreicht. Tief unten brannte das Wrack der südvietnamesischen Frachtmaschine. Wie vertraut das alles war – der ohrenbetäubende Lärm im Helikopter, die Maschinengewehrschützen, die an der Luke hinter ihren Waffen hockten, die Mündungen auf das grünbraune Netzwerk des Mekong-Deltas gerichtet, durch das sich die überfluteten Flüsse wie blutige Adern zogen, und das Warten, erschreckend und doch angenehm aufregend, während wir nach Leuchtspurgeschossen oder den gleißenden, schraubenförmig hochschnellenden hitzesuchenden Flakraketen Ausschau hielten. Eine kam auf uns zu, aber der erste Hubschrauber in unserer Flotte lenkte sie mit einem Ködergeschoß ab, das die Hitze eines Flugzeugmotors simulierte. Auch Bodenfeuer knallte zu uns hoch – das Feuer südvietnamesischer Soldaten, die sich wahrscheinlich von den Amerikanern verraten fühlten.

Meine Gedanken wanderten um zehn Jahre zurück, zu dem Tag, wo wir stolzgeschwellt und zuversichtlich, voller Idealismus, nach Vietnam marschiert waren. Wir hatten geglaubt, für einen erhabenen moralischen Zweck zu kämpfen. Irgendwie war unser Idealismus erloschen, die Moral korrumpiert und der Zweck vergessen worden.

Etwa zwanzig Minuten später erreichten wir die Küste. Wir waren außer Gefahr, außerhalb der Raketenreichweite, weit entfernt von der Möglichkeit, zu den letzten Amerikanern zu zählen, die in Vietnam sterben würden. Die Schützen an der Luke lockerten den Griff um die 50er Maschinengewehre, grinsten und streckten die Daumen nach oben. Die CH-53 schwebte über das Südchinesische Meer, über Tausende von Fischerdschunken voller Flüchtlinge hinweg und landete auf der *U.S.S. Denver*, einem Hubschrauberträger aus der Siebenten Flotte, die für die Evakuierung zusammengezogen worden war. Applaus erklang, als der Helikopter auf dem Deck aufsetzte. Wir stiegen aus, und ein Soldat schlug mir auf den Rücken. »Willkommen daheim. Ich wette, Sie sind froh, daß Sie da rausgekommen sind.« Das war ich natürlich. Ich fragte ihn, zu welcher Einheit er gehöre. »9. MEB«, antwortete er. Die 9. Expeditionsbrigade, dieselbe, mit der ich in Danang gelandet war. Aber die Männer, die jetzt dazuzählten, wirkten zynischer als wir, die vor zehn Jahren dabeigewesen waren. Er blickte auf den verschwommenen blauen Streifen der vietnamesischen Küste und meinte: »Für dieses Land müssen wir jetzt keine Milliarden Dollar mehr ausgeben.«

Die Evakuierten wurden in die stickige Messe geschickt und verköstigt. Den meisten war schwindlig vor Erleichterung, aber ein Diplomat von der amerikanischen Botschaft saß untröstlich da und murmelte vor sich hin: »Es ist vorbei. Das Ende. Das Ende einer Ära. Ein lausiges Ende. Aber ich glaube, irgendwie mußte es zu Ende gehen.« Erschöpft und schweißüberströmt schüttelte er den Kopf. »Das Ende einer Ära...«

Sicher hatte er recht, aber ich war zu müde, um über die historische Bedeutung des Ereignisses nachzudenken, das ich miterlebt hatte: Amerika hatte seinen ersten Krieg verloren.

Am nächsten Tag, dem 30. April, gab der Schiffskapitän bekannt, die Saigoner Regierung habe vor den Nordvietnamesen kapituliert. Wir nahmen die Neuigkeit gelassen hin. Es war vorbei.

Ein ungewöhnlich spannendes Buch

Als Band mit der Bestellnummer 11248 erschien:

Michael Holly, Sohn russischer Auswanderer, wird von seiner Firma zu Verhandlungen nach Moskau geschickt und verhaftet. Als der Austausch gegen einen in London inhaftierten Sowjetagenten mißlingt, verurteilt man ihn zu 14 Jahren Arbeitslager. Der Gefangene weigert sich, aufzugeben – und ermutigt die Insassen von Baraschewo zur Revolte . . .

BASTEI
LÜBBE